千山之月

上官予八十紀事

上官予——著

臺灣商務印書館發行

民國六十五年在台北敦化南路群皇城家居所照片，與孩子們合照。

志強弟由美歸國在明德新村與父母親及家人團聚。

民國五十七年獲嘉新文化學術優良著作獎，作品爲《文學論》。

民國七十七年六月詩人節接受教育部林清江部長頒贈詩教獎。

民國五十二年獲中國文藝協會文學詩歌獎，蒙經國先生召見。

民國六十八年獲第五屆國家文藝獎，與愛女在房內合照。

民國七十八年上官予、林海音合照。

民國八十四年，夫人曉鋼於臺北家中。

目錄

第一章 皓月冷雁北

我出生的那天，氣候屬於冬季，俗話說：「一九二九，吃飯凍手。三九四九，滴水成冰。」母親回憶說：「朦朦朧朧中，見一位白髮紅顏的老婆婆，提著一大簍紅豔豔的果子，進門裏全倒在我懷中；醒了來，就生了你。你的小名就叫做果生。」又說：「咱這裏的果樹上，長一種較李子、杏子稍大的果子，叫做檳果，吃起來也脆也甜；可就沒有老婆婆送來的果子那麼又紅又大。」成年後，我從希臘神話，荷馬史詩〈伊里亞特〉中寫愛與權力、財富三位女神為了爭奪一粒金蘋果，引發了特洛伊十年的戰爭；而成為西洋文化發展的一個主要的背景。母親在夢中見到老婆婆送來紅果子而生我的情景，會含有何種意義呢？想來只是一種遐想的感應罷了。

我的母親

我從幼兒的笑靨中聽到母親的聲音，我從迷離的夢境中聽到母親的聲音，我從明月映在溪水中聽到母親的聲音，我從行旅的歧途中聽到母親的聲音，我從絕望的溪湖中聽到母親的聲音，我從魘戾的魔幻中聽到母親的聲音，我從異鄉的敗葉中聽到母親的聲音；總之，母親的聲音時時在我生命的轉折中，聽到伊的叮嚀與安撫。母親，我猶憶兒時穿的衣裳鞋襪，均係母親一針一線縫出，冬天的暖裘，夏天的輕綾，春秋的絨棉；以及毛帽與圍巾（脖），無一樣不是大小寸尺，貼身舒適。母親有雙柔細的巧手，自己梳妝打扮，分外端莊嫻雅，母親密黑的雲鬢中分，一絲不亂的向後腦盤個蝴蝶髻。春分時候，母親穿一件自縫的紫黑羊皮，鑲著花邊的上裝，無比的美觀妥貼，絲綿長褲的褲脚用緞帶束著。母親的手也會說話，她拿著一疊紅紙和一把小剪刀，一剎時的左彎右彎，前繞後縈，貼在手裏的一伙小人兒，手牽手的就展開來，然後就糊在那結著枝柯縱橫，紋路密布的窗玻璃上，十二月花開也是母親歡喜剪的——「正月梅花香又香，二月蘭花盆裏栽，三月桃花開十里，四月薔薇靠短牆，五月石榴紅如火，六月荷花滿池塘，七月梔子頭上戴，八月丹桂滿枝黃，九月菊花初開放，十月芙蓉正上妝，十一月水仙供上案，十二月臘梅雪裏香。」母親說：「要記住這些花兒在四季裏開放，也就是記住了年月的太平景象。」「哈！」我吃驚的說：「有這麼多的花呀？」母親回說：「嗨，小果子，這還不稀奇，剪鳥兒也跟剪花兒一樣，先得知曉一首好歌。」「那怎唱？」母親便吟道：「鳳凰得病在山中，百鳥前來問吉凶。十姊妹雙雙來看病，八哥忙著請郎中。請了天鵝先生來診脈，只因相思鳥兒病體凶。畫眉籠中乾著急，鸚哥架上不寬鬆。烏鴉到處來報信，報道黃鶯道駕崩。鷺鷥穿孝多辛苦，苦只苦了白頭翁。請了一班沙和尚，伯勞跟著來唸經。孔雀彈琴在山中，此後孤雁不相逢。」母親扳著我的十個指頭，說著這些鳥兒，真是聞所未聞。烏鴉是我不喜歡的，哇哇叫聲討人嫌；大雁在青天排成人人字飛著，飛遠了逐漸看不見。鷯哥兒會學人説話，天鵝身體肥，飛不動；母親説：「鵝毛被蓋了很是暖和，鵝兒也是一種有用的家禽。」其他鳥兒，母親也一一的告訴，牠們大都穿美麗的衣裳，唱好聽的歌。給我開了眼界。因為，母親剪出來的鳥兒，傍著花兒，彷佛會唱會飛也會跳。

母親把家裏收拾的窗明几淨，一塵不染。雁北家鄉的灶房是連接著炕的，煮飯、炒菜燒著的柴火煤炭，也燒熱了炕，灶神爺尤其是家家户户禮敬的神祇，祂保佑你平安幸福。我家鄉不出大米，母親常説：「三月初一風，麥子定不豐，四月初一雨，穀子必定粃。」又説：「天熱似火燒，實在難以熬；農夫太陽晒，開窗把扇搖。」所以，有幸吃到大米，母親定説：「好吃吧？你應知道：可口盤中餐，粒粒皆辛苦。」山西人以麵食為主，各種麵食，數不勝數，如貓耳朵、拉麵、刀削麵、撥魚兒等。我家鄉特產是油麥麵，和好的麵，如古銅而發光，極柔曼，手撮一小塊，順手斜倚在麵盆旁的滑淨麵板上，以手掌一推，食指便將薄片繞成細筒，順序放在蒸籠裏；俄頃，一滿籠的麵食已在火上蒸熟上桌，攪絆羊肉珍饈而食，其營養之豐富及耐饑的程度，亦非外鄉人可知，故初食油麵，不宜過飽，因其不易消化也。又有油茶，是禦寒的好飲料。母親包的餃子，餡兒是用上好的碎肉加少許的白菜，絆和了黑芝麻油、醬油、葱、鹽和蛋而成，陣陣香味四溢；餃子是兩手大姆指與食指相脗合而成，餃子中間是圓肚子，四邊則因擠攏而密接，下鍋煮熟而不破裂。母親的燒肉，又是一項絕活，先選定了一整塊薄皮，一線肥肉下全是嫩紅的瘦肉，在大鍋內煮熟，再用肉叉扎牢，將薄皮部分，置入滾油內炸成赭黃，取出待半冷，切成薄片，放在大海碗內，加入肉湯與作料，放入蒸籠內蒸好，端出來沾些黑香醋入口，酥軟醇味，不可言喻。山西麵食，極盡奇特，如糕餅燒賣、鏴饊河撈等麵食，母親說：「主要不同，是在和麵的技能，比如拉麵和刀削麵的用水調度和軟硬度都不同，訣竅、經驗，冷暖自知。」我家鄉的菜蔬，豆類瓜果不少，與他地不同的一種是回子白，有葉，結實圓扁如一鐔茶壺，表皮翠綠而有橫的紋路，剖開是白實嫩脆的肉，切片切絲、較蘿蔔尤為好吃。另有山藥旦遠近聞名，皺皮易去，入口沙甜，與甘藷稍有分別。京韻大鼓藝文中，獨創風格的傑出者山藥旦（蛋）與其女富貴花以此揚名。我家鄉的天然大冰箱地窖，不僅久藏食物不壞；且也是庫藏金銀財寶的地方。這不也是山川風土的景物嗎？癡癡的，我正想著一首童謠：「鑼鼓打得咚咚響，聽我唱個巧姑娘：一學梳妝巧打扮，二學裁剪做衣裳，三分庭堂會打掃，四學走路莫輕狂，五學知人會待客，六學做飯滿口香，七學拋梭能織絹，八學描龍繡鳳凰，九學重陽會作酒，十學賢慧李三娘。」我坐在窗下，望著青天白雲，聽到兒時的母親的聲音。

我家鄉五寨，地屬山西西北黃土高原中的小平原，是座渾樸僻拙的小縣城，周邊與岢嵐、神池、寧武、代縣（代州）、朔縣（朔州）鄰近。是處雄關偉峙，山河環立，塵沙坐飛，天地蒼茫。也是古今戰場國防的屏障。辛稼軒詞〈賀新郎〉：「將軍百戰聲名烈，向河梁回頭萬里，故人長絕。」說的是漢蘇武李陵河梁訣別，血淚交融的故事。只以寧武關來說，宋楊業奮戰契丹，成仁於歧溝關戰役。明周遇吉孤軍抵禦李闖，一門忠烈。雁門郡金戈鐵馬，皓月冷千山；曠遠雄邁的黃土波濤，奔放於蒼茫的、風吹草低見牛羊的大地，不啻是一首粗獷的悲涼之歌。

祖父、祖母

我生之年，祖父母已先後去世。母親說到祖母：「你奶奶有容長的臉龐，眉睫盈盈，說一口北平官話，煞是好聽，更顯得待人親和。說到你爺爺明德公時，一晌會把眼瞼垂下，然後抬頭望著遠方，兩眼瞇瞇朦朦的；一晌又是一種寧靜肅穆，虔誠端莊。你奶奶是唸慣了佛經的，說：『人的生老病死都是緣法，無法強求，所以要順其自然。』你祖父原來是河北邢臺縣縉紳大家子弟，幼讀詩書，思想開通。城南整條大街，都是他家的皮貨，生意興旺得很。但他卻以為讀萬卷書，也需行萬里路。他說中華地大物博，有壯麗的錦繡河山，要廣開眼界，認識歷史的真相。秦始皇命大將蒙恬率雄師北逐匈奴（戎狄），打到陰山。收復河南靈州勝州；伐工百萬衆，自臨洮到遼東，從賀蘭山以迄陰山，建築萬里長城。山西長城尤其險峻，不可不看。我隨了他走出了邢臺，他一路還唱了個《孟姜女十二月尋夫》。我問你祖母是怎樣唱？你祖母就笑吟吟的唱道：『正月裏來是新春，家家户户點紅燈，別家丈夫團圓敘，我家丈夫造長城；二月是雙雙燕子到南方築新窩；三月是清明，孟姜墳上冷清清；四月姑嫂去採桑養蠶；五月黃梅發水；六月熱難當；七月作衣裳；八月雁門關帶書來；九月重陽菊花黃；十月納官糧；十一月送寒衣；十二月過年忙，孟姜家裏空堂堂。』你祖母說，你祖父會唱小曲，聲音好聽。他們走大同，看九龍碑、五龍碑、三龍碑，坐的騾馬車，你祖父卻說：『看了龍碑後，就覺得心裏有條龍，在躍躍欲動。』可是一路是雞聲茅應月，人跡板橋霜。出了大同府，再走三百里，才到了五寨。但見四野山明水秀，城鄉人氣和順，你祖父有心在這裏住下，那時我已經懷了明秀，再也不想動彈，這裏不也是故鄉嗎？你祖父說：『這裏的孩子們傻傻楞楞，沒有見過世面，但也無妨。只是不讀書不明事理；』你祖父手頭還有些錢，就拿出來捐了座學堂。地方上也厚待我們，一時也就不想千里迢迢回到邢臺去。」「後來怎樣？」我急著問。「明秀一天天長大了，你祖父教他讀四書五經，孩子記性好，一目十行，過目不忘。這一住呀，可不就是十多年過了；光陰似箭，日月如梭嘛。有一年，黃河發大水，從河曲那邊，湧過來好多逃荒的難民，你祖父和地方人士組織救濟會，招待外鄉逃災人如招待親朋戚友，挨家挨户住吃茶飯，一樣不少。臨了送他們穿戴回鄉，還送了盤川，執手動情，依依不捨。這才是『海內存知己，天涯若比鄰』呀。這事才過了，也不知是你祖父太過勞累，還是天命難違，他竟然患了無名的急病，群醫束手呀！這才是心如刀絞，絕難分捨。你祖父說：『就把五寨做故鄉吧，把明秀撫養長大，讓他讀書明理，做個君子人。』是呀！你祖父明德公就是這樣走的，留下了一櫃子的書，易理春秋，《史記》及《綱鑑》，還有許多賬册。賬册留給了時間的泥塵，書籍留給了好學不倦的明秀。明德公走了，但他的名聲為地方所尊崇。寡母孤兒亦為人所稱讚。弱冠之年，明秀負笈太原，以第一名畢業於第一師範學校，尊師之命易名止峻，字雲峰，返鄉後，地方人士擁戴創辦實驗小學。」祖母去世前，完成父親與母親的婚事。

老爺、老娘

我們叫外公老爺，叫外婆老娘。老爺中等以上硬朗模樣，頭上戴一頂織貢呢的圓形便帽，總是顯得氣色軒昂，手腳麻利。老爺不是富有，個兒頭顯的卻殷實。原住在三道街一條巷道裏面，有正房廂房五、六間。後來遷到城南大街一帶十多間的住屋、前後院寬廣，闢有羊圈，有綿羊壹佰多隻，馬廄有騾馬多匹；有時趕著羊群出雲關青草地放羊；偶爾騎了高頭大馬溜街，都是十分好玩與稀奇的事。不過，上學讀書以後，這種機會就少了。老娘握住我的手，又搓又揉，嘴裏唸叨著，數著手指頭：「正月裏正月正，正月十五鬧花燈。二月二龍抬頭，秦瓊敬德做門神。三月裏是清明，攜家帶眷去掃墓。四月有個四月八，姑嫂二人把香插。五月有個端陽節，粽子艾葉雄黃酒，六月六扁豆花開遍地走，農人流汗把田耕。七月七牛郎配織女，真是一對好夫妻。八月有個八月八，老包鍘壞陳國舅，九月重陽九月九，楊宗保要娶穆桂英。十月到來十月十，吃了棗子吃果果。」老娘坐在炕上把身子搖了又搖，回身去油漆木櫃子裏拿出一個八寶盒子，抽開抽屜，揀了核桃、柿餅、花生、瓜子、芝麻糖、桂圓，用一塊手帕包了，送在我手中：「慢慢吃，吃完了，還想吃，再來這裏跟老娘說話。」「我過會兒背書給老娘聽。」「好。老娘給你糖人兒吃。」老爺家隔壁是糖果店，那個二和尚本名張道生，會捏各種的糖人兒，會吹糖葫蘆，炸糖麻花，做糖點心，做月餅，還會唱：「當年中秋曾驅韃靼，當年月餅曾復河山。」這名叫張道生的二和尚是位奇人，還會手織地毯；抗戰期間並曾做了醫院院長，濟世救人，是位傳奇性的人物。

大舅、二舅

大舅是紫紅臉龐，大手大腳的大漢，大聲講話大聲笑。有次他趕著黑鬃紅馬的大車，帶著我到胡會看熱鬧。胡會是黃層泥土的村莊，三五棵楊柳掩映的百十戶人家，離縣城三十里，去的那時，那地方聚集了四鄉來的人衆，聽說胡會有個吹嗩吶的好手趙成，不服對個二十里鋪吹嗩吶的老師傅徐林。大舅小聲說，他倆眼對眼對上了，要來胡會吹嗩吶比賽，同樣吹的是「三關排宴」的曲調。三關就是咱們北路梆子的「寧武關、偏關、雁門關」古戰場之地的悲壯故事編的臨調曲牌，蒼涼悱惻，高拔峻峭；多屬楊家將的忠勇事蹟。本來吹嗩吶要用大鑼小鼓、弦索鉅琴、二把胡胡來伴奏，可他倆硬碰硬，嗩吶對嗩吶、吹腔對吹腔、梅花調對梅花調、柳青娘對柳青娘、吊棒槌對吊棒槌、黃鶯展翅對黃鶯展翅；趙成是晚輩，先去二十里鋪拜見徐林師傅，迎接徐師傅到胡會。事傳百里，胡會的賽場，連坐帶站黑鴉鴉人海一片。嗩吶隊先用「出隊、黃風」拜場，這二位到戲台上坐了，嗨！你四舅年正青春，好一個俊模樣，手拿笛子，一領青衫站中央。等「大板胡正弦、大板胡反弦」叮叮咚咚、高山流水彈奏起來，中間你四舅的笛子打橫裏鶴唳九天，悠悠揚揚的吹過；一陣雨打風嘯的鼓掌吆喝，你四舅說了開場白，引見徐師傅與趙成以後，嗩吶的正式比賽就開始了。這場比賽，從上午吹到黃昏，打黃昏吹到夜半，明月在天，星光點點，夜風習習，燈火搖搖。趙成的臉吹了個豬血紅，徐林的面卻越吹越森森的白。趙成吹到後來，在地上打滾，徐師傅的嗩吶對著蒼蒼的夜空，發出悽厲怛惻的召喚：「歸來呀！不死的英靈！」趙成歇了嗩吶，跪在地上呆呆的望著徐師傅，汗與淚流淌成一溝溝的小河。立時，你四舅的一縷細細柔柔的笛音飛繞而起，穿透了徐師傅登山越嶺，出水入林的嗩吶聲，徐林聽到趙成粗重沉濁的喘息聲，但他未曾停下來，在綿絨的笛音中，他要飛上九重天，他彷彿尋到知音，他要把他最拿手的「昆梆羅卷黃」（昆戲、羅羅腔、農戲、皮簧加上梆子統稱宮調，後為北京梆子承傳）一次吹出來，他沉迷於自己的絕藝，鼓起腮幫子愈吹愈薄。你四舅停下了笛音喊道：「徐師傅，你贏了，停下來，你不能再吹了！」剛說完這話，徐師傅鼓出最後的氣息，突然「噗」的一聲響，彷彿碎了的琴弦斷了線，又如玉碎；徐林左腮上銅錢大的一片肉，往外飛了出去，無影無蹤。徐林用手堵住自己的左臉，茫然的四顧。夜色深濃，人群已散。嗩吶低垂，徐林倒在四舅懷中如癡如夢。趙成爬了過去，三人相擁，默然無言。後來怎樣？大舅說：「後來，嗩吶還在吹，趙成老了，換成年輕一輩。」

二舅長著一簇黃鬍子，瘦長臉，身手敏捷的漢子，管著老爺家的羊馬。羊群被關在木柵圍著的羊圈裏，有著兩隻彎硬強勁的大角公羊總愛挨擦著柔順的母羊，母羊有捲曲的長毛，油脂豐厚圓盤似的尾巴，小羊傍著母羊咩咩的小聲叫著。公羊有時性起，會捉對兒廝打，把堅硬的額角撞向對方。二舅吆喝著上去把牠們分開，有時倔脾氣的一方不肯分開，二舅只好把它拖走。古代有角觝的遊戲，與大羊的相鬥並無不同，只是智巧略高罷了。二舅曾帶我走出西城的五里坡放羊，那裏靠近清漣河，青山下有一大片綠草地，草地四邊有狗兒們守著，不讓羊兒翻過山頭。我們手中握著一根大把長的羊鞭，鐵鞭頭嵌在木棍上，有半圓形凹進的鑿口，可以放入小石塊和泥團，舉起來用力向前摔出去，摔的又高又遠，摔在跑開的羊兒身旁，把牠趕回來。土狗四面跑著，忠心而又盡職的看守著羊群。有一次時至黃昏，層雲起自四方，風捲起一陣沙塵，狼來了！土狗們狂吠著，很快把羊群趕攏來，然後轉身面對著野狼嗚嗚地嘶叫著。二舅把手裏捏著的石頭嵌在羊鏟頭的凹裏頭，揮起來嗤嗤的叫著，石頭揮的又高又遠，落下來正打在野狼的背上，野狼退向山頭，三四隻土狗向下了山坡的野狼嘷叫著追去。二舅仰天長嘯了一聲，狗群停下來向羊群靠近。我也把我的羊鏟收回來，看得見，石頭落在山坡下。遠天一抹灰雲漸成玫瑰紅，太陽一縷一縷的沉下去，羊群們要回去了，二舅舞著長鞭，打著呼哨，呀唷！公羊、母羊、白羊、黑羊、大羊、小羊互相挨擠著向城裏去，城門裏揚起灰塵，霧似的把羊籠罩在昏茫的陰靄裏，有幾盞燈在閃爍。有若在夢影中。二舅牽引著的是串叮噹的鈴聲伴奏著咩咩的音色，游曳在古舊的城鎮街衢的牧羊人，被屋簷下的燈暈吞噬。

在暖屋裏，二舅說：「果生，我為你講個灰狼的故事。」

那是一個大雪紛飛的黃昏，雪鋪在山地上厚厚的鬆軟而又厚實的一層，腳踩下去埋在小腿肚以上，地層卻是硬崛的。拔出來的一步，雪屑黏在綁腿上，越來越多。走路的人不曾緩下腳步來，他要在寒冬臘月，儘快趕回縣裏來，家裏人唸叨著盼著，他腰裏纏的褡褳很重。紫黑羊皮大衣緊緊裹在身上，雪片夾著冰雹，劈刺揮灑，視線一堆迷茫。鼻息結成冰珠，臉眼如刀割。其時，他皮膚起了雞皮疙瘩，身後有人躡腳跟蹤，似有似無，呼呼噴氣，似遠似近；驟然，有一對爪搭上肩背，熱氣冷冽，蒙住耳朵的皮帽子被頂翻著，不是張開的手，似豬狗的鼻頭，有股腥氣。這漢子急向前衝出幾步，驀地蹲下身，雙手向後緊抓住一對毛爪子，大叫一聲，把一隻像小牛一樣大的灰狼，直摔到眼跟前大把遠，這漢子踴躍撲上前，抱壓住那隻跳起來的大灰狼，順手拔出三尖兩刃的鋼錐子，向那灰狼的胸腹下刺去，一下、兩下、三四、五下，灰狼嗥叫聲和那漢子的吼聲穿破彤雲的雪網，那漢子和灰狼滾抱在一起，把雪地搓揉成一大片凋零的殘花。

「那大灰狼死了嗎？」

二舅沒有回答，往炕上盤腿一坐，抽出旱煙來吸了一口，向我點點頭，炕上鋪的可不正是一張灰狼皮褥子。

秉仁四舅

四舅是位儒雅的白面書生，他善於吹笛、簫，彈三弦，拉二胡，他傾向於鄉土藝術的愛好與創造，春節前後，縣城裏舉辦社火、廟會、燈會，他都會受聘擔任主持人。歡天喜地，一肩擔承。

社火主要的節奏是農民收成後舞唱的秧歌，秧歌來自農村。山歌是民謠小調中的情歌，漁歌是水上人家的民歌。秧歌的劇戲性濃厚，吸收了山歌、漁歌、道情、鼓詞乃至梆子，蓮花落、雜耍、游藝等趣味性相揉和，為一生動活潑的城鄉大地之歌，將民間的武術也參加進去，而稱之為鬧秧歌的武秧歌，是踩了高蹺，在高蹺的人身上面又加上了擺設與孩子們彩粉的趣味討巧的人物，在鑼鼓聲中跨步街頭，有的扮了西遊記的孫悟空、牛魔王、哪吒、二郎神、豬八戒，大打出手，倒翻斛斗，有的扮了八仙過海，各顯神通，有的秧歌班子用鑼鼓、笙笛、三弦、二胡伴奏，過街入巷，進到人家院落，拉開嗓門的板式唱腔，是民户所熟悉，一段水漫金山，一段劈山救母，一段劉全進瓜，一段關王廟，讓潮水般觀賞的鄉親們不拘男女老幼個個開懷、人人喜笑。孩子們更是長了見識，滿足了好奇心。秧歌戲中最動人的是金沙灘楊家將的扮演與驚天動地的鼓舞。社火秧歌代表了生活中的一種天地、感情，一種面貌風尚，一種太和景色。社火中的秧歌發源與發展於山西省，分布於山東、陝西、綏遠、河北等地。是民間鄉土的藝術，充滿了濃厚的風味。文質彬彬的四舅，他的音容笑貌，彷佛一條溫煦爛漫的河，從我心中流過，讓我聞到了故鄉那一片黃土的芳香。

廟會

城隍廟前廣場上，四丈高的旛旗，在朔風中獵獵的飄揚著，兩扇古色古香的廟門已經敞開，秦瓊與尉遲恭兩位大將威風凜凜的站在兩邊。四舅指點著說：「打從盤古開天闢地，這把守天地二門的天將是一個叫神荼、一個叫鬱壘的，他倆因為掌管驅魔逐鬼的使命，就叫做門神。」我問：「那他倆有多高呀？」四舅説：「頂天立地。不過那時的城隍廟還沒有誕生，有了城隍爺以後，才請了秦叔寶，和尉遲敬德做門神的。」「為什麼？」「他倆都是咱山西人，尉遲敬德是朔州人，秦瓊在山東生病，賣了黃驃馬來到咱山西，一同跟定唐太宗的江山，所以也是山西人。」「嗯。」我一知半解的點著頭。平時城隍廟是沒有人敢進來的，但到了廟會，廟門口高高的門限已經給挪下來拉曳一旁，以便婦嫗小孩進去。廟殿兩旁的庭堂燈火照著，人聲鼎沸；一邊是擺開胭脂花粉，珠翠首飾，也有筆墨文具，圖畫書本；另一邊則陳列著糕餅茶果、山珍海味；更有擠進來的一伙貨郎擔子，金玉頭面，鏡子、梳子、篦子、鈕子、剪刀、針線盒子，琳瑯滿目。正殿上素常不見陽光，此時卻也燭光搖紅，香煙繚繞，那城隍老爺當中坐，牛頭馬面兩邊排，判官手拿生死薄，夜叉小鬼舉著勾魂的牌。我問：「城隍老爺也管閻王爺的事嗎？」四舅說：「這不過是教人心向善，在陽世裏不可做壞事罷了。」

廟門口一陣鑼鼓喧天，一隻毛猴爬上旗桿的斗方，跳來蹦去，牠頭戴小帽，身穿紅衣，亂打一面小鼓，一個花不溜丟十四、五歲的姑娘，手撐一把花傘，凌空走在一根長索上，顫顫危危，還翻了個觔斗。有一個拉洋片的掀動鉦鈸「擦動擦」口裏喊著：「嗨，往裏邊看來，往裏邊瞧，瞭見十里荷花、三秋桂子，蘇堤煙柳美不勝收，白堤月影迷死個人。」廟會的獻禮是「弦子腔」的開場，流行於我家鄉雁北地方，專演廟會上的敬神戲，武打用真刀真槍，剛猛熾烈。「廟會」戲目有「探陰山」、「劈山救母」、「夜審潘洪」、「目蓮戲」、「孟良盜骨」等。有「調鬼」（所謂裝神弄鬼），「斬旱魃」、「鞭打黃痨鬼」，戴猙獰的假面、四目噴火，四舅說：「這金盔鋼甲魁偉將軍叫做方相，率領十二蒙獸皮，黑衣牛裳，或是紅褲黑衫，執戈揚盾，跟在捉拿鬼魅的方相身後，就是祭神的部隊。」又說：「也有披枷帶鎖，袒身赤足，歌唱舞蹈，摩頂放踵，跪拜求天降福的，多半是祈雨的人們。」這些斬鬼驅瘟的祭典，一般稱為儺戲。三晉之地原是堯、舜、禹建都之地，又有「關公斬蚩尤」的祭典，於軒轅生日（陰曆七月十三日）在軒轅廟前祭祀，百姓將「黃帝」與「關公」合而為一，以紀念先聖先賢的崇高偉大。

賽會

賽會就是賽賽，春節期間，賽會更是熱鬧滾滾，四鄉的百姓都是看這賽會才起早爬黑，一根扁擔，兩個籮筐，拖家帶眷，三姑六婆的穿紅著綠，踴躍而來。老遠的，急急忙忙的，燎天熱火的，就聽見十字街頭的戲臺上早已鑼鼓喧天，人群雜遝，有的站著，有的蹲著，有的抽著旱煙，有的打著哈哈，有的小娃猴在男人的肩頭，有的老人坐著個板凳，有的婆媳跟前跟後，有的姑嫂相依相靠。來的戲班子各路的都有，所以，中路、南路、北路、上黨的四大梆子，要來的也全收，有些戲班子是走四方的滾動班子，開場儀式是走圈子，唱著：「鑼鼓喧天進廟堂，敬天敬地敬娘娘，保佑保佑多保佑，保佑地方永安康。」晉劇原為京劇的根源。文場是嗩吶、絲弦、笛笙曲牌，加以二弦、三弦、四弦、胡琴、胡胡、二胡、低胡為樂器，真的是絲絲入扣，半入高天半入雲。武場是鼓板、鐃鈸、鑼鈴、梆子。正戲以「鬚生（紅生）正旦、大花臉」為三大門，「小生、小旦、小丑」為三小門。唱腔有「亂弦、花腔、曲子」加上「皮簧、落子、流水、散板」融和「西皮、二簧」的腔調而有多層次的變化，又包括了「代州道」、「雁門道」、「偏關道」表裏山河，風土渾厚的特性，所有昆曲、西羅、俗調、梅花調、雁北耍孩兒的歌聲，用後腦共鳴更是聲如裂帛，高遏九天，歷史大戲，如《薛家將》（薛仁貴是絳州府龍門縣人）、《狄家將》（狄青為汾西縣人）、《楊家將》（楊業老令公為代州人）《三國戲》等的大戲，不下三、四百種，小戲更無計其數。武功特技胡子、旋子、捎子、鞭子、椅子、扇子、翎子、踩蹻功夫的紮實，融入百姓生活，使得村野鄉黎，皆知行俠仗義，助人為樂。賽戲成為民心所向的教育指標，也是民族和諧共榮的一種力量。

燈會

正月十五看花燈，是四舅組成的民俗燈會，盛景真堪觀賞，四舅認為，燈會不僅氣象超邁，而且是給城鄉人家、市井村里的一種普通的教育，比如十二生肖：鼠、牛、虎、兔、龍、蛇、馬、羊、猴、雞、狗、豬，花燈一轉，有的剪紙剪貼上花燈，真是好看，有的花燈是龍是鳳，是虎是鷹，格調含意，手工才氣，叫人玩味稱異。又如《十二月花開》的歌：「正月梅花香又香，二月蘭花盆裏裝，三月桃花開十里，四月薔薇靠短牆，五月石榴紅似火，六月荷花滿池塘，七月梔子頭上戴，八月丹桂滿枝黃，九月菊花初開放，十月芙蓉正上妝，十一月水仙供上案，十二月臘梅雪裏香。」這雖然是首兒歌，可是做成花燈，又是何等的美麗與高貴。四舅給我的知識與啟發靈感，往往都是從平素的說話中得來。為了增加燈會的風雅氣氛，四舅請了一位布衣師傅前來說書：那先生一桌一凳，醒木摺扇，藍布帳篷，四角撐起，瀟灑活潑地唱道：「手抱娃娃看花燈，蒼龍白虎在上頭，托塔天王二郎神，唐僧取經孫悟空，梁祝相會在樓臺，岳陽城頭呂洞賓，桃園結義關老爺，過了五關斬六將，在古城邊斬蔡陽。」

這先生會說「封神榜」、「西遊記」，會說「梁祝」與「西廂」；說「三國」大戰，說到「關老爺」要齋戒沐浴，燒香磕頭，端正衣冠。閉目凝神，不敢有半點疏忽差錯。說道羽扇綸巾的諸葛孔明，這位先生便有無限的虔誠：「諸葛先生號臥龍，不求聞達在隆中。抱膝長吟消歲月，羽扇綸巾隱士風，躬耕南陽歸隱計，六韜三略貯於胸。禮賢下士劉皇叔，三顧茅蘆風雲中。鼎足三分先有數，博望燒屯第一功。」然後說到：「兵敗夏口、吊孝江東、舌戰群儒、草船借箭、劉備招親、趙雲護主、七擒孟獲、六出祁山」以至「鞠躬盡瘁，死而後已」。這正是「出師未捷身先死，長使英雄淚滿襟」。我在四舅主持春節各類藝目的運會當中，開啟視野，豁達心胸，推展想像，增添見識；真是撥雲見日，勝讀十年書。在燈會上，二十四孝深入民心，孟姜女十二月尋夫，對長城的歷史，更是能教人舉一反三，所謂知書識禮，講史諷世，以此為多。四舅在燈會上更請來絳縣皮影戲為助。皮影人物是由小牛皮或驢皮泡製、刮削、打磨至半透明，根據「粉譜」印在光淨的皮面上鏤雕後，再敷色而成，這是絕大絕頂的手藝，其造型美、雕琢細、法式精緻、線條秀美，令人嘆為觀止。挑簽人手持三枝堅實的小木棍操縱戲劇人物動作，影現於細質布幕及紗帷上，伴以絲弦說唱，念白、動作切合情節，其戲曲故事，令人留連忘返。影戲的組織，需七至九人，俗謂「七緊八慢九消停」的說法，是手腳演員缺一不可的。

燈會猜燈謎是更上層樓的本事，非一般百姓所能為，因為猜詩謎，需要文章翰墨、詩詞歌賦通曉，又需靈巧捷才，敏速應對；這些高深趣味，不在尋常巷陌，而是在文友詩家、朗聲吟哦的風雅場所。

二月二，龍抬頭，大街小巷的路口，黃昏時分，都燒起了大火籠，木籠是用長方形木頭在四方疊起來，交疊成一座小塔，由下層點火，火燄竄起來，火舌從空隙裏一路舐上去，越舐越快越旺，八面火星亂濺，火籠互相呼應，如「夜放花千樹」。劈劈拍拍的焱燏，如金蛇酣舞。煤籠更是大地之奇觀，我家鄉的煤，開採出來，大如小山，其質堅硬如石，具有鐵的成分；一塊塊的晶體深藍而泛光，如琺藍釉、如銅釉，如碧玉黑陶，如琉璃烏金。斧頭用力敲成塊，疊成高爐，著火焚燒，久凝不散，熒然如寶劍光華，爍如寒星照夜空。煤籠的藍灼璀璨，把黑夜染成紫羅蘭與藍玫瑰；一時又如龍騰獅躍，鵬翔鶴舞；讓人看的肉飛神動，或目瞪口呆。木籠燒到後來，東倒西歪如醉漢不支，頹然倒下。而煤爐則屹立不折、如老樹盤根，翹望夜色褪去，黎明鑿空。

是日，伴著火籠灼燃的是四舅請來的特色流行於神池、洪洞地方的道情戲和雁北、河曲地方的小戲二人臺。道情戲清爽活潑，是由法曲和歌謠轉變而來，也不離梆子腔，唱聲為大字調的音諧。道情文場用胡呼、管吹、梅笛、笙四大件，加上六弦、楊琴、四音，以梆子為打擊樂器，生活氣息格外濃重，是以小生、小旦、小丑三小門為主的戲碼，極討人喜歡。二人臺表演的更是以情歌小調為先的小戲，落地或搭小戲臺演出「走西口、拉毛驢、摘花椒、賣麻糖、打櫻桃、打後套、打金錢、十對花、月牙五更、五哥放羊、看花燈、鬧元宵」等戲目。唱腔五花八門、説白唸唱、佻健麻利、打情罵俏無所不有，但仍守禮數。而自由運用處，聽人直呼過癮。二人臺到了內蒙和東北叫二人轉。俗話説：「南靠浪、北靠唱、西溝板頭、東要棒」，裏邊打太平鼓、打花鼓、要扇子、要手帕、要花棒，十八般武藝件件精通。更把愛情瑣事，七情六慾，喜、怒、哀、樂一路唱來，不是迴峰路轉，便是柳暗花明。不是淒涼悲苦，便是情意纏綿；熱鬧火熾、俏麗風流。叫人心怡神爽，鼓掌叫絕。

四舅後來伴我家走到杏花、春雨的江南，種種留連，至今難捨難忘。

第二章　煙雨漫江南

父親的征途

我即將升入三年級的那年暑假，向晚時分的晚霞染紅了天，街衢巷道人家的屋頂門窗，以及好看的青石板路都妝點著玫瑰紅與紫羅蘭色，城門洞裏揚起的塵土，是霧靄似的金黃色。有人看見父親乘著一輛駕窩子回來，這駕窩子像騾馬拉的轎子，但坐臥的是用籐繩編織的網床，走長路不至於太累，還可以仰著看書。傳言說父親帶了不少金銀回來，所以把窩底都壓的往下沉。其實父親為充實旅途行程，帶了幾種文學、史學、哲學等書籍，一路看了回來。一家歡樂，吃了豐盛的團圓飯；敘述別後的生活，也憧憬著美好的明天。

父親絕早起來，讀書、打太極拳後，對我說：「這太極拳有楊家、郝家、陳家的太極；郝家太極成名於咱山西，陳家則享譽於河南。楊家太極在清朝近世為楊露禪極致圓轉，縱橫周密而成。太極講究水性至柔，柔能克剛之理，故而人的身形氣息皆為所用。現今出名的楊家太極的主要傳人名叫楊澄甫。將來你長大些，自會明白我講的話。」原來父親少年時，身體並不十分健康，他為了鍛鍊體魄，初時拜知名拳師練了些八段錦、大小洪拳、羅漢拳等功夫，父親說，這些都是接近少林拳術的外家功夫。父親的太極拳得自褚桂亭老師的真傳，推手也是與褚老師切磋琢磨而得，又因外家功夫入門嚴格要求立樁、站馬步的基礎紮實，所以，推手的黏貼引撥，雖靠得是淵渟岳峙的凝韌堅勁，亦是來自外家根本為多。父親習形意拳於劉老師遇春。形意拳是太極、八卦的母拳，故而，習太極、八卦者，欲求貫通使用，則必先學形意，形意劈、搠、炮、鑽、橫稱五形拳，進而衍化為十二類以禽獸為靈活運行的拳術，如麟、鳳、龜、龍、兔、豹、蛇、猴，鴛鴦手，里虎掏心、白鶴亮翅等，至褚老師經父親的指說，又活用了書法中的八種法則，就是側、勒、努、趯、策、掠、啄、磔的筆鋒，而更見矯然超邁。父親更習八卦於黃師柏年。黃師是位世外高人，黃銅色的臉面，一雙大手。我曾見過創掌始祖董老師海川的遺像，一張重棗臉與較黃老師更碩大無朋的巨手；所謂八卦就是乾、坤、震、艮、離、坎、兌、巽，並與休、傷、生、杜、驚、死、景、開八門相應相關。走的步位踩八卦而穩重緩繹，一旦趨急，則如流水行雲，飄緲渾元。清末大俠霍元甲的迷蹤步彷彿似此。父親的龍形八卦掌運行起來，恰似「穿花蛺蝶深深見，點水蜻蜓款款飛」。睹之在前，忽焉在後，正如神龍見首不見尾。父親回到家裏，立時受到地方上的歡迎與恭維。彼時，村野不靖，縣府成立城防保衛團，父親義不容辭，即刻訓練了一批青年，嚴格教習他們熟嫻一套截擊拳，個個摔打擒拿、挫骨分筋，更有盒子槍，短刀為配備，二十五人為一組，去綏靖四鄉。彼時，三十里鋪二道溝子戴老頭舒遜以嗇吝、刻薄、貪婪、偏激為鄉民畏忌，他不該雇了潑皮徐二小子作長工，暗裏與他的小妾銀娃通姦，卻被撞見這潑天大膽的醜事，銀娃被逼打瘋了，上吊死了，不該逃了這徐二，火速糾結了蘭大、曾五、趙六三個惡煞，半夜裏進入莊裏，殺了戴老頭夫妻不說，搜到了不少財物，放火燒了宅院，連帶燒死了七條命。保衛隊四下拿人，不出旬日，便將四個犯人捕捉歸案，聽說這徐二是掉落獸阱被擒獲的。其他三人不是在山洞，就是在賭窟捉來，又聽說秋決時是縣長發狠，下令遊街後到首示衆的。

同年，在暑假結束前，母親、姊玉貞、妹玉蓮隨著父親，我們一家人離開了故鄉五寨縣，車馬勞頓，走向大同，前往北平，準備坐火車回首都南京去。這個舊名叫做金陵的古都，是怎樣偉大的城市，龍蟠虎踞的地理形勢，又是如何莊嚴神聖？令我神馳與仰慕，我日夜嚮往著，要走入你的堂皇與深奧，美麗的泥土。

九一八的歌

我們隨著父母親下了到達北平市的火車，站在寬長的月臺上，鐵道伸展橫陳，房屋似遠似近，我茫然四顧，宛如癡頑。驟然聽到一線遏雲破空的歌聲入耳穿心而來，不是大珠小珠落玉盤，也不是如匹練在黃山三十六峰間盤環插梭，也不是拔光兒上了阿爾卑斯山之主的白朗峰；而是慷慨高亢，痛快淋漓，如黃沙奔騰、長江浩蕩，不盡滾滾而來；那激越的歌聲唱道：「仰著頭，聽著令，抬著救亡的決心，同胞們，弟兄們快快的進，勇敢的進，向前進，殺敵人！我們再不能任他們逞凶暴，拿起槍彈向前進，不願做奴隸的一齊衝！」不知怎麼，我聽了這怒潮般的歌聲，血液鼓盪著，竟紅了眼睛。聽了很久，這昂奮的歌聲纔停了下來，我忍不住顫著聲問道：「這是什麼聲音？」「是首軍歌，」父親說：「我會說給你聽，這首《大軍進行曲》唱的如此悲壯鬱勃的原因。」

晚上，父親牽了我的手，雙雙坐下來，他沉著聲說道：「九一八事變」是日本侵略我國東北的事變，發生在民國二十年（一九三一）九月十八日的晚上。日本佔領了吉林、奉天、合江（因松花江、黑龍江而得名）、瀋陽等肥沃的地方。我緊握拳頭說：「這真是可惡！」父親緊繃著臉說：「因為東北土地肥沃，物產豐富，你在北平車站聽到的那首歌，就是在喚起同胞，一起來反抗日寇侵略的戰歌。」我急著問：「那麼，東北的同胞們怎麼辦？」父親回答說：「做亡國奴是悲慘而沒有自由的。從那裏逃出來的一位年輕音樂家張寒暉，一直流浪逃亡到西安，他作了一首叫做《松花江上的歌》，唱的是：『我的家在東北松花江上，那裏有森林煤礦，還有那漫山遍野的大豆高粱。九一八，從那個悲慘時候，脱離了我的家鄉，拋棄了無盡的寶藏！流浪逃亡，整天價在關內，哪年哪月才能回到我那可愛的故鄉，哪年哪月才能收回我那無盡的寶藏！爹娘啊！什麼時候才能團聚在一堂！』」我聽道：「我不要做亡國奴，要打倒日本帝國主義！」父親拍一拍我的肩膊說：「再長大一些，你就可以上戰場，打日本鬼子了！」我握緊拳頭喊道：「日本強盜還會來？」父親回答：「日本軍閥像野獸，食髓知味！我想，他們還會來的。」果然，民國二十一年（一九三二）一月二十八日，未及一年，日本繼九一八事變進攻上海，直到五月五日簽訂了淞滬停戰協定後才撤退。日寇為什麼肯撤退，因為我們國軍英勇抵抗，挫了侵略者的銳氣。

父親對日本是有深入的研究的，伊藤博文（一八四二——一九〇九）是日本近代的政治家，日本明治維新後的第一任內閣總理，先後和我簽訂天津條約、馬關條約，後在韓國朝鮮總監任內，被韓國志士安重根所刺殺。日本孩子受教育，認為中國原是日本人的國土，所以，日本軍閥侵略中國是有根據並且是正當的。洪亮說：「日本受中國唐代文化薰陶，儼然禮儀之邦。近代受軍國主義之邪教，乃至反目成仇，變為忘恩負義之島，可恥可恨！」

東北既富甲天下，鴨綠江與圖門江相對，均源出長白山經由安東而入海，是與韓國為天然的界水。與安嶺山脈半圓形的巍峨豐偉，使東北的白山黑水土地豐厚富饒；為宇宙之瓌寶的，又有人參、貂皮、烏拉草的特產。人參是貴重的補品，貂皮尾粗色黃或紫黑，為珍貴的衣裘，烏拉草經搓揉妥勻墊鞋靴腳下，是保暖禦寒的佳品。東北既然淪陷於日寇之魔掌，三千萬同胞呻吟其恐怖的踐踏、蹂躪，被損害與被污辱的山川河嶽，輾轉反側，在黑暗裏呼號。

我聽到大軍進行曲的那首歌，能使海山奔立，步伍飛揚的歌，是一首淚與血的歌，汗與鐵的歌。

巍巍的鍾山

當我們跟隨著父親到達首都南京時，西天的晚霞正在熱烈的織錦；天際的楓葉熾燄炫爛如丹桂的熏染，桃色的雲正擁抱著一座紫金色的巍峨的山，我癡癡地望著那座崇偉的山；父親說：「那是紫金山，又叫鍾山。」我似從幻覺中逐漸醒來，市容正為向晚的黃昏晚妝，「夕陽無限好」我低吟著這句詩。車子走在中山路，整潔寬廣的大街，平直的路面，竟和北方的黃土路有著霄壤之別，中山路是大都市的通衢，而我家鄉的青石板路，則是一種小小的樸素的打扮。經過一棟方正大氣的廣廈，父親說：「這就是財政部，我辦公的地方。」我悄然咂舌，這麼大的房屋，那要多少人去辦公呀！車子在前面轉入另一條街，街市兩旁商店的招牌下，明亮的門窗玻璃內，有各種的物品在賣。忽聽父親在說：「前面巷子，右轉。」這條巷子口橫起一塊木札，上面刻下三個正體字：鄧府巷。車子一溜彎進巷子裏，一長排紅磚砌起的二層樓房子，端整的屹立眼前。「六十六號，就是這裏。」我們下了車，行李也搬下車，幾個車伕領了錢，謝了聲，大小衣裝，儘都搬放在屋裏，才哈腰低頭走了。父親指著說：「這裏是客廳，後面兩間房，有廚房，樓上是臥室。大家累了，休息一下，我們出去吃飯。」

來到了首都南京，我要適應新的環境，認識新的生命。從天蒼蒼野茫茫的晉西北邊城，來到玲瓏透澈的水月之境，嫵媚秀麗的山林之壤，我要如何敦促自己，變化新的面貌，逸發新的氣質。

翌日，天朗氣清，過了早晨，父親帶領我們一家人，走出鄧府巷右轉不遠，就是寬敞的國府路，國民政府儼然、煥然、龐然的矗立在太陽煦然照耀的一邊。我們行著注目禮經過，懷著中華民國萬歲無疆的心情。我們邁著虔誠的腳步，向前乘上一輛敞蓬的馬車，馬兒昂首轉搖頸下的小鈴，配合著得得的馬蹄聲，愴然的向前走著，父親指示：「我們要到中山陵去謁陵。」晉西北小鷹似的孩子，沐浴在暑氣漸消，溫熙的陽光與習習的風中，意念裏有朦朧的願景在醞釀著；路迎面而來，樹，閃向西邊，花草在煥耀著精神。

到了中山陵，我們拾級而上，上至三百餘級，仰視氣象磐礡的陵寢，國父靄然、廓然、卓絕的塑像，蘊蓄著宇宙的文化與歷史的精華；以開天闢地的智慧，排山倒海的毅力，創造了新世紀的中華民國，以民族、民權、民生為治世圖強，促進天下為公，世界大同的思行德業，又是何等的宏遠與偉大。我看見群衆在膜拜，許多男女學生們在齊唱《總理紀念歌》：

我們總理，首倡革命，革命血如花。推翻了專制，建立了民國，剷除了軍閥，中華。
民國新成，國事如麻，總理詳加計畫，從頭改革中華。
三民主義，五權憲法，總理細推求，不斷的奮鬥，無限的辛勞，建立了民主，中華。
總理精神，永遠不朽，如同青天白日，照耀宇宙，永恆。

這虔敬肅穆、清澈光耀的歌聲，注入我的心靈，如淙淙的流水，難忘。這首歌是由戴季陶先生作詞，北京師大文學院院長黎錦熙作曲。

鄧府巷小學

九月初，金風送爽，父親送我到鄧府巷小學入班三年級讀書，原來鄧府巷小學就在我們住家巷內的首端，走進小學大門，是一片操場，迎面東西兩座併肩的三層樓房，中間是樓梯，上了樓，二樓正中是禮堂，兩邊是教室。樓下是校長徐雁賓老師及音樂老師徐之秋，以及教務、訓育等組的辦公室。這是一所一至六年級的完全小學。端木均是個細眉圓眼，唇紅齒白的十歲男孩，坐在我的右面，和我很是友善，他家住在鄧府巷六十二號，是鄰居，放學後我們一起走，很像兄弟。我著意喜歡另外一位同學文競雄，我們初次在操場相對踢毽子，她看我穿花蛺蝶，點水蜻蜓，不禁有些自愧不如，丟下一臉的無奈，掉頭跑了。以後有很久不理睬我，我忍不住涎著臉說：「以後，我想不再踢毽子啃。」「為什麼？」他骨嘟起嘴：「怕妳不高興。」她驟然笑成一朵蓓蕾初放的鮮花：「你以為我是女娃兒，比不過你就小氣；去！我們上操場去比賽跑！」我是學校裏跑的像風一樣快的飛毛腿，個個知道。她是女孩子要和我賽跑，哈！不輸了才怪。可是，她也跑的真是快，我故意摔了一跤，她回身扶了我一把：「故意讓我贏，也不該自個摔一跤呀！」我原視她為男孩子，如今才認她為女孩子了。徐之秋是我們的音樂老師，他教我們一首歌：「門前一道清流，夾岸兩行垂柳，風景年年依舊，只有那流水喲，總是一去不回頭！流水喲，請你莫把光陰帶走。」他找同學們唱了又唱，挑出十位來在他面前單獨唱後，叫文競雄和我一唱再唱；便拉起我的手搖了又搖，「文競雄，妳的聲音也很好，又細又柔。不過，他的音色爽朗而且圓潤，是不是？」文競雄用明眸望著我說：「是的，徐老師，他的歌聲真好聽。」「那麼，妳回座位去罷。」說完這話，徐老師拉著我就向禮堂走去。

禮堂大講臺一旁有架風琴，徐老師坐在琴凳上，翻開琴架上的樂譜，指著李叔同的《送別歌》說：「這是弘一大師的名作，我彈琴你來唱。」風琴聲啣嚓而婉轉，過門後，我引吭而歌：

長亭外，古道旁，芳草碧連天；晚風拂柳笛聲殘，夕陽山外山。

伯勞東，飛燕西，與君長別離；一瓢濁酒盡餘歡；今宵別夢殘。

走廊外，文競雄在那裏，帶著一臉悠思望著我。有些同學也在那裏聽。徐老師向文競雄招手：「妳也來。」文競雄走進來站在我身邊，「你們倆合唱這首歌，黃自先生的《本事》。」徐老師彈琴我們唱：

記得當年年紀小，我愛談天你愛笑；有一回坐在桃樹下，風在林邊鳥在叫，我們不知怎樣睡著了，夢裏花兒落多少。

「黃自先生是我的老師，這首歌，你們唱的很好。李叔同呢？他原名李息霜，是浙江人，生於天津，父親是前清進士，官至吏部尚書，等於現今的部長。李叔同民初就是國父孫中山的信徒，讀完上海南洋公學，就到日本入上野美術學校，並研究音樂，還組織了『春柳社』演出法國名劇《茶花女》，自己男扮女裝演那個茶花女，獲得讚美。後來，他有了出世的思想，才學佛，做了和尚，法名弘一大師。」

我們唱完了歌，就向教室走去，文競雄突然停下來，望著我一會，才低聲問道：

「你將來會做和尚嗎？」

「為什麼？」我不明究竟地回話。

自後，我的晉西北的鄉音，在與文競雄的對話中，漸有改進。

我最喜歡的課是徐雁賓老師上的國文課，我的作文經過紅筆的圈點，且有「文情並茂，文理順達」等的批示。音樂課尤其吸引著我，我如今似仍看見一個黑髮眉眼的小學生，在忘情地唱著歌：

手把著鋤頭鋤野草呀，除去了野草好長苗兒呀！
一片的麥苗兒隨風倒呀，陣陣的稻香吹來了呀！
咦呀嗨呀呼嗨，陣陣的稻香收來了！咦呀嗨！呀呼嗨！

隨著歌聲的旋律，他頂有韻味的，自在又自然地搖曳著身體，徐之秋老師熱心地教我練歌，他要培植這個有好音色的學生，成為一個卓越的歌手。奇事發生了，一天，徐老師竟然帶我去了中央電臺的錄音室，並且呼叫著：「來！各位過來，聽聽這孩子的歌聲！」他安排我站在麥克風前，工作人員好像專為我做了準備。我雖然驚奇但並不膽怯；我是鄉野孩子，聽慣了原野的呼喚，我昂首唱了起來；鋼琴追著我伴奏：

拔起船錨，打起帆蓬，衝濤破浪向前衝！

我唱《過太平洋》：

今日裏別故鄉，橫渡那太平洋，肩膀上責任重，手掌裏事業長。

我唱《西風的話》：

去年我回去，你們剛穿新棉袍，今年我來看你們，你們變胖又變高。你們可記得，池裏荷花變蓮蓬，花少不愁沒顏色，我把樹葉都染紅。

我唱《春夜洛城聞笛》：

誰家玉笛暗飛聲，散入東風滿洛城；
今夜曲中聞折柳，何人不起故園情。

我唱《踏雪尋梅》：

雪霽天晴朗，臘梅處處香，騎驢灞橋過，鈴兒響叮噹；
好花採得瓶供養，伴我書聲琴韻，共渡好時光。

我唱《蘇武牧羊》，我唱《木蘭辭》，我唱《滿江紅》；我唱的歌，其情難忘，好像摘星攬月，呼風喚雨；都成為我歌唱的音籟。

龍蟠虎踞城

出了我家巷口斜對面，開了一處租書局，我走進去，借了幾本連環圖畫，靠壁在小板凳上坐了翻開來看，書本四方，比手掌稍大，書名是《大刀王五》，畫的人物線條自然，各如其面，細膩逼真，動作配合說白，故事連續，內容活潑生動，真是好看。一連看了幾本，忘記回家，肚子餓了，隔壁是一家滷肉店，我一個銅板買了一包熱呼呼切碎了的燒豬肉，坐回店內又看了一套《燕子李三》，看完了，老闆說：「小朋友，該回家了，想看，明天再來看。」回到家裏，母親留了飯給我吃了。父親說「在學校用功嗎？」我縮了一下脖子，上樓作了算術加減乘除四題就睡了。第二天下午放了學，趕忙跑到燒肉店買了一包肉，便坐到租書店看了還珠樓主的《蜀山劍俠傳》，這以後又看了平江不肖生的《江湖奇俠傳》，又看了《薛仁貴征東》、《大俠霍元甲》等。跟著又看了《乾隆下江南》、《羅通掃北》等。腦海盤旋著楊家將與甘鳳池、呂四娘、江南八俠等。一天，從租書店低頭出來，不想竟碰到了父親。我手足無措地看著他。「看小人兒書也沒有什麼不好，不過還有比你看的連環圖書更好的書，我買了帶回來給你。」第二天，下了學，我到中山路邊等父親下班。看見父親從財政部邁著從容的步子，走出來穿過馬路，手裏提著一個公事包，過來指著我，回頭向跟在他身邊的一位高雅娟美的姑娘說：「這是我的孩子志健，小名叫果生。」這位姑娘展開笑靨說：「長大了，必然是個傑出的人。」我赧然不語，跟在父親身旁向巷內走去。「你可以叫我毛阿姨，我名叫毛盈華。」毛阿姨，我心中唸著她的名字。不久，她低低說了聲再見，轉身離去時，我望著她的窈窕身影，父親說「她是我辦公室的同事」。若干年後，在一個遙遠的城市的黃昏，我驀然想起她的人、她的名字。

父親從公事包拿出來的書有《安徒生童話集》、《木偶奇遇記》、《魯濱遜飄流記》、《老殘遊記》、《格列佛遊記》、《金銀島》、《塊肉餘生錄》、《基度山恩仇記》，以及夏丏尊翻譯的亞米契斯的《愛的教育》，這本書我先看了，有喜悅中的激情，深感人性的可愛，又有一本叫做《小鹿班比》的書，當我讀到牠老了，銀灰色的額頭和昂岸的角，向著月光如霜，微風般行過草原，那樣的莊靜和高貴，使我在心靈中發出仰慕和讚美，原來生命，竟有如斯的自在與安詳，大地有這樣的無垠與含容。人生的不捨晝夜，至此為極。我在跨入少年的歲月中，充實自己，也磨勵了自己。

父親指著唐詩三百首中的一首〈金陵圖〉要我朗讀：

江雨霏霏江草齊，六朝如夢鳥空啼。
無情最是臺城柳，依舊煙籠十里隄。

父親說：「六朝是吳、東晉、宋、齊、梁、陳，都建都金陵，南京古稱金陵，所以說是六朝。臺城舊址在玄武湖旁邊，本是吳國的後苑城，晉為宮城，晉宋時，朝廷禁省為臺，故稱臺城。這首詩說六朝就是說金陵。」「說的也就是南京。」父親說：「是的，全詩說的無非是六朝的滄桑，王氣的消沉，發出很沈鬱的感慨。韋莊是陝西長安人，少年流落江南，且碰上黃巢之亂，晚年在西蜀作官，不能返鄉。他的這首詩感慨歷史的無情，景色依舊，人事全非，就是這首詩的動脈。你現在還不能瞭解我說的話，等你長大些，多讀些書，才知道世情是很難不隨著一個朝代的興亡轉變的。唐詩三百篇中，還有幾首是吊古詠史的詩，你自己去找尋了，仔細讀罷。」

我讀到劉禹錫的〈西塞山懷古〉說晉武帝伐吳，王濬為將，作大樓船連舫載二千多人，把吳的千尋鐵鎖燒斷，於是「金陵王氣黯然收，一片降旛出石頭」的悲懷。又讀他所作〈烏衣巷〉：

朱雀橋邊野草花，烏衣巷口夕陽斜。
舊時王謝堂前燕，飛入尋常百姓家。

我看喻守真先生的註解，《江南通誌》：「朱雀橋在江寧縣，晉置，即吳之均津橋。橋在朱雀門南。會聚寶門內鎮淮橋，即朱雀橋遺址。又，烏衣園在烏衣巷之東，晉王謝故居，舊有堂，額曰來燕」。這首詩是傷感金陵的沒落。王指：王導、王濛、王述、王羲之、王彪之為晉室之忠臣；而謝安於執政時率弟石姪玄拒秦軍苻堅率領百萬大軍於安徽壽縣，晉軍雖僅八萬，但因乘勢得宜，過淝水衝戰，秦軍紛亂敗退，一時風聲鶴唳，草木皆兵，潰不成軍。此淝水之戰，遂留青史。謝鯤、謝靈運亦名流，故當時烏衣巷便是王謝兩家豪宅舊地。父親說：「如今烏衣巷平房櫛比，路巷逼窄，早已不如當年的勝況了。」父親又說：「李白的詩中有許多首是寫金陵的，其中最出名的一首是〈坐金陵鳳凰臺〉，裏邊有兩句是：『吳宮花草埋幽徑，晉代衣冠成古坵』。感嘆幽徑裏的花草埋沒了吳宮，古坵中葬著晉代的衣冠文物。這是對歷史的無情，做了深沉的感嘆。」為此，我陷入一陣迷惘，久久不能釋懷。

當時，徐之秋老師曾教我們一首《懷金陵》的歌，作詞者是《故鄉》的明代詞家薩都拉，唱的是：

六代豪華，春去也，更無消息。空悵望，山川形勢，已非疇昔。
王謝堂前雙燕子，烏衣巷口夕陽斜。……

劉禹錫詩：「山圍故國周遭在，潮打空城寂寞回。」原來歷史是在蒼茫的天地間消逝，像春去時，落花的凋零。

我仔細讀了〈登金陵鳳凰臺〉的那首詩，原來鳳凰臺是在城的西北隅，建在鳳凰山上。父親說：「三山半落青山外的三山是南北相連，三峰排列，就在長江之濱。二水中分白鷺洲的二水是指秦淮出自句容、漂水二山，白鷺洲在江中，二水從兩旁流過。浮雲蔽日如邪臣當道，故而：『長安不見使人愁。就有了更深的意義了。』」因為，李白又有〈登梅崗望金陵贈族侄高座寺僧中舉〉一詩，父親說「梅崗」在城南不遠，聚寶門外的東嶺之上為雨花臺，上有甘露寺；雨花臺上面布滿五彩繽紛的小石子，我們採了一包回到家中，放在瓷甌的清水中賞玩，產生很多樂趣。城西南隅有昇元寺，李白詩有「登瓦宮閣」即在寺上建立。杜甫有〈送許八拾遺歸江寧〉覲省甫昔時常客遊此縣於許生處乞瓦棺（官）寺維摩圖樣志諸篇末，中有句：「看畫曾饑渴，追疑恨淼茫。虎頭金粟影，神妙獨難忘。」這是他大約在二十一歲時出遊至山東，轉進到江寧（金陵），欣覽六朝名勝，山川煙景，最深刻的記憶，見龍蟠虎踞的石頭城，自然靈媚，藝術造境的偉瑰，除了朱雀橋、烏衣巷之外，更有瓦官寺顧虎頭愷之的大壁畫。瓦官寺在城西南秦淮河北岸，為晉武帝所建。顧愷之是無錫人，小名虎頭。父親說：「他是兼善詩賦、書法的大畫家，他在寺內壁上畫的是維摩詰經中，居士維摩詰有病，釋迦佛叫他的弟子去探病，弟子們誰也不敢去；因為維摩詰是大學問家，有大來頭，誰要是去了都怕受辱。最後還是文殊師利去慰問維摩詰。他們的對話藏珠弄玉，妙意無窮。顧虎頭所畫，即是維摩詰人物畫。聞其名參觀的信衆，聚集讚歎，施捨寺院的銀錢超過百萬。高閣二十四丈，而虎頭的畫則千古流傳者，尚有桓溫、桓玄、晉帝列像，司馬宣王、魏晉名臣像，三天女美人像，女吏箴圖、洛神賦圖尤為傳神。人稱才絕、畫絕、癡絕；才畫雙絕而又加以癡絕則言其生命即其壁畫。論者以為其癡呆是自然天地之所造，無論山川樹木，蟲鳥魚獸，都是他意境中的寶庫，而非俗念中的權勢與財富。其時，另有一大畫家為張僧繇，如掃象圖、飛龍圖的藝術造詣，媲美虎頭者，即為在金陵安榮寺畫龍點睛的故事。」我聽得如飲甘露，原來點了睛的龍會破壁飛去，這是多麼神奇的傳說。至此，又令我想起我們在大同府觀賞九龍壁、五龍壁、三龍壁的情景，才知道藝術是生命的結晶，文化的蘊藏。

我問父親南京是如何的虎踞龍蟠？父親說：「這是因為諸葛亮在金陵觀察秣陵山阜，讚歎：『鍾山龍蟠，石頭虎踞。』古金陵是一座大山，吳大帝時，有蔣子文者為秣陵尉逐盜死於牢，立廟封蔣侯。鍾山曾改名恃山，山勢像龍，故稱鐘山龍蟠。石頭山在城西二里，峭立江中，繚繞如垣牆，舟船都經過這裏去建康。六朝以來，都以石頭山為守護要地。所以，諸葛亮才說：『鍾山龍蟠，石頭虎踞，帝王之宅也』。」

金陵物華

我們去遊郊北的玄武湖，那時正是荷蓮含蕊的季節，圓葉如傘，清露欲滴，周邊的亭臺樓閣，浴在暖風裏，遊人俱陶醉在馨陽下，我們飲著清茶，品著細點。坐一葉輕舟，漫溯在碧水中，蓮葉有時替我們遮了隱隱的遠山，香花有時為我們撫了臉頰；怡然的心境，為我們增添了許多甜蜜。遠處竟飄來一縷細柔的歌唱：

夕陽斜，晚風飄，大家來唱採蓮。紅花豔，白花嬌，撲面春風暑氣消。
你划船，我撐篙，欸乃一聲過小橋。船行快，歌聲高，採得蓮花樂陶陶。

我想起來了，這是黃自、韋瀚章二人和他們倆的學生們合作的《採蓮謠》，為我們的遊樂更加美麗了行程。當我們一家人上岸時，晚霞照映玄武湖如在夢幻的氛圍。玉貞竟忘了把船繩繫在岸頭木樁上，我一腳踩上岸，小船便向湖中盪去。父親見了跳了過來，拉起繫索，使我避免了跌落水中，這也是我們遊玄武湖的一段小插曲。

我們去遊采石磯，父親遙指著滔滔的江水對我說：「明太祖朱元璋幼本孤兒，以淮右布衣，託身皇覺寺為僧，憤異族元蒙之統治中國，乃結合其安徽鳳陽及定遠人士如徐達、湯和、胡大海、鄧愈、李文忠、常遇春、花雲、郭子興、沐英等豪傑之士；又重用浙江金華人宋濂、青田人劉基為謀士，起而抗暴，一舉而平西漢之陳友諒，再戰而平東吳之張士誠、方國珍，三戰而滅元都與元政，光復漢室，建都金陵，禮致儒臣、深思治道、戒母后臨朝。禁中宦干政。防微杜漸，善政斑斑，創立明朝二百七十七年之帝業，是大有道理的。」我迎著肅颮的江風，想起《大明英烈傳》中常遇春衝鋒陷陣，斬將搴旗的英姿。花雲死守太平郡，被執不屈，為亂箭射死的義烈。徐達、李文忠、鄧愈領軍北伐，大勝韃子兵於外蒙和林之戰，摧枯拉朽，元人退據塞外，而一蹶不振。

我們更由下關乘火車出和平門、過堯花門外，就到達棲霞山，山在市之東南方。棲霞之名是多麼豔麗，且令人心懷惋慕。遠望那山腰山坡都燃燒著火燄般楓樹之丹朱，花葉的金紅。棲霞寺之塔，千佛巖之佛，皆為六朝遺跡。寺道長過半里，兩邊濃蔭夾道，點點陽光掩映如寶石綴於錦繡，石塊鋪成的通道，如半仰的天梯直達寺廟前的半月池，池內盛栽荷花，蕖葉垂露，香氣四溢。下至棲霞鎮，有棲霞鄉師一所，庭室無譁，師生們想是正值暑假，等待開學。

回望棲霞山的向晚，一層層橙黃與金紅守護著無限好的夕陽，有著多種多樣的堂皇與悱惻，我久久凝望，不忍離去。是怎樣的難捨，歸後忖思，且又惘然。

我們隨父親去了明孝陵，面對龐大的石人石馬，看他們守著歷史的滄桑，啞默無言。

秦淮酒家

我們去了夫子廟，到秦淮樓吃蟹黃灌湯小籠包子和金華火腿肉絲煮甘絲。遊秦淮河而想到杜牧《泊秦淮》的七言絕句：

煙籠寒水月籠沙，夜泊秦淮近酒家。
商女不知忘國恨，隔江猶唱後庭花。

秦淮酒家是唐代杜牧遊金陵所見秦淮河上的風月場所，相傳秦始皇鑿鍾山，以疏淮水，故名秦淮。《南史》：「陳後主以宮人袁大捨等為文學士，因狎客共賦新詩，采其尤豔者，有玉樹後庭花，臨春樂等曲。」指陳後主以逸樂荒淫無度而亡國。商女就是妓女，她唱的後庭花，乃是亡國之音呀。顧名思義，夫子廟雖然是一處紀念夫子的聖地，但歷代以來，卻是遊人冶步之所。故而商店林立，仕女如雲。得月台是一處清唱所，但沒有進去聽。

某週日，父親的友人國家上校馬瑞圖叔叔來訪，膳後，他得父親首肯，帶我到夫子廟陶陶大戲院去看默片《荒江女俠》。雖然影片無聲，但看得興味盎然。以後又跟隨馬叔叔看了《火燒紅蓮寺》。而武俠片的主演查瑞龍、鄔麗珠映在銀幕上的影像，讓我與皮影戲上人物相較，後者的精雕細琢，必須由熟練的師傅加以巧手操作，並配合以聲口絲竹的伴唱，發揮了風土藝術的功能，為觀衆所讚賞。而前者的表演尚屬幼稚，一旦到有聲電影如張恨水的《啼笑姻緣》，由蝴蝶飾演；如阮玲玉的《人道》，也進入我的腦海。好萊塢明星如范倫鐵諾、佛德列馬殊、保羅茂尼，小范朋克，如卓別林、勞萊、哈台、女星如惱瑪奇娜，甜蜜寶貝的童星秀蘭鄧波兒，更為人人之所愛。埃洛弗林的《乞丐皇帝》、《鐵血惱將軍》等片，其劍術之矯健，尤為出衆。國片大略為金燄主演，其人健壯爽朗，《開路先鋒》之歌詞有：「不怕你關山千萬重，幾千年的化石，積成了地面的山峰，前進沒有路，人類不相通，是誰障礙了我們的進路，障礙重重！」這些詞句內涵如何，令人費解。馬叔叔告訴我說：「詞中的含義，就是對舊禮教的一種宣戰！」後來又在國民大戲院看了《夜半歌聲》，演員是金山、胡萍、顧而已等人。這部影片是受了好萊塢影片《歌聲魅影》的影響，加上了反對舊禮教的內容而拍攝。《夜半歌聲》的主題曲由蔡楚生作詞，由冼星海作曲，盛家倫演唱；因為合作的好，也提高了影片的聲望。不過，我更喜歡這部影片中穿插的戲中戲，由施超演唱的《歌曲熱血》：「誰願意做奴隸，誰願意做馬牛？人道的烽火，燃遍了整個歐洲，我們為了博愛、平等和自由，願付任何的代價，甚至我們的頭顱，我們的熱血，地泊爾河似的奔流，任敵人的毒燄，勝過科利巴姆的猛獸，但勝利終於是我們的，看吧，太陽已經照在古羅馬的城頭。」曲的旋律、詞的節奏相合相應，令人鼓舞。另有「追兵來了，可奈何？娘啊！我像小鳥兒回不了窩！做奴隸嗎？不！我是一個大丈夫，我願做黃河裏的魚，不願做亡國奴，亡國奴是不能自由行動呀！魚還可以做浪與波，掀翻鬼子們的船，不讓他們過黃河！」這是有堅強意志的歌聲，我喜歡。我又看了雨果的《鐘樓怪人》，是查理士・勞頓演的，充滿了人性的可愛與可貴，令我難忘。那時，新街口的新都大戲院放映了勞倫斯・奧立佛的《王子復仇記》、裘蒂・迦倫的《綠野仙蹤》，和法國片《野獸與美女》，都是令人感覺新鮮與回味的好片子。孫瑜的《桃李劫》中有一首畢業歌，是聶耳作曲。聶耳是一位年輕的充滿音樂細胞的作曲家，曲調明快而有傳染效果，一時唱遍中小學校，歌詞是：

同學們，大家起來，擔負起天下的興亡！聽吧，滿耳是大地的嗟傷，
看吧，一年年國土的淪喪！我們是要戰還是要降？
我們要做主人去拚死在疆場，我們不願做奴隸而青雲直上。
我們今天是桃李芬芳，明天是社會的棟樑；
我們今天是弦歌在一堂，明天要掀起民族自救的巨浪；
巨浪，巨浪！不斷的增漲，同學們！快拿出力量，擔負起天下的興亡！

同學們唱的激昂慷慨，意氣飛揚。一部《風雲兒女》的影片放映了，主題曲《義勇軍進行曲》也是聶耳的作曲，主題是讚美馬占山將軍等東北義勇軍，高舉國旗，以青天白日滿地紅的義舉，對日寇的抗戰。民國二十四年，聶耳在日本海灘遇難，死因迄今不明。但對日寇侵略我國的鬼蜮手段，卻加深了戒懼之心。在育樂方面的一些智識，是徐之秋老師教導我的。但在國是方面的認知，卻是馬叔叔告訴我的。

民國十五年（一九二六），蔣委員長率師北伐，以求推倒軍閥，與軍閥所賴以生存之帝國主義，完成國民革命。至十七年底，國民革命完成，統一全國。而中共則在此時發動江西、廣東、陝西、東北、湖南、湖北、河南、長城各處之暴動與內亂；至二十四年底已窮途末路，潛入陝北後，高唱：「停止內戰，一致對外」的口號，其時，是在外國的侵略下，擴大勢力；此時為了埋伏養息，用抗日聯合陣線，蠱惑西北剿匪副總司令張學良和陝西綏靖主任楊虎城於二十五年十二月十二日，在蔣總司令去西安坐鎮時加以劫持。全國同胞一致譴責，張於拜

讀蔣公的愛國救民赤血丹忱的日記後，頓悟感愧之下，親自認錯，恭送蔣公回來。那時，我是鄧府巷小學童子軍小隊長，擔任歡迎隊伍，為歡呼「蔣公萬歲」的國民開道，簇擁民族救星，蔣公安然無恙的進入國民政府。那種淚眼迷濛，肉飛神騰的心情，永遠難忘。

那年來臨的春雪，洗淨了大地的污垢，洋溢著無限的美景。我朗誦著張繼的〈楓橋夜泊〉：

月落烏啼霜滿天，江楓漁火對愁眠。
姑蘇城外寒山寺，夜半鐘聲到客船。

楓橋在江蘇吳縣閶門西七里，即楓關，本名封橋，張詩作楓，尤有詩情。寒山寺離此三里，相傳因寒山、拾得曾錫於此寺而得名。夜半鐘聲的確是寒山寺半夜鳴鐘的一種習慣，給深秋的皓月如霜，增添了江楓漁火，悠遠深邃的風趣。

父親說：「我們要到蘇州去看一看。」那江南水鄉的山隱隱，水盈盈。蘇州的確是一座媚嫵的水都。語調柔軟的魚米之鄉，有說不出的詩情畫意。這裏的史蹟，有泰伯廟、姑蘇臺、虎丘，可以一飽眼福，怡悅心脾。

蘇州的畫橋園林

泰伯廟是吳人紀念遠古的祖先泰伯所建立的大廟，泰伯姓姬，其子孫周文王極有盛德。

周武王則滅殷商而統一天下。這廟是東漢永興二年，由太守麋豹立廟於城西梅里聚，杜甫對泰伯仰慕，多次去禮拜，在〈北遊詩〉中憶念：「嵯峨閶門北，清廟映池塘。每趨吳太伯，撫事淚浪浪。」吳國既有祖先泱泱流傳的德澤，又佔有江蘇、安徽田園豐腴的土地，何以竟為越國滅亡呢？原來勾踐是越國君主，姬姓，是大禹之後，佔有浙江、江西大部分土地；與吳國唇齒相依。不料因壤地權利之爭奪，吳王夫差之父闔閭征越，為勾踐射傷而死。夫差葬闔閭於姑蘇城西九里處，並以三千寶劍為殉，受日月精華而結為白虎雄踞其上，墳其墓名百虎丘。夫差是血性之人，為報父仇，使人主於中庭，出入時呼叫：「夫差，你忘了勾踐是你殺父的仇人嗎？」「是，不敢忘！」夫差鞭策自己，勵精圖治，尊楚的亡臣伍員為相國，一舉而亡了越國。越王勾踐是一理性的人物，深自檢討敗亡之罪，為民公僕，躬行踐履。用冬冰夏火，臥薪嘗膽以惕勵心志。任智者范蠡九術之謀，文種推行，其中尤以獻西施、夷光等美女給夫差以惑其心，以亂其謀；夫差伐工造姑蘇臺、館娃宮、響屧廊等勞民傷財，國庫為虛。又因勾踐去吳國為下賤奴僕，不避腥臭，吳王病，勾踐嚐其糞便，謂王的病已痊癒。夫差感其忠悃，西施佳稱，遂縱放他回國。伍子胥乃一人傑，早已洞燭勾踐的意圖，夫差反而寵信奸臣宰嚭，疏遠伍員，更糊塗到賜屬鏤劍令其自剄。伍員以楚平王冤殺其父兄，抱孤臣孽子之心，過昭關，東奔吳國，機逢闔閭，輔佐其即位，而傳之夫差。伍員自刎前有遺言說：「越十年生聚、十年教訓；二十年後，吳其為沼乎？」死時，抉目懸閶門上，欲觀越兵之來。屍葬錢塘江潮，澎湃其聲，作千古不平之鳴。夫差既佔有蘇、浙、皖、贛一帶，志得意滿；伍子胥自盡，無人諫阻，好大喜功，欲進兵中原，爭盟主之尊，乃率國中精銳北伐。勾踐乘虛而入，遂敗吳兵。夫差棲止姑蘇，求為會稽之赦罪。勾踐欲許而為范蠡所阻曰：「昔者會稽之事，天以越賜吳，而吳不受。今天以吳賜越，越豈可逆天乎？且天予不取，反受其咎。」這段話是《吳越春秋》的名言。吳王夫差迫不得已，遂羞憤自盡。范蠡恐勾踐能共患難，不可共安樂，乃功成身退，改變姓名，遊樂於自然。父親說：「這才是大國手。」可惜伍員一片孤忠，俱赴東流。

蘇州有這樣的歷史，令人感嘆，而蘇州又是最美麗的都市，令人留連。

吳音的彈詞

我們走在蘇州的大街小巷，見家家戶戶皆有小河相通。而三百畫橋拱映著別出心裁的大小園林，迴廊亭榭，這又是名勝古蹟的光耀。父親說蘇州的「拙政園」就是東晉無錫國寶大畫家顧愷之私人的園宅，其間的建築雖距今已一千餘年，但建構的古拙奇巧，靈斧神工；迄今仍不減其逸然的風采，卓然的形相。日本人建築都會城園，仿造的典型氣度，就是這「拙政園」，吳三桂的寵妾陳圓圓就在園裏住過。母親此時說：「世界上婦女的美麗，蘇州是天下之冠。」我當時年紀小，不懂這話的意思，但卻能記在心中，至今不忘。這時我們聽到絲弦的音樂傳來，盈盈入耳。父親說：「吳音最是好聽，彈詞流行於江南，而蘇州彈詞多用女兒聲；吳濃軟語又是南音中最柔悅的聲音。」我問：「難道男聲就唱不出好聽的南音嗎？」父親笑了：「你唱的歌，聲音不錯，這問題問的好。」父親這時就對我說了清代山東曲阜孔夫子六十四代孫孔尚任的《桃花扇》，內容是借戲曲傳南明的哀史「桃花扇底送南朝」的李香君曾在南京烏衣巷媚秀樓住過。並說到柳敬亭在「桃花扇——餘韻」一節的彈唱，那是蒼涼悲傷的音色，其中「秣陵秋」唱的是陳隋以下到明朝末年的滄桑。「哀江南」一齣唱的是金陵殘破，秦淮冰消：「眼看他起朱樓，眼看他讌賓客，眼看他樓塌了。」就是這段戲的結局。「那麼蘇州彈詞呢？」父親說：「有人研究說：『彈詞是中國最長的敘事詩』。」「敘事詩？」我不解的問：「說唱人情故事的長詩？」於是，父親帶我們去聽了一大段《珍珠塔》。珍珠塔的情節述方卿家貧離鄉投奔勢利刻薄的姑母，受盡譏諷與刁難，下人也看不起。只有小姐陳翠娥把家裏的寶物珍珠塔私自贈給他，多次叮嚀他裏邊放的是乾點心，一路上要小心照看。這就是關鍵性的一段贈塔，又加上了劫塔、追塔、當塔、認塔、哭塔、造塔等情事。達到了這戲的「藏頭露尾」、「委婉曲折」的細微過程，後來劫塔的大盜邱六喬到陳家當塔換錢，才物歸原主，老爺追問珍珠塔的事到小姐身上，才迴峰路轉，明瞭內情，後來方卿高中狀元，奉旨完婚；方卿仍裝扮窮酸回來著實調侃了岳母一陣，才與小姐完婚。這戲又名《九松亭》，我看得有趣，聽的耳熟，父親說：「這戲就是節外生枝，葉上生果，密處疏，疏處密，聽上了癮，可不得了。」

彈詞自是吳音中美感成分最豐富的一種藝術，珍珠塔之外，尚有《榴花夢》，《再生緣》等等，大戰中有的戲目，彈詞也不缺少。我留意到了彈詞的婉轉流麗，也知道還有汪洋恣肆的一面，藝術無價，陰柔與陽剛並存，正是相與融鑄的生命色彩與情調。

蘇州有多種多樣嬌貴的細點心與似都沉浸在微醺中的花樹，雨雪微霏，水波迷離，你聽著童女的歌吹，彷彿看見夢裡花朵的爛漫與飄零。如今想來，蘇州才是雅士與佳人的故鄉。

吳音的歌謠更是在柔曼的音韻中，有無限豐富的情緒，但是吳音自吳越、六朝以至今日，只在京滬沿線一帶，而擴展到杭、嘉、湖等地，它的意念、細膩溫文的表情，可做中國文明的紀錄，而蘇州又可做此種文明的領袖。因此，吳音是自楚辭以來，南方方言文學上的翹楚。

太平時日下的暗潮

是年春分，秉仁四舅從北地，帶著我不能忘懷的嗩吶、笛笙、二胡的鄉情藝術的氛味，來南京看望我們。那時，我家已搬到國府路肚帶營一處有前後院的房子居住。自從西安事變，蔣委員長平安回到南京以後，舉國上下瀰漫著擁護領袖的頌揚之聲，才知道國家的重心是在於蔣公的領導。尤有甚者，當年國家承平富足於短期的埋頭努力，人人奮鬥，九州圖強，一片欣欣向榮的景象。洪亮說：「一個人每日包飯吃館子，每月花費不過三塊大頭，出去遊玩，只帶一些銅錢，便是吃喝玩樂都有。」真是有杜甫〈憶昔〉詩中寫的：「憶昔開元全盛日，小邑猶藏萬家室。稻米流脂粟米白，公私倉廩俱豐實。」四舅也說了一些北地男耕女織，災變一晌的平靖，歲月竟有如斯的和順好過。但凡這些現實的進步，看在東鄰鬼子的日本軍閥的眼中，如目心有刺，侵略我國的狼子野心，蠢蠢欲動。在澄靜的水波下，暗潮澎湃洶湧。

那時，全國中小學校及社會上都流行著一首簡單易唱的《自衛》歌，作詞者是北大教授馬君武，作曲者是語言學家趙元任：

肩著槍，提著刀，爲了自衛去上操，拼死命，把國保；誰是敵人我們早知道，
你聽，那群眾在怒吼！今日正是復興民族的機會到了！
徐之秋老師教了我們一首由明月歌舞團創辦人黎錦暉作的《大無畏歌》：
不怕雨，不怕風，不怕威炎火樣烘，不怕過寒冬。不怕苦不怕窮，不怕煩勞儘做工，
越做越輕鬆，康強心志國，勤勞氣力充，樂亦在其中。國難記在胸，爲國誓盡忠，
鼓勵打衝鋒。不怕虎、不怕龍、不怕敵機飛在空、射它倒栽蔥。
不怕死、不怕凶，不怕敵人逞威風，能守又能攻。
不怕哄，不怕空，不怕誘惑或慫恿，明白不矇矓，
不怕苦，不怕窮，不怕私利和虛榮，
公正不盲從，進進沙場上，行行最前鋒，戰鼓震咚咚。
大炮向前轟，開槍絕不空，彈發準定中。
不怕掃，不怕衝，不怕彈丸穿過胸，治好再衝鋒。
無畏始，無畏終，不怕不能打成功，戰死更光榮。

這就是自九一八、一二八之後，黎錦暉抗日的心情。他原來愛好音樂，創辦了明月歌舞團，培養出不少歌唱界的明星，當年，他譜曲的《毛毛雨》、《可憐的秋香》、《葡萄仙子》、《桃花江》、《妹妹我愛你》，流行各地而泛濫成災，為教育人士目為異端的靡靡之

音，斥之為下流低級。但面對敵人，他也能穿上戎裝，做了攻擊敵人的子彈。而我們小學生熟練的一首歌，是《中國童子軍》：

中國童子軍，我們是三民主義的少年兵。
年紀雖小志氣眞，獻此身、獻此心、獻此力爲人群。
忠孝、仁愛、信義、和平，充實我們行動的精神；
大家團結向前進，前進！青天高，白日明。

這等歌，唱的人人志氣昂揚，個個精神抖擻。

四舅是愛好戲曲的一個人，聽我說去了蘇州，還聽了《珍珠塔》，便說晚唐詩人杜牧有不少專寫他居揚州時候的詩篇，如「二十四橋明月夜，玉人何處教吹簫？」如「蠟燭有心還惜別，替人垂淚到天明。」如「十年一覺揚州夢，贏得青樓薄倖名。」父親笑著說：「你跟果生說這些玉人吹簫、惜別垂淚，十年揚州夢，他是不懂得其中的情意的。倒是在蘇州聽彈詞，他雖然因吳音土語多，聽來半懂不懂，但唱時娓娓動聽，說時有聲有色，表演的不慍不火，引經據典，渾渾灑灑，眼前景物，隨口道出，能把死書說活，這些他卻是聽的津津有味。秉仁弟，你想去蘇州嗎？」四舅說：「天下明月有三分，二分明月在揚州，如果有機會，我倒是想到揚州，看看揚州，聽聽說書。」父親說：「你既來京，豈可空手而回。就這麼辦，咱們去揚州三五天，度個春假，秉仁，我們帶著喜好唱歌的果生，三個人走一回。」四舅拍手笑著點頭。

揚州說書

在濛濛淞淞的細雨中，去揚州西門外，找尋隋朝時建造的二十四橋美人吹簫之處，有人說二十四橋因年代久遠，已泯滅多時了。有叫紅葉橋的一座磚橋，依稀是前朝舊物，不知是否？父親說：「揚州的繁榮興盛與隋朝有甚大關係。隋朝開國皇帝楊堅是位自奉甚儉，善於御下之人，但也是一位嚴酷、矯枉過正的剛愎自用之人。他常認為太子勇仁厚為儒弱，次子廣偽善為強毅，便廢了勇而信任廣領兵滅了南陳，統一了天下。陳後主是個荒唐的酒色之徒，以沈香木建亭臺樓閣，飾以金帛珠寶，寵愛美人張麗華、龔、孔等嬪妃，日日春宵，夜夜笙歌，歡飲無度，玉樹後庭花，臨春樂即其曲調；身坐積薪上，仍耽於尋歡作樂；隋兵進入殿堂，才匆匆攜張、孔二妃投入臺城旁景陽殿後眢井中，此井即是南京雞鳴寺北極閣前之井。」「他死了嗎？」我問。「南陳後主叔寶與二妃被俘，文帝並沒有殺他們。但他自己卻死於次子楊廣之手！」「呀！怎會這樣呢？」「楊廣更是一個好大喜功，荒淫無德的色鬼，因為他想通姦他的庶母宣華夫人，為文帝知悉。楊廣為了權位之爭，便結合太尉楊素，命手下張衡入殿殺了父皇。父子相殘，真是人倫慘事。他即位號煬帝，北征南擊也有戰功；最可說的就是他南開運河以利交通，這條運河全長一千多里，他伐工把洛水引入黃河，經汴入泗，到達淮河進入長江，運河開鑿完成，他的荒淫享受也到達頂點，建築洛陽的西苑，極盡奢華不說；運河鑿成，他乘坐巨舶高四層，長二百尺，上有正殿、內殿、朝堂，房一百二十間，宮女、侍從、嬪妃等成群。徵民伕八萬人肩挽到達揚州（時名江都）。楊廣以個人之荒淫為當然，以天下之無辜蒼生如蟲蟻而未見，雖有運河開鑿之功，繁榮了揚州；而不免內極奢淫，民不聊生，終至不能保全文帝之創業，遂被弒而死。」四舅說：「被他的臣子宇文化及等人所殺。」父親說：「當時反煬帝劣政的，各地有二十餘起。以後李淵起自太原，創建帝業；由次子世民統籌統行，重用咱山西河津大儒文中子王通的弟子房玄齡、杜如晦等十八學士助其建立大唐二百八十九年的輝煌帝業。」我聽得入神，天下分久必合，分則亂，合則定於一。唐代盛世之間，揚州商賈雲集，杜牧在揚州時，風景繁華，故有冶遊的詩，也有繁華夢醒懺悔豔遊之作，青年不拘細行，晚年多所收歛，故有很大成就。揚州古稱九州之一，包括今江蘇、浙江、安徽、江西、福建的豐饒之地。舊府名江都，就是今日的揚州。揚州瘦西湖、平山堂、天寧寺、文昌閣，俱為名勝古蹟。史可法祠墓，尤令人低徊再三，不忍驟去。

在綿綿細細的絲雨中，我們走在桅檣櫛比的運河岸邊，遠近的景色都被蒙上層煙靄，這正是杏花春雨江南的靚妝。我們走進一座樓榭，叫了飯點湯茶吃著，我看見一位黑瘦臉膛，戴頂瓜皮小帽，帽間綴了一塊晶瑩的碧玉，一襲藍衣，微開雙目的人士，坐在一張烏木桌後，桌上一把茶壺，手中一把摺扇。四舅說：「這是一位說書的伎藝人。」只見這位說書人雙目一張，炯炯有神，摺扇開合之間，其聲朗朗的說道：「開天闢地通經史，博古明今歷傳奇。今下說的是『武十回』中的一段：『武二爺醉打蔣門神；話說武松為兄報仇殺了潘金蓮、西門慶，判了罪，發配孟州安平寨牢城，小管事施恩也是拳腳上人物，但見武松在院落把玩一塊重四、五百斤重的石礅，手提耳環舉起，拋起在高空接在手中放在地上，面不紅、心不跳、氣不喘；佩服得五體投地，便說出自己原有的市場快活林，生意遠近皆知，每年結帳有贏餘。不料來了個暴徒蔣門神，身高九尺，力大無窮，被他強佔了地盤，與他爭鬥，被他打傷。武松最恨以強凌弱，這口冤氣，要為他填平。第二天將近中午，武松和施恩帶回隨從向快活林走去。武松在路上喝光一罈酒，遙望柳蔭樹下，一個黑鐵大漢在那裏乘涼，武松怒發向蔣門神走去，蔣門神見來者不善，大步迎上，口出穢言，武松舉起兩個拳頭，向蔣門神臉上一閃，轉身便走，蔣門神大吼，好小子，敢在老子面前撒野，話聲未了，武松猛回身，左腳已踢上蔣門神小腹，右腳飛起踢中蔣門神面目，蔣門神嗚嗚嘶喘，頹然倒下，武松踏住他，拳拳著肉，痛的蔣門神連連告饒。武松這兩腳叫做連環步、鴛鴦腳，是有名的武術功夫。蔣忠依從了武松的條件，歸還了施恩的生意，連夜抱頭鼠竄走了。』」

說書人，放下了摺扇，飲了茶走了。他的表演有聲有色手舞足蹈，聽的我目瞪口呆，原來這活龍活現的說書，比看連環圖畫還要強上十倍，怪不得聽者會上癮，入迷，成為娛樂的一種風行的景象。父親說：「我們可到附近書肆走走，看有沒有說唱這類的書本。」我們到隔壁一家書局選購了幾本小書，到一座綠頂紅楹的八角亭中小圓凳上坐下，中間一張磋磨平滑的圓桌亭，翻開一本陳次衡輯語《揚州說書》，父親指著一段文字寫著：「揚州說書，為江蘇江北說書業之中心，與蘇滬相頡頏，柳敬亭為揚之泰州人，揚州說書家或直接傳其衣缽也，揚州畫舫錄謂：『郡中稱絕技者，吳天緒三國志，徐廣如東漢，王德山水滸記，高晉公五美圖，浦天玉青風閘，房山年玉蜻蜓，曹天衡善惡圖，顧靖章靖難故事。鄒必顯飛蛇傳，謊陳四揚州話，皆獨步一時。』可見一些盛況。清代揚州鹽商，富擬王侯，恣情享樂。自意中事。聽書為高尚享樂之一端。富貴之家，日無長事，主婦千金，以婢媼捧出，列坐堂上聽說書。又：『揚州說書說水滸者，有魯（智深）十回，林沖十回，武松十回，宋江十回，盧俊義十回，共五十回書傳世。』」其中又引《柳敬亭說書》一段：

余聽其說景陽岡武松打虎白文，與本傳大異。其描寫刻畫。微入毫髮。然又找截乾淨。並不嘮叨。有時聲如巨鐘。說至筋節處。叱吒叫喊。洶洶崩屋。武松到店沽酒。店內無人，舊地一吼。店中空缸空甓。皆嗡嗡有聲。閒中著色。細微至此。

父親說：「說書雖然是口頭技藝，但是第一要有廣博的知識，第二要有靈敏的才思，第三要有切要的身手，第四要有多種樣的技能。還有一顆忠於行業的心胸。而世上一切的藝術，都靠切磋琢磨而來。」

陳次衡在書中說，說書大略為兩種：一評話，二彈詞。晚上，四舅拿了書中的要文說給我聽，一則是〈揚州畫舫錄〉卷十一：

徐廣如始爲評話，無聽之者，在寓中自摑其頰。有叟自外至，詢其故。自言其技之劣，且告以將死。叟曰：「姑使余聽之可乎？」徐諾，叟聆之，笑曰：「期之三年，當使爾技蓋於天下也。」徐隨侍，叟令讀漢魏文三年。曰：「可矣！」故其吐屬淵雅，爲士大夫所重也。

四舅說拜師學藝，才學並進，日夜磨練，三年有成。咱家鄉的話：「鐵杵磨成針，功到自然成。」又有一則：

葉勇復，字英多，雖霸林，江都諸生，好歐陽通書法，摹之道肖。言古人忠孝事，慷慨激發，座客懍然。

其所說宗留守（澤）交印爲最工。大者原本史籍，稍加比傳，乃皆國家流離之變，忠孝抑鬱之志。撫膺悲憤，張目嗚咽，一時幕僚將士聽命者，及諸子之侍疾者，疏乞度河之口授者，呼吸生死，反端坌集。如風雨之雜沓而不可止也，如繁音急管之慘促而不可名也！如魚龍呼嘯哀吟之震盪淒絕而無以爲情也！

四舅又指一則說：「鄒必顯以揚州土語編輯成書，名之揚州話，又稱飛跎子書，以滑稽諷世。」變幻百出著名，說者夾雜市井俚語，賣弄嘲侮必以科白見長。又說，這書是浦之玉所作：

浦琳，字天玉，右手短而捩，稱抋子。少孤，乞食城中，夜宿火房。逾年，大東門釣橋南一茶爐老婦，授抋子以呼盧術。抋子挾之以往，百無一失。由是積金賃屋，與婦爲鄰。在五敵臺，婦有侄以評話爲生，每日皆演習於婦家。抋子耳濡已久，以評話不難學，而各說部皆人熟聞。乃以己所歷之境，假名皮五，撰爲清風閘故事，奏氣定辭，審音辨物，揣摩一時亡命小家婦女口吻氣息。聞者驩咍嗢噱，進而毛髮盡悚，遂成絕技。抋子體肥，多痰善睡，兼工笑語口技，多諷刺規戒，有古俳諧之意。晚年樂善好施，金棕亭有抋子傳。

說書有大書、小書之分，大書如三國、水滸、封神、西遊、歷史演義、聊齋等無所不說。

小書則如公案、三俠、七俠、小五義等亦種類繁多。我聽了以為這真是一門大學問，晚上睡夢中似仍在茶樓聽說書演說武松行俠仗義，鐵錚錚一條漢子。

我們仍在濛淞細雨中告別夢寐難忘的揚州回到南京。

天堂般的杭州

四舅對於說書的濃厚興趣，啟發我很多的想像。父親高興地說：「上有天堂，下有蘇杭。」如果今年暑假我們有好的計畫，那就是我們一家人去杭州旅遊。杭州又是怎樣美好的地方呢？我翹首天外，快樂地期盼著。父親說：「杭州是南宋建都之地（時稱臨安），歐陽修言杭州是『四方之所聚，百貨之所交，物盛人衆，為一都會』。柳永望海（江）潮『有三秋桂子，十里荷花』之詞，金主完顏亮讀後說：『揮兵十萬西湖上，立馬吳山第一峰』。道出了侵略的野心，如果高宗趙構和秦檜不殺復國的岳飛，則南宋不會亡。岳武穆死葬西湖棲霞嶺上，松江女史輓說：『青山有幸埋忠骨，白鐵無辜鑄佞臣。』人人見了秦檜夫妻在墓前的跪像都要踢唾了才罷。」父親嘆了口氣說：「這也是西湖的一景。」唐詩人白樂天與北宋之蘇東坡，皆曾先後為宦杭州西湖，白堤、蘇堤即為二人所築。白居易是咱山西太原人，但卻鍾情杭州，喜愛江南的好山水。他有很多詩是歌頌杭州的，如「最愛湖東行不足，綠揚陰裏白沙堤。」如「未能拋得杭州去，一半勾留是此湖。」他喜歡遊天竺、靈隱兩寺。「寺暗煙埋竹，林香雨落梅」。他給元微之的詩中，很多首是詩讚西湖的。三年官滿時，他依戀難捨寫道：「自別錢唐山水後，不多飲酒懶吟詩。」他在〈憶江南〉的詞中說：「江南憶，最憶是杭州。山寺月中尋桂子，郡亭枕上看潮頭。」等等不一而足。至於北宋的蘇東坡時對白樂天在西湖的歲月，更是感同身受。如「休驚歲歲年年貌，且對朝朝暮暮人。」如「遠將天竺一峰去，欲把雲根到處栽。」如「出處依稀似樂天，敢將衰朽較前賢。」如「夢想平生消未盡，滿林煙月到西湖。」大家最熟知的一首：「水光瀲灩晴方好，山色空濛雨亦奇；欲把西湖比西子，淡妝濃抹總相宜。」把西湖比做美人西施，無論淡妝濃抹，晴天雨天都是絕美的。我和四舅聽父親講說西湖與兩位大詩人肝膽行跡，雖然，我不能完全領略詩中的奧妙，但一顆心卻為此江山如畫，多少煙波湖月的風光迷醉。

五香雞蛋、糯米粥

民國二十六年我十三歲，讀小學五年級，暑假後，我將升入六年級，我的作文、書法、常識都有好成績，算術也還過得去。我的音樂歌唱一百分，最受到徐之秋老師的肯定，也得到文競雄的讚賞。她的算術每次考試從來都是滿分，可見她有了不起的計數能力。我和她講到蘇州、揚州的許多感受，同時把我故鄉五寨的風土人情、冰霜雨雪告訴她；她母親是蘇州人，講一口好聽的吳濃軟語，她父親是徐州府銅山縣人，所以，他說口頭語，也是帶著些縹緲的中原音，還不時糾正我受西北的土氣鄉調。我們日益熟悉，便成了好朋友，我送她一本《小鹿班比》的書，她便送了我《伊索寓言》，書裏有些好東西，要自個兒去找。過了兩天，寫了一張字條給我：

我喜歡那個班比，尤其喜歡，牠年紀老了，獨自站在草叢中，微風吹過，他那銀灰色的頭額和那伸開、像樹枝的犄角。月光照著，牠的莊嚴偉大。牠行走就像微風吹過。到了晚年，你會像牠嗎？

又附著一行小字：「什麼時候，我能到你的家鄉看一看？」

故鄉的風聲在我耳邊吹過，那是多麼遙遠的地方：南京不是我的故鄉嗎？我癡獃地想著。默默地想著。默默地念著她的話。「呆子！」她推了我一把，明眸注盼地一笑。「我現在正在讀一本叫做《塊肉餘生錄》的書，是一位林紓先生翻譯的文言文，讀的很有趣，但也辛苦。暑假期間，我會細心讀《伊索寓言》。」「哼！」她又笑出聲來：「呆子，誰管你。」望住她的背影，遠了也不曾離開。

徐老師對我有很大的期望，他引領我唱《國旗歌》：「同心同德，貫徹始終，青天白日滿地紅。」「熱血——熱血滔滔，像江裏的浪，像海裏的濤，常在我心頭翻攪。」「出征——槍，在我們的肩膀，血在我們的胸膛，我們為捍衛祖國，我們齊赴沙場。」他送我到中央電台播唱《前進曲》；這是何安東的作品：

前進，一齊向前進，看敵人揮動明晃的刀槍，預備再屠殺！
一世紀的恥辱，堆的比山還要高，百年仇恨，比海要深，

再等待什麼？快衝上前去吧！非用熱血恥辱洗不掉，
不用頭顱仇恨那能填滿？衝！衝上前去吧！

熱血在沸騰，仇恨在燃燒，國難真的已到燃眉之急嗎？父親說：「國家的富強安樂，指日可待，這是最好的前景。我們的東鄰日本強盜，卻虎視眈眈，隨時要侵略我們，我們就要有最壞的打算，全國同胞團結一致，和他決一死戰！」是的，睡獅醒來威震天，我們要保衛國家，去犧牲奮鬥。校長徐雁賓老師，一張白淨的圓臉，蓄著平頭，穿著中山裝，走進教室來上課，總會講一段感人的故事。他說五四運動，是因為日寇提出亡國的二十一條，強迫我國承認，而引發了北京大學及全國學生的愛國運動。說到激動處，就掉下淚來；現下，日寇又在華北向我們一步步逼來，「我們要亡國嗎？」「不要！」同學們大聲回答著。一次，徐老師講胡適翻譯、法國都德所作《最後一課》，說到普魯士的軍力要來佔領法國，老師含淚向同學們告別，說這是最後一課，同學們都黯然抱恨，深感亡國之痛了！徐老師按了按書本，挺了挺胸膛，抹了一下眼睛，向我說：「志健同學，你站起來給大家唱那首《前進曲》吧！」我站起來開始唱這首歌；文競雄跟著站起來和我一齊唱：「看，敵人揮動明晃的刀槍，預備再屠殺！」一班四十位同學都站起來齊唱：「一世紀的恥辱堆的比山還要高，百年仇恨比海要深；再等待什麼？」從窗外也傳來應和的歌聲：「快衝上前去罷，不用熱血恥辱洗不掉，不用頭顱，仇恨那能填滿？衝！衝上前去吧！」一時，學校裏的每個角落，都充滿了這歌聲，並且重複的唱著，久久不歇。

北方的風雲日緊，四舅要回中原去，母親萬分不捨。父親為了消愁解悶，便帶一家去莫愁湖，相傳這裏曾是古代美女莫愁之所居，湖邊有莫愁的塑像。父親說：「在一本小說《儒林外史》三十回中，說一位名士杜慎卿，極喜愛戲曲，曾在此處舉行戲曲賽會，參加的戲班子一百三、四十個，演出唱一角不下六、七十人，穿出豔服上臺競技，唱了個通宵，觀衆風聞，無論遠近，從四方趕來看戲，說：『點起幾百盞明燈來，高下層疊，照得有如白晝；』又有『歌聲縹緲，直入雲霄』。清朝乾隆年間，有此奇景盛況，一是因太平年間，戲曲開張；二是金陵自古就是人文薈萃，交通繁華。何況明太祖聰明睿智，建都金陵，禮致儒臣，立下不少善政。不過，現今莫愁湖，雖然還是花紅柳綠，水波依人。但是我們卻因四舅要北歸而憂愁，明年今日，我們再重新歡聚吧！」

四舅和我們一家人分手回北方去了。那夜，我輾轉反側，遲遲難於入睡；夜深人靜，一個蒼涼的叫賣聲由遠而近。「五香雞蛋、糯米粥！」梆子的聲音，也由近而遠的去了！

第三章　馬鳴風蕭蕭

民國二十六年七月七日，燥熱不雨的密雲天氣。

七月七日的深夜，日寇的侵略部隊，進攻了河北省宛平縣的蘆溝橋，企圖經過殘酷的炮火殺戳，亡我國，滅我種，永遠做他的奴隸。於焉，八年抗日的聖戰揭開序幕。

二十六年七月二十日，蔣委員長告全國同胞書：「臨到最後關頭惟有堅強犧牲。」但仍不放棄和平解決日軍炮擊宛平，進攻蘆溝橋的挑釁。但日寇的勁旅關東軍，早做了侵略的戰爭，並向平津地帶進行了猛烈的攻擊，種種暴行，令人髮指。七月三十日，最高統帥蔣公在廬山向全國軍民同胞宣布：「現在就是最後關頭！等到最後關頭一到，便只有地不分南北，人無分老幼，拼全民族的生命，以求國家的生存，不容中途妥協，唯有犧牲到底，抗戰到底，以贏取最後的勝利。」這浩然正氣，鐵血錚錚的宣告，就是八年聖戰，不屈不撓，血肉長城的起步。不久，日寇又傾全力發動了「八一三」上海之戰，準備一舉佔領江南的繁華之地淞滬。於是，上海人的胸膛，爆發了熊熊的怒火，黃埔江的怒潮，掀起了熱血洶湧的波濤，英勇的國軍，以骨肉頭顱，抵抗了日寇酷烈的飛機大炮。

一天晚上，我們一家人圍坐在收音機旁，聽著一則新聞：「七七蘆溝橋事變，趙登禹將軍率部進駐南苑……壯烈犧牲，時年三十九歲。」這時，有人推門，並大步走了進來，一看，原來進來的是全副武裝的上校軍官馬瑞圖叔叔，我們全家都站起來，但見他敬了個軍禮說：「特來向兄嫂和侄們，說一聲再見，我正請纓立即赴上海，對日寇作戰，軍人盡忠捍衛國家，雖死猶生。告辭了！」父親擁抱他並拍了他的肩膀：「祝你勝利！」我們送他到大門口，他頭也不回，快步踏上一輛敞蓬小汽車走了。

這時，蘆溝橋之歌從華北唱到了江南。

《蘆溝橋之歌》

民國二十六年七七抗戰，日本稱為「七七事件」，我國則稱為「七七事變」。「蘆溝橋」之成為日軍侵略的焦點，是由「甲午戰爭」之役，繼之以「九一八」、「一二八」後，處心積慮，無時無刻都在進行策畫無恥的陰謀：近百年來加之於我國的恥辱，堆積如山。「蘆溝橋」發動侵略戰爭，就是以殺戮為實現狼子野心與逞惡其獸性的殘酷暴行。因此，和平無望。戰爭一旦興起，我們只有以血肉為長城，奮起抵抗。當時有羅海沙作詞、何安東作曲的《蘆溝橋之歌》：

蘆溝橋，蘆溝橋，

南宋建築到今朝。

猙獰的惡魔雖在狂嘯，

民族的火炬正在燃燒。

槍刀各在腰，

萬眾一心除強寇，

正氣沖雲霄。

這首歌正揭示了，蔣委員長在七月二十日於廬山發表談話，對日抗戰堅定的立場：「政府對於蘆溝橋事件，已確定始終一貫的方針與立場，『希望和平，而不求苟安；準備應戰，而決不求戰。……戰端一開，地無分南北、人無分老幼，無論何人，皆有守土抗戰的責任，當應抱定犧牲一切的決心。』」

這個莊嚴神聖的誓言，展開了八年艱難苦恨，也是忠勇壯烈的聖戰。

《蘆溝橋之歌》中說道：「蘆溝橋，南宋建築到今朝。」

南宋石湖居士范成大有「水調歌頭——九日過蘆溝」：

萬里漢家使，雙節照清秋。舊京行遍，中夜呼渡濟黃流，寥落桑榆西北，

無限太行紫翠，相伴過蘆溝。歲晚客多病，風露冷貂裘。

對重九，須爛醉，莫牽愁。黃花應爲我一笑，不管鬚霜羞。

袖裡天書咫尺，眼底關河百二，歌罷此生浮。惟有平安信，隨雁到南州。

從石湖詞中，我們可以確定，蘆溝橋確係在南宋時已經建築且通行無阻。又有張埜〈滿江紅詞過蘆溝〉中有「橋下水，東流急，橋上客，紛如織。」可見當時繁華盛景。《蘆溝橋問答》是張曙和田漢合譜的一首歌，張曙用《小放牛》的曲譜，裝了田漢的新詞。因為曲子人人會唱，所以這首歌非常流行。張曙原名張恩襲，是安徽人。民前二年生，二十七年去世，是日本飛機轟炸武漢被炸死的。他也是上海音專黃自的學生，抗戰初期譜了老舍作詞的《丈夫去當兵》、《日落西山》、《洪波曲》等二百來首，曲調是近乎民謠風的居多。《蘆溝橋問答》前後四段，有敘說，有歷史，詞意顯明，富於戰鬥性：

問：永定河，爲什麼叫蘆溝？蘆溝橋又是什麼時候兒修？橋有多寬、多長，多少洞哟？橋上的石獅有多少頭？（依呀嗨！）

答：永定河，水渾叫蘆溝，蘆溝橋是金朝大定二十七年修，橋有六丈六尺寬，六十六丈長，還有十一個洞哟，橋上的石獅有百來頭。（依呀嗨！）

問：什麼人遊記寫得好？什麼人題詩老悲秋？什麼時候這兒打了一次仗，只殺得白骨如山水不流？？什麼事萬年還遺臭？什麼事才千古美名留？（依呀嗨！）

答：馬可波羅遊記寫得好，元好問題詩老悲秋。十三年打了一次直奉仗，直殺得白骨如山水不流，自相殘殺萬年還遺臭，只有那抗戰救國，才千古美名兒留。（依呀嗨！）

詞中首先提到「永定河」，按《清朝通志》卷二十四有記載說：

永定河源出山西朔平府馬邑縣西北東南流。有灰河自朔州來。會東北流經山陰縣北又東經應州，北有渾河，自渾源州經應州來會。又東北經大同府，南有武州川自左衛西南衛河自大同北邊合而來會，又東北經渾源陽高、天鎮、廣靈蔚州境入直隸界。經懷安縣南又東北經保安州，南又東北有東洋河、合西洋河、清水河，經宣化府，西南係安州東北來會。經懷安縣有嬀河，自延慶州來會。東南流入邊城，經昌平州至宛平縣西境出蘆溝橋下。

據「順天府疆域圖」所記：永定河源自桑乾河。張埜〈滿江紅〉詞言：「橋下水流急，橋上行人多。」「古今圖書集成」謂：

金史金章宗本紀大定二十九年閏月作蘆溝橋。

章宗本紀明昌三年三月癸未蘆溝石橋成。

田漢歌詞中說：「大定二十七年修，這是因為金世宗時已令建石橋，因世宗崩而未行。橋有十一個橋孔便利行舟，百來個獅子身上又有小獅子攀爬，（據統計石獅共計四九二頭）其造型的藝術價值，不僅橋的本身結構為稀世之寶，大小獅子的雕刻造型，亦為世所罕見。」黃友棣《蘆溝橋》說：

永定河上蘆溝橋，
百餘丈長兩丈高，
橋東一望宛平縣，

豐台離州十里遙。

說明其形勢。在《保衛蘆溝橋》的歌中有以下的詞句：「敵人從那裡來，把他打回那裡去！中華民族是一個鐵的集體，我們不能失去一寸土地！兵士戰死，有百姓來抵。丈夫戰死，有妻子來抵！」這正是血肉長城，抵抗侵略的誓言。黃友棣教授的作品極多，要有專題的介紹，才能表現其在音樂創作上的價值，在音樂教育上的意義。

在《蘆溝橋之歌》的短文中，我最難忘的一首歌是《永定河》，這首抗戰初期的歌，是我少年時唱過的歌，歷久不能忘。記得是沈秉廉的詞，劉雪庵的學兄何安東的曲。是否他們二人合譜的歌，已非那麼重要。重要的是他們的流傳，永遠不會消失。

永定河，永定河，你埋葬了多少英雄的白骨！
永定河，永定河，你流盡了多少女人的眼淚！
我雖不是個英雄，但也有一身不怕死的傲骨！
丟開了千萬里的故鄉，在漫天的飛沙中跋涉到你的身旁。
永定河，你那雄壯的奔流，帶不走人間的哀愁；
夕陽已在古堡的頂巔，夜風帶著瘦馬的悲嘶！卻讓我今宵夢裡見見爹娘！
明朝啊！再踏破那無邊的疆場！這悲壯的歌聲，又在我耳邊高唱了起來！

「犧牲已到最後關頭」，這是義烈的宣示，鐵與血的號召，麥新譜的新曲，響徹雲霄，唱遍了全國：

同胞們，向前走！犧牲已到最後關頭；同胞被屠殺！土地被強佔，
我們再也不能忍受！亡國的條件，我們絕不能接受！
神聖國土，一寸也不能失守。同胞們，向前走，莫退後！
拿我們的血和肉，去拼掉敵人的頭！犧牲已到最後關頭！

上海的同胞不論男女老幼，不分東西南北都站上了第一線，來擁護與支持國軍英勇的抗戰。日寇原來企圖用最先進的坦克大炮，飛機軍艦的聯合猛攻，在三日內佔領上海，以完成它南北速戰速決的戰略，好一口吞下山河壯麗，物產豐隆的大中國的癡心枉想；不料碰到國軍血肉骨疊的迎擊，粉碎了它的侵犯。敵軍屢次進攻，未能越雷池一步。但在這時政府完成了長期抗戰的佈局。保衛上海的國軍已完成了阻遏日寇侵略的氣燄，開始向後轉進，留守一個由謝晉元指揮的步兵團於四行倉庫，日寇幾度圍攻不下，一位英勇的女童子軍楊惠敏泳渡蘇州河，將背負的國旗送上，獵獵的升起於四行倉庫的頂頭，飄揚在戰雲密布的天空，於是全國人仰視而歌頌。桂濤聲與夏之秋的歌《八百壯士》一曲，沸騰了全國：

中國不會亡，你看那民族英雄謝團長，
中國不會亡，你看那八百壯士孤軍奮守東戰場，
四方都是炮火，四方都是豺狼，寧願死，不退讓，寧願死，不投降！

我們的國旗，在重圍中飄蕩，飄蕩！

這是中華民族魂，中華兒女的心魄精神，在全世界的注目中，和青天白日滿地紅的國旗共同在無垠的天空飄舞。

在南京，日機成群的來轟炸，五百磅的炸彈，帶著尖銳的嗃嘯，投向各處，挾著怒飆的沙礫捲過屋頂，造成大廈的倒塌，同胞的傷亡。時間在恐怖與憤怒中度過。一天傍晚，文競雄急匆匆的來叩門找我。我們在門前的一顆樹下相見；她遞過她的一雙手讓我握著：

「我們一家要在明兒早上離開南京了。」她的的聲音有些氣噎：「去向哪裏，我一時還不知道。聽了爸爸的話，就趕快跑來跟你說，你們家也要走吧？去哪裏？」

「不知道！」我楞楞的看著她。

「再見吧！回來再見！要不然，我走了，寫信回來給你！」

我的兩眼突然熱了起來，這就是離別，「伯勞東，飛燕西，與君長別離！」我不忍放開她的手，「不能！不能！不能！」我喊著。

「再見，再見吧！我得趕快回家了！」

文競雄掙脫我的手，抹了一下垂在眼邊的濃密烏黑的頭髮，在摔開時轉身跑走，我想喊住她，但噎在喉管出不得聲，眼看她搖曳的身影向前傾斜著，抖動著肩膀，跑遠了！轉過街頭，看不見了！

撐持了十天半月，終於在一天清晨，我們一家人隨著父親沉重的腳步，默默地離開家門，帶著簡單的行裝，開始踏上漫漫的流亡之路。父親手拿一把大鎖，把大門鎖上了。母親含淚說：「等熬過了一年半載，我們一家人再搬回來住！」「那時將會是什麼情景？」玉貞嗄聲問。「也許完整無缺，也許給日寇全毀了！」父親說了便催促我們：「要堅強邁步，莫留戀，快走！」行行路迷漫我們到了長江岸邊的下關。

我們坐了一艘民家的烏篷船，駛入浩浩的江流，水波以柔貼的手掌湧撫著船身，向著滔滔的下游駛去，那裏是公瓦城的中華門？聽說城內有四道夾牆，中間有二十幾個藏口，各有通道，可以駐兵三千，以防敵人來攻。那裏是和平門，標示我們是愛好和平的民族，而竟遭遇日寇的侵凌，逼迫我們背離此京都，奔向茫茫的前程？船向前行，而江水依舊向東流，不曾回頭。秦淮十里盈盈水，何時春帆迎故人？別了，南京，回首煙波淚模糊。

繫舟和悅洲

我們到了魚米之鄉的蕪湖，稍事停留，便轉向宿縣，在那裏，我們進了一座安謐的桃花源，有好聽的名字：和悅洲，三面臨江的小鎮。一剎時，便住進了鎮上士紳李家大屋。父親將我們安置妥善後，便趕赴江西九江、南昌，參加了特種工作團，擔負起戰地救亡的工作。

李家大屋有很大的院落，前後進正門與左右廂房，起了兩層樓，四下有走廊，我們住在後院，十分安適。早晨，金陽照在沙灘上，一片燦爛黃，江水舐著沙州，青壯的漢子們，光亮著上身，腰圍紮著兩、三寸寬的腰帶，黑色的燈籠褲，薄底布鞋，濃眉細目，粗黑的臂膀，舉著石擔，有的把石擔玩開來，滾轉在兩肩和胸背上，隆起肌肉，汗珠瑩瑩的閃光，有的玩著石鎖，抓住鎖柄，拋起天空，落下時用手接住，然後豎起蜻蜓，搖動雙腿，雙掌撐在沙地行走。而我則在沙洲上打一套八段錦，贏來幾聲呼嚷與喝采。

黃昏時，大地一片橙煥，漸在炊煙中，向著白雲消散。門邊石獅子旁站著李家姑嫂把臂相語嬿婉的情景，以及李家主人闊背熊腰，粗手大步歸來的風貌。廚房裏，李家大鍋飯，已經煮熟，飯底鍋巴的香氣，帶著些焦黃的芳馨，直往鼻孔裏鑽。聽到母親的聲音：「果生呀，快來吃飯。」有一天，姑娘帶我上了李家二樓的一間書房。打開書櫥的下層抽屜，呀！我發現成排的書：《儒林外史》、《水滸傳》、《西遊記》、《封神榜》、《七俠五義》、《小五義》、《羅通掃北》、《五虎征西》、《薛仁貴征東》、《粉妝樓》、《聊齋誌異》等書。「我可以拿出來看嗎？」我急忙問。「可以，不過，不可以把它弄髒弄壞！」「是的，是的。」我不住的點頭，自後，這些俠義書籍，便成了我的親密伴侶，也成了我進入書香世界的首領。從《水滸傳》中我重新認識了武松，也認識了豹子頭林沖，同樣俠義為懷，三拳打死鎮關西的魯達。從《西遊記》中，我看見經歷八十一難而仍然不灰心，仍然受師父責怪的孫悟空。想像《封神榜》中的異能之士，是怎樣的神奇，不可究竟。《儒林外史》中寫鳳四老爺濟困扶危，行俠仗義，據說是江南八俠甘鳳池的寫照。《紅樓夢》描寫人物細膩，文字刻畫婉曲，我尚不能領略當中的博學奧妙，要靜下心來揣摩；我又翻出了《包公案》、《施公案》、《彭公案》等說部，《東周列國志》也拿在手中。俗話說：貪多食不爛，我囫圇吞裏的瀏覽，不如沙裏淘金的灌洗。因此，我把秋盡冬至的歲月，除了與江水共潮汐外，就是將白晝的時光，放在這些趣味豐厚的小說上。春天來時，父親從戰地歸來，臉晒的紅黑，而聲音低沉。

這其間，日寇已奪取了南京。上海之戰，國軍英勇殺敵，浴血奮戰，均以死得其所為榮。日寇死傷慘重，不以侵略為恥，反而指國軍為可恨之敵。故而佔領首都後為了洩恨，並欲壓服我中華抗戰的意志與決心，乃行大屠城，南京大屠殺的慘事，擴大了日寇罪惡的獸行，無論男女老幼，死於其刺刀、姦淫、槍殺、活埋、燒焚之下者，三十餘萬人。「是誰殺死我們的父母兄弟，還有我們的妻子兒女？是誰強佔我們廣大的土地，還有我們的礦產粱米？他們是東洋強盜！」這仇恨與怒火，已激起了全國同胞的抵抗。

我們黯然地離別了這有著金色陽光的小城，以俠義小說餵養我饑渴的心靈的和悅洲；坐著烏蓬船，航向漢口市。夜裏，我曾在船首，臥看明月和繁星。江水江風知否國難當頭，有多少人像我這般向蒼天默默的祈禱平安。

父親的朋友呂作丞叔叔在啟智書局樓下，開了一家胡開文筆墨莊，專賣文房四寶；而啟智書局是一家規模頗大的書局，我們住進了書局的二樓後，父親交待了母親一些事情，便又匆匆的趕赴戰地了。

啟智書局的詩潮

啟智書局二樓的四邊，搭建有一圈約一公尺半的長廊，堆放著各種類的書籍，一樓的大廳當中有一個圓形的書坪，上面也擺滿了書籍；靠牆的書櫥內有多層的格板上也排列著書籍，許多的書籍，在我眼中都閃閃發光。我在書局初次接觸五四以來的新文學作品，除了葉聖陶為開明主編的《中學生雜誌》外，我即時就喜歡上了新詩作品，我讀到了《嘗試集》、《揚鞭集》、《草兒》、《春水》、《流雲小詩》、《晚禱》、《志摩的詩》、《死水》、《微雨》、《昨日之歌》等；胡適的詩寫的是他的經驗，我只記住他偕友人夜遊玄武湖，湖上那首小詩，為的是玄武湖是我難忘的遊過的湖。「水上一個螢火，水裏一個螢火，平排著，輕輕地，打我們的船邊飛過。他們倆兒越飛越近，漸漸地併作了一個。」我認為這是他最富詩意的一首詩。劉半農是我心儀的詩人，他的愛自然是出於本性；《教我如何不想他》，寫的是春夏秋冬。這是我後來經歷人生的感想。康白情寫景的淺白給我很深的印象。「橋兒擔著，驢兒趕著，藍襖兒穿著，板橋兒給他們過著。」又如「婦人騎一匹黑驢兒，男子拿一根柳條兒」；再如「婦人在男子底背上了，驢兒在婦人的手中了；（過河）男子在前，驢兒在後。」劉延陵的一首《水手》，是譜了曲的歌：「月在天上，船在海上，他倆隻手捧住面孔，躲在擺舵的黑暗地方。他怕見月兒眨眼，海兒掀浪，引他看水天接處的故鄉。但也卻想到了，石榴花開的鮮明的井旁，那人兒正架竹子，曬她的青布衣裳。」這首懷鄉曲，給流浪人添加了不少惆悵。在流雲小詩中，我特別記得那首「生命的樹上，開了一枝花，謝落在我的懷裏，我輕輕的壓在心上。她接觸了我心中的音樂，化成小詩一朵。」這首〈生命的流〉使我想起別後無音訊的文競雄。我那時讀梁宗岱的詩，聽說他和宗白華一樣都是崇拜德國大文豪哥德的，我從他的作品中，讀到一首他譯出的哥德的〈流浪者之夜歌〉的小詩：「一切峰頂無聲，一切樹尖全不見絲兒風影，小鳥們在林間夢深。少待呀，俄傾，你快也安靜。」不知怎樣，讓我比並想起了杜甫的〈望嶽〉：「岱宗夫如何，齊魯青未了。造化鍾神秀，陰陽割昏曉。盪胸生層雲，決眥入歸鳥，會當凌絕頂，一覽衆山小。」後來我才領悟，兩者的境界是不同的，前者是一切無聲無影的消失。而後者則是更上層樓的遠眺。我從徐志摩詩中讀到跳躍的活流似的熱情，從聞一多詩中讀到約束著的理性的節奏。至於朱湘的風格趨向古今中西的融鑄，王獨清與李金髮幽玄朦朧的音調，我尚未能進入彼等的堂奥。我也讀了泰戈爾的《飛（漂）鳥集》，我覺得他的成就是將東方的印度哲學融和於詩中，創造了他的景象與哲思。冰心的短詩有些是受到了這位於一九一五年因《獻頌之歌》獲得諾貝爾文學獎的詩人若干影響的。我在啟智書局的讀書中，也看到了有關拜倫、雪萊、濟慈、丁尼生、渥滋華斯等詩人的譯詩集。給了我一種詩汁的浸染，讓我知道詩乃是世界性的情愫和語言。

玉蓮的失蹤

我藏身閣樓上，安靜的讀書日子，並不能持久。日寇的侵略圈日益擴大，姦淫燒殺的消息，不斷傳來。而詩的世界，卻是溫馨的；即使是輕騎兵進行曲，馬蹄聲與鼓號聲中劍戟森嚴的氣息，也是浪漫的。只有拜倫的哀希臘才喚起我蒼茫的哀愁。我常想著在江月如銀霜傾瀉的子夜，繁星訴說著人世的滄桑，而悲歡離合的人世，不幸在戰鬥中煎熬。

我的妹妹玉蓮，較我小四歲，疏眉細目，玉面櫻唇，行止乖巧，小時候母親因為受了風寒，便請了奶娘餵養她長大，在家時，深受鍾憐。此次，一家人離京城到和悅洲，轉來漢口，無論何時何處，她總是不離玉貞左右，依依靠靠。我們安定下來有了住處，玉貞便教她讀書，玩算術遊戲時，往往會喊著：「一隻蝦蟆一張嘴，兩隻眼睛四條腿：噗通，跳下水。兩隻蝦蟆兩張嘴，四隻眼睛八條腿：噗通，噗通，跳下水。」如此，三隻、四隻、五隻、六隻的唸下去，拍手時，我常把玉蓮推得東倒西歪。玉蓮有時因數字太多，不小心唸錯時，便受到玉貞的喝罵，她也低頭，縮縮脖頸，認錯。我教她背唐詩，她也能背得李白的〈靜夜思〉，孟浩然的〈春曉〉，孟郊的〈遊子吟〉，王維的〈相思〉等。我教他唱《花非花》，她細悠悠的唱著：

花非花，霧非霧，夜半來，天明去；
來如春夢不多時，去似朝雲無覓處。

記得是一個週末的鬱悶天氣，呂叔叔的未婚妻李碧如大姊來看我們，她是姿容嫣婉的女子，對武漢街市熟悉。呂叔叔認為我埋頭書本，兩姪女又窩在家裏甚少出外遊玩，便說動母親，要我們跟了李大姊到江漢關那附近的一處遊藝場去玩。我們幾個高興的去了，在遊藝場轉來轉去，玩的十分開心。不料要打算回程時，警報響了，日機飛來轟炸，人心慌亂，勢如潮水向外湧出。玉蓮原是緊緊牽住玉貞的手，我則被李大姊拉住，四人一齊向外奔去。人群雜遝，相互推擠掛拒；尖銳的嘶嘯聲一波波在天上交錯，如利刃劃過，轟隆隆的炸彈爆裂開來，震動天地，屋倒房塌；呻吟呼叫，也不斷傳來。往日在南京躲日機轟炸，我們是躲在堆疊了幾層棉被的八仙桌下，如今我們是蜷縮著身體，躲在大廈的廊柱下面。市面一片死寂，而轟炸的煙塵滾滾，土崩石遁，火山翻湧，霹靂雷電之後，隆隆與呼嘯的鬼域之聲，在無垠的中國天空，漸行遠去。人們從魘夢中醒來茫然的伸欠著身體，站起來，蹣躓著腳步，踉蹌而行。我們站起來，碧如大姊仍然拉著我的手，玉貞身邊卻不見有玉蓮。「玉蓮呢？」

「妹妹，」玉貞四顧：「玉蓮！」

「她會不會一個人走回去了？」

「走回去！」我推開碧如大姊的手，「玉蓮！」我大喊！

有人回頭來看我：「玉蓮，妹妹，妹妹！」

「是不是個八、九歲的女娃兒？」這人比劃著高低；「我看見一位白髮的老娘，牽著這孩子的手。」

「玉蓮！」我摔開碧如大姊的手，向前跑去。「玉蓮！」閃過幾個人。「玉蓮妹，妳在哪裏？」

這時濃雲密布的天空，下起雨來，地面立時潮濕了。人們走來走去；「玉蓮！」我向四面奔跑著：「你看見一位白髮老太太牽著一個女孩嗎？玉蓮！」我一面喊叫，一面向前奔跑。

雨溼了我的頭髮，肩背上的雨滴滲入衣裳。我沿街呼喊，用力聽著玉蓮妹妹的名字。有的路人，好奇的看著我。「玉蓮妹妹！」沒有回應，雨越落越大，腳後跟掀起雨水，布鞋裏有雨水瀰漫。

「玉蓮！」我喘息呼叫，在雨聲中盤桓，我相信，她不會一個人走回啟智書局，她膽小，羞怯，不經人世，缺少機智。

黑夜繼黃昏來時，我仍在街頭徘徊，江漢關的鐘聲，敲了又停，而時間卻不停的過去；「玉蓮，妳在哪裏！」我停在一家店舖的屋簷下，看見呂作丞叔叔向我走過來，牽起我的手，為我抹去臉上的雨水。

「妹妹呢？」

「我已向警察局報了案，請他們尋找玉蓮回來！」

「不！」我要在這裏等她。

「回去吧！」呂叔叔摟住我的肩膀，擁著我向前走。

自從那天失散以後，玉蓮妹妹，再也沒有回來過。

母親生病了，呂叔叔終日悶悶不樂，父親從戰地歸來：日寇的侵略，目標是要佔領武漢。父親和母親、呂叔叔商定，要把我們送到西安去。

西北是長安

西京，漢唐時代的長安。這座歷史輝煌古城，處處流露出渾樸的面貌，我們初來時，經父親的友人照料，安頓在靠近蓮湖公園紅埠街六十四號前院居住。後院住著一位素靜的少婦，帶著兩個六歲和四歲的男孩居住，平時，兩個小兄弟在後院玩，很少到前院吵鬧。只是一次，鼓樓上發了警報，少婦牽著兩個幼小的孩子從後院跑了出來，問母親是不是到蓮湖公園去躲一躲？母親那時肚裏懷著小弟志強，行走不很方便，便說留在家裏，頂著枕頭，厚棉被，暫在八仙桌下躲一躲。那少婦露著貞靜笑容，牽著兩個孩子，急匆匆向外走去。那弟弟說：「媽媽帶我們去楊虎城地洞裏躲警報。」哥哥一路跑著一路說：「是去躲鬼子的炸彈！」他們去了不久，猙獰的鬼子飛機黑壓壓的一陣烏雲，遮住日光；一排排密集的巨大炸彈落下來，一時飛沙走石，山傾河立，母親擁著玉貞和我，在厚棉被和枕頭包圍下，喘不出一口氣來，眼耳鼻口被震駭的陣陣崩鳴，嗡嗡坍瀑。我們的身體一時飄浮，一時窒息。等到從浩劫的噩夢中醒來，便聽到門外街道上，充滿了一波波的呼喊聲，到了黃昏後，才知道楊虎城的地窖被炸塌了，前後窖的出入口封死，躲在裏邊的五百多人，無一人生還。我們悼念曾經住在後院的少婦和她的兩個寶貝兒子，再也回不來了。而蓮湖公園，更是被炸的翻天覆地，照壁上貼滿了死者的血肉，樹枝掛著死者的手腿，池裏池外滿處的零肢碎骨，慘不忍睹。不久，我們搬出了紅埠街，到北城牆下的龍渠灣去住，城牆下的地道是我們新的避難所。城牆尤較南京城的巍峨厚實，擋住了日機的狂濫轟炸。我們住在一座三進院的前院，大門開在左邊，門外石砌的平實，兩邊有橢圓石礅，三層臺階下去，是磁實的黃土路面，上來的門限有一尺米高，我所見這橫簷的門限，突然想起家鄉五寨住家的那高起的門限，李家嬸娘碩人似的身樣，卻有一雙裹住的三寸金蓮，金蓮翹起在矮了半截的身後，她跪著，用雙手扶住那門限，跨了過去的模樣；我看了眼前的門限，才想到，腳裹的太小，支撐不住她的身體，才不得不跪著走路；我想著日寇以中島師團為主的南京大屠殺，一排排的同胞跪在長江邊，被機關槍掃射滾入波濤，一排排的同胞被迫挖了深坑，被刺刀、武士刀屠殺，落入血淖；嬰兒被挑在刀尖上，婦女被剖開肚子，火、焚起烈燄，血，流成河，軍車綁著青年人運往屠場，恐怖的殘酷殺戮，經過藏匿的外國人和他們記者拍攝的影片在流傳，在在證明日寇野蠻的獸性。武漢在臺兒莊國軍的勝利後，日寇的暴行，於武漢和西安的轟炸下，屍橫遍地；我埋頭問：「中華江山誰是主人翁？血海深仇怎不報？」就在這一個週末，二進院李家十七歲的兒子李海天從軍中放假歸來，他有一張圓平的臉，長眼小鼻子，卻有闊肩膀，粗手粗腳，他和我在門口的石礅旁，暢談他在軍中當學員上操場拿上了刺刀的槍，作劈刺與衝刺，一再前進的動作，劈刺的架勢很像形意拳中劈拳似斧的凌厲，也似太極拳中的進步班爛錘，跺步上前，跟進！他拉住我的手，覺得我不錯，雖然我只有十四歲，個頭沒有他高，但基本動作，一講就會，舉止也頗不俗，他說：「到底也是見過場面的人了。」我問他在哪裏受訓，他說：「不遠，王曲，中央軍校七分校，長官是胡宗南將軍。」我心中燃起當兵上戰場的渴望，他上下打量我才說：「過兩年，你也可以進軍校了。」晚上就做了當兵的夢。

《生命的火燄》

位在隔壁頤養天年一位陳老將軍的侄兒陳庸，是中央電台的職員，他是愛好文藝的人，初次見面，是在城牆下散步，我們談到古典章回小說，一談就沒有個完，他很驚訝我所知甚多，又談詩詞歌賦，原來我也腹笥甚豐。他高興的拉住我的手說：「咱倆做個忘年之交吧。」我也傻乎乎的說：「對，做個忘年之交。」過了兩天，他帶兩本書給我看，一本是《夏完淳》（一六三一—一六四七），一本是《生命的火燄》。我初次聽到夏完淳的英名，是因為父親一次給我講桃花扇與柳敬亭，講到思宗崇禎帝剛愎自用，而性情多疑，在國家多難之際，竟忌殺鎮經東北的良將熊廷弼與守邊長城袁崇煥，加以洪承疇被執降清，吳三桂開門揖盜，李自成潰走北京，清兵長驅入關，思宗自縊煤山，而明朝亡於清朝。明朝遺老的反清，以復社為名，如顧炎武以《日知錄》、黃宗羲以《明夷待訪錄》的學術反清，王夫之、朱舜水的文化反清，傅青主、石濤八大的藝術反清；以及劉永錫、夏允彝、陳之龍的殉難等，均為民族正氣之表現。夏完淳是夏允彝之子，陳之龍的學生，五歲通經，七歲能文，南都亡後，完淳不足十五歲參加吳易的義軍為參謀，丙戌年在軍中作〈鶉衣〉：

鶉衣東去獨登臺，兩年軍中轉聽哀；趙信城頭秋月滿，李陵碑上暮雲開。
吳江落日圍山盡，震澤微風入陣迴。滄海一椎亡命後，橋邊黃石待人來。

其中詠漢武帝北逐匈奴，衛青、霍去病出長城，深入虜廷，登趙信城、單于臺，歷經五臺的盛況。又言，李廣、李陵以及楊老令公史事，上及張良博浪椎，下邳老人授書的情節，給人以歷史與現實，國情與人情的相對論。可說是少年志節的表述。是年夏，吳易死，完淳有「細林野哭」自述殉節報國之志。九月十九日，夏完淳十六歲被俘遇難，死於降賊洪承疇之手。我反覆讀《夏完淳》的小書，淚水溢滿眼眶，我反覆詠著他的一句五絕：「金風剪玉衣」，久久不能忘情。《生命的火燄》作者梁幹喬是廣東梅縣人，繼承國父孫中山先生的思想，欲行黃花岡七十二烈士的壯舉，以抵抗日寇的侵略，同時和蔣堅忍、趙龍文並肩擔任戰幹四團的組訓工作。以火燄般的生命，來奉獻自己給多難的國家。陳老將軍，仰臥在躺椅上說：「梁某等人都是晚輩，看他們有出息就好，而他是保定的，雖然老了，但是愛國心是絕不後人的。」說時還雄心勃勃兩眼睜大了看著我。陳庸寫一筆挺秀的字，他得暇，帶我去看慈恩寺大雁塔，這塔和小雁塔薦福寺都是初唐的建築，裏面有石刻佛和官繪畫，大塔五層，高一百八十尺，藏有褚遂良聖教序；更多的碑碣在碑林，鐫刻石碑上的銘誌，使人發思古之幽情，一排排的石碑，蘊藏著碩大無朋的氣韻，鍥入人的心肺，使人想撫摸，想擁抱，想探知它不語而又震撼蒼冥的秘密，文字的版拓，原來是歷史文化的瑰寶，書法就是鍾靈毓秀的神采，衛夫人、王羲之，李北海、歐陽勛、張旭、蘇東坡，乃至我後來見到的岳飛的出師表，你們樹立的是山川的嶽流，天地的正氣。顏真卿剛正的筆法，也是我心摹手追的。我們又到鼓樓邊的開元寺去頂禮，不料卻變成一座藏垢納污之所，令人掃興。為了提高我的觀念，他帶我去看驃騎將軍霍去病的陵墓，那裏入口的兩邊石獸羅列，氣象雄渾，內室那裏廣集歷代各地碑石文墨，也是國家的文治武功的資源。秦始皇在咸陽的若干遺跡，聽說深藏地下，我們尚有待開發。自後有兵馬俑的出土與列陣保存，並供世人的參觀與讚賞，即其盛景之最。回來，拜見陳老將軍，他晚年誦經學佛，他說：終南山的千佛寺，也是應該去參觀的。不過，唐代是集文化的大成，儒佛道三教並行發揚，你看楊太真不是上道觀帶髮修行嗎？那時，講經在長安可是盛行。唐三藏從天竺帶回不知其數的經書，《般若心經》就是玄奘奉詔譯的。講這些你這毛孩子不入竅，要緊的是上學讀書，長到個頭才能上戰場殺敵人。

興國中學的饗宴

母親也擔憂：「遊手好閒的，也沒有個學上。」其時，教育廳長王捷三，努力在杜曲創設了興國中學。我和玉貞經過測驗，都補入初二讀書，但我心想，在南京鄧府巷上小學讀完五年級不曾畢業，進入興國中學不如從一年級讀起，免得跳班了跟不上學業。陳庸為了祝賀我有學可上，便約我一同到南院門春生發吃飯，走過竹笆市，匝面碰到一位陳庸的同事劉向勛，拉住手說：「一起去吃飯，這小友是誰？」陳庸說：「別小看了他，讀過的書可真不少。」劉睜大眼睛注視我：「你喜歡什麼？」「我喜歡唱歌。」「喲！可不得了，居然喜歡唱歌嗎？」陳庸嗬嗬笑起來，「這個劉啊，是專搞音樂的，我們中央電台的第一把手。」我說：「大水沖了龍王廟。」劉拉住我的手：「這樣吧，我請客，到西來順吃羊肉泡膜。」陳庸說：「難得，難得。」三個就一起上了西來順。一進門，西來順的灶頭上好大的一口鍋，裏邊沸滾著一塊塊的羊肉，鍋邊排列的腓腱有紅似白，我們落了座，自己撕著鍋魁成小塊，放在海碗裏，走堂的拿到大師傅手裏，但見他用肉扠子撿了嫩肉，放了在木橔上，麻利的幾刀，將切好的肉放了在碗上，幾勺子翻滾的肉湯，在海碗裏上下過了三、兩次，蔥花和香菜放了一撮在肉上，熱騰騰的端了過來。如此說羊肉泡饃，似乎過份，但因羊肉是北方的美味，非南方的煙雨能衡量。劉向勛說：「過一天來吃東來順的牛筋拉皮。東門的福來順口味也不差。還有你們山西的貓耳朵、刀削麵。再有回回的臘羊肉，半隻羊平放在案板上，粉嫩的羊肉，上面一絲白邊，下面手掌寬的桃紅肌，切成薄片，才是美味。不過，這能長久的享受嗎？烽火遍地，家山萬里！嗨！我叫你小王好不？」我頻頻點頭：「好，上電台去！」這讓我想起徐子秋老師和南京的中央電台。「這裏也廣播嗎？」「可不是。」我們進入了電台，一間寬大的音樂室，劉向勛拉起了鋼琴蓋，彈起了《長城謠》，起了個頭：「萬里長城萬里長，長城外面是故鄉；會不會唱？」他重新起音，我跟著唱了起來：「高粱肥大豆香，遍地黃金少災殃，自從大難平地起，姦淫虜掠苦難當，苦難當奔他方，骨肉離散父母喪！萬里長城萬里長，長城外面是故鄉；四萬萬同胞心一樣，新的長城萬里長！」唱完了，劉拉住我的手說：「也是怪，你居然沒有變音，還唱的這麼準，這麼有感情，有純厚的音色，不容易。《歌八百壯士》能唱嗎？來！唱起來！」當我唱到：「八百壯士一條心，十萬強敵不敢當；我們的行動，偉烈！我們的氣節，豪壯！」劉和陳都加入齊唱，「同胞們起來，快快趕上戰場，拿八百壯士做榜樣！」我們唱的激情，再唱了《蘇武牧羊》和《滿江紅》；又拿了張寒暉新作一首民謠《叫老鄉》：「你快去到戰場上，快去把兵當，莫等到日本鬼子打到咱家鄉，老婆孩子遭了殃，才去把兵當！」九一八的悲傷是要用抵抗，才能報仇雪恨的。我們唱完了歌，劉說：「我要介紹一位音樂家給你，還要介紹你到聯合合唱團唱男高音。」陳說：「這可有你的唱了。」「成嗎？」「怎麼不成？有你這樣透亮的男高音，鼓掌歡迎還來不及。」聯合合唱團在東大街青年會，不久，我真的去那裏唱歌了。

聯合唱團和阿里朗

青年會聯合合唱團的團員以青年會歌唱班成員為主，加上了三民主義青年團歌詠隊、社教館、西北音樂院，以及中央電台的若干人士，成為聲勢頗為盛大的團隊。劉向勛擔任聯絡工作，介紹我參加合唱團，初見了一些人，他們跟著劉叫我小王，到了週六下午來練唱，初次見到戰幹四團的音樂教官梁玉娟豐容盛鬋中等身材，她唱杯酒高歌，有動人的共鳴在屋頂迴盪，劉說，她的高音可到達C調的三點，所以，背後有人叫她梁三點；我也認識了江天蔚，是航空西站的地勤官，身高體壯，聲音像大鋼管，唱男低音，女中音向美華，是糧食局的職員，他們都是獨唱的歌手。劉在高音部，也有清亮的聲音。那天，我更認識了韓亨錫，大家叫他悠韓教官，他有寬廣的額頭，窄臉，稍翹的下巴，柔軟的黑髮，半圓領、窄腰的黑西裝，褲腳半覆在黑皮鞋上，走路時白襯衣領上黑緞帶結成的蝴蝶結，似振翅欲飛。他帶了他的新作《故鄉月》，坐在鋼琴前彈著唱起來，他的歌喉有金屬聲；梁玉娟站在他身旁，看著樂譜和唱，他突然停下來，指住我說：「這不大不小的孩子是誰？」「孩子？」我不服氣的回嘴。

劉俯身向他說：「挺不錯的，有好嗓子，叫小王。」「好嗓子。來！過來！」我直視住他，走過去。他指著：「F調，從5到高音的5，看曲譜看詞：『淡淡月光，銀波蕩漾，月光照在山頭，是愁是悵！』」梁玉娟用腳點著拍子哼著。「敢不敢唱？」他用手指住曲譜和歌詞：「啊！故鄉啊！哪年哪月再能吟詠在松花江上？下面女音朗誦：那兒還有我們親愛的爹娘；長白山麓有我可愛的家園，有我童年的甜蜜。現在啊，一切只能在夢裏來往。血腥伴著金風，白骨映著寒光，啊！月下的故鄉，一片荒涼，故鄉的人哪，也不知去何方！」作詞的人是教育部巡迴演劇隊的導演丁尼，反覆讀譜與背詞，這首女高音獨唱的歌，充滿曲折情緒，柔與剛相融合的歌，起伏於我的心腦與胸懷，劉說：「小王，展開豪情卻悲歌。」說著就鼓了兩下掌，我已經看熟了詞譜，梁小聲地起了個b音，又bibi的唱著，鋼琴叮咚叮咚的彈著；悠韓伸右手，按了按我胸腹間：「在這裏，呼吸的準確部位，你會唱，應該知道怎麼呼吸，呼吸對了，百唱不疲倦。」我送氣到橫隔膜，然後，把歌聲自然地送出來。把感情流水似的奔濺出來。女高音激楚，對我來說，也並非難事，我把最後兩節，放注於澄遠悽惊，裊繞青冥處。唱完了，悠韓攜了我的手，便向外奔去。他帶我到天福咖啡館跟我說：「小王，我是韓國釜山人。我的父親韓公運成，參加過中山先生的同盟會。我們韓國志士的領袖是金九先生，我們的後國軍司令是李範奭，我是一個抗日分子，復國的人。我們有志一同。你唱我的《故鄉月》唱的很好。我在東北住過，所以，松花江是我的母親的水，長白山是我父親的山，我是韓國人也是中國人，我正在編一齣歌劇，韓國人的歌叫做《阿里朗》，阿里朗是座山，阿里朗也可以是座圍繞山的水。韓國人翻過和渡過阿里朗，在西安在此處一起來奮鬥，抵抗日本鬼子的侵略，復國是我們的責任，我們共同來擔當這任務。阿里朗是齣反抗日寇侵略的歌劇，你剛才唱的《故鄉月》就是《阿里朗》在東北的主題曲。還有《寒夜曲》：『離別到這裏，不知多少年喲，那留戀的祖國。望了又望，眼前只是一片遼闊和渺茫，什麼時候才能看到故鄉的山河？靜靜的夜，冷冷的風啊！明月向西落！』你看，我們不可絕望，要勇敢要堅強。音樂也是一種抵抗，歌聲就是一種力量！我現在做中央陸軍七分校和戰幹四團的音樂總教官，將來也可以拿槍上戰場！」他擁抱了我向我這樣說。阿里朗的故事，敘述一座恬靜的小村莊，衣食無憂，人事安康，突然來了日寇倒行逆施，損害蹂躪，鄉民們哀痛無助，扶老攜幼，渡過與翻過阿里朗，流浪逃亡；為了日夜懷念故鄉，大家只有埋頭苦幹團結奮鬥，一齊努力，打回故鄉。悠韓手指敲擊著桌子，嗬嗬的朗笑起來！《壯士飲酒歌》就是阿里朗勝利回鄉狂舞慶祝復國的歌，結唱於建設國家的歌。「小王，你也要擔任歌劇《阿里朗》、《故鄉月》，以及其他歌的主唱。」一位窕窈的素女走了進來，悠韓快步迎上去，「看！」他把手放在胸前，向她曲身鞠躬：「我們的安琪兒，姜蝶。」一股清香之氣。「我們《阿里朗》的女主角，能歌善舞。」「阿里朗，阿哪里朗，阿喲里朗，」悠韓唱著，引起人們張大眼睛望著。「你叫什麼，大弟？」悠韓說：「叫小王。」姜蝶坐下來、翻開一本書《歐根．奧尼金》，又指看一頁相片。「你看，悠韓老師像不像俄國大詩人普希金。」普希金，薄頭髮，長鼻長臉有英氣的俄國文豪。我盯著悠韓看：「像，像極了。能不能把這書借給我看？」「能，還有這一本《萊蒙托夫的惡魔》，這一本《涅克拉索夫的嚴冬》、《通紅的鼻子》。」姜蝶說著把手袋推給我。「我看完了怎麼還給妳呢？」「別為這個發愁，我會找到你的。」

一個黑眼睛的人走過來；悠韓說：「小王，這個人李嘉，中央社的記者。」李嘉也跟我們坐在一起。都聽韓悠韓談著編譜《阿里朗》歌劇的事。劉來了以後，我們就到電台的音樂室去唱《阿里朗》，姜蝶的女聲瀏亮而富感情，音色柔曼婉妙，我配合著她來唱：《阿里朗》是韓國人人會唱的民歌，首尾相應，是可以唱了又唱的，把姜蝶的玉面唱的泛紅。悠韓又唱《壯士飲酒歌》，踢天頓地，和姜蝶跳著圓舞曲：我唱《異鄉寒夜曲》，不由的想起五寨、南京、和悦洲，武漢的風光留連；姜蝶突然撝起臉來說：「小王，別唱了，唱的我都哭了。」李嘉邀大家到東門口福來順吃牛筋拉皮。吃完了飯，又請我們去看西北劇社在明星劇院演的《茶花女》，戴涯有點駝背演阿芷似乎不夠瀟灑，李嘉就說：「讓悠韓演阿芷，姜蝶演瑪格麗特，保證又合適又叫座。」看完戲，悠韓叫了車送姜蝶回武功西北音樂院，她是那裏的高材生，不能在外面留宿。

回杜曲與國中學，要在盛夏門外搭坐膠輪馬拉車，坐上八、九人，車伕就搖著鞭兒，讓馬兒不快不慢的走著，韋曲在明德門外，這二曲在唐貞觀年間有名：「城南韋壯，去天尺五。」有點上有天堂，下有蘇杭的味道。杜甫特愛韋曲詩有「韋曲花無賴，家家惱殺人」的讚美。杜曲、韋曲、王曲在終南山下鼎足而三，而我們的教室與宿舍是開在山間的窯洞，冬暖夏涼，同學肩背相挨，排排睡。初二的的學生黃文華，是位多情種子，和我要好，他喜歡一位叫武瑜的女生，為要引起她的注意，便慫恿我唱《五月紀念歌》：「五月啊五月，灑過群衆的熱淚，流過先烈的熱血，許多的新仇舊恨，我們要永遠記著，大家齊心努力掃雪！五月啊五月。」不久，武瑜來找我說：「告訴我，你為什麼要唱這首歌？」我說：「中英鴉片戰爭五口通商，五三慘案日本出兵山東，在濟南慘殺我外交特派員蔡公時，民國十四年五卅慘案英國巡捕在上海屠殺顧正紅和我國同胞！現在，日寇在南京大屠殺，佔領我們的國土燒殺虜掠我同胞！五月的紀念，是教我們不要忘記報仇雪恨的歌。」她望了我一會說：「是的，你唱的很好聽。我們演一齣話劇吧。」「演什麼？」「我手頭有個油印本獨幕劇《三江好》，還有一齣街頭劇《放下你的鞭子》。」我仔細讀了這兩個本子，《三江好》演東北一座碼頭上，布告著捉拿抗日的三江好，三江好卻感動了偽軍同他一起去抗日，《放下你的鞭子》演一個老人帶他的孫女在街頭流浪賣藝責打孫女，引起路人不平，老人述家鄉淪落日寇之手，無法生活的苦楚，引起青年從軍殺敵的情節。這兩齣戲，在學校演出，達到很好的宣傳效果。

這年，蔣公五十二歲誕辰，聯合合唱團在鼓樓齊唱抗戰歌曲祝壽，樓下東南西北四條大街燈火通明，人海人山，鼓樓上的歌聲從黃昏唱到天明。西北劇社在明星戲院演出了古城的怒吼。不久，悠韓編導的歌劇《阿里朗》也在竹笆市阿房宮大戲院公演，成為轟動一時的大新聞，東大街，青年會隔壁的《大公報》亦以專題報導，這是抗戰以來，第一齣大歌劇的堂堂公演。《西安日報》有卜寧的的評論，認為《阿里朗》是感情的融鑄，血淚的控訴。作為記者的卜乃夫，正在籌畫寫作他的小說《北極風情畫》和《塔裏的女人》。他也是李範奭和悠韓的朋友，拿他倆為模型，放在書中，西安的生活、東北的風雪就是書中的背景。

玫瑰三願

聯合合唱團一再練唱黃自、韋瀚章的合唱曲《國旗歌》、《抗敵歌》、《旗正飄飄》、《山在虛無飄渺間》；他的四大弟子江定仙、陳田鶴、賀綠汀、劉雪庵之外，夏之秋、陸華柏、應尚能、安娥、任光、麥新、吳伯超、張定和、洗星海以及民歌都加入進來。梁玉娟、江天蔚、向美華和我試著四部音合唱，表演時，我的腳下墊著一張小板凳，顯著身高和他們不相上下。二十九年鄂西會戰，張自忠將軍和鍾毅師長殉國，我們在阿房宮戲院舉行抗戰歌曲演唱會，我因為競賽獲獎而成為報刊上的新聞人物；這年秋天，上海國立音專的老師們到達西安擬由寶雞進入四川，在重慶青木關復校，合唱團的團員們在青年會歡迎他們，我代表大家唱了《天倫歌》和《襄河曲》歡迎他們。晚餐後一位孟老師來找我，說有重要的事和我商量。他鄭重其事的握了我的手說：「我們聽了你唱的歌，有個共同的意見，就是希望你隨我們到重慶，進到青木關我們的學校學理論作曲和聲樂，你聽過斯義桂的歌唱，他是唱男低音，很有成就。而你呢，可以在男中音和男高音的領域裏發展，將來必然可以有大成的。你願意跟我們一起去嗎？」一股熱流穿越我的全身，甚至使我緊張的顫抖了。「你有難處嗎？不要你花一分錢的。」「我要和母親說。」「你不要急，我們有三天的停留，等你的回答。」

為了母親和纖弱的幼弟，眼睜睜看著他們出關走了。

金色、桃色、橘色、紫羅蘭色的雲在天際閃耀，大地是橙色的一片黃靄，我和劉去探訪教育部巡迴演劇隊隊長虞文，他們去城鄉工作未曾返回。從城隍廟十字街出來，走向五味十字街，那裡有座玫瑰女中，是和青年會有些密切關係，相同地親切擁抱基督教。經過那裏，依稀飄散著些茉莉花的味道。劉說：「我在這間學校教幾個鐘頭的音樂課，你願不願來試試？」我睜大了眼睛「什麼？」劉拉起我的手，「我要和徐玫結婚了。」「嗳，你說夢話了。」「真的，她答應了，我們一起去吃羊肉餡子、貓耳朵，她說好吃，還說願吃一輩子。」徐玫，那個娟好的播音員，「劉，你真是有造化。」劉說：「有件事要你幫忙。」「你說。」「請你替我到玫瑰女中上一個月的課。」「不是不願是不能。」我衷誠的回答。「你擔心與國中學的課？」「是啊。」「我替你想過了，你每周六下午來上兩個鐘頭的課，學生們三個班，集中起來上。你看，不行嗎？行。」他拍拍我肩頭。「這老師，我怎麼會當？而且是女生，我會怯場的。」「女孩子們好教，她們都有純潔的心靈，善良而且有溫情，不就是和她們唱唱歌嗎？你的聲音，她們保準喜歡聽。再說，你幫了我和徐玫，不就是送了我們最值得紀念的厚禮嗎？」好像再推託，就太不夠交情了。想想，我能掉頭而去嗎？我們到東輿橋散了一會步。學校裏合班上課的事，由他去安排，到週六時，他陪我去上課就成了。週六下午我和劉去了玫瑰進了一間大教室，黑藍色的衣裝，女生們端坐著，班長喊了起立、坐下，她們湧動著，竟像一潭湖水起落。我尚不知劉介紹了什麼，他就轉身走了。在一片掌聲中，班長起來說：「老師，我叫曹荷華，是班長。」又一位起立：「老師，我是游藝幹事，叫王惠貞。」我從不曾留意過女生的容貌，曹荷華厚髮，銀盤似的粉臉。王惠貞頭髮中分向後梳著，容態嫵婉。我一時口拙講不出話來。女生們卻是無邪的交頭接耳笑語。王惠貞走上來遞了一冊歌本給我。「是的。」我喃喃的說：「我來和大家唱歌。」曹荷華問：「唱什麼歌？」女生們七嘴八舌的；我說：「我們唱《玫瑰三願》好嗎？」引起一片歡呼聲：「玫瑰花，爛開在碧欄杆下，爛開，光鮮燦爛，充滿美麗的生命力，開放在碧，翠綠的顏色，與紅、紫、黃、白的玫瑰相映，淹然百豔的，向人世表現著自己。」我說：「我們唱一首歌，先要瞭解歌詞的含意。」大家都同意了。我請曹與王領著同學們朗誦下面的詞：「我願那妒我的無情風雨莫吹打，我願那愛我的多情遊客莫攀摘，我願那紅顏常好莫凋謝，好教我留住芳華。」我教大家把詞朗誦了，並介紹了作詞者韋瀚章及作曲家黃自的大略，然後教大家讀譜，一句句的唱了，就歡天喜地的完成了第一課。下課了，大家送我走出教室。曹荷華和王惠貞伴我走回青年會去，走過了大公報館，王惠貞指著一棟房子說：「這是我家。曹荷華的父親曹伯伯是法院院長，她家離這裏也不遠了。」原來，她們都住在青年會附近。晚上我從青年會出來，看見王惠貞在大公報館前站著，她走過來：「我在等你，陪你走過鼓樓去。」我們經過鼓樓，在南大街走著，又走了一陣，她停下來向我說：「父親是北師大畢業的，原來在璐河中學教書，現在在教育廳做事。」「我讀的與國中學校長是王廳長。」「原來你是與中的，荷華也以為你是西北音樂學院的。前回我們去看《阿里朗》，那個唱《故鄉月》的就是你。」我點點頭，她開心的笑著。「你教我們唱《玫瑰三願》，唱出了大家的心聲。你是位小老師，也是位好老師。今兒晚上的月色真好看。」我說：「花自有蕊，月自有光。」我們回轉身又向鼓樓走，走近了鼓樓；她說：「我看你經過鼓樓了，我就回去。」我走過了鼓樓，回頭望她，她向我揮手，月在天上，人在月下，我往前走，影子在身後，跟隨我。下週我教她們唱《青春曲》：「我們的青春像烈火樣的鮮紅，燃燒在戰鬥的原野，我們的青春像海燕樣的英勇，飛躍在暴風雨的天空；原野是長滿了荆棘，讓我們燃燒的更鮮紅，天空是布滿黑暗，讓我們飛躍的更英勇；我們要在荆棘中，開出一條大路；我們要在黑暗中，向著黎明猛衝！」這首歌使她們精神振奮，如同披上了武裝。當然，戲院裏正上演，吳祖光編的多幕劇《鳳凰城》，表演東北抗日志士苗可英、可秀兄弟殉國的壯烈故事，主題曲為張定和所作《流浪之歌》：「黑龍江上，長白山頭，江山如錦繡；戰鼓驚天，烽煙匝地，淪落我神州！」我也教她們唱了。其後，我們唱了《沙漠之歌》：「沙漠是黃的海浪，波到無邊的遠方；蒙古包似起伏的海島，駱駝在那裏徜徉；月光下，有人燒著野火悠揚歌唱，我們要生活，便要戰鬥，沙漠是幸福自由的家鄉。」這是無拘束而縱情的歌；大家唱的輕鬆而快樂。也完成了代課的承諾。下課時，同她們簇聚著往外走，吱喳嘻噥，令人不忍驟去。劉適時來接我，向同學們揮手，開懷的笑著說：「我要好好的酬謝你。」由於青年會的推薦，我擔任了由皮以書女士主持的兒童教養院為主幹的兒童合唱團團長，他們表演了很多歌曲，其中最難忘的是《兒童節歌》：「我是小盤古，我不怕吃苦；開闢新天地，看我手中雙斧。我是小孫文、我有革命精神；打倒帝國主義，促進天下為公。我是小牛頓，不怕人說我笨，用我的頭腦，向大自然追問。我是主人翁，我有雙手萬能，造福新社會，促進世界大同。」《鋤頭舞歌》，也是孩子們最拿手的歌。

王惠貞的夢想

王惠貞往常在鼓樓邊和我見面，我們在街頭走來走去，有說不完的話，我們談到文學時，我也把俄國詩歌之神普希金說給她聽，他是帝俄時代反對亞歷山大一世和尼古拉一世，喜歡自由的詩人。他的全名是亞歷山大・塞爾格耶維奇・普希金（一七九九—一八三七）早年在彼得堡皇村學院讀書和十二月黨人接近，因反對皇帝而遭放逐。我讀了他最出名的敘事詩〈歐根・奧尼金〉，也讀了他寫吉卜賽人的茨岡。他的詩中嚮往中國的萬里長城，和夜鶯的歌唱。他為自己作紀念碑說：「我為自己建了一座天然的紀念碑，人們走過，仰視他，高抬的不屈服的頭顱，超過亞歷山大紀念柱的尖頂。因為我為人民喜愛，用詩歌喚醒他們的良知，為殘酷的時代，歌頌自由，為倒下的人們祈求寬恕和同情。」他為愛情寫道：「我愛過你，也許，這愛情，在心底還沒有全滅、變冷。但不願再打擾你，使你煩悶。我愛過你，無希望、無聲息。有羞怯與妒忌；我愛你如此溫柔而真誠；願上帝保佑有人也如此愛你。」他的妻娜塔莉亞，豔冠群芳。他聽說她與名為丹特斯的人有染，於一八三七年二月八日的一場決鬥中受重傷而死。她也跟我談到波蘭的憂傷詩人的鋼琴曲和他在巴黎的生活以及他家鄉的泥土，我也有膽子和她講巴爾札克的《人間喜劇》——高老頭，以及短手短腳的蘇俄詩人瑪雅・柯夫斯基和德國的海涅。我們也談徐志摩的《偶然》，朱湘的《夏天》，戴望舒的《初戀》。以及聞一多編的一冊詩集。我們帶著驚奇與熱情，讀著我們並不深知的作家與他們的作品，互相讚嘆又憧憬著。《大公報》館門市部新售一本《黃河文藝》，我細讀著謝冰瑩主編的這本文藝刊物，有抗戰的風情，有血的誓言；我試抒寫一首船破浪海上的短詩，盼望著撫摸著刊登出來小小方塊的喜悅、熱淚不由得流下來。「葉落梧桐秋已深」，王惠貞圍了白的紅的絨毛圍巾，走在身旁，紅紅的臉蛋白白的牙，黑油油的烏髮，長筒的鞋，有天子夜了，她說：「窗外下著雪，一位白髮老婦坐在火爐旁，忽聽門外腳步聲，進來一位老人家，脫去堆雪的帽子，仍舊黑髮紅臉的人，是你。」我聽呆了，就呆呆的望著她，「傻子！」她說著竟然流了淚，掛在眼睫，我如在夢中，喃喃的，她仍在說著：「門外寒冷，門裏溫暖。」你知道嗎？當我向她告別離去時，卻不知連繫著西安的，竟是難忘的回憶。

浩歌滿襄樊

向蘊育歷史文化的古城告別，詠著「不見長安使人愁」的詩句，告別潼關的泥塵，風陵渡的波濤，我們走過了唐代東都紅牆綠瓦的洛陽，便到了水陸交通要衝的鄭州。市內有博物院青銅器、玉器、恐龍蛋化石的古文明，郊外登邙山，可遠眺黃河的洶湧。父親送我入力行中學讀書。在父親的書庫中，我沈醉於朱生豪所譯《莎士比亞全集》與梁啟超《飲冰室群書》。父親原在江西工作，政府還都重慶，父親應考選部王用賓部長之邀，擔任政府前線勞軍團中原戰區的綜理工作。隨又率領行政院戰時服務大隊人員以鄭州為中心，指揮各中隊自湖北、江西、河南、安徽擴大工作圈；以鄭州而言，就創設有粥廠十一家、醫療院五家、兒童教養院四家、流動服務站八家、照顧傷兵傷患，四方湧來的難胞，予以妥善收容；失怙特的兒童送養教育，學生則送入學校讀書。父親聯合地方、社會各界，成立交通運輸網，使逃難流亡的無數同胞，能夠安然度過難關，轉進到大後方。此時，父親又結合專才創辦《戰地日報》擔任發行人，由內政部頒發登記證警字第七四四零號及獎狀。報紙在鄭州的印行，使新聞傳播，跟上了血和鐵的戰爭，難忘報紙在日機轟炸下，搬動笨重的機器在地窖裏印刷的情形，難忘父親在燈下看大樣的情形，難忘報紙印出來，分發各地的情形，難忘我寫了〈阿雷〉那篇小說在副刊上連載了七天的心曲跳躍，心神飛揚，難忘趙總編輯透過眼鏡，把笑紋撮弄成可掬的模樣，拍著我的肩頭：「你成，你成的。」他不住的點頭，又說了一些頭頭是道的期許，鼓勵我要發洩感情，就必須繼續寫作。我在學校認真讀書，抓住每分秒的時光，在初中畢業的那年夏季，父親帶我往南陽到達老河口，那裏有一個服務隊配合戰區工作，父親去穀城加強醫療院和兒童教養院的院務，同時，讓我們一家人，還移到穀城郊外的黃家坡居住。孩子們稚嫩的歌聲：「天上多少小星星，顆顆閃光亮晶晶；地上多少小路燈，光明照處黑暗消。中華民族多少人，團結奮鬥不離群，上前打倒日本鬼，只要大家一條心。」醫療院也排了隊，盧院長忙出忙進看病人。去穀城的那條黃土小路上，種滿稻麥的地裏，閃耀著一片金黃，有溪流從不遠處彎過，跨進了仲夏。有人從南陽來，說著李靜之先生創辦《前鋒報》的經過，有人從恩施來談交通建設與襄陽、樊城二地第五師範學校與第五高中收容流浪學生的情形。有人從敵人的後方來，和國軍裡外夾攻，把敵人消滅的戰果，有人跋涉千里，到重慶去接受工作上的薰陶，再出發去和敵人鬥爭，以勝利第一去爭取國家的生存與民族的自由。穀城是一個鋪著石板道路的小城，而且古樸，似我家鄉五寨的風尚。我經過南陽，又愛它穿街入巷，瓦頂垣牆的黃土香。《三國演義》述諸葛亮躬耕隴畝於隆中山，但對天下大事，瞭若指掌。當時劉備窮途末路，寄人籬下，身無尺寸土，聞諸葛之名，偕關羽、張飛三顧茅廬，問復興漢室大計，諸葛剖析當時局勢，結論說：「荊州是一爭衡要衝，為我們發軔的目的地，西南益州地勢險峻，沃野千里，為我們復興的基礎。再西和諸戎，南撫夷越，東面聯絡孫權；天下有變，將軍出荊州之軍，進取中原，率益州之衆出秦川，取關中；兩軍相合，則王業可成，漢室可興。」劉備經此分析指點，走出迷津，頓見光明。這就是預見三分天下的隆中對。到了赤壁之戰，挫了曹操的優勢，成功了三國的局面。我在南陽謁臥龍崗武侯祠，見壁上石碑，刻著岳武穆所書前後出師表，字跡剛柔勁俏，龍飛鳳舞，「怒髮衝冠，憑欄處，瀟瀟雨歇」的〈滿江紅〉詞，和著激動的秋淚，流下來；又記起杜甫的詩：「出師未捷身先死，長使英雄淚滿襟。」隆中山踞大小峴山之高峰，林木蔭瞽，遠望漢水滾滾而去。

隆中山在湖北襄陽的光化縣。初秋之時，我到了襄陽府城，進入第五高中，同時也進入樊城的第五師範走讀於二校。樊城在襄陽之北，相距不遠，我能走讀於二校，一來是戰時流亡學生，可憑學歷就可在當地學校讀書，二來是我到五師不久，就和音樂老師文允昌相談甚歡，為二校組織了合唱團。那時，黃友棣與蕪軍的《杜鵑花》正流行各地，而劉雪庵的《離家》與《上前線》接續《松花江上》成為流亡三部曲，再加以《孤島天堂》與姚牧的《飛花曲》都成為學校火熱的歌唱。我為合唱團練習了汪秋逸和楊友群的江南三部——《淡淡江南月》、《煙雨謾江南》、《夜夜夢江南》，和他們二人的《先有綠葉後有花》，最難忘成為他們指導吳伯超的大合唱《中國人》。作詞者侯佩尹詞中有：「中國人，萬古不滅，英雄無名。」及「效死此其時，恥作懦男女——結隊來，整隊來，拂拭大刀去！」二百人的四部大合唱，唱的山搖地動，江水也似要倒流。同學們都仰視著我，把我當做英雄來看。

月光的芒角

我在五高的好友李志敏擅長書法，他練魏碑，大筆一揮，字體有稜有角，給我們合唱團公演寫海報，被稱為聖手書生。我在五師的好友張寶琪和牛有全，當初認識就興味相通，怕我有孤寂之感，每常出入相隨。合唱團的連絡王鳳翎是棗陽人，三天兩頭跑來跟我論事說話，一股專注的小心翼翼的乖巧神情，這次將一卷小花手帕留在我桌上，把杜鵑花這首歌唱完後，又練唱〈木蘭辭〉這首古詩古調：「唧唧復唧唧，木蘭當户織，不聞機杼聲，惟聞女嘆息。問女何所思，問女何所憶，女亦無所思，女亦無所憶，昨夜見軍帖，可汗大點兵。……」一再重複唱，直至夜幕低垂，晚星閃爍天際。我和張、牛二人伴她回文廟後的宿舍，經過一帶竹林小路，路邊暗處閃出一個叫朱朴的同學，他和王鳳翎有些鄉親關係，在同學中是有名潑野人物，兩膀有幾石力氣，無人敢惹他。他站了在我們四人面前問：「要過去嗎？」王鳳翎詫異的說：「我要回宿舍，你要幹什麼？」朱朴說：「回宿舍去嗎？送歸我送，叫他們三人回去吧。」寶琪說：「你真沒有禮貌。」「禮貌？」朱朴揚起頭說：「我的拳頭就是禮貌。」鳳翎急了：「我不要你送，別擋住路。」牛有全跨上兩步，他粗手粗腳，是個大塊頭，正要說話，不料朱朴兩膀一伸，竟把高了他一個頭的牛有全攔腰抱住，用力搖擺摔動，並把他摞倒在地。鳳翎驚叫起來，寶琪跨步上前，先把倒在地上的牛有全扶了起來，牛有全迷糊了盯住朱朴看。「且慢！」我說：「朱朴，你真有兩下，寶琪是打籃球的好手，要是真打，不見得就真輸給你。這樣吧！」朱朴直楞楞的看住大家：「明天中午，我在操場上等你。」我低聲說。「你？」朱朴哂笑著。「不成。」鳳翎搖著頭。「現在，你也別爭著打架，我們都送鳳翎回宿舍去。」我先走，鳳翎和寶琪、有全及朱朴都跟著。月亮出來了，彎彎的照著，傍著月光的星辰的芒角，竟然黯淡了起來。當我們見王鳳翎回宿舍去了，就並肩走回來。朱朴往岔路去前說：「別忘了明天中午的事。」我回應：「忘不了。」寶琪和有全都認為我們三個人總能對付得了他。我說：「放心吧，今晚先睡個好覺。」回到屋裏展開王鳳翎的小花手帕，幾個盈然的紅豆和王維的五絕寫在一方有淡淡茉莉香的花紙上：「紅豆生南國，春來發幾枝？願君多採擷，此物最相思。」

翌日，日正當中，我已站在操場，並囑咐寶琪和有全不要插手；最擔心的想是王鳳翎，在樹蔭下一臉惶恐的顏色。朱朴大步走了過來：「怎麼！不是三對一？」我低聲說：「你有本事就施展吧！」朱朴兩手伸了過來，我輕輕一碰，回身就轉，卻已將右手搭上他的左腕，並帶動他跟著我轉，我轉的快他也跟的快，但不能近我的身，我抓緊他的右手，向上一撩，他的身體有浮脫，我的左手下沈已抓住他的右足踝，撮起右腿旋轉開來；朱朴的身體飄颻於空兀，三、四十轉後，我就地將他拋出，朱朴腰臀著地又旋轉了一陣，才停了下來，翻了個身趴在地上起不來。我要寶琪和有全扶著他在操場上走了兩圈，才看著他歪歪斜斜的走了。

完成了這齣鬧劇，王鳳翎才嘻嘻的笑了。

一天，合唱團正在練唱《插秧謠》這首二部合唱曲：「布穀聲聲，田裡水漂漂，我們大夥兒從早到晚，彎背插秧苗，你一束呀我一把，不要嘆辛苦：這兒插完那兒再來，同把苦來熬。……」突然聽到遠天嗡嗡的聲嘈雜，漸漸震耳欲聾，大家以為日機來襲，就地爬下躲避；窗外的天空瀰漫著烏雲，有人探頭去看，原來是鋪天蓋地的蝗蟲掩襲過來。聽到許多人的呼喚嘶喊，卻陷在蝗蟲陣裏，不見人影，伸手一抓就是一把蝗蟲，有的用脫下來的上衣四面八方揮打，有人兜了來，喊著：「吃蝗蟲！」人們瘋了似的，和蝗蟲拼搏，有人喊：「打鬼子，打鬼子！」蝗災的禍殃，豈不是日寇侵略我們，到處虜掠燒殺所帶的惡果嗎？人們網了蝗蟲來吃，正是要舒展一下憤恨的心情。

夏末，我向襄陽、樊城告別，握住張葆琪、牛有全和朱朴的手，向合唱團的同學們告別，揮揮手，向怔忡不安的王鳳翎說：「再見！」她紅了杏眼跑過來扯住我的衣服說：「你要到哪裏去？」人生的征途上，就像雲和樹，就像雨和風，隨著遙迢的路，漢水的奔流而去。

我又回到南陽，熟稔的街衢巷弄，張三的水車，李四的鍋餅，胡七的米糕，老柳的胡辣粉皮和肉骨頭。我拿著一些曾發表在《襄樊日報》上的散文，訪問《前鋒報》，李社長靜之要我到他創立的景武高中入秋季班高三讀書。我隨父親去鎮平、鄧縣聽常香玉唱《彩樓配》：「王三姊巧妝彩樓前，王孫公子有千萬，偏偏的專打薛平男。」我喜歡開場戲的村言俗語：「你大舅你二舅全是你舅，高桌子低板凳都是木頭。天上下雨地上流，小倆口吵嘴不記仇。」

我隨父親去西峽鎮，拜訪劉大爺，這座幽邃謐靜的山城，高壘深壁，是豫西民團抗日的大本營，民衆與政府一體的抗戰，已經過七年，日寇雖佔有我國土的許多據點，但不能突破縱橫的線與廣大的深長的面，陷入長期抗戰的泥淖，愈陷愈不能自拔，乃做垂死前的掙扎，一九四一年十二月八日，日本偷襲美國太平洋中唯一的大軍港珍珠港後，美國的軍艦受到重創，遂引發中、美、英、蘇聯合對抗德、日、義的軸心侵略陣線。而我國對日寇的反攻也日益加強，民國三十三年，領袖蔣公號召全國知識青年從軍，熱血青年投筆從戎的呼聲，響遏雲霄。我此時已就讀景武高中三年級，急欲放下書本，走上血肉長城的戰場；召徵委員有馬乘風者，來校站在升旗臺飄揚的國旗下，鼓勵同學踴躍從軍，走上戰場報效國家。我這時已把油印好的一首《新青年進行曲》分發給聚集在操場上的同學們，跳上臺一聲聲領導大家高唱：「我中華英勇的青年，快快集合上前線！我中華愛國的勇士，已再不能忍受這日寇的摧殘！滿腔的熱血在沸騰、滿眼的熱淚總不乾，不將暴敵掃蕩誓不甘，不將國土恢復誓不還。驅走黑暗光明長存在，不怕困苦和艱難。快趕上前，前面有無數的將士在作戰，看！勝利就在眼前。日本軍閥已經到了最後殘喘，我們的勝利就在眼前。」同學們揮舞著國旗高聲的唱著，爭先恐後的向展開簽名本的桌前擠，我早已搶先簽了名。馬乘風用力抱起我來高唱：「看！我們民族的歌手，已經爭得第一名，首先簽名了！」軍訓教官曾士城也在人群中擁上臺來，校長李靜之先生被同學們擁護著跨上臺來，熱淚盈眶的望著，排著一條長龍的學生隊伍，一個個把他們的名字寫好在簽名本上。歌聲掀起熱浪，在人群中唱著。

「男兒報國在今朝！」把知識青年們的大好頭顱為國抛，築成抗戰的血肉長城！在我告別南陽前，我收到王惠貞從西安寄來的快遞，中有用紅絲線綑織，嵌在卡紙上的一張小照；

一本譯自法國名著的小說《七重天》（Seven Heaven），述奇哥與他的戀人柔分別於他倆築愛的小樓七重天，而去從軍抗普魯士軍入侵，經過艱難的戰爭歲月，奇哥受傷歸來，柔四處查訪，找到雙眼已瞎的奇哥重回他倆的七重天。法蘭克．鮑才琪（Fiemk Borzage）的《七重天》的電影《戰地春夢》於一九三二年拍成，加萊古柏與海倫．海絲合演，其中一在戰地，一在後方，呼喚對方名字的氣氛，感人至深。另有美國音樂家歐文所作《柯洛拉多河畔》是一首懷念情人的歌，也一齊寄了來給我送行。

第四章　落日照大旗

從軍到萬縣

「槍，在我們的肩膀，血，在我們的胸膛；我們來捍衛祖國，我們齊赴沙場！」我教同學們反覆唱這首歌，激昂著火一般燃燒的士氣。在出發前，教官曾士城，飲食不調，患了腸炎，住進醫院。經過同學們的推舉，我擔任了總領隊，樊濤為副，按照名冊一一點名，報名前去四川萬縣報到的從軍同學共計二百六十二人。因為黃明樹未婚妻尤祥雲要堅決同行，經招集處同意名額為二百六十三人。我經過仔細盤算，又經父親指點，出發的隊伍分成五隊，我和樊濤、黃明樹領第一隊六十三人。其他四隊各五十人，推出正副隊長各一人，十人為一小組，有小組長帶領，整隊共三十個小組，另有連絡五人，協助隊伍的集結，如此組織，使能如臂使指，團結一體，聲氣相通，共赴國難。同學們個個活蹦亂跳，精神抖擻，出發之日，旗幟飄舞，鑼鼓喧天，家人親友，夾道歡送。有人呼叫，有人落淚。父親走來擁抱住我說：「好生照顧同學們，別忘了寫信回來。」玉貞和小弟志強搖著手上的國旗；「爸，我走了！

回去告訴兒的母親，請她別惦記我。」我跨大步向前走去，樊濤和黃明樹向父親敬禮，後面的隊伍跟著像兩條游龍。我們首先的目標，是徒步走向老河口。老河口是舊遊之地，接受地方的慇懃招待，甚覺虧欠。我們穿林出城，越嶺渡河，走了五天，到了一處村莊，我囑大家早早安息；第二天破曉時候出發，披星戴月，要翻過矗立雲表的大石腦山，二百多人的隊伍攜手攀爬嵯峨磐墣的岩峋，到午後日頭偏斜，仍然牢牢的牽著手，站滿山頭的青年英豪們，把汗水揮灑在蒼鬱峰頂，一齊仰天長嘯，高呼著：「勝利萬歲，中華民國萬歲！」不斷的吼聲、震動寥闊的天地，繞轉的回音，有如海潮的澎湃，颶風的迴旋，久久不散。我們的胸懷，彷彿卓立岱宗之上，一覽衆山小的氣概。大家擁抱而又歡呼，把滿腔的熱情與堅毅，向宇宙傾吐。夜來，山下火把照耀如白晝，那是迎接我們的鄉親父老。我們每天晚點名時唱：「當我們同在一起其歡樂無比。你對著我笑嘻嘻，我對著你笑哈哈；當我們同在一起，其歡樂無比。」我們白天走的痛快，夜裏睡的沈酣。我們急急的向恩施走去；我們吃到了大鍋紅燒肉、白菜豆腐、酸辣湯，這是戰爭期間難得的美味，口齒芳醇的甜蜜。因為，到了每一個地方，都如異鄉似故鄉，我們為了報國，也為報答經過的地方的恩寵，更要加緊的趕上軍營，接受訓練，去捍衛我們的國家。從恩施再向前，行行重行行，巴東就在眼前，巴東是進入四川省要道，漢稱郡，管轄雲陽、奉節等縣。我們整隊到了巴東，就要坐船過秭歸，自巫山經巴峽入川，我們要不懼長江的風浪；越歌有《秭歸黃牛山》：「朝發黃牛，暮宿黃牛；三朝三暮，黃牛如故。」指黃牛山的天險雖歷經風浪，仍然矗立不移。又有歌謠：「巴東三峽巫峽長，猿鳴三聲淚沾裳！」至如《灩澦歌》：「灩澦大如馬，瞿塘不可下；灩澦大如牛，瞿塘不可流。」均在說明長江三峽之難渡，由西陵峽到巫峽和瞿塘峽，須航越一列險峰。白居易亦有〈竹枝詞〉：「瞿塘峽口冷煙低，白帝城頭月向西；唱到竹枝聲咽處，寒猿晴鳥一時啼。」這些預警的詩歌流傳至今。抗戰堅持的重慶精神，有如日月光明，普照四方；詞人盧前作《拉縴行》，應尚能譜曲，是一首集中意志力量，教育作用特高的好歌；我教大家唱：「前進復前進，大家牽在手。注視掌舵人，堅強意不苟。駭浪驚濤中，前進且從容。厓津終可至，南北或西東。步伐我既整，舵亦掌得穩。有舵自有方，涉險要能忍。拉縴復拉縴，行行萬里遠。萬里不覺長，拉縴不知倦。要緊在舵工，道路熟在胸。歷歷大小灘，趨吉以避凶。大家從之行，看看即光明。寄與同舟客，果然共濟成。」我們唱著歌，沒有悲情，只有向前，激昂奮發，就是我們的回答。我們看見拉縴的人們，虬結著壯實肌肉，手腳抵攀著卵石，匍匐著身體，呼唱著陰陽頓挫，悠遠蒼涼的歌號，極有節拍的音調，迎著旭日、午炎與落霞向前去。船，移艤於嘉陵江上的萬縣，我們在鼓號與旗幟的歡呼與飄舞的熱烈氣氛中上岸，一層層的石級，讓我們向上攀升。

萬縣，這座富腴的小城，是青年遠征軍二〇四師的營地。我們二百六十二位同學，留下尤祥雲向政治部報到外，都坐了大卡車上了六〇二團駐紮的文家坪，團長黃綬紳少將以緩和澹潤的聲音和我們說話，倒像位藹祥的老師，晚上和我們聚餐後，將我們第一隊安置於重機槍連，其他四隊分發於第一、二、三營。我的職位是重機槍連的觀察上士，樊濤和黃明樹為班長。第二天出操時，我站在第一排第一班排頭；以後打野外時，我手執衝鋒槍，樊濤和黃明樹則分別扛馬克沁重機槍。為了充實軍營中的精神生活，我上書連、營、團長成立軍中文藝創作會，第二營筆名啞鈴（本名許允正）及祝季寒二人為我的助手，將某些同學們的作品，送政治部《青年軍報》採用。經過三個月嚴格的訓練，我們出操打野外，成了家常便飯。有一次在大雨滂沱下，我們一連人從山溝往山上攻擊，因黃明樹輪到進城採購伙食，由我替他扛重機槍，逆風怒雨，把山脊沖刷成泥滑的混濘，幾次攀攥，才抓住一段橛木，全身溷濁地爬上山頭。下望山腳，人槍傾仆，翻滾在風澤雨淖中。我們狼狽的回到連上，連長集合弟兄們，受到嚴厲的責罰，有人的槍被撿回，失槍的人，不僅被關了警閉，禁足反省，甚至有一位士兵，因為違反紀律，不曾參加演習，在衆目睽睽下，被連長武其文親自打了二十大板。連長說：「丟了槍，就是丟了自己的命，而違反紀律，就是自尋死路，想想看，一個逃兵，會有什麼下場！」楞了半天，黃明樹從伙房裏走出來，立正敬禮：「報告連長，我回來了！」連長丟下硬木板子點點頭說：「回來就好。」又挺挺腰說：「今天加菜，大家好好的吃個飽。晚課後，請王上士教大家唱：『當我們同在一起，其歡樂無比。』現在解散，解散後，大家分頭去洗澡。」大家轟然齊聲喊：「是。」連長轉身走開時，摸了摸自己的眼睛，又回頭看了看那個被打了二十大板的士兵，才直直的走向連長的房間。「男兒有淚不輕彈。」我心裡想著，扛起重機槍，招呼了樊濤一同向營房走去。

一天晚上連長找我到他房裏坐下，他說：「今天下午接到政治部科長來電話，說已經和團長說好，明天上午你去一趟政治部，劉主任要召見你，你先去見二科周科長，聽主任對你有啥吩咐。」

第二天上午，我按時到了王家坡西山公園上面的政治部。

認識戲劇

我上到政治部的大門口，周科長已在門內出來接引我，穿過大廳上了二樓，周科長低聲向我說：「你先去見主任，看主任怎麼吩咐，然後我們倆再研議一下，照他的指示去做。」靠近主任辦公室門口，周科長輕喊了聲：「報告。」一個沈厚的聲音傳出來：「請進。」我們進入室內，主任從座位上站起來，頭髮兩鬢微白，臉容豐潤，欣然向我伸出手來：「我是劉炳藜。」「是，主任。」「來，坐下。」又對周科長說：「你別走。」轉回頭向我說：「你喜歡文藝是嗎？說說看，你還有什麼嗜好？音樂、戲劇、美術？」我說：「都喜歡。不過，其中，美術也喜歡，但是畫不好。」「那麼就說說文藝、音樂、戲劇吧。」我遂把我小學上電台唱歌，中學參加合唱團，少許演劇與寫作的愛好跟他約略說了。「你願意來政治部工作嗎？」「做什麼？」「你知道西山公園那邊駐居著一個配屬我們師部的抗敵演劇第九隊嗎？另有一個新來的十四隊也在那附近住著。」他略略俯身向我說：「你對音樂戲劇有興趣，你來做個聯絡的工作，幫助周科長和他們交往，以加強對我們軍隊和民眾的服務。你是熱情的文藝愛好者，同時也可以學習一下編輯《青年軍報》。你覺得這樣好嗎？」「是。」我回答「那麼，你就到周科長那一科去，和他多交換一下工作的方式和內容吧。午飯在部裏吃，下午返回營區，明天接到調職令，就來部裏辦事吧。」我和周科長恭辭出來，就到第二科坐著和他談論文藝服役抗戰的種種情況及其發展。使我初步具體瞭解文藝對抗戰的巨大貢獻，與無遠弗屆的力量。

西山公園在王家坡的下面，是一處花木扶疏、景色優美、亭臺樓閣、假山峙石的形勝之處，據聞係川人楊森將軍所建。演劇九隊約三十多人住在司令臺後面幾座平屋中。隊長呂復之下有刁光覃、朱琳、高重實、黃溫如、蔣軍、陳孚、趙元等人。呂復顏顒凝斂，刁光覃一綹軟髮垂拂於額前，言談雅致。朱琳鳳目瓊音，碩然玉立。黃溫如名如其人，趙元是個欣喜活潑的大女孩。蔣軍高大健倬，陳孚有很深的音樂修養，能指揮大合唱。因為他對我歌聲的揄揚，不久，他們便和我稔熟，而有了相得的交情。我也逐漸瞭解到抗戰中的戲劇。

抗戰之初，上海戲劇界便成立了救亡協會，包括了上海所有劇人。如李健吾、唐槐秋、唐若青、宋之的、洪深、金山、應雲衛、鄭君里、陳鯉庭等人，並組成了十多個演劇隊向全國各地進行戲劇演出活動。抗戰初期的街頭劇《放下你的鞭子》是陳鯉庭編劇、崔嵬改作，述一群難民在街頭賣藝討生活，引起圍觀群衆喝倒采，老人怒責少女，並舉鞭抽打，青年打抱不平，大喊：「放下你的鞭子，」少女與老人為父女，因日寇侵略，家破人亡，流浪到此乞憐賣藝，群衆高呼：「打倒日本鬼子！」青年去從軍報國。獨幕劇《三江好》像改編自愛爾蘭女劇作家格里高蘭的《月亮上升》，述東北偽警奉命追捕抗日領袖三江好至碼頭上，遇一跛腳老人述日寇殘殺同胞慘事，偽警得知其母其妻已被殺害，遂追隨三江好去抗日。二十六年底，張道藩、余上沅、馬彥祥、梅蘭芳等人發起公演田漢所編《蘆溝橋》與《最後勝利》，田漢又編《江漢漁歌》述漢陽太守曹彥結合民間力量大敗金兵入侵。《新兒女英雄傳》則寫岳飛與戚繼光。李健吾雖在淪陷的上海，但編有大量的劇本，以發揚民族精神，如改編羅曼·羅蘭的《愛與死的搏鬥》與薩都的《花信風》、《風流債》，他在自己編的《這不過是春天》一劇裏扮演精明幹練的警察廳長（此劇由陳銓改編為《野玫瑰》，電影《天字第一號》之所本），又在《金小玉》一劇中扮演參謀長，把石揮飾演的金士琦這個殘忍、奸詐、陰險、毒辣、貪財好色的壞胚子，更鮮活的襯托出「殘暴不仁」的下場。日寇與偽特工將他拘捕拷問、幽禁，他以絕不投降的毅力對付，令人肅然起敬。民國二十七年夏天，劇人們群集武漢，接受軍事委員會政治部（亦稱第六部）部長為陳誠，副部長為周恩來（此為毛澤東為國共合作抗日宣言，高呼：「擁護蔣委員長，蔣委員長萬歲。」後政府誠意接納中共，為抗日民族統一戰線的政府機構）。第三廳廳長為郭沫若，副廳長為謝壽康，下設五、六、七處，五處處長胡愈之掌管動員工作，六處處長田漢管藝術。七處謝壽康兼任對敵宣傳。六處設有戲劇、電影、美術三個科，分別由洪深、鄭用之、徐悲鴻任科長。在戲劇方面正式成立十個抗敵演劇隊，以戲劇與歌詠來宣傳抗戰；第一隊隊長宋之的與馬彥祥在武漢、鄭州一帶工作。第二隊隊長為洪深、金山，在徐州、開封、西安一帶工作。第三隊應雲衛等在江浙一帶工作。第四隊隊長鄭君里後與第三隊合併。五、六、七隊則因戰事影響而解散。第八隊隊長劉斐、第九隊隊長為唐愧秋到武漢後率隊轉進四川。十隊、十一隊改編為第四隊，第十二隊、第十三隊由武漢到了重慶。後有十四隊隊長李實，吸收了五、六、七隊的隊員亦到了萬縣。劇人的結合主要來自一、民國十四年由趙太侔、余上沅、熊佛西主持的國立藝術專科學校的戲劇系。二、由田漢、洪深、歐陽予倩、徐悲鴻於十二年二月創立的南國藝術學院。此時田漢以推展戲劇，排練新劇為教學，率師生陳白塵、孫師毅等五十餘人至杭州公演其《蘇州夜話》、《湖上的悲劇》等，又到南京、蘇州、廣州等地演出。他的成名作：《孫中山之死》、《獵虎之夜》、及《黃花崗》廣州起義，《黃鶴樓》辛亥起義、《黃埔潮》寫十四年南京事件，為其愛國之作品。三、中國旅行劇團是留法的學人唐愧秋於二十三年創辦，先後參加的重要演員有唐若青、趙景深、戴涯、舒繡紋等不下百人，十年間走遍大江南北，公演的戲劇亦不下百種。抗戰起為演劇九隊的隊長。武漢劇界大結合，抗敵演劇九隊，轉由呂復為隊長，到了萬縣。四、國立戲劇學校於二十四年十月初創立，由張道藩等人發起，聘請余上沅為校長，應雲衛為教務主任，謝壽康、萬家寶等為教授。教授陳治策改編果戈里的《巡按》演出，極獲好評，又公演《狄四娘》、《國民公敵》、《威尼斯商人》等，亦給予觀衆以深刻印象。又加以中共的文工團幹部以「文藝下鄉、入伍」為計畫，設立了育才學校，培養了不少的工作員進入到各戰區去，而兵營、戰壕、廣場、原野，也成了話劇的課堂、歌唱的場所。二十七年五月教育部也成立了三個巡迴戲劇隊，第一隊隊長向培良工作地區在貴州、廣西、湖南等省。第二隊隊長谷劍塵，工作地區在江西、浙江、福建、廣東等省。第三隊隊長虞文，工作地區為寧夏、陝西兩省。後又成立第四隊隊長關哲吾，往四川、雲南等地開展工作。

由於與演劇第九隊交往，我獲得了不少有關戲劇方面的知識，使我知道抗戰與戲劇工作者的結合，不僅是話劇，也包括了平劇及各省的地方劇、各種的大鼓，說書、相聲、金錢板，以及數來寶、蓮花落，以至天橋的把式、學生的鼓號、鄉野的傳奇、山村的夜話與歌謠。所以戲劇工作者是劇人，也是熟悉民間藝技的博士。

小楊與詩歌結緣

走下西山公園一溜兩丈寬的石階，左手邊傍著綠波叢樹下石徑小道，再走二、三百步，一帶五、六間的瓦舍，就是第十四戲劇隊的駐地。聽到鼓聲起伏飄蕩，節拍悠揚頓挫。我在門前聽了一會，才敲敲門問道：「錢平在嗎？」錢平開了門，一頭闖出來，拉住我哈哈大笑：「正在想你哩！請進。」幾次認識他，都在晚會上，他是中訓團音幹班夏之秋的學生。夏之秋因《歌八百壯士》一曲的慷慨激壯而名揚海內外，更因《最後的勝利是我們的》一曲的神氣昂揚令人血沸胸膛。眼前，他攤在桌上的是夏之秋的《思鄉曲》（以後成為電影《吉人天相》的主題曲），他攀住我的肩頭指著樂譜說：「請看，月兒高掛在天上，光明照耀四方，在這個靜靜的深夜裏，記起了我的故鄉；下面轉音轉調——故鄉遠隔重洋，旦夕不能相忘，那兒有高年的白髮娘，盼望著遊子返鄉；再轉音轉調還原到前幾節；你是怎麼唱的呀？」我說：「迴峰路轉，由惆悵轉入悲涼；這和他的《最後的勝利是我們的》那首歌。男音：『是誰殺死我們的父母兄弟，還有我們的妻子兒女？把我們的房屋在炮火下變成灰？』女音：『是誰奪去我們的廣大土地，還有我們的礦產糧米，把我們的子孫，永遠做他們的奴隸？』這兩段都是憤恨，後面轉音轉調合唱：『他們是東洋強盜，是兇惡的日本帝國主義。』——在這裏掀起爭取最後勝利戰鬥，變成不達此目的誓不休的堅強毅力，兩者雖有氣概上的不同，但其旋律卻是應合著情緒而鼓舞發揚的。你看怎樣？」他的兩眼閃光：「對，你說的對，要詞曲相配合，而且——氣味相投。」「水乳相融。還有，一首歌曲要獨唱，練習一百遍也不算多。」他大聲說：「怪不得，你唱陸華柏的《勇士骨》唱的那樣好，他朗誦了起來：『這原野曾流遍了英雄的血，多少戰士，為祖國作了光榮的犧牲，和敵人一同倒臥在戰場上！炮火已經熄了，現在是一片死的原野！祇有西風在那裏哭泣，在那裏憑吊！紅葉輕輕映著白骨。戰士！你還躺在這裏作什麼？我嗎？』」他安靜的回答：「我在等候勝利的消息。」有人鼓掌兩下，走了過來。他是一個臉色黧黑瘦削，脖頸歪向左邊的人，斜著身體走過來，名叫洪大久。他說：「聽二位說唱，羨慕得很，錢平，我有一言建議你，不如唱《太行山上如何？》「《太行山上？》」錢平看著他，我說：「紅日照遍了東方，是在太行山上，是游擊隊的歌，比如《紅纓槍》是老百姓的自衛歌，《義勇軍進行曲》，也不是共產黨的歌，是九一八東北被日寇侵占後，馬占山將軍組成義勇軍抗日的歌。現在要唱《嘉陵江上》才對，要唱《勝利進行曲》的歌。」洪大久聽了，涎著臉，扁著嘴，縮頭縮腦的說：「是了。唱打回老家去。」錢平很快回應：「唱一寸山河一寸血，十萬青年十萬軍。」洪大久背轉身，喊著：「小楊、小楊！妳在哪裏？」頭也不回，一蹩一蹓，怪模怪樣的走了。我問：「誰是小楊？」錢平說：「楊德珊，他把她當做是他的小羊，好像他的禁臠：小楊，人見人愛，一個好女孩，見了他的影兒，就躲開。」我說：「喲！倒苦了這好姑娘。」「可不。咱們一起去找找她，她膽兒小，不會跑遠的。」

我們走出來不遠，就看見小楊坐在王家坡石階的頂端，濃黑的兩條髮辮垂在胸前，更映出皎潔的面容如白玉盤，眼光清朗，盈然欲語。我們走上去，錢平說：「小楊，妳等誰？」

小楊眸子一轉：「去老何那裏吃擔擔麵。」老何是一個乾瘦的小老頭，喜歡哼唱四川小調：「板栗子開花一條線喲，去年想你到今年喲！去年想妳未成年喲！今年想妳正當年喲！擔擔麵喲，要不加紅喲！」他舞著木勺子又蹦又跳：「玫瑰花兒為誰開喲！石榴樹為誰栽喲！小哥你這一去喲，小妹子日夜等待喲！哎哎哎喲！是喲，來喲！一碗加紅、兩碗免紅，馬上來喲！」小楊笑起來：「看！這個人老心不老的老何！」擔擔麵是川味裏的小吃，滷汁裏有芝麻醬，滋味甚好。小楊吃了一會，說：「我喜歡文藝，《青年軍報》上有兩首小詩，就像寫出了我的心意。」「是嗎？」我說。「一首是〈遠行〉，短短的幾行——也不告辭一聲，也不和他的親人們握手，像平常一樣出去看朋友，他穿上外衣出去了。雪地上留一串足印，他把手插在口袋裏，走出北門……你看，瀟灑不，其實，向他的親人們告辭也許走不了。又有一首〈歸去〉，也不長——春天就要來臨，冰霜，就要跟隨溫暖解凍，溶化成一條河流，你是生長在北國的孩子，風沙會向你撒嬌，向你招手！那麼，你就回去吧。快活又勇敢，駕著你的小船，一天藍，映著你歸去的白帆。這首小詩的詩情詩意是貼我的心的，我的家在河南西平縣，我讀了以為這詩是給我寫的。」「是嗎？」我望著她那清澈的眼眸，粉紅的臉，不禁有些激動。「可不是嗎？昨天又讀到他的一首小詩〈友情〉——當我們同在一起，像夜的天空和月亮，藍的更深，白的也更亮。有一天，我們會分離，而我們將更想念，在不同的地方，有相同的感情，想著往昔的甘苦和光榮，眨著紅了的眼睛，便流下淚珠來。錢平，你說，將來我們分手了，會這樣嗎？」錢平說：「妳知道這些詩是誰寫的嗎？」小楊說：「一個叫舒林的人。」錢平笑著：「不識廬山真面目，只緣身在此山中。」小楊叫起來：「你說什麼？」「舒林，坐在我們身邊，和我們一起吃擔擔麵的這位，就是舒林呀！」小楊用手遮住臉，又仰天哈了一聲：「真的！怎麼會這麼巧？你是舒林嗎？」我說：「是的，謝謝妳能記誦我的詩。」她用澄澈的眼眸注視我，又低眉垂目的說：「喜歡就是這樣。」抬起頭，有一抹憂愁掠過：「前些時我看英國愛茉莉的《蝴蝶夢》看的入迷。可是，老洪卻拿了一本《鋼鐵是怎樣鍊成的》書給我。」我說：「是俄國人的作品？」小楊說：「作者叫奥斯特洛夫斯基。他說看了把心得告訴他，我不喜歡，把書還給了他。」老洪，我心裏想，不像是位光明磊落的人。我們於向晚天氣分手，他倆回十四隊去，我則回政治部。

《帶槍者詩刊》

走到大門口，碰見了政工隊隊長雷觀成，筆名田野，雖然穿著軍裝，依然有玉樹臨風之姿，他曾送了我幾本他出版不久的詩集《為重慶而歌》、《愛自然者》、《航海者》、《中國兵》。他的抒情味道，是卷舒自如的，他在《中國兵》中寫當翻譯官的陸以正，短短幾行就有豐富的感性，綠蕾、胡牧、楊龍章、吳道生，都是他在政治大學讀書時的同學，都一塊兒從了軍，只不過分散在各處，為國效忠。對於有詩情的人，我都敬重，有時讀他們的人，像讀詩，他們有弦外之音，值得你探究。他較我大一、兩歲，但行事卻飄逸的多。「我找你商量些事。」此時，覃洛潭走過來。「洛潭，這是我們找的舒林。」洛潭短髮，直鼻大眼，瘦挺的樣子：「嗨，舒林！」洛潭的手白皙有勁：「好，洛潭。」田野說：「洛潭能寫能畫，我們要出版詩刊，洛潭木刻封面，是位軍人的上半身，肩上扛著槍。」我說：「《帶槍者詩刊》。」田野和洛潭同時拍我的肩膀：「太好了，《帶槍者詩刊》，就這樣，你來編。」我們集合了軍中的萬縣、重慶、成都以及大後方的詩人們，為詩刊寫稿。並且感動了《川東日報》給我們開闢了一個「太陽」的副刊，讓我們以文藝奉獻愛國的熱情，讓作家傾吐他們的肺腑，如大地展示開發的礦藏。

一天，小楊帶著流雲與陳田鶴合作的《製寒衣》一曲來找我。我問：「詞，讀熟了嗎？」「讀熟了，能背了。」她說：「不知道是哪一位健兒穿上戰場，我手裏拿著剪刀和尺，我心裏揣摩著他的肥瘦短長。」「妳看，多麼細緻的心思。」然後，她想到了，「啊！我拿我孩兒爸爸的衣服作樣，我要把前幅鋪的厚厚的，保護著健兒胸膛！我要把針線縫的密密的，前線上應是找不到縫紉的姑娘。我們將心比心，體會製造人的貼切心腸，有似一種移情作用；這樣唱就能表現出親婉的旋律，溫馨而自然。」小楊聽了不住點頭。把這首歌重複唱了幾遍。「還有一首《巷戰歌》，雖然呼吸緊湊，節奏緊密，氣氛緊迫，分寸緊張；但其用心的扣人心弦，與《製寒衣》卻有鋼柔並濟之妙；你聽，『腳尖落地，輕輕呼吸，緊握著武器，隱藏著身體；從黑暗的深巷。從荒涼的墓地；從破舊的窗口，從高聳的屋脊，我們爬行，我們偃息；我們靜聽敵人的腳音，我們防禦敵人的偷襲。』——這種起伏，從左之中的歌詞，透露出步履與心魄的跳躍；其實，都是聲色的應用，熟悉就是相知。」「對！」小楊拍了一下手：「音樂的相知，和人的相知一樣，就是心靈的相通。」送小楊時，月已初升，好風如水，新月如玉，王家坡涵泳下的西山公園清景澄淨。不遠處有如夢如潮的歌聲傳來：「我所愛的大中華，我願永遠為你盡忠，你的久遠的歷史文化，給我無限的驕傲與光榮。你的江河湖沼美麗如畫，我一生一世永遠懷戀，你的平原山野何其偉大，我一生一世，永遠不忘。一切的榮辱，我願與你共嚐，一切的甘苦，我願與你共享，我永遠愛你，祝我中華萬歲！」歌聲如絲如線，如江如潮，一時浩淼，直上青雲。這歌曲是四部合唱，高音低音繚繞，環環相扣，在靜夜裏河漢而又渾淪，使我們低迴而又仰首，在癡儼的傾向中，竟忘了歸去。

自後，三天兩頭，小楊便來找我，不是絮言生活的喜怒哀樂，便是拿了油印的歌來練歌，拿了劇本來說舞台位置和相互對白。

田野和洛潭找我商議印行《金剛報》，田野的鋼筆字雋拔，而其毛筆字則出於李北海，有龍騰鳳舞的神氣，已寫好了刊頭，由洛潭木刻，報紙用十六開毛邊直排橫印，取「政事集要、勝利的號角、金戈鐵馬、春到戰地、文藝之光、勇士抒情、太陽、野火、風聲雨聲讀書聲」等專欄。蔣經國氏作了首頁的人物專訪，青年遠征軍緬甸邊區擊潰日寇拯救英軍大捷，周大為的專論，東方瑜軍的報導，江有汜的〈森林裏的晚會〉，龐森拜作，白壘譯〈托爾斯泰的早年生活〉、舒林的〈憂鬱〉、白峽的〈雨後〉、陸以正的〈翻譯〉、吳詩，更有綠原以方青的筆名翻譯了《靈園詩選》。作家和詩人趙令儀、胡牧、綠蕾、江有汜、石懷海、葛珍、鍾辛、羅汀尼等，都參加了「軍中文藝創作會」的陣容。這是戰爭的年代，太陽的年代，是鐵與血的年代，也是歌與快板的年代，我們說了就做，《金剛報》一出，便風行於社會和軍中。田野希望我參加政工隊，我說：「應尚能有首歌叫做《無衣》。」田野笑起來「怎麼想到了《詩經》？」「脩我戈矛，與子同仇。」田野很正派的打拱：「請你來作指導員。」我加入政工隊是田野報告了劉主任以後的事。

找老洪算賬

小楊帶著些愁悶來找我，「什麼事？」她說：「我讀了你的〈憂鬱〉，好像是為我寫的；裏邊有兩段在中間：『如燃點的燭在風裏燃點，如哨音響過黃昏；如朦朧的一縷煙，如流水，流水上的小舟。如催促綠葉上的露珠，如白了的霜球；你散髮徘徊於我眼前，如為美麗的明天而哀愁。』」她的面容有些青白，神色也有些倉皇。「怎麼了？」她小聲說：「有事情想請你照應。」我點頭，她隨著我向王家坡走去。「本來，我不懂防人之心不可無的意思，現在可明白了。你見過老洪那個人吧，可怕得很！」她的聲音憤懣。「別急，怎麼回事。」她緩下氣來：「我是河南西平縣人，父親是法院院長，家有哥姊，我想為抗戰工作，曾受到行政院服務團隊人員的照顧，一路到了四川的奉節，經一位鄉親介紹到萬縣參加演劇十四隊，在嘉陵江邊下船；問西山公園路徑，老洪聽到了，湊上前來跟我說，他也是到十四隊報到的，這樣我才和他一起的。想不到，他跟隊上的人說，是他帶我來隊上的，說，他有權偏愛著我，所以，凡事都要跟他商量。起初，我並不曾在意，可是，暗地裏，他總是問我這樣，那樣；要我跟大家疏遠，怕我吃虧上當；可又事事管著我，還教我看這樣書，讀那樣書，灌輸我些莫名奇妙的思想，說這是什麼階級意識哪！最近，我不跟你走的近些嗎？他教我好好考慮，說，要跟住他，他介紹我到陝北，入什麼抗日大學，我要不聽他的話疏離你，要給我好看；逼我就跟他走！你看，我怎麼辦？」我聽她一口氣說來，不由的氣魄鼓盪：「別怕！我們去找他！」她點點頭：「成！」我們到十四隊，我敲敲門，錢平走出來，我正顏說：「錢平，我請你照顧小楊，你叫洪大久出來，我跟他有事當面講。」我把小楊送入門裏，看著她說：「放心吧！」錢平瞭然一諾：「是。」把小楊帶向一邊，才回頭喊：「老洪，有人找。」洪大久蒽蒽縮縮，斜著身體，向我走過來：「你找我？」「對！」為了消除他的疑慮，我摟了一下他單薄的肩背：「我們往亭子那邊去。」進了亭子，我們對面坐下，我盯住他，沈聲問：「小楊是你的囚犯嗎？你威脅她，恐嚇她，你想把她怎麼樣？」老洪抽他歪斜的鼻子：「是她想依靠我。」「住嘴！」我提高了聲音：「你卑鄙，心存不良！」老洪的手伸進腰裏摸索，我左手按向他的肩膀，右手拿他的臂腕，向後小力拗折，老洪「啊喲」一聲，右手箕張，一把尺半小刀跌落地上，我用腳踩住，板起一節斷了的刀柄指住他，他兩腿屈伏地上：「饒了我！」他慌成一團。「還敢去攪擾，去威脅，去欺負，去詐騙小楊不？」我嚴切峻迫的問。「不！絕對不敢了！我發誓！」「你切實記住你說的話！」我糾他站起來，他伸起手在耳旁：「如敢違背，天誅地滅。」

第二天，小楊告訴我說：「謝天謝地，老洪留下一張字條：『我走了！我迎向漫天烽火的那一邊去！同志們，朋友們，再見！』」他不再回頭的走了，如一片落葉。

整個春天，《帶槍者詩刊》，印行了田野的〈中國兵的情人〉，葛珍的〈河下〉，江有汜的〈森林裏的晚會〉、舒林的〈海〉、祝季寒的〈山那邊〉、東方瑜軍的〈祝福〉、覃洛潭的〈花樹〉、羅汀尼的〈日特露德的眼睛〉等。在此時，我讀到了羅汀尼的敘事長詩〈葬曲〉，約七千行。我曾經讀過白采（童漢章）出版於民國十四年的長詩〈羸疾者的愛〉，這是一個殘病者冀望優生的期待，思想受到尼采超人的影響。汀尼患有肺病且有氣喘；他也有一種要掙脫時間束縛，抓緊生命的悲情，飄向磨難與追歡的夢境；使我體會了活著的另一種留連。

政工隊除了謝旭是音樂教官，學有專長外，隊員王天澤、劉健明、朱雪鴻、劉易德、楊凌、王的、敖曦、段恭及樂金秀、冼茜、方雲儀、余敦信、楊祖英等，也只是意趣的結合，而缺少戲劇藝能的天份。洛潭有文學的細胞，田野是十足的詩人；都不像演劇九隊歷經舞台的薰陶，佈景工、道具、燈光、劇務，皆有把握，演出一個角色，唱好一曲合唱。反覆的練習，才能使大家進入情況，熟悉自己的位置；冼茜是廣東人，正確的國語發音的糾正，常常要格外的覆頌，尤祥雲一直在政治部任校對的工作。其他隊員為詩刊《金剛報》的業務出力，使政工隊在與民衆的交往上，顯示活潑潑的氣象，也是一種追求的目標。為了勝利，無論白日黑夜，風吹雨打，都可以不論代價的付出，何況是年輕的伙伴，穿梭於軍營，把歌唱的激情，溫暖的問候，感性的表演，人物的塑造，與戰士們同樂，把春天送到營地，並肩跳舞，握手歡呼，舉杯慶祝，相語平素；都是生活的慰藉與寫真。

人們牢牢的記得一九四一年的夏初，日機瘋狂大轟炸重慶大隧道的慘案，血肉橫飛，屍骨狼藉的煙塵滾滾，但是，抗戰進入最艱苦的階段，也是黑暗消退，光明來臨的時候。重慶精神就是在廢墟上建立起新的大廈，在死者的骨骸上，豎起更堅固的血肉長城。日寇陷入我們長期抗戰的泥淖，愈陷愈深，不能自拔，只有死路一條。從民國三十年到三十四年之間，日寇的戰線，全面在意志的衰敗下，全面潰退，每個日本士兵在心中搖著一面白旗，訴說他們投降者的死亡末路。

日帝的投降

這是一個莊嚴神聖、燦爛輝煌的日子，一個真理戰勝邪惡永恆的日子，令每個人肉飛脈舞，難忘的偉大日子。民國三十四年八月十四日。

那一天，我正一遍遍的哼唱著韓悠韓和李嘉的歌《春天的陽光》：「你照著遠方的海洋，也照著我們偏僻的村莊，你帶來歡笑的力量，掃除世間的黑暗，趕走冬天的嚴霜。看！春色迷人，春水盪漾……」突然，我停下來，傾聽收音機裏傳來的一個激情的亢奮的歡躍的聲音：「同胞們！親愛的同胞們！就在此刻，就在此時，日本宣布無條件投降！萬歲！中華民國萬歲！」我幾乎按捺不住一陣強烈的心跳，也幾乎能夠感覺到播音員息脈的騰躍。我向外狂奔高呼：「勝利勝利勝利！」於是人聲鼎沸，山河震動，舉國歡騰，萬象渾瀚。我們喜極而泣，鑼鼓鞭炮，交相嘈嗷，我們擁抱虎嘯，又打的頭破血流。而最早的勝利曲，竟是一首民謠譜詞的《好消息》：「張老三，你聽我告訴你，大街上出了一件大事情，到處放鞭炮，晚上也掛國旗，多少汽車跑來跑去，不曉得啥道理呀，那呼咦呀嗨！讓我們看一看，真是怪希奇，男的女的都在那裏擠，這個喊頂好，那個喊恭喜，原來是日本天皇投降的好消息呀，那呼咦呀嗨！」政工隊給熙熙嚷嚷的民衆排了一齣戲，叫做《勝利大合唱》：「中國呀中國！我們屬於這個神聖的名字，勝利呀勝利！我們都一同歡喜。今日還我山河，重建幸福家邦。」當時的勝利曲充沛於大街小巷，而唱遍全國的，是影片《長相思》中的主題曲《凱旋歌》：「看國旗風飄，聽歌聲雷動；我們的英雄，戰勝頑敵，湔雪奇恥，完成了歷史的光榮。我們生命更新，我們骨肉重逢；從今後，復興民族，促進大同；泱泱大國風。」曲調的活潑采麗，歌詞的簡要明朗；成為作曲人黎錦光（筆名金玉谷、金鋼、李七牛）的傳世之作。

三十四年九月二日，東京灣米蘇里旗艦上正式舉行日本無條件投降典禮，日本全權代表重光葵外相，與梅津美治郎（參謀總長）首先在降書上簽字。盟軍最高統帥麥克阿瑟元帥代表美國簽字，中華民國簽字代表為軍令部長徐永昌上將，順序為英、蘇、澳、加、法、荷、紐等國。

三十四年九月九日，中國戰區在南京陸軍軍官學校大禮堂接受日軍投降儀式，由陸軍總司令何應欽上將主持，日本投降代表為岡村寧次。

抗戰勝利是國父孫中山先生建立中華民國以來空前的勝利。是在內亂紛擾、外患頻仍中，蔣公領導國民政府血肉抗戰八年的勝利。

民國三年至七年為第一次世界大戰，中國軍閥橫行，國事蜩螗。

民國八年為五四運動。反抗帝國主義、愛國的文化運動。

民國十五年蔣公領導北伐至十七年成功。

民國二十年九一八瀋陽事變，日寇佔領東北，張學良退出。

民國二十一年一二八淞滬戰爭，吳鐵城市長、俞鴻鈞秘書長、蔡廷鍇十九路軍起而抵抗。

民國二十五年十二月十二日西安事變。舉國震驚。不久，蔣公脫險歸京。

民國二十六年七七事變、八一三淞滬之戰、上海南京陷落。

民國三十四年五月七日德、義投降。八月十四日日本投降。

懷念「抗戰歌曲」（上）

我小時候就喜歡唱歌。那時教我唱歌的，是南京鄧府巷小學教音樂課的徐老師。此刻，我彷彿看到在音樂教室裏，他教音樂時神采飛揚的快樂樣子；孩童們張著嘴高聲低聲的唱著：「你看國旗飄揚，你聽歌聲齊唱；」「拔起船錨，打起帆蓬，衝濤破浪向前航；」「中國童子軍，童子軍，我們，我們是三民主義的少年兵；」「手把著鋤頭鋤野草呀，鋤去了野草好長苗呀；」「同學們，大家起來，擔負起天下的興亡；」「長亭外，古道旁，芳草碧蓮天；」「怒髮衝冠，憑欄處，瀟瀟雨歇。」我看見同學們下了課，背著書包，穿過別班同學上體育課踢小足球的操場離去的背影；夕陽在窗外霞彩中逐漸沉落。我獨自跟隨著徐老師到大禮堂，隨著他的琴聲，繼續練歌。然後我看到一個孩子，站在中央廣播電台的播音室，面對著放低了的麥克風唱歌；那個激昂慷慨唱著「熱血」歌的孩子是我。

最近，行政院文化建設委員會策畫推展「大家喜歡唱的歌」，以謀充實我們國民的精神生活；而供應「國民心理健康的特效劑」，擴現「民族盛衰與國家興亡」的徵象；實有賴音樂反映我們的時代，表現我們的民族性。更因我們正倫和衆的歌唱，可以陶冶我們同胞的習性，發揚我們民族的精神。由此使我想到抗戰時期的歌曲，旋律之剛強，詞章之雄健，實為大漢天聲的奇葩，文藝報國的主力。我曾聲役抗戰歌曲，因應當前需要，擇其精華予以發揚。

自從民國十七年先總統蔣公領導北伐，統一中國後，積極埋頭於全國性之建設。日本軍閥狼子野心，忌懼我國之強大，覬覦我國之物博；民國二十年發動「九一八」事變，侵佔我富甲天下的東北。河山為之泣血，風雲為之變色。黃自與韋瀚章乃有抗敵歌曲《睡獅》《抗敵歌》、《旗正飄飄》、《熱血歌》（吳宗海詞）等傳世之作。其間，張寒暉的一首《松花江上》：「我的家在東北松花江上，那裏有森林煤礦，還有那漫山遍野的大豆高粱；我的家在東北松花江上，那裏有我的同胞，還有那衰老的爹娘！」立時便唱遍了全國。後來，劉雪庵的《長城謠》中：「高粱肥，大豆香，遍地黃金少災殃」；指的也是北方黃土平原的富足。抗戰初起，歌手們高唱此曲，皆因家破人亡，逃亡流浪，辛酸悽涼，悲憤激揚；而泣隨歌下。引起聽衆共鳴，有的且號啕切齒；群呼「打倒日本帝國主義」！乃至人人唱，家家唱，處處唱，時時唱；而蔚成同仇敵愾心理，沛然莫之能禦的風氣！

「雙十二事變」後，蔣公自西安蒙難回京，表現了崇高的人格，浩然的正氣；全國熱誠敬仰，赤心擁戴；乃有杜庭修與桂永清合作的《領袖歌》，歌出了全民的心聲：

大哉中華，代出賢能，
歷經變亂，終能復興，
蔣公中正，今日救星，
我們跟他前進，前進！

復興，復興！

詞句樂觀堅定，訴說出普天同慶的願望。更由此表現了團結奮鬥的中心力量。使日本軍閥吃驚於中國在短短的三、四年間，各地的各種建設，已奠定了富國強兵的基礎；國民政府主席蔣公，真是民族的救星，復興的領袖；眼看中國就要像「睡獅」一樣「醒來威震天」，讓「蛇蟲狐鼠莫敢前」！日本軍閥瘋狂的侵略炮火，便翻天覆地，挾著絕滅人性的腥風血雨，猛射向在曉月下靜寐的蘆溝橋，掀起漫天烽煙，遍野屍骨。蔣公乃在廬山宣布：「犧牲已到最後關頭，人無分男女老幼，地無分南北西東；惟有犧牲到底，才能爭取勝利。」當時，麥新就以這一主題，作了《犧牲已到最後關頭》的這首歌：

同胞們！
向前走！
犧牲已到最後關頭！
同胞被屠殺！
土地被強佔！
我們再也不能忍受！
我們再也不能忍受！
亡國的條件，我們絕不能接受，
神聖的國土，一寸也不能失守！

同胞們！
向前走！
拿我們的血和肉，
去拚掉敵人的頭！
犧牲已到最後關頭！
犧牲已到最後關頭！

「拿我們的血和肉，去拚掉敵人的頭」！這是何等愛國的情操，怎樣悲壯的志願，中華兒女為國家盡忠，為民族盡孝，抗敵禦侮，死為鬼雄！蘆溝橋是我們的國土，不容敵人侵略。《蘆溝橋之歌》便在劉海莎和何安東的詞曲中，唱出全民一致抵抗的歌聲：

陳立夫和應尚能的《抵抗》，更是向全民有力的號召：

你是不是中華的國民？
你是不是有血氣的漢子？
現在已到生死關頭，
你還是抵抗？
還是等死？
抵抗！
抵抗！

爲大眾生存而抵抗！
奮起！
奮起！
爲民族獨立而奮起！
血可流！
頭可斷！
國恥要清洗。
救國救民救自己，
責任全在我和你。
抵抗！
抵抗！
大家拚命幹到底，
看誰還敢不講理！

我們要不要抵抗敵人無人道的侵略？勞景賢的一首《出發》，做了肯定的回答：

槍！在我們的肩膀，
血！在我們的胸膛。
我們來捍衛祖國，

我們齊赴沙場。

同時，《黃埔校歌》的「怒潮澎湃，黨旗飛舞，這是革命的黃埔」的歌聲，響徹雲霄。捍衛國土的國軍隊伍，一批批的集結，一隊隊的開上了前線，抵抗敵人的屠殺。於是《全國總動員歌》流行於全國，號召那些不能忍受國恨家仇的青年們，大踏步走上了戰場。

以上所舉的這些具有代表性的歌曲，就是抗戰初起的主調。淞滬戰起，敵人狂妄的宣布：要在三個月內消滅中國！可是經過我們國民革命軍精銳的鋼鐵隊伍堅守防線，誓死抵抗；不僅粉碎了敵人夜郎自大的狂言，且因敵人傷亡慘重，已經色厲內荏；使得國際上真正認識到我們國軍戰鬥意志的堅強，和攻擊力量的雄厚，且已凌駕於小日本傲視世界的皇軍之上，而贏得舉世的崇敬與喝采。也讓敵人知道中華民國是不可侮、不可屈、不可降的習性。敵人久攻不逞下，乃發動飛機大炮，傾巢而出，要把上海這繁華的都市夷為平地！而我國則於完成打擊侵略挫傷敵鋒後，有長期抗戰的佈置，大軍遂向後方轉進。獨付八十八師五二四團謝晉元團附以次八百壯士以守衛四行倉庫，阻遏千百倍於我軍的敵人之偉大任務！隔日，四行倉庫高樓上，遂飄揚著經女童子軍楊惠敏泳渡蘇州河恭送而升的國旗；下有炮火連天的衝殺，上有青天白日的飄揚！俄而，桂濤聲與夏之秋激昂雄壯的獨唱曲《歌八百戰士》：「中國不會亡，中國不會亡！你看那民族英雄謝團長！中國不會亡，中國不會亡，你看那八百壯士孤軍奮守東戰場！寧願死，不投降！寧願死，不退讓！我們的國旗在重圍中飄盪！」的歌，瞬間便高唱於全國。江南詞人盧冀野（前）與陸華柏的混聲合唱曲《八百孤軍》，更教人唱著熱血沸騰、士氣高昂。此時，上海音專在校長蕭友梅、黃自領導下激揚起音樂救亡的熱潮，引領學生們走向內陸。劉雪庵與江陵合作寫了《松花江上》的續篇《離家》與《上前線》，（合稱「流亡三部曲」）。第二部《離家》充滿了個人與家國生死存亡骨肉相連的濃厚感情：

第三首《上前線》歌唱的是：「走！朋友！我們要為爹娘復仇！走！朋友！我們要為民族戰鬥！你是黃帝的子孫，我也是中華的裔胄，錦繡的河山，怎能任敵騎踐踏？祖先的遺產，哪能在我們手裏葬送？走！朋友！我們走向戰場，展開民族生存的戰鬥！」在第二段裏，有爭取國際支援的歌詞：「全世界被壓迫的人們，都是我們的兄弟，愛好和平的國家，都是我們的朋友。」接著是號召全民抗日：「我們有沒有決心？有！我們有沒有力量？有！拿起我們的槍桿、筆桿，舉起我們的鋤頭、斧頭！打倒這群強盜，爭取我們的自由！看！光明已在向我們招手！」

南京大屠殺的殘忍與敵人的絕滅人性，使我們的同胞悲痛莫名，使我們的戰士血淚交迸，使我們國家的恥辱有如山高，使我們民族的創傷比海要深！「是誰殺死我們的父母兄弟」這首椎心刺骨的歌名是《最後的勝利是我們的》。作曲者是夏之秋，他就是《歌八百壯士》的作曲人。這首歌的曲調是非常的悽傷沉痛，也是非常的激昂悲壯，是一首動人心魄，使人血沸意奮的好歌。

「最後的勝利是我們的」這一句結尾詞曲，共合唱四次，一次比一次快，一次比一次激昂慷慨，音量一次比一次升高擴大；最後則一個字一個字以最強音唱到高峰而止，但聲音仍能傳的很遠。

抗戰初起，話劇也配合戰爭腳步，而有街頭劇《放下你的鞭子》及獨幕劇《三江好》等。二十八、九年間，逐漸流行多幕劇如《古城的怒吼》、《國家至上》、《鳳凰城》等。《鳳凰城》一劇，表演東北抗日英雄苗可秀等志士死難的故事情節，十分感人。這齣戲裏有一主題曲《流浪之歌》，詞曲哀婉悽楚。

劉雪庵是黃自得意的學生之一，（其他如江定仙、陳田鶴、賀綠汀、林聲翕等皆屬之）他所譜的抗戰歌曲，兼有藝術性與通俗性的特長。抗戰是在民族救星蔣公的領導與指揮下進行，這是全民族精誠團結，全體國民休戚與共，無分男女老幼，南北東西的敵愾同仇！所以，《民族至上》這首名曲，便在呂庠和劉雪庵的合作下，應運而生：

詞意含著國父民族獨立，不受外侮的主張。抗戰一旦向內陸延伸，為抗戰服役的歌曲，便與抗戰齊一步伐，表現出來神州偉岸，河山浩然的全國性，誰無父母，誰無妻兒的大衆性；灑我熱血，拚我頭顱的戰鬥性；絞痛心脾，椎心泣血的真實性。匯聚為「國家至上，民族至上；意志集中，力量集中；軍事第一，勝利第一」。沛然莫之能禦，廣大持久的陣地，面對殘暴的敵人，與它決一死戰，不把它打敗，絕不終止。

臺兒莊會戰之後，武漢會戰之前，上海音專已撤退後方。西北音樂院在西安近區武功。武昌藝專（陸華柏為該校先期優秀的作曲家，曾任福建音專、湖南音專等校理論教授）亦已遷入內陸。另有杭州藝專、湖南音專、廣西音專等校，亦均參加了抗戰。重慶青木關不久成立了國立音樂院，中央訓練團有音幹班的教育，軍樂學校學生更成為軍中音樂的主幹。軍校各分校與戰幹團之教唱，均使抗戰歌曲與盛。青年會合唱團、三民主義青年團歌詠隊，各省地方學校亦紛紛成立合唱團歌詠隊；乃至民間通俗藝術如戲劇、歌舞、大鼓、小調等亦成為抗戰歌之演唱。民歌也發生了很大的宣傳力量；共同合上抗戰的腳步，為保衛家國而奉獻與犧牲。

此時，兇狠的敵人，姦淫燒殺，有如禽獸。而我們拚命殺敵，有如獵人。前線拋頭顱，灑熱血；後方出錢出力，加緊生產。敵人炸毀了我們的鐵路、橋樑、工廠、市鎮。卻炸毀不了我們「母親教兒打東洋，妻子勸郎上戰場」和「敵人從那裏進攻，我們便要他在那裏滅亡！」的戰志和信心。最後勝利的目標，建立在我們不屈不撓，成仁取義，大無畏的精神上。這種不怕死的決斷：「雖千萬人吾往矣！」是我們民族生命力的匯聚。《勝利進行曲》這首歌就是當時的同胞心聲：

看！我們莊嚴的國旗，
在美麗的晴空裏乘風飄揚！
我們的戰鬥是持久而堅強，
攻取了每一座城鎮，
敵人都狼狽奔逃！
弟兄們，昨日的艱難困苦，
今日已有了最大的報償！
我們要把勝利的歌兒高唱！

這是勝利的開始，
我們更要大踏步，
走向勝利的明天，
我們越戰鬥越英勇！
啊！中國的獨立、自由、幸福，
招展在我們眼前。

這是歌頌國軍臺兒莊大捷的獻禮。這首歌出自賀綠汀的手筆。在這之前，即民國二十七年二月十八日我空軍在武漢上空，曾擊落敵機十一架；當時是以寡擊衆，以弱攻強；竟能有這樣輝煌戰果，不僅使敵人張惶失措；亦叫我同胞們興奮得目瞪口呆。於是，詩人為之頌歌，音樂家為之譜曲。劉雪庵更為空軍健兒寫了《空軍軍歌》、《永生的八一四》、《中國空軍歌》、《壯志凌霄》、《保衛領空》，並將《西子姑娘》譜成探戈及圓舞曲；發揮了他至高至美的音樂才華。他能將陽剛的進行曲調，化入藝術與通俗的舞曲中，顯示了秀美和諧的特色，兼有了剛柔並濟的風格，而產生出強韌貼切的優和效果；真可說是作曲家中的一個能手。

懷念「抗戰歌曲」（下）

光未然與夏之秋合作了《遠征轟炸歌》（按：抗戰期中我空軍並未轟炸日本本土），頌讚飛將軍進襲敵人的倉庫軍艦輜重，予打擊者以打擊：

我們趁長風，
我們去征東，
遠飛一萬里，
英勇向前衝！
攜彈十萬噸，並不隨意用，
對日本強盜，看準轟，
我們是中國的空軍，
空中的英雄；
同胞期望隆，期望隆，
領袖付託重；付託重，
趁著天高雲淡，
熱血正紅，
騰身耀高空
一舉建奇功！

陳田鶴的歌曲，素來沉著莊重，如我們耳熟能詳的《春歸何處》、《懷古》、《江城子》、《採蓮謠》等。抗戰名曲有《還我河山》、《兵農對》等，如《還我河山》：

長江大河，浩浩蕩蕩；
五湖七澤，莽莽蒼蒼；
巍巍長城，峨峨太行；
開疆闢界，追懷漢唐。
如今國土淪喪，倭寇猖狂；
同胞塗炭，流離傷亡！
我們士氣激昂，
我們義旗飛揚！
萬眾一心，殺敵除奸，
收復失地，還我河山；
青天白日，永照人寰。

這首歌詞，有一種雄偉的氣勢，表現了我泱泱中華，不屈不撓的風貌。那時，上海淪落敵手後，不久，就流行著《孤島天堂》的這首歌，訴說著時代的苦難，人群的悲傷；以及，淪陷區同胞們不屈服的期望。

武漢會戰以後，我們長期抗戰的策略，已經形成由逐城逐鎮的短兵相接，白刃相交的巷戰，而至襄樊會戰，長沙大捷炮火連天，殺聲震野大兵團圍抄合擊的陣地戰。陸華柏與左之中合作的《巷戰歌》，如動人的敘事詩般扣響著同胞們的心弦：

腳尖落地，
輕輕呼吸，
緊捏住武器，
隱藏著身體；
從黑暗的深巷，
從荒涼的墓地，
從破舊的窗口，
從高聳的屋脊；
我們爬行，
我們偃息；
我們靜聽敵人的腳音，
我們防禦敵人的偷襲。
看吧！國土捨棄了三分之一，
聽吧！炮聲震破了天和地；
千萬人炸成肉泥，
千萬人作了奴隸；
誰無父母，

誰無兒妻；
昨夜一堂共歡笑，
今朝生死各東西！
這是血海深仇，
報復的責任在自己！
我們要以激烈的巷戰，
爭取最後的勝利！

這種對巷戰深刻而逼真的描寫，汗淚交流，鐵血飛迸。誠如尼采之所言：「在所有作品中，最愛者即此『血書』」！這樣英銳颯爽的歌詞，真是使我們如歷其境，如赴決戰。胡然是抗戰時有名的聲樂家，詮釋此歌最為完整，他曾任中央大學音樂系教授，湖南音專校長。他為了憑悼死為國殤的英烈將士，乃寫了《勇士骨》這首歌詞，經陸華柏譜成悲壯感人的獨唱曲。

這首歌詞所表現的我中華兒女抗戰到底，雖死不朽的精神，深刻壯烈，詞家盧冀野的《血肉長城東海上》也是陸華柏譜的曲，另有《百靈廟》和《大禹治水》等歌曲，皆是調式威嚴雄壯之作。盧冀野又作《國殤》及《拉縴行》等歌詞，由上海音專教授應尚能譜曲，應尚能原來在美國學土木工程，卻因愛好音樂，又修得音樂學位，他的歌豪邁爽朗，曾與梁實秋合作歌劇《荆軻》。《國殤》的歌詞，是追悼陣亡將士之頌。

《拉縴行》這首歌更是富於教育意義，指示全國同胞，同舟共濟，衆志成城，在領袖蔣公的舵手般的指揮與導引下，拉縴行船，努力爭取抗戰最後的勝利：

前進復前進，大家縴在手，
顧視掌舵人，堅強意不苟，
駭浪驚濤中，前進且從容，
厓津終可至，南北或西東，
步伐我既整，舵亦掌得穩，
有舵自有方，涉險要能忍，
拉縴復拉縴，行行萬里遠，
萬里不覺長，拉縴不知倦，
要緊在舵工，道路熟在胸，
歷歷大小灘，趨吉以避凶，
大家從之行，看看即光明，
寄與同舟客，果然衆濟成。

民國二十九年三月二十九日，汪逆精衛在日本軍閥卵翼下，無恥的在南京成立漢奸偽政府，遭到中華兒女人神共憤的卑視與唾罵，這等豬犬不如的走狗，是人人可得而誅之的。而《拉縴行》更表明了我們抗戰到底、爭取勝利的精神。是春五月十六日乃有劇烈的鄂西會戰，張自忠將軍在棗陽南瓜店戰到最後，成仁取義死為國殤的聖舉；激發了麥斯寫作《襄河曲》，歌頌這一場光榮的戰爭，和民族英雄張自忠將軍死事之可歌可泣。

抗戰是全民的戰爭，是人人的戰爭，我中華男兒前仆後繼，走上戰場，以保國衛民為職志。是以「好鐵要打釘，好男要當兵」。成為社會的口頭話，劉雪庵有「柳條兒細柳條兒長，姐在山坡底下放綿羊」的那首為出征丈夫縫衣裳的輕快之歌。張曙有「丈夫去當兵，老婆叫一聲：孩子的爹，你等等我，為妻的將你送一程」。賀祿汀有鼓勵男友出征殺敵的《阿儂曲》，馬思聰有《我願我有一隻喇叭，我願我有一匹戰馬》；另有《為了戰爭的緣故》、《壯士騎馬打仗去了》；以及林聲翕的名曲《野火》。黃友棣譜曲燕軍作詞的《杜鵑花》就是我們當前所唱的：「淡淡的三月天，杜鵑花開在山坡上，杜鵑花開在小溪旁」的這首歌，他的《軍人進行曲》更是唱遍全國。楊友群詞、汪秋逸曲《先有綠葉後有花，先愛祖國再愛他》的這首歌，是男女對唱及二重唱，自有一種對愛情的灑脫。黃國棟曲、陳曙風詞《放一朵花在你的窗前》中：「隔著窗，輕輕的叫你幾聲，我便掉轉馬頭馳向烈火中去了。」更有英雄的多情。于右任的《榮譽軍人歌》，由應尚能譜成男高音獨唱曲：「男兒要當兵，以身換太平，我是幸運兒，沙場萬里行。」更是莊嚴而慷慨。胡然的《中國父母心》也是代表作。

胡然另有《抗戰必勝》歌。而敵人愈深入，愈陷入他自掘的墳墓。民國三十年前後，他自感窮途末路，必會落到敗亡的下場，乃有多次和談的安排。均為我領袖蔣公斷然拒絕，中央領導全民抗戰到底，邁向爭取最後勝利的大道。縱使敵人在我大後方濫施轟炸，亦無法動搖我們的信念。當時的婦女也積極參加了戰爭。《巾幗英雄》這首歌是桂永清作詞，劉雪庵作曲的女聲獨唱，一直流傳到現在。流雲詞陳田鶴合作的名曲《製寒衣》，尤其能夠表現細膩傳神的心思，實在令人肅然起敬。

陳田鶴另有和詞家盧冀野合作的歌劇《河梁話劇》歌蘇武出使匈奴，留胡十九年，保持漢節而歸的故事。懷念故鄉的歌曲，是承襲「九一八」懷鄉的悠悠深情，抗戰初期，韓國流亡音樂家韓悠韓原名亨錫，是中國國民黨員，其先父李運成是同盟會會員，他當時任中央軍校七分校及幹四團音樂主任教官，與李嘉（中央社東京分社主任）及卜乃夫為好友。除在西安演出大型歌劇《阿里朗》之外，並創作《新中國萬歲》歌劇，《故鄉月》為此歌劇之插曲，歌詞出之丁尼之手：「淡淡月光，銀波盪漾，月光照在山頭是愁是悵；啊故鄉啊故鄉！哪年哪月才能吟詠在月下的松花江上。」

在懷鄉曲中，我們耳熟能詳的是任天道和夏之秋合作的「月兒高掛在天上，光明照耀四方」的《思鄉曲》；任畢明和黃友棣合作的「一樣的月亮，月亮下面是故鄉」的《月光曲》。劉雪庵有「我難忘記我最可愛的故鄉」的《思故鄉》。韋瀚章與黃自先有《思鄉》之歌。後來撰《白雲故鄉》即「海風翻起白浪，浪花濺濕衣裳！」先後由李中和與林聲翕譜曲。三十年楊友泉和汪秋逸合作「江南三部曲」，就是《淡淡江南月》、《煙雨漫江南〉和《夜夜夢江南》。另有《漢水曲》：「西風掠過山窪，太陽快要落了！滾滾的漢水呀，奔騰的東流吧！我要隨你回家。」及「我家在江南，門前繞著青山」的《江南之戀》。

馬思聰的「當那杜鵑啼遍，聲聲正添鄉愁」的《思鄉曲》，旋律極為纏綿悱惻，是他清音不絕的小提琴曲的主調。此外。較不為今日讀者所知道的是江村與姚牧合作的《飛花曲》，其中動人的詞句如：「我家鄉的弟兄啊！不能讓敵人的戰馬，飲水在我們的河流；不能讓敵人的軍旗，插在我們的山崗！」和「守住我們的橋樑、山崗、田園、村莊！用我們的鮮血灑在我們的家鄉，像杏花灑落在春泥上。」

抗戰勝利前，端木蕻良和賀綠汀合作《嘉陵江上》，可說是自《松花江上》以次的一首壓卷作。我國名聲樂家斯義桂任青木關音樂院教授時，曾演唱此曲，真是感情充沛，扣人心弦。而在懷鄉曲中，流傳最久的歌曲是陸華柏與張帆的「故鄉，我生長的地方，本來是一個天堂！」的這首《故鄉》。

民國三十三年，敵人已踏上滅亡的末路。蔣公號召知識青年從軍，一瞬間，十萬青年響應而來。陸華柏立即呈現了他的《十萬青年十萬軍》的進行曲：「萬方鼓角聲，青年爭請纓；保鄉與衛國，一切可犧牲。」和「青年軍！不怕死，不貪生！做奴隸而生，生也恥辱；為自由而死，死也光榮。」抗戰時期的大合唱曲，除了黃自的《旗正飄飄》，韓悠韓的《新中國萬歲》外，如吳伯超與侯佩尹的《中國人》、《民族歌手》、《祭陣亡將士誄樂》等，均是大漢天聲的皇皇巨構。其他如李抱忱填詞的《打走日本鬼》，無不是唱的人們心花怒放，義憤填膺。在歌劇方面如臧雲遠和李嘉的《秋子》，描述日本少婦秋子，被迫來中國慰勞日軍，不幸與他的丈夫相遇，羞憤自殺的故事。另有《黃河大合唱》、《呂梁大合唱》，兩者寫華北與晉西國軍與民衆合作抗日的生活寫實。這都是我政府音樂教育之下，培育出來的人才，亦是抗戰中，在政府領導下，創作出來的抗日佳作。中共或有利用其為統戰歌曲之處，只是表現其進行統戰的面目而已。

八年抗戰勝利，最先唱出勝利曲的是張道藩作詞、黃友棣作曲的《抗戰勝利曲》：「勝仗，勝仗！日本無條件投降！」和「擁護著蔣委員長，我們一同去祭告國父，在紫金山旁；八年血戰，千萬忠魂，才打出這建國的康莊。」黃永熙有《還我河山》：「高唱凱歌，舉國歡騰，聲震遐邇。同胞們！踏著先烈的熱血，重建我中華！」

在凱歌曲中還有：「看馬蹄聲中，國旗迎風飄！」、「號角吹動，鼓聲隆隆！」。繼有劉雪庵為《長相思》影片所寫的《凱旋歌》：「看國旗風飄，聽歌聲雷動！我們的英雄戰勝頑敵，湔雪奇恥，完成了歷史的光榮！」凱歌歸故鄉，是同胞們重建家園的希望。張定和的《還鄉行》寫出了這種全民迫切的心情：

好音從天降，
欣喜若狂。
嘗遍了流離滋味，
準備還故鄉。
八年闊別，故鄉該無恙？
那小橋流水，那江南草長，
那亭園綠蔭，那田舍風光；
那靄然的父母，那慈祥的高堂；
我曾苦憶了千遍萬遍，

如今快見面了怎不欣喜若狂！捲詩書，整行裝，
上歸途，意氣揚；
江流如蔚，關山退兩旁，
怎及我歸心更急，
恨不得插翅飛翔。
行看重整家園，
天倫歡聚一堂，
重建新中國，
和樂安康。

這首歌詞使我們想到杜甫的那首〈聞官軍收河南河北〉的史詩，令人如癡如醉，載欣載奔。

抗戰歌曲，何止千萬；但我曾經唱過，如今尚能記憶，還我少年，滌我胸膛的這些慨當以慷的歌，只如星河外的一些星辰，猶自閃耀著光輝；在我的夢魂裏，照退了黑夜，引來了白晝。當前我們的樂教，仍然面臨著歧路，找不出我們方向；不知道我們自己的歌是什麼？

我只希望，當前我們的樂壇歌壇肯虛心的面對這幀《抗戰歌曲》的光亮的鏡子，映現我們大多數蒼白頹唐、綺靡萎弱，以至失魂落魄的虛偽荒誕的面相；而知所警惕：我們惟有自強不息，奮發上進，才是我們應當和喜歡唱的歌；才能配合國家的文化建設，文藝發展，創

造我們三民主義統一中國的光明前途。

談抗戰文藝

為紀念神聖偉大光輝壯烈的「七七」四十三週年，執筆之際，突然眼酸心痛，氣騰血沸；眼前是無數無數美麗的國旗飄揚，耳邊是歌聲、號聲、殺聲、炮聲交織，及震動天地的巨大交響；一時未能平靜。蓋因近代中國，革命建國史中的外患大敵，竟是見利忘義，殘暴兇狠的日本軍閥。日本侵略我國，肇起於甲午戰爭。民國成立，國事蜩螗。民國四年，日軍參謀次長田中義一陰謀設計滅亡中國的二十一條，由日本政府向袁世凱提出，造成我國民情的激憤。民國十六年七月田中奏摺提出，中共鼠患其間，促使寧漢分裂，阻撓國民革命軍北伐，使民心沸騰。民國二十年九一八事變，東北淪陷於日寇之魔手，使國恥與國難同時加深。民國二十一年一二八事變，日寇進犯淞滬，爆發大戰，國軍誓死抵抗，敵人知難而退。民國二十二年，日軍偷襲喜峰口之役，國軍奮起迎敵，日軍初嚐我軍大刀片子的滋味，而謀我更急。民國二十五年中共暗裏操縱，張學良楊虎城發動西安事變，領袖蔣公蒙難，不久脫險歸京，舉國歡欣若狂，皆知，蔣公為民族救星、國家主宰，形成埋頭建國努力復興的鉅大力量。日本軍閥認為如不斷然掀起戰端，提前滅亡中國，一俟中國興盛壯大，將來恐再無侵略機會；乃不顧一切，於民國二十六年七月七日，發動蘆溝橋事變。領袖在廬山對蘆溝橋事變講話，重申中國二十四年國民黨五全大會中之報告：「和平未到根本絕望時期，決不放棄和平，犧牲未到最後關頭，決不輕言犧牲。」同時表示：「我們既是一個弱國，如果臨到最後關頭，便只有拼全民族的生命，以求國家生存；那時節再不容許我們中途妥協，須知中途妥協的條件，便是整個投降，整個滅亡的條件。全國國民最要認清，所謂最後關頭的意義，最後關頭一到，我們只有犧牲到底，抗戰到底，惟有『犧牲到底』的決心，才能博得最後的勝利！」領袖此一嚴正之表示，仍冀望日本軍閥在此最後關頭，能重新認識我政府委曲求全但堅定不移之立場，懸崖勒馬，萬勿輕啟戰端，致使中、日兩大民族，將來共同陷入萬劫不復之境地。然而蔣公此一卓越之遠見，仁愛胸懷之真誠呼籲，終不能喚回日寇狂妄侵略之狼子野心，而引發殘酷暴虐之戰爭，使我國再無妥協之餘地，全國遂奮起而抗戰。八年持久抗戰的精神意志，是「寧為玉碎，不為瓦全」。此一戰爭，亦是實現三民主義，完成國民革命必經之過程。全國同胞人人以必死的決心奮戰不屈。日本終於在民國三十四年八月十日屈膝投降，九月九日我政府在南京中央陸軍軍官學校接受日本投降。然而，由於日寇的輕啟戰端，卻真的造成了我中華民族空前的浩劫。因為，這八年的抗戰，不僅是同胞的死亡枕藉、財產的損失而已；八年抗戰以血肉頭顱換來的勝利，竟被在抗戰中以「一分抗日，二分應付，七分壯大自己」，不打敵人，專事襲擊國軍，顛覆政府、禍國殃民、遂行叛亂的共黨所竊奪。這種沉痛的教訓，雖然堅強了今天我們復國建國的志節，促進了我們國家精誠團結，奮發圖成的力量。但餘痛尚在，怎不令人心傷。

執筆之前，見報載「中國抗戰時期文學會議」，在本月十六日至十九日，由法國勝佳——波里尼亞基金會主辦，假巴黎舉行。這對我們來說，無疑也是一種沉重的衝擊。「中國抗戰時期會議」，本應由我中華民國在臺灣來舉辦，現在竟由法國一個民間文化團體來辦，主動操於他人手，我們只能隔洋興嘆而已。參加這次討論會的學者專家除了法國、西德、東德、英國、加拿大、蘇俄、義大利等國外，美國參加的我國學者提出論文的有夏志清、葉維廉、許芥昱、李歐梵、董保中幾位，香港有梁錫華和徐訏。中共方面的六個代表是艾青、劉白羽、孔羅蓀、吳祖光和馬烽、高行健。夏志清的論文是〈端木蕻良的「科爾沁旗草原」〉，徐訏的是〈三十年代有關民族形式的論爭〉，茅國權（美國）是〈巴金戰時作品〉，黃錦明（美國）是〈沙汀小說的藝術〉，李歐梵是〈胡風——作家和理論家〉，董保中〈中國戰時戲劇的經驗和信念〉，梁錫華是〈風暴之眼——梁實秋抗戰期間的小品文〉，葉維廉是〈聲音的利用——比較卞之琳的「慰勞信集」和奧登的同期作品〉，許芥昱是〈按樹與硝煙之間——昆明地區的詩歌〉。其他各國人士論文又一例是「偏左」的東西。主辦單位頗有專為留在大陸的中共作家作「秀」的趨勢。如果我們把中共年來運用巴金、錢鍾書、曹禺等作家，先後到歐美各國從事「文化交流」的活動現象來研析，則這種「文藝統戰」的手段，當是有計畫世界性的「出擊」，有心人看看應該驚心怵目，深加凜惕：不可無動於中，或竟等閒視之的！

緬懷抗戰文藝的多采多姿，花果滿枝亦絕不是幾本處心積慮專為中共統戰而寫的書，就可代表了整個抗戰期間的中國文藝。這是以偏概全，以蠡測海的作法。抗戰文藝究其本質，實在是全民族的文藝，鐵與血汗與淚，怒火與煙硝焦土與骨骸的文藝，是赤裸裸地擁抱政府成仁取義、奉獻犧牲、有敵無我有我無敵的文藝，是自救救國繼承祖宗先民歷史文化拼掉生命爭取我們最後勝利的文藝。所以，抗戰文藝不僅是每位作家的責任，也是全民不分男女老佑的口頭文學。如脈絡之於可愛的秋海棠的根葉，抗戰文藝亦如江河不舍晝夜的流傳於每一個中華兒女的心頭，與每一寸中華的錦繡山河。

抗戰文藝內容豐富，包羅萬象。俗文藝中的大鼓、小調、說書、相聲、地方戲，甚至拉洋片，賣梨膏糖，要把戲的這些口頭文藝都能湊上一腳。正格的是詩、歌、話劇、報導文學、漫畫木刻等。口頭文藝的盛行，在抗戰初起是就地取材，率性道來，出之於許多民俗藝人之口流行於城市鄉村，或竟為婦人小兒家常的吟唱。這種沛然莫之能禦的力量廣布民間，陳紀瀅先生記三〇年代作家直接印象「寫老舍、老向、何容」，文內就提到他們為名大鼓「山藥旦」、「富貴花」寫了好些「相聲」與「大鼓」來唱的實事。像山東快書，河南墜子，山西梆子等自編自唱的活詞，不知有多少。拉洋片的隨口湊：「嗨！望裏邊看來望裏邊瞧，日本鬼子殺人放火又姦淫！」賣梨膏糖的搖串鈴：「你要是吃了我的梨膏糖，打得那鬼子見閻王！」不說其他的民藝，野臺子戲就夠你瞧的，民歌抗日尤為一絕。我國文化最重人禽之辨，把日本鬼子貶做魑魅梟獍，正是同胞們同仇敵愾心的發揮。

最早出現在市井的「街頭詩」往往和漫畫配合在一起，譬如麥新的《犧牲已到最後關頭》的這首歌是闡揚蔣公講話：「犧牲已到最後關頭，人無分男女老幼，地無分南北東西；惟有犧牲到底，才能爭取最後勝利。」這句千古名言，應用在歌詞上是：「同胞們！／向前走！／犧牲已到最後關頭！／同胞被屠殺！／土地被強佔！／我們再也不能忍受！／亡國的條件，我們絕不能接受！／神聖的國土，一寸也不能失守！／同胞們！／向前走！／莫退後！／拿我們的血和肉！／去拼掉敵人的頭！／犧牲已到最後關頭！／」這首歌一經演唱，馬上流行全國。街頭詩、漫畫也同時張貼全國各地，為這首歌的內容鼓吹。街頭詩與漫畫的作品各有不同，各人在不同的地點，聲氣相通的表現各人抗敵的才情，遂有合唱相和的益處。又如桂濤聲作詞、夏之秋作曲的《歌八百壯士》這首歌，幾乎是在報紙和傳播界報導與歌頌：國軍八百壯士死守上海四行倉庫，女童軍楊惠敏懷抱國旗，代表全國各界慰勞英勇的將士。冒敵人炮火，泳渡蘇州河，與謝晉元團長握手相會，在軍號敬禮聲中，國旗冉冉地升起在萬里晴空。接著，《歌八百壯士》這首歌就於旋踵間唱遍了全國。街頭詩與漫畫，也配合了這種火熱的鏡頭，出現在全國各地的街頭。劍及履及，如響斯應。當時的文藝家，皆能以服役抗戰，經過炮火洗禮為榮。什麼古典主義、象徵主義、唯美主義、現代主義，凡屬違背抗戰生活的詩歌，皆棄之如敝履。街頭詩的進一步是「朗誦詩」，其效果可在街頭詩之上。街頭詩要用眼睛看才懂，朗誦詩則只需用耳朵聽，即可交融於心而產生共鳴。故當年全國各地紛紛組織詩朗誦隊與合唱團歌詠隊同臺演出音樂晚會，詩朗誦會；而成為學校社團晚會節目中必有的一種風氣，和熱烈的盛況。

九一八事變後，抗日歌逐漸形成一股巨流，黃自先生的《睡獅》，是韋瀚章先生作詞：「睡獅睡了幾千年，蛇蟲狐鼠亂糾纏，今天吸我血，明天扼我咽，大家欺我老且懦，得寸進尺來相煎，睡獅醒！莫要貪安眠！皮毛血肉將不全，何須搖尾乞人憐；奮鬥心須壯，復仇志要堅，睡獅醒來威震天，蛇蟲狐鼠莫敢前！睡獅醒，醒了再不眠。」這首歌的樂教效用極大，其價值非可估計。黃、韋兩位先生合作的名曲如《抗敵歌》、《旗正飄飄》、《國旗歌》、《青天白日滿地紅》，在抗戰中貢獻出來無比的力量。抗戰前，作者在小學校唱的一首《前進歌》，至今記憶猶新，歌詞是：「前進！／一齊向前進！／看敵人揮動明亮的刀槍，／預備再屠殺！／一世紀的恥辱堆的比山還要高！／百年仇恨比海要深，／再等待什麼！／快衝上前去吧！／非用熱血恥辱洗不掉！／不用頭顱仇恨那能填滿？／衝！／衝上前去吧！」六十多年前的歌，歷久不忘，這豈不是樂教的作用嗎？抗戰中期最有力的兩首歌，我認為一首是應尚能的《拉捽行》，勉勵同胞同舟共濟，衆志成城，服從領袖，即可勝利的歌。一首是胡然的《中國父母心》，唱出為人父母者，皆願兒子上戰場，生為國家民族盡忠盡孝，掃蕩敵人，凱旋還鄉。懷鄉曲中，陸華柏的《故鄉》，和追悼陣亡將士的《勇士骨》、《十萬青年十萬軍》，以及吳伯超的合唱曲《中國人》（侯佩尹詞），張定和的《還鄉行》黃永熙的《還我河山》與劉雪庵和黎錦光的《凱旋曲》可說都是煥耀史冊的傑作。最初的歌劇是韓國作曲家韓悠韓（中國國民黨黨員）與丁尼、李嘉合作的《阿里朗》（以此韓國民歌為主唱），後來李嘉（即曾在日本主持中央社分社的新聞門士）在重慶曾寫《秋子》歌劇演出。

抗戰前的中國話劇，總不能使一般民衆接受，不是西洋味太重，就是不脫文明戲的味道。抗戰一起，「街頭劇」便應時而興，一齣陳鯉庭的《放下你的鞭子》就地演出，更賺過國人不少的熱淚，有些青年看了馬上去當兵，形成一股好男要當兵的英銳風氣。《三江好》是當時獨幕劇中最普遍演出的戲。無論是任何晚會，大都是把歌曲、朗誦詩和獨幕劇三者揉合而成。時間不多不少，大約一個半小時，就能把觀衆的情緒提升到如癡如醉的地步，多幕劇是舞臺上的玩意，後來才逐漸流行。二十八、九年間，最為觀衆激賞的話劇是吳祖光的《鳳凰城》，寫烈士苗可秀抗日殉難的故事。抗戰後期陳詮教授的《野玫瑰》演遍全國各地，遠較曹禺、吳祖光等的戲出名。「野」劇後來改編為電影《天字第一號》，亦轟動一時。話劇落入中共之手，是郭沫若和田漢二人之功勞。當時配屬各軍區的十個演劇隊，均經彼等手中組成，其中分子多中共文工隊人員。只有劇三隊效忠政府來臺。六隊以歌曲見長，九隊的話劇最為觀衆激賞。但所演出的劇本無非是出之於郭沫若、曹禺、吳祖光等人之手，他們替中共做「統戰」工作，背叛了國家民族。但當時的話劇，只是局限於知識界，卻不能如抗戰初期的街頭劇，可以到達鄉村黎民間。

然在知識界普遍地受到影響的話劇定時而演，仍比不過素常見刊於書報上的報導文學之直接鋒利。小說，特別是長篇小說，也比不過報導文學的普遍尖銳，那樣刺激人們的心靈，譬如二十七年三、四月間國軍臺兒莊大捷，與二十九年五月國軍襄東之戰，張自忠將軍殉國的報告文學作品之震撼人心，真是到了如霹靂閃電，河立海嘯的地步。因為看報導文學立竿見影的真實描繪，動人心魄隨後才有詩歌、繪畫、木刻等作品的跟進。那時的文藝作家包括詩人音樂家等的寫作場所，不是在亭子間，不是在茶室酒樓，也不是在安逸的廳堂藝室，和虛偽的象牙之塔；大都是在流浪道上的荒野、山崖水澤、森林青紗帳，或者是在傷兵纍纍的醫院，烽火漫天殺聲震地的戰場。所以，抗戰文藝才有那樣寫實，那樣通俗，那樣濃厚的感情和強烈的戰鬥性。因此，蒼白的作品，鴛鴦蝴蝶派的作品，矯揉造作、咬文嚼字的作品是被擯棄、是不存在的。有的只是為了國家民族的苦難，而獻出自己，把鬱積在心頭的怒火，化為深厚的大愛，歌頌把自己交給戰場的生命的光輝，為自由幸福的明天，而犧牲而奮鬥，為勝利的明天，而奮勇前進。這種偉大的情操，不是經過泥腿草鞋，生死存亡的艱難困苦，而又無視於火山血海的阻攔；不是經過大災難、大歷練的能夠全然了解的。尼采之謂血書，文信國之謂正氣，正可從此中領悟得來。

抗戰文藝稱之為民間文藝，雖然不是完全適當，但亦去之不遠。因此，我以為抗戰文藝絕對不是幾本小說就可以代表的。文學作品包括詩、散文、小說、戲劇等這些是一環，文藝中音樂、漫畫、木刻、攝影、電影等這些也是一環，民間文藝當中的相聲、大鼓、說書、地方戲曲等又是一環；都不能偏愛。譬如抗戰時的電影，前有《密電碼》描述革命志士的冒險犯難，中有《熱血忠魂》描述抗戰將士的殺身成仁。後有《國魂》描述文天祥捨身取義的史蹟。這些都是令人難以忘懷的佳片。（《密電碼》和《熱血忠魂》兩部影片由高占非主演，《國魂》由劉瓊主演）以上所說這些，都在抗戰文藝中各佔有重要的地位，原來就應該加以分門別類的整理，使之成為有價值可以永遠保存的珍貴的抗戰歷史資料。可惜，我們過去不重視文藝工作，抗戰文藝不僅未做有系統的保存及整理，更因戰亂而令其湮滅、喪失；以為做文藝工作輕而易舉者無過於此。殊不知我們無心之失，卻給了中共可乘之機，他們以文藝為武器，既奪取了可愛的美麗的大陸，又扒佔了八年抗戰文藝的成果；更進一步，以文藝為武器為其統戰的工具，不僅在海外進行其顛覆我們的陰謀活動；更進一步的向世界伸出文藝統戰的伎倆，以此炫耀，以此為迷惑世人的蜜糖，企圖一手遮天，把我們八年抗戰的神聖歷史改變，這是多麼高明的手段，多麼透澈的計謀。我們豈能束手無策，任其擺佈！

當前我們的文藝創作，已經有了極為豐碩的收成。在文學理論方面，我們應該有一套以三民主義為中心思想的系統著作。詩、散文、小說、戲劇方面的重要作品，亦皆應有整理出版的一套計畫施行，以供應流傳久遠。特別應該注意到翻譯人手集中運用，以便把我們真美善文學作品向世界介紹、推廣；使天下皆知我中華民國文學創作的成果，是燦爛而輝煌；有獨特而感人的民族風格，亦有博愛救世的永久價值。

第五章 鄉關長城外

告別戰爭

戰爭的勝利，如流水向東；但也是永遠的傷痛。

那時，我聽到一首歌：「我們心坎裏，並不願意；我們打了架，又偷偷的去哭泣！來啊，親愛的，我們熱烈的擁抱呀！在痛苦的日子裏，我們若不緊緊的擁抱，還有誰能給我們溫暖！」

任何人的孤單寒冷，都是我的哀愁。

我又聽到一首歌：「當敵人倒下的那一刻，就是我們站起來的時候；我們歡欣鼓舞，人人都有快樂的心情，春天裏開滿了春天的花，和平的園地，我們的家。苦難的日子，已經過去，讓我們躺下來，歇一歇疲乏。」

知覺沉睡，水月消逝，而時光一瞬；那破碎的家園，我們將如何收拾？

我又聽到了張定和所作《還鄉行》的那首歌：「好音從天降，欣喜若狂。嚐遍了流離滋味，準備還故鄉，八年闊別，故鄉可無恙，那小橋流水，那江南草長，那亭園綠蔭，那田舍風光。那靄然的父母，那慈祥的高堂；我曾苦憶了千遍萬遍，如今快見面了怎不欣喜若狂！……」至此，我頓時想起杜甫那首〈聞官軍收河南河北〉：

劍外忽傳收薊北，初聞涕淚滿衣裳；
卻看妻子愁何在？漫卷詩書喜欲狂。
白日放歌須縱酒，青春結伴好還鄉；
即從巴峽穿巫峽，便下襄陽向洛陽。

韓悠韓的《勝利的歡笑》和《壯士飲酒歌》在我心頭，又開闊豪邁的響起。如果和平的歲月，真是東風裏的一隻玉笛，散入大地而消散了故園愁。我將泛舟於一江盈盈水，笑看青山而去。

為了紀念抗戰，我寫了敘事長詩〈創世紀〉，這是一首船歌，一首水手的歌，船長、大副、二副、輪機長、水手們，為了渡過海洋，與碧水親近，與風暴奮鬥，把死者海葬，唱勇士的歌，終於，熬過黑夜，到達了港岸。為了紀念海，我寫了〈海底戀〉與〈沙漠的海〉。為了歡迎田野，趙令儀寫了〈等你打勝仗回來〉。為了惦念，綠蕾寫了送給舒林的詩〈手〉：「看見你把手攀住兵車的門，上去了，又看見你從窗口，伸出手來搖，又看見你，把手去揩紅紅的眼睛；是那一隻手啊，寫過火熱的詩句；是那一隻手啊，指揮過大合唱；是那一隻手啊，在演唱的時候，開關著感情的流。那隻手握過我們的手的，現在握著筆，也握著槍。」

勝利了，有的還鄉，有的江南江北走四方，朋友們分散了，綠原（綠原本名劉仁甫，是我讀樊城第五師範的同學）去了成都，田野上了遠行船，航行在臺灣與日本海洋，鄒荻帆與伍禾去了漢口，洛潭回了廣州，部隊裏樊濤和尤祥雲去了咸陽，而黃明樹卻獨自返豫。冼茜是廣西人，她問我要去哪裏？我回答去重慶。有的友人不告而別，我寫了〈遠方行〉：「在我眼前，你悄悄消失了，如葉離枝，鳥離巢，如雨中一踽踽行人，獨自走過獨木小橋；如一夜深的老更夫，敲過搖搖的燈暈，帶走落寞的憂愁。……你去了哪裏？何時歸來？雲能否知道，山能否知道？……你曾去海灘撿拾貝殼，雨雹裏，那遠那近，有捕魚人的小屋，可否投宿？你曾在樹林深處，尋覓寂靜的擁抱，便聽不見遙念的聲音，忘了回家的路？你說過，要撥開千里霧，找生命的明燈。」

我們亦將告別萬縣，先到重慶復興關上為復學的青年們設立大學先修班。在那裏我們恢復上課，複習英文、數學等課，以備分發大學讀書時，可以跟上腳步。在離開萬縣的那幾天，我和小楊沿著嘉陵江看江水掀起波浪，泛起浩歌，消除歲月的哀愁，人間的煩憂，看點點歸帆，陣陣櫓聲，送離散的人們重聚，把干戈後寥落的田園重整，遙望雲山，我們也終將歸去，順著黃色赭色山路，我們仰視群峰肅立，那洗滌我們焦渴的心胸的鳥聲，那磨穿我們草鞋的記憶，如今竟都成了溫馨的叮嚀，夏夜，星火朦朧了的花影，誰家玉笛暗飛聲，我們坐在亭榭內，相依無聲，我們走在石板小徑，細聽合拍的跫音，月色如酒，我們翩然欲醉，而所有的景色，都像含苞欲放的蓓蕾，誰家門牆頭的蔦蘿，互相糾纏著不放？月光在曲蔭的花樹間，如白鳥穿梭舞翔。我們互唱著《青海情歌》：「半個月亮爬上來，照著姑娘的梳妝臺，為啥我的姑娘不出來？請妳把那紗窗快打開；再把妳那玫瑰摘一朵，輕輕的扔下來。」小楊在月色下跳著，如沐浴著快樂的光華的小鹿；而我的歌聲悠揚：「在那遙遠的地方有位好姑娘；人們走過她的帳旁，都要回頭留戀的張望。她那粉紅的小臉，好像紅太陽；她那活潑動人的眼睛，好像明媚的月亮。我願拋棄了財產，跟她去放羊；每天看著那粉紅的小臉，和美麗金邊的衣裳。我要做一隻小羊，常在她身旁；我願她拿著細細的皮鞭，不斷輕輕的打在我身上。」小楊聽我唱了，便折了一枝柳條來，輕輕的打在我身上說：「我不要你的財產，不要你做一隻小羊，我要你答應：不離開我！」我低低的回答：「很多人都走了，有些流浪兒還不曾回去，妳看一些落下的花，瓣瓣染著啼痕；唐代無名氏有一首：楊柳青青著地垂，楊花漫漫攪人飛；柳條折盡花飛盡，借問行人歸不歸？」小楊問：「你要離開我不？」宋人林逋有首〈相思令〉：「吳山青、越山青，兩岸青山相對迎，爭忍有離情？」小楊說：「那麼你是不忍拋下我獨自走了？」「是不忍，也是不想？」小楊不知為何竟哭了，又抹了眼淚：「我常常哼著送大哥的那首歌，『我送我的大哥五里坡，五里坡上黃羊多，一對黃羊兩對角，唉喲，我的小妹送哥哥。我送我的大哥十里河，十里河裏有對鵝，前面的公鵝咯咯叫，後面的母鵝叫哥哥！』你看，這離情不是叫人拋眼淚嗎？」我說：「有首歌是這樣唱的，『小黃鸝鳥兒呀，你可曾知道嗎？馬靴上繡著龍頭鳳尾花，一隻鞋呀繡兩朵花呀，還剩幾朵花？咱們倆個四朵湊成八朵花』。」「這樣唱，你是說帶著我一道回開封了。」「妳的家在西平，而我的家現在在開封，我們同路回開封，不就離西平很近嗎？」小楊說：「你真好。這月色為什麼這樣令人陶醉？我要讓月亮看看我的心。」小楊這樣說了就解開她的胸衣，露出皎潔的芙蕖似的乳房，讓脈脈的銀蟾照著，而江水在靜靜的流著，時光在澹然的潛虛中度過。而夜在甦醒，夜也在消釋。

重慶是一座多霧的山城，人們從鄉居、市集、疏散區回到心愛的市井、街衢，和霧散去的陽光，星月同在，和蜿蜒、崎嶇的山景，和滑桿上下起伏的俗諺俚歌同在。黃昏以後，演劇九隊在抗建堂演出郭沫若的《孔雀膽》，高重實演梁王，呂復演段功，朱琳演阿蓋公主，蔣軍演車里特穆爾。這是一齣昏瞶的梁王聽信讒言，與奸宄共同害死忠良的戲；戲結束了，惟幕落下，觀衆帶著悵惘接踵離開。而在黯淡了的舞臺上，佈景裝置，默默的敲整著景片，還原到啟幕時位置，管道具的也在搬移著庭堂上的物體。我走向後臺去，演員們正在卸妝。朱琳似乎仍沉浸於失去了忠良丈夫段功，摧裂心肺的悲痛，她蒼白的面容頹喪，而孱弱的體態，仍被人物的內心衝突所控制，她是位忠於表演藝術的工作者，她能鍥入人物的世界，使之合而為一，實在表達七情六慾而無差錯。刁光覃白皙的額貼在朱琳耳邊，輕輕的說了些什麼，朱琳望了他一會，便低下頭細語：「知道了。」我突然想起有一次部裏收到一封信，是由北平寄給刁光覃的，信封上的字跡娟秀，信裏一疊，似乎附有照片；由我交給他的時候，他的手微有些顫抖，低聲說：「是我妻子寄來的信。」又靠近我耳邊說：「別讓朱琳曉得。」我點頭：「知道了。」此時，我看著他倆，耳鬢斯磨，我心裏不禁想起那首歌：「在困苦的日子裏，我們若不緊緊擁抱，還有誰能給我們溫暖。」我獨自走出來，想著郭沫若以大理國為地點，編的這齣以昏瞶的梁王串連奸佞者，陷害忠良者的戲，究竟對八年抗戰得到最後勝利的現實，有怎樣的傷害作用？我暗自思索郭沫若的行徑，他原是表現慾極端強烈的人，早年到日本習醫而傾向了文學，愛好浪漫主義的狂放，便糾結了寫頹廢小說的郁達夫，寫肉體小說的張資平，和偏激於現實的成仿吾，並拉攏了田漢於民國十一年成立創造社來對抗鄭振鐸、沈雁冰、葉紹鈞、周作人他們成立的文學研究會宣揚寫實主義。而又表現了奪取文壇江山的面目。他憎恨文學研究會的作家們努力翻譯西洋文學，便轉而響應了中共的無產階級的革命與暴動，而繼共產黨人，提出了他的革命文學，並將矛頭指向了他心目中的敵人，一個能夠和他爭取文壇領導地位的魯迅，逼的魯迅指他是「才子——加流氓」的無一定理論主張，變化並無線索可尋的人。梁實秋是主張文學的永久價值是固定的普遍的人性，在文學上講，革命的文學這個名詞根本就不能成立。但能夠成立的，是共產黨人已經肯定了他為無產階級的文學做出貢獻。尤其是在抗戰文學上，他替中共建立了文藝的統戰隊伍。但是，魯迅翻譯《蘇俄文藝政策》一書，為中共「無產階級文學」找到革命文學的基礎、根據此工作方法，並為中共建立起「左翼作家聯盟」也是不易抹殺的功勞。魯迅於民國二十五年十月十九日去逝了。雖然中共施展慣用的手法，推舉魯迅是革命文學的先驅，加以供奉。但實際獲益的人，卻是替中共打江山的文藝業績創造者的郭沫若。郭沫若的歷史劇《孔雀膽》，是為中共做了文藝統戰，以其所編織的混亂假像，污蔑政府的清白與堅貞，以愛情來粉飾他虛偽的險惡的分裂人心的醜形，他的其他歷史劇如《屈原》、《虎符》等也都是如此的色藏禍心。

曹禺的劇本我曾讀過，戲劇的演出，我也曾看過，《雷雨》是根據易卜生的《群鬼》為藍本和俄國奥斯綽夫斯基的《大雷雨》的部分情節；加上中共勞資糾紛的鬥爭合成。《日出》是脫胎於法國小仲馬的《茶花女》，而以舊社會沒落，新社會崛起，工人階級代表日出合成。

《原野》一劇，是根據美國歐尼爾的《瓊斯皇帝》的情節，加強農民向地主復仇的描寫，而突出中共的清算鬥爭。這齣戲和洪深的《農村三部曲》（五奎橋、香稻米、青龍潭）的題材，皆是鼓吹農民翻身，向地主攻擊暴動，掀起階級鬥爭的仇恨。

我默默的走在路上，暗暗的為社會的動亂擔憂。不久，城市與鄉村流行著一首《古怪歌》：「往年古怪少呀，今年古怪多；板凳爬上牆，燈草打破鍋，天上梭羅地上栽，河裏的石頭滾上坡；人向老鼠討米吃，老虎要養小綿羊……」本來，反唱歌也是民間的一種喜鬧的俚謠，如江南的一首：「反唱歌，倒唱歌；我家園裏菜吃牛，蘆花公雞咬毛狗，姊在房中頭梳手，老鼠刁著狸貓走，我走舅爺門前過，舅爺在搖我家婆。」《古怪歌》把喜鬧的氣氛滅掉了，卻多了些邪魔的氣氛。其時，中共運用電影可以廣為宣傳，拍了《一江春水向東流》分為《八年離亂》和《天亮前後》上下兩集放映，把八年的抗戰和無產階級的鬥爭掛連，使人錯覺為政府與同胞以鐵與血築成的勝利，只是一江春水向東流。另一部電影《八千里路雲和月》反映了廣大人民鬥爭力量，是實現無產階級的革命。另有《萬家燈火》與《還鄉記》指的內容是無產階級的苦難人民對抗政府的貪官污吏和土豪劣紳以擴大其「文藝戰勝」的力量。我又記起抗戰之初，我看到劉瓊主演的《國魂》，這是一部文天祥的生命史，也是士大夫表現了忠孝節義的浩然之氣，他在宋末元兵入侵時，力謀匡復，為元兵所擒，不屈而死。我特別記得，文天祥在獄中詠寫《正氣歌》的情節；當時劉瓊年約三十歲，體態岸然，聲威暢鬱，從容乎刀鋸鼎鑊之前，他的表演，真實的塑造了國魂的形象，是我歷久難忘的。劉瓊身材高大，原是位大學裏的籃球健將，因為到電影廠裏打球，結識了當時的電影皇帝金燄，兩人氣味相投，金燄介紹他到聯華影業公司演戲，竟能出人頭地，繼金燄而為電影史上卓絕的人物。抗戰中，我看了高占飛演的《熱血忠魂》以張自忠將軍戰死大洪山麓為主戲，拍成了抗日英雄的偉大不朽的國殤，也是我難忘的影像。

民國三十五年六月一日我接到國民政府頒發的：役（預官）字第六六一八三號的退役證書，便向重慶告別，踏上歸程。

結伴好還鄉

我和小楊結伴，於是年仲夏回到河南開封，宋代之三京，即東京之開封，南京之江寧，西京之洛陽，北宋之首都開封稱為汴梁。當時的宋，是繼唐詩拓展詞的文學時代，也是瓦舍五十餘座結立，發揚說唱藝術：山西人孔三傳開倡諸宮調的美聲的時代；當日，趙德麟譜「元微之崔鶯鶯商調蝶戀花詞」已以管弦伴唱於庭園瓊樓，而鼓子詞與唱賺，腔真字正的兩腔迎送、循環，加強了孔三傳的傳奇靈怪、入曲說唱，又融入民間歌曲的衆多風格，乃能創出形式繁複，內容豐富而又精美的漢語文學的諸宮調，遂能啟開了元代中國戲曲的輝煌時代。我到古典而又樸渾的開封，走在黃土泥馨的城市，想像宋太祖開國的朝代；我到相國寺，想瞻仰孟元老寫在東京夢華錄裏莊嚴繁華的景象，又揣想北宋張擇端描繪〈清明上河圖〉，拱形木橋上行人車轎、橋下大船逆水而行，另有靠岸裝卸貨船的作業；而市集店舖貨攤買賣陳列繁多，廣場上，市井邊人煙稠密，熙來攘往，不下千人，又見鞦韆出牆，女人閒坐，更有相打叫罵的場面，社會風尚，覽之無盡。而今宋時巷陌，已非疇昔。但千古的鐵塔，以其古色的黑釉，仍巋然獨存於蒼冥。

父親經歷抗戰八年的烽火，救死扶生，辛勞自喜劫後家園的重建首重教育，便辭謝了行政院財稅督察與開封、鄭州稅務局長的職務，接受西北高級中學校長的重擔，在徐州路設立校院。當時榮譽董事長為于右任，董事長為政要趙守鈺，父親親自招收學生，其中多是劫後新生的青年，父親晨曉帶學生練習拳術，親授論語、國文等及相關歷史的課，以振興文化、提倡忠義之氣為己任，學生們整隊跑過開封市區的街道，市井人家、機關商店，莫不頷首鼓掌，讚賞此一新生氣象。母親見我歸來，撫額開顏，姊弟相聚，笑語喧嘩。小楊暫歇我家，父母亦以兒女之情相待。不久，小楊的兄姊德瑋、德璞、德琚亦在開封與小楊握臂擁晤；不久，小楊便搭上火車，回西平老家去與父母相聚了，我當時的心情是：江山如有待，相期再見時。

《大河日報》在開封是一張大報，副刊需我主編，但我只能在夏季留住時，盡力協助開闢稿源，這時，我寫了〈少婦與孩子〉、〈遠行〉、〈有一天〉、〈笑〉、〈告訴〉、〈遠方行〉、〈饑餓〉等詩，在報上發表。父親繼《戰地日報》之後，又開辦《新中國月刊》、《希望國是論壇》，有助國家的撥亂反正，建國有成。

夏暮，我辭別父母，向江西九江去，九江古稱潯陽，淚染青衫濕的江州司馬的〈琵琶行〉：「潯陽江頭夜送客，楓葉荻花秋瑟瑟。」寫他遷謫意寂的落宕心情。「謫居臥病潯陽城，潯陽地僻無音樂，終歲不聞絲竹聲，」而感慨同是天涯淪落人，相逢何必曾相識的身世。

可見唐時潯陽的荒蕪，不過，說到浮梁的景德鎮，是冶陶、塑陶瓷的盛地，稱天下第一，我到九江後，在九江城下的湓浦港望長江而徘徊。吟誦至「大珠小珠落玉盤」以及「此時無聲勝有聲」不覺黯然神傷。翌日，我搭軍用大卡車坐司機先生座旁，駛向南昌去，黃土磁實的路面如一條河，車行河上，真有風過路平，景物不移的感覺。我在開封曾讀王陽明，他說：「物不在心外，」我在車上的感覺，切實有此領悟，到黃昏將至，遠山啣著紅臉的日頭，欲吐未吐，晚霞千丈，雲疊綴幻間，一邊叢草間突然走出一隻斑斕巨虎，昂首緩步踱過路間，安然向對面草叢中去，風不動、景不徙，從容而晏然的姿態；一時讓我和司機愣息而嗟嘆，這真是一幕奇景，夕陽無限好，金色的光華，把這帶王者之風的猛獸照映成七色雄美，令我終身難忘的美麗；原來壯實與莊重，竟有這樣的動人。

入中正過南京

我到南昌郊外的望城崗，國立中正大學；南昌是江西省會所在地，但市面樸質，並不繁華。中正大學是座新校，校內教室亦是樸素。我在操場領到救濟分署發給的一件毛質大衣，是美國人的捐贈，學生們都住窯洞，冬暖夏涼，並不顯得寒酸。蕭校長偶然和我在一條小路上相逢，談起來說：「劉主任炳藜和我相交甚深，是國立政治大學教過書的志同道合的好友。」我把在他手下工作的情形，簡要的告訴他，並跟他說小時候在南京讀書的情形，他動了鄉情，熱誠的牽了我的手說：「開學還有幾日，你倒可以到首都走走，看看舊時的南京，有些什麼改變，同時，也可以瞭解一下中央大學和政治大學的現狀；如果機緣湊巧，也可在那兩校中的一校讀書。這裏在開學時，也歡迎你回來；」他又笑哈哈的說：「你以為我不愛惜你，要趕你走嗎？」我說：「自然不是，我愛這裏的樸素，也愛這裏的山水人情，您讓我去南京，是讓我滿足一下思念首都的心情，我感激您這樣的愛護我。」他端詳了我一下說：「你將來是可以成為一位文學家的，能夠把偉大的抗戰歲月，好好的，富有熱烈的正義感，寫出來，成為這大時代的史詩。我們互相祝福吧！」他是這樣一位平易近人的好校長，一位經過鐵血歲月洗鍊過的好校長。

我回到了南京，走過那浩蕩的長江，在中華門外的雨花臺，端詳風花雪月流過千百年的秦淮河，看日寇屠殺中華兒女的場所，然後走過新街口、肚帶營，不忘去鄧府巷小學，和文競雄把玩的操場，都落寞於少人收拾的景況；我獨自恭謁中山陵，在三百餘級上的迴廊，唱那首歌：「我們總理，首倡革命，革命血如花，推翻了專制，建立了民國，剷除了軍閥，中華……」我佇立石坊上國父手跡「博愛」二字，思念仁者的崇高偉大。我憶起辛棄疾紀念南京大儒朱熹病逝為文：「所不朽者垂萬世名，孰謂公死，凜凜猶生。」我獨立蒼茫中，復憶李義山〈金陵七絕詠史〉：「北湖南埭水漫漫，一片降城百尺竿；三百年間同晚夢，鍾山何處有龍蟠。」念六朝金粉之湮滅，不禁淚下渲然。鍾山南麓明孝陵的蒼松翠柏，翁仲百獸；雄踞大江畔的燕子磯，清涼山的掃葉樓，玄武湖的碧澄，我注視情深。我訪問了丁家橋的中央大學，紅紙廊的政治大學後，便去了上海。

入暨大演《野玫瑰》

上海，這是中國第一大都會，上海原是淞江府管轄的一縣，上海原有城牆，北門分老與新，東南分大與小，其後又開了小北門與小西門，東門木器店稱嫁妝店，外灘臨黃浦江上築白渡橋；通商後稱市，民國以來繁榮興盛；商店林立，市列珠燦。戰時淪落敵手，但《孤島天堂》這首歌，可以訴説人群的感慨與悲傷。「這裏是地獄，還是天堂。這十里洋場，洶湧著險惡的巨浪。島上的五百萬人哪，是快樂，還是悲傷？你看吧，多少人毀掉了可愛的家鄉，多少人死掉了妻子與爹娘，多少人流落街上，受盡了那饑餓與風霜。還有那多少人變成傀儡，多少人幹趁火打劫的勾當！忘記了國破家亡！孤島是困苦顛連者的地獄，孤島是醉生夢死者的天堂。這裏籠罩著黑暗的迷惘，這裏看不見抗戰的火光！同胞啊，同胞！血的債總要血來賠償，再不能延遲分寸的時光；中華民族已寄與你無窮的希望，為什麼你還那樣墮落荒唐？快抹去辛酸的眼淚，脱下你華貴的衣裳；快走上保衛祖國的前線，掃蕩那漫天遍野的豺狼！」

經過八年抗戰，上海重回母親的懷抱，人們重見溫暖的陽光。國父孫中山平生念念不忘的廢除不平等條約也在列強的放棄下，回歸青天白日，一九四五年六月二十六日聯合國成立，宋子文、顧維鈞、胡適、胡政之、吳貽芳、董必武、張君勱、李璜代表中華民國政府簽字，成為重要的發起國之一。如今走過蘇州河，走在自己獨立、自由的國土上覺得暖風拂面，無比的幸福快樂。經過北四川路、虹口，我大步的往東體育會路走去，我順利進入國立暨南大學文學院讀書。暨南大學是一座獨一無二的華僑大學，校內充滿自由開放的風氣，校長李壽雍，教務長鄒文海（景蘇），都是教育學術界的翹楚。文學院長詹文滸是浙江諸暨人，凜凜然有俠氣，而又藹藹然，有書卷氣。民國二十七年七月二十二日晚上，抗日的《中美日報》為日本特工指揮下率七十六號的暴徒搗毀，有職員二人死傷，幾經守衛加強，聘請名報人詹文滸為總編輯，主持言論及重要新聞編輯外，並負責與工務局政治部英美外交人員之聯絡交涉，始能順利出報，為國民之喉舌，我敬佩院長的為人，亦以做他的學生為榮。我又仰慕戲劇教授李健吾，他在文學創作上，有重要的地位，他是民國六年，生於山西省安邑縣的人，在清華大學讀書時，與朱湘、陳銓他們是同學，留學法國歸國後，任清華、暨南大學與中法戲劇學校的教授，十八歲時發表小說《終條山的傳說》，另有《西山之雲》、《罈子》、《心病》小說集。他在清華時即有從事劇本編寫的意願，留學法國後，感染到戲劇的人生趣味和對社會的功效，乃立意於戲劇的舞台上，開一條新路。他吸收了西方戲劇的形式技巧，來編寫中國風格的話劇，他在《以身作則》一劇的後記裏說：「作品應該建立在一個深廣的人性上面，富有地方色彩，然後傳達人類普遍的情緒。我夢想抓住屬於中國的一切，完美無間地放進一個舶來的造型的形體。」他是以深實人性為出發，而以中國的地方色彩，傳達普遍的七情六慾而屬之於中國的一切，完美無間的表現。民國二十三年初春，他的《這不過是春天》的多幕劇編寫完成，七月在鄭振鐸主編的《文學季刊》上發表，這是以北伐為背景的戲，地點在北方，時間緊縮，步步為營，人物六個，各有性格而每人都有戲，在事件的衝突裏，集中表現、錯綜糾纏又能舒解開來的環節，展現他綿密的布局結構，與高超的手法技巧，戲在軍閥手下的警察廳長，奉命搜捕北伐軍派來的秘密工作者馮允平化名程剛的人開始，馮允平正是美麗的廳長夫人往日熱戀的情人，以表哥的身分住在廳長家。她因生活空虛，幻想著與馮重溫舊夢，便想把廳長秘書的職位給馮來做，但其行徑洩露了給秘探，秘探和廳長的秘書共同設計要捉住馮允平，先向廳長邀功求賞未成，後向夫人勒索放人錢，夫人立刻兑現，秘書為保住自己的職位，也馬上陪著馮允平坐上廳長的汽車，堂而皇之的離去。這齣戲表現了廳長的聰明幹練和權勢，使美妻能安於室；她的情人雖不是自己放走，卻能冷眼旁觀，不致使愛妻傷心，秘探既得夫人好處，就能守口如瓶，不再惹事生非。而秘書自願送馮離去保住自己的職位，只有歡喜。馮允平絕處逢生，亦出人意料之外，但絲絲入扣，合乎各人的處境；看來情節單純，卻能掀起連串的風潮。戲在各人身上，皆有發揮。對白是北方話，是中國人的情調，是這齣戲成功的原因。李健吾自己曾在戲裏飾演神氣活現、精明幹練的警察廳長。也在《金小玉》一劇中飾演參謀長，把石揮演的金士琦這個殘忍、奸詐、陰險毒辣、貪財好色的壞胚子，更鮮活的襯托出「殘暴不仁」者難逃一死的下場。陳銓用此戲為張本改編成《野玫瑰》也深得好評，後來屠光啟導《天字第一號》由歐陽莎菲演出，也得到肯定。皆是李健吾的筆鋒所賜。李健吾編寫的話劇尚有《母親的夢》、《新學究》、《黃花》、《撒謊世界》、《村長之家》、《梁允達》、《不夜天》、《阿史那》、《袁世凱》、《心病》、《草莽》、《青春》、《王德明》、《和平頌》等。其中《草莽》寫辛亥建國，同盟會國民黨人推翻滿清，打倒軍閥的事蹟；《黃花》寫抗戰初空軍烈士為國捐軀，妻子淪落，而保有聖潔愛國之心。他的戲劇又有改編張恨水的《滿江紅》與《啼笑姻緣》，為錢鍾書評譽為「創造了人物」的高手。他的戲劇是超過曹禺的，真正屬於中國文學的戲劇家是字字本色的大家。他又是文藝評論家，以世界文學的視野評論中國的文學作品，超過沈從文的評論，以劉西渭為筆名著有《咀華集》、《咀華二集》、《咀華餘集》等，在散文方面有《希伯先生》、《義大利遊簡》、《切夢刀》等；《切夢刀》彷彿戴望舒的《災難的歲月》，寫日軍牢獄的痛史，因為，抗戰時，他留在上海，因抗日，為日軍憲兵逮捕繫獄，曾受酷刑。勝利後與鄭振鐸合編《文藝復興月刊》。他的散文是從人生戰場歷鍊出的精品，也是散文園地的奇葩，是應該受到珍愛的瑰寶。他因為崇拜福樓拜，翻譯了他的《情感教育》與《包法利夫人》。

我到暨大報到入學，住在禮堂旁邊的一間空屋，屋子雖小，但有一桌一几一床，可以讀書寫作，可以遮風避雨，可以夢遊酣睡，放懷南北，率性人生。暨南大學的話劇社要演出陳銓的《野玫瑰》，卻選定了我作男主角劉雲樵，《野玫瑰》這齣四幕劇，在人物和情節塑造上，得之於李健吾的《這不過是春天》，人物是警察廳長、其夫人、馮允平、小學校長、王秘書、白秘探等人，而「野」劇的人物是北平偽政委主席、其夫人、劉雲樵、曼麗、佣人王安、秋痕丫頭、警察廳長。兩相對比，警察廳長升格為政委主席，一心想保住職位的王秘書，成了埋伏在主席公館的地下工作者王安，校長變成了主席前妻的女兒曼麗，而馮允平是劉雲樵，劉雲樵以曼麗表哥的身分到了主席的公館進行秘密的任務，夫人夏豔華仍然是劉雲樵過去的愛人，不過這位年輕的夫人，在終場前變成地下工作者的領導人，劉雲樵和曼麗安全出走，偽主席不得善終。而《野玫瑰》的夏豔華最後得到秘密的重要文件，在落幕前說：「寂寞的野玫瑰，欣賞你的人已經走了！這兒你又不能待了！妳再又飄泊到哪兒去呢？」而結束了全劇。因為此劇在大後方公演，一再受到觀衆熱烈歡迎而欲罷不能。有一次上演前竟遭遇到中共派人潑了大糞，把觀衆趕走。劇本曾由商務印書館於三十一年四月在重慶出書，三十四年十一月、三十五年十二月再版出書，電影《天字第一號》即據此拍攝。我擔任劉雲樵在暨大演出，是在三十六年的初春，排演時我的臺詞從第一幕到第四幕共有二百四十句。而女主角夏豔華由外文系高材生傅曉清飾演，她的臺詞較我多了五十七句，她的角色較我演的好，落幕時，受到熱烈的掌聲。

古典與現代

傅曉清是杭州人，明眸皓齒麗質天生。她參加演出話劇，也是因為本性愛好文藝。抗戰初期，上海即陷入敵手，留在上海的劇人們進入英法租界，由李健吾、吳仞之、顧仲彝等成立了「上海藝術劇院」和「上海劇藝社」，由歐陽予倩、魏如晦、于伶等成立了「青島劇社」，由阿英（錢杏邨）、馮執中、許幸之等成立了「中法劇社」，由舒適、周曼華成立了「影聯劇團」，其他劇人、影星，成立民間劇團不下百餘個，又有「暨大」、「復旦」、「聖約翰」等大學劇社等的各別輪誠，除李健吾的話劇，先後演出顧仲彝的《梁紅玉》、《上海男女》、《梅蘿香》、《三千金》、《水仙花》。于伶的《女子公寓》、《花濺淚》、阿英與魏如晦的《明末遺恨》、《洪宣嬌》、《葛嫩娘》；姚克的《清宮怨》；以及秦瘦鷗原著，費穆、佐臨、顧仲彝合編的《秋海棠》，以及費穆的《蔡松坡》、《小鳳仙》等，無不具有愛國意識。《秋海棠》演出至半年，倡下紀錄。民國三十年十二月日軍進佔英法租界，大捕愛國人，《秋海棠》被迫停演，影星黃河因演岳飛一劇被捕拷打，周曼華被指為重慶分子，曾遭拘捕，英茵因演出柯靈的《武則天》而轟動一時，因與我方工作人員相愛，平祖仁被捕成仁，英茵繼之殉難。魏如晦的《葛嫩娘》，描述南明秦淮佳麗抗清殺身成仁，作者借劇中人大罵漢奸，連演數十場，盛況不衰。公演地點在法租界璇宮戲院，日軍與漢奸特務亦便裝入內觀看，戲演至第三幕，屠光啟演漢奸大發謬論，被唐若青飾演的葛嫩娘嚴詞痛斥，戲入高潮，至忘我之境，觀衆共鳴，掀起愛國怒潮，大呼打倒漢奸，打倒日本帝國主義。姚克所編《清宮怨》，唐若青飾演慈禧，舒適演光緒，慕容婉兒飾演珍妃。光緒與珍妃對戲舟盟一段，編劇以一條船代表國家處境；光緒說：「我們這一條船，需要一支槳！」槳與「蔣」為同音，含有長期抗戰，同舟共濟，需要重慶蔣委員長的領導，觀衆心領神會，由衷的鼓掌叫好。這也是從苦悶中發洩出來的抗戰精神，當時，不僅話劇的抗日是如此。詞家陳蝶衣在上海參加拍攝《鸞鳳和鳴》影片主題曲《不變的心》中說：「一切都能改變，變不了我的心，我的情，你是我的靈魂，你是我的生命。」抗戰後期影劇人能到大後方的，都陸續去了。不能走的，戲劇大師李健吾就是其中最特出重要的一位，劫後餘生，在教學上，他仍然貢獻出他自己。

我在錢實甫老師的詞曲課上，坐在傅曉青身旁，不想她竟來的早，下課後她問我對詩詞曲的感想。我說：「詩如工筆畫，規格不可逾越，五七律一韻到底，氣脈聯貫，需精心細撰，從精鍊的語言中，提蘊出無窮的意境。推敲是吟詠出來的，唐詩千百首，詩式衆體皆備。蘇東坡說王維詩中有畫，畫中有詩。就是說詩的意境。詩的平上去入是其韻律，詩的樂府，是接近曲譜的作法，絕句也是樂府，如王維的渭城曲，是把音樂放進裏邊，可歌唱的。宋詞在李白〈菩薩蠻〉，劉禹錫〈竹枝詞〉及白居易〈憶江西〉，張志和〈漁歌子〉中可見。溫庭筠、韋莊、李後主、馮延巳、秦觀、柳永、周邦彥是創造柔性詞的人，蘇東坡、辛稼軒是開展豪邁詞的人。不過，詞是先有詞譜題目如〈念奴嬌〉，〈八聲甘州〉等，所以叫填詞，王國維說詞之為體，要眇宜修，詞可在句中換韻，所以，可有九十字上下的曼詞，掩抑曲折而可歌，如山水畫。至於李清照，千古一人而已。說到曲，就是加上民間的歌詠，編為可唱的戲劇，如元曲，以音樂、歌唱、動作感情、舞蹈以表演人生的七情六慾，王國維稱元曲字字生色，語語風光，是綜合美學的藝術，只有中國才有。」以上這些想法說了給傅曉清聽，她以為勝讀十年書，她看了我一會歡顏細語說：「我要請你看電影。」「好呀，妳邀我看電影，我請你吃飯。」我們合意後去看由金山和張瑞芳演的《松花江上》，看東北地圖，東邊是烏蘇里江，北邊是黑龍江，西邊是額爾古納河，以及外蒙古；蘇俄邊界三倍於我。白雪覆蓋著肥沃的黑土，蓊鬱的大地，滾滾的江河，無盡的森林煤礦，遍野的大豆高粱，富甲天下，壯闊豪邁的東北，勤勞樸實的同胞；這是我們創痕深刻的東北，牢記不忘的東北。看完了這場電影，我們默默的走在街上，那首《四季歌》的主題曲，以西施、貂嬋、王昭君、孟姜女象徵了春夏秋冬、歷史滄桑，無限風光的哀愁；西施為句踐、夫差做了吳越春秋的見證，貂嬋為三國展啟序幕；王昭君一曲琵琶，彈出和平使者的衷情，如怨如慕；「冬季裏雪花飄又飄，孟姜女尋夫哭奔長城，走一程又一程，走也走不盡。」這是時代的道路，也是時間創痕。東北松花江的浪，不斷訴說的是人間的滄桑和人世的不平。我們默默走在梧桐夾道的霞飛路和靜安寺路，看咖啡館的雕門，虹霓燈的黝明。她停在一株樹下問道：「我像什麼？」我走近向她說：「詩是古典美人，曲是現代女郎；在古典與現代之間，妳像詞，也保守，也開明。燈籠月影，有時也叫人看不清。」她聽了又走在一盞依稀朦朧的燈下，一襲湖色長衫，風華綽約靜好；我說：「妳是衆裏尋找千百度的人，回首處，就在燈火闌珊處。」她說：「原來，你是位詩人。我穿湖色衣衫，只是精神上的外表，我心裏想知道的是人生的真面目。你說你是洞穿草鞋，走過大江南北的人，而我，你讀過蘇東坡寫的〈西湖曲院風荷〉的那首詩嗎？畢竟西湖六月中，風光不與四時同；接天蓮葉無窮碧，映日荷花別樣紅。我想，我期待自己更成熟些，也才能給自己更多些信心。」我說：「杭州是妳的家鄉，近在咫尺，我的家鄉在蒼茫的北方，遠在天涯，鄉關千萬里，不能歸去。」

是年，父親當選第一屆制憲國大代表，一家人隨父親到南京參加國民大會開會，這是政府集請各黨派青年黨、民社黨及共產黨舉行國民大會，共議國是，並推選總統、副總統，以貫徹三民主義的實行。

文藝戰勝

五四文化運動，標舉民主與科學，是沿襲了晚清蘇州人王韜（一八二八—一八九七）基礎於儒學而以歐西的方法富國強兵、變政維新，並用中書西譯，拓展報紙新聞，傳播新知為先聲。福建侯官人嚴復（一八五三—一九二一）以理性的思想，謀求國家富強，他的學問也以儒學為本，留學英國受海事訓練知曉科學之重要，乃以開發民力、民智、民德為個人、社會、民族品質之所繫，而更以自由、平等、民主為富國強兵必不缺的因素，乃於一九〇〇年開始，傾力翻譯西洋哲學名著：一、赫胥黎《天演論》，二、斯密亞丹《原著》，三、甄克思《社會通詮》，四、穆勒《群己權界論》，五、孟德斯鳩《法意》，六、斯賓賽《群學肄言》，七、耶方斯《名學淺說》，八、穆勒《名學》；其中尤其重要的是《群己權介論》，原著名《自由論》，穆勒認為：「惟有思想自由的生存競爭，才是人類智能增進，真理獲得的泉源。」嚴復在一九〇三年所屬「譯凡例」裏說：「言論自由只是平實地說實話求真理，一不為古人所欺，二不為權勢所屈而已。使真理事實雖出之讎敵，不可廢也；雖以君父，不可從也。」梁啟超均受二人之影響，胡適因受赫胥黎《天演論》「生存競爭，適者生存」的觀念，自稱適之。另有林紓（一八八二—一九二四）為嚴復之同鄉，更是晚清儒學的殿軍主將，嚴復用周秦諸子文筆譯介英國社會哲學理論而影響文化文學思想。林紓則經過譯人口述，以史記、漢書筆法孜孜不倦，終其一生竟以文言翻譯歐西文學名著一百九十九部，都一千七百萬言，其對中國文學發展，不言而喻。又有黃遵憲以古文家抑揚變化之法擴展古詩的領域。皆對五四文化運動民主科學的主張有直接間接的功效。而胡適以白話文學表達思想，是揭啟文學政策的人。如果文學政策依據民主與科學的道路發展，其花朵的燦爛，果實的豐碩，必有所成。無如在民主與科學背後，卻隱藏著絕大的危機。文化運動的愛國本質，經陳獨秀、錢玄同、魯迅的改良文學一變而為摧毀舊文化、舊禮教、舊道德、舊倫常、舊家庭、舊貞節、舊藝術、舊宗教、舊政治；並假借民主這一名詞，引進了「共產主義的思想」成立了「馬克思主義研究會」，說共產黨是人民的黨，民主就是共產的專政，共產黨是以無產階級鬥爭，解決社會問題的黨，乃至文學政策變成文學革命，革政治、道德、思想、家庭、社會的命，共產黨的宣傳說：「蘇杭那裏是人間天堂，天堂就是共產黨，你信了共產黨大家民主，做工、種田、吃飯一律自由平等，結婚離婚一律自由，孩子生了送育兒院，你累了，國家照顧你，你病了，醫院給你治，你老了住養老院，人家俄國十月革命成功了是這樣，我們也這樣。這真是輕鬆如意，也真是無家可歸，說來也就是掃地出門，一窮二白。」誠如羅蘭夫人之言：「自由、自由、多少罪惡假汝之名而行。」而共產黨的無產階級就是：「民主、民主，多少罪惡假汝之名而行。」逕行的結果就是：共產黨率獸食人。本來，抗戰前，中共在全國各處暴動，已走上了敗亡路，但西安事變給了他喘息的機會。抗戰給了他一條生存發展，壯大力量的路。從文學革命到革文學的命，從民間文學到普羅文學，從大衆文學到抗日文學，從工農兵文學到人民民主專政文學。在抗日戰爭中，毛澤東的文藝統戰指示說：「一切危害人民群衆的黑暗勢力必須暴露之，一切人民群衆的革命鬥爭必須歌頌之。」更說：「在抗日統一戰線時期中，鬥爭是團結的手段，團結是鬥爭的目的。以鬥爭求團結則團結存，以退讓求團結則團結亡。」文藝統戰是以鬥爭為統戰的手法。運用「穩、狠、快、準、忍」五字訣來進行「武力不能戰勝者，可以文藝戰勝。」

抗戰勝利時，報紙的副刊、雜誌的內容，大都被中共分子和其左傾的同路人所佔領把持。文藝戰線上中共全面進擊，可說縱橫南北，無往不利。抗戰後的文壇，豎起的多是赤色的旗幟。但在二十六、七年間，我卻在漢口《武漢日報》發表了〈饑餓〉、〈那時〉、〈他瘋了〉、〈災難〉、〈守待〉、〈募捐〉等詩，皆以顯著地位刊出。並於《大公報》戰線刊出了言情詩〈回到故土〉。我懷念在戰時從軍和同伴們生活的日子，憤慨被赤化了的城鄉，人們過著苦難的歲月，期待重建和平幸福的未來。三十七年春天，大批大批的難民從中共赤化的北方逃到江南，上海聚集了一群一群哀哀無告的手足同胞，仍然顛沛流離，過著流浪逃亡的生命垂危的苦生活。於是我在暨大組織了募捐隊，走向巨人張英武把守的大世界遊樂場，走向上海第一高樓國際飯店，走向南京路永安、先施、新新、大新四大公司，去向琳琅繁華、萬象繽紛的彩色世界去募捐；我站上永安公司「七重天」，想起王惠貞在我抗日從軍時，送我的那本《七重天》的戰爭小說；而中共席捲北方的狼煙仍在擴大燃燒，不禁黯然悲傷。我們把守在大光明、卡爾登、璇宮、美琪、國泰人車密集的戲院門口；等待電影散場的公子佳人慷慨捐囊；我們走入百老匯、米高梅、喜臨門、國際等大舞廳，穿梭於脂粉顛倒，舞影游冶，聲色喧蕩，春宵荒謬，虛浮而又雜亂的氛圍與場景。傅曉清明亮的眼睛，蒙上了炙熱的陰霾，淚水奪眶而出，哆嗦地說：「我受不了啦！」募捐隊的同學們都紅了雙眼走出來。優情的小家碧玉的金嗓子，周璇正唱著：「夜上海、夜上海，你是個不夜城。華燈起、車聲響；歌舞昇平。」而本名山口淑子的李香蘭則柔聲低唱：「美麗的花兒都入夢，只有那夜來香吐露著芬芳。夜來香我為你歌唱，夜來香我為你思量。」車水馬龍，燈紅酒綠的大上海，這邊是白光懶洋洋磁性的歌聲：「相見不恨晚」，那邊是民謠風的「煙花女子，嘆罷了第一聲……」

為難胞募捐

我們募捐隊收到的捐款並不多，大家皆有黯然之色。曉清問我：「怎麼辦？」我說：「我們或可到大世界走一走。那裏是座五花八門平民的遊樂場所，除大鼓、說書、彈詞、紹興戲之外，也有像天津的雜耍，觀衆圍一個圈子，可以看到相聲、武藝、口技、戲法各種技藝。不過，那裏龍蛇雜處，怕去了，大家走不在一起，失散了！」曉清說：「男生掌旗領頭殿後，女生手牽手互相照應如何？」我說：「成。」如此我們八、九人就一路去了大世界這個佔地闊大的遊樂場。門外排了一條長蛇陣，大家擠在一邊想進去。監管收票的巨人張英武如一座金剛守護在門口，他的怪眼向四面掃射。我低聲向曉清幾個說：「不要急，」便向收票口擠過去：「阿拉找張阿哥。」到了張英武身旁，我跳起來才碰到他的肩膀，他俯下身來，我指了指募捐隊的旗子，他粗聲說：「儂啥麼事體？」我說：「大學生，來給難胞募捐。」他用巨掌向收票的打了個招呼，收票的人止住前行的觀衆，問：「幾人？」我們募捐隊的舉著手，就接踵著走進了入口。張英武掏出一張鈔票，丟了在募捐箱裏，拍拍我的背，裂開大嘴俯身說：「進去。」大世界門口的哈哈鏡，把我們全照成高矮胖瘦、東倒西歪、怪模怪樣，人生幾回哈哈哈，大家笑了一陣，就走向裏廂各處，在一個場子裏有人走索，有人拉大弓，有人耍大旗，有人疊羅漢，有人豎板凳上高山，有人噴火，有人摔跤，有人說相聲，有人表演百鳥朝鳳的口技，有人拉洋片，有人弄影戲，有人玩傀儡，有人舞扇子，有人舞刀弄槍，不一而足。我們揮搖著募捐的手旗，真有男女老少把錢丟入募捐箱。我們去一處，有位女郎依照北京的語言聲腔在唱大鼓。民初，鼓界大王劉寶全曾來上海表演他的「說中有唱、唱中有說。說即是唱，唱即是說」的表演風格，把大鼓藝術抒情敘事，刻畫人物的藝術推向新境界。又有白雲鵬的小口大鼓以吐字清新，韻味醇厚，善說《紅樓夢》，在「劉派」的《三國誌》外，形成「白派」的流行。我看陳定山《春申舊聞》說張小軒賣盡力氣連說帶做的戰長沙、南陽關諸折，至小黑姑娘一出而失色，說小黑為劉寶全的弟子：「白皙而美，雙瞳剪水，登台四射，撳鼓板，輕如一陣小雨點，開場打位，好以纖指，自解領紐，露出蝤蠐雪頸，豐度之美，不可方物。」而眼前的這位姑娘正在說《探晴雯》聽了柔惻的一段，便有人送上捐款來。我們悄悄走出，上了一座樓亭，有一位女彈詞藝人以琵琶彈唱開篇，茶座上有糕餅茶點，唱的是暮年的李龜年《流落江南的落拓光景》，使我想起杜甫的〈江南逢李龜年〉：「歧王宅裏尋常見，崔九堂前幾度聞，正是江南好風景，落花時節又逢君。」想一回聽一曲，不免要對杜甫的惆悵，李龜年的頹唐，興起無窮的感傷。我們得了一些捐款，便轉入另一所閣樓，也有人在此說書，據王韜《松濱瑣話》中說：「上海書寓之開，創自朱素蘭，繼起者為周瑞仙、嚴麗貞，瑞仙以說三笑姻緣半部得名，而麗貞則能說全。」書院先生無不習琴棋書畫，有天賦好音，美聲長吟，為七言麗句開篇，曲終則誦唐人絕句，故尤重天資穎異，我們在此稍做逗留，又募得若干捐款便走了出來。我曾看過陳次衡寫的一本介紹潤裕社的小書，中有民初五虎將謂：「程鵬飛為開創此社，郭少儀開講《三國志》，嚴煥祥《西漢》、沈廉舫《果報錄》，李元彬《奇冤報》；皆有號召觀衆的能力。」至於紹興戲於夜場上演《西廂記》、《梁山伯與祝英臺》，出名演員為袁雪芬、范瑞娟、竺水招等人，我們也推舉熱心的同學五人，俟夜戲演出時，再募些捐款，合計起來送到市政府社會局去濟助難胞。

暑假時，曉清歸去杭州，我則回到南京與父母姊弟團聚。暑假即將結束，我坐京滬車翻閱《益世報》至副刊，猝然看見副刊主編蘇心澄登的「舒林兄：王惠貞偕曹荷華由北平到上海來看你，到暨大知你返回南京；惠貞在滬已經兩個月；希即與弟連繫為盼。」心澄是我的好友，我至滬急與他連繫，知他去鎮江公幹，等了三天心澄歸來，我們一同去看住在國際飯店的王惠貞，知她已於前一日退房回北平去了。心澄描述她的衣著鬢影，她的溫淳詒言，她說：「她在潞河高中畢業後就考上輔仁大學外文系，她留她家王府井街的住址，留下一張在萬壽山上拍的照片，希望我若有暇到北平找她相晤。她又說曾去永安公司上面的七重天一層又一層，她永遠不會忘記。」我說：「心澄，我要到北平王府井去找她，和她說我們分別了七年的事。」七年如一日，我和她重拾七年前在西安東大街並肩走著，就像昨天的事，孔子早就說過：「逝者如斯，不捨晝夜」。我決定去北平時，北平已淪陷於中共之手。

第六章 悠悠滄海情

聞一多之死

北平既然去不成，那麼我將到哪裏去呢？

我回到學校覺得氣氛有些詭特、有些翻雲覆雨的勾當在暗中進行著。有些人們的臉色，透著些不安和惶惑。每日進到餐廳就聽到那首歌在播唱：「快快回家告訴媽媽，上海的生活太可怕，交際需要會説話，街道上五光十色，歌場裏、舞步蓬拆；告訴媽媽我要回家。」學校中，埋伏有中共的地下工作者，組織起讀書會，大量散布共產主義，宣揚共產黨的好處就是要革社會的命，革政治的命，把無產階級革命成功的天堂理想滲透純潔的心靈，對個性的獨立改變成集體的控制，把民主思想改變成階級鬥爭，走上共產組織的路，民主既是中共統戰的手法，而科學也正是中共組織極嚴密，如蛛網佈陣，推動與駕馭的力量，落入中共層層的拘管，就要聽命作惡。於是，中共的宣傳的階級鬥爭文學，便在學校中傳播開來，工廠鄉村的赤化，也成了青年們陷入泥沙，難於自拔的窒窖，而不能抽身脱離。中共欺騙陰謀得逞，又用飲鴆止渴的引誘，而使青年盲從，更陷入難以自拔的地步。

勝利後，政府的接收人員進入了城市之後，卻游離於鄉鎮之外，城市的接收，中共斥之為對人民的壓迫，鄉鎮地方一旦被中共赤化，就是血洗大地，寸草不留，財物盡為中共所有。而社會上的商市，又被中共攻擊為阻礙進步的黑暗勢力，鼓吹升高思想戰線上的鬥爭。配合中共的反政府宣傳，一首「你這個壞東西，市面上日常用品天天貴，你一大批一大批囤積在家裏，只管你發財肥自己，別人的痛苦你是不管的！你這個壞東西」。這首歌的力量，不是其藝術性，而是它的破壞力奇大，一時便唱遍了學校和社會，青年們組織起了「遊行的隊伍」，中共提供了「反專制」、「反獨裁」、「反迫害」、「反饑餓」、「爭自由」、「爭民主」的口號走上了街頭。純潔天真的青年、有抱負有理想的青年、苦悶而徬徨的青年、好奇而衝動的青年、熱血澎湃的青年們，都成口號的俘虜，投入了探險的中共設下的遍地的陷阱；有如魚兒吞鉤，吞下了中共統戰的毒藥，在「學運」的背後，中共利用了「社會賢達」、「民主人士」花樣百出的鼓嘈、怪態百出的叫囂，為中共的佈置做了天衣無縫的巧妙配合。文人愛名愛利的虛榮心理又為中共所掌握，你愛名便把你捧成文壇的明星，你要利，便用金錢打動你的心；於是，文人無不為其統戰效力，你要嗜色，中共把艷諜送到你的懷中；你違反統戰的命令，便把你作為示範，叫你肉成泥、骨成灰，化為齏粉。可怕！中共利用人性的弱點，為你洗腦換心。

中共的文藝戰勝進入學校，發揮了排山倒海的力量。在新詩的境界裏，民國十五年是格律詩的時代，也是聞家驊一多的時代，他的詩是新的格式新的音節，注重勻稱均齊，主張重音韻腳，把音樂、繪畫、建築的美放在詩裏，他的第一部詩集是《紅燭》，踵繼再出了《死水》，《紅燭》是精鍊，而《死水》則是淡遠，《紅燭》易懂，《死水》難解，用色彩、玄思表現生命。採擷陶淵明的「菊」的高風亮節，歌頌愛國的堅貞，採紅燭的微光，琵琶的幽怨，薔薇的香，白鴿的婉孌，大橡葉的肥厚，但都難比中國菊花的高貴芳香。而《死水》則象徵了時代的創痛和悲傷。他留學美國時，在紐約和梁實秋、時昭瀛、何浩若一起提倡國家主義反對共產黨的階級鬥爭，於十五年一月二十三日寫信給梁實秋說：「國內赤禍猖獗，我輩國家主義者際此責任尤其重大，進行益加困難。國家主義與共產主義勢將在最近期內有劇烈的鬥爭……」這些話證明他是反對共產主義的先鋒。國父逝世時，紐約各界舉行追悼會，他親手恭繪國父遺像，寫了〈南海之神〉的長詩紀念。並發表在《大江季刊》第一期上。抗戰前他在清華教書，繼到武漢大學擔任文學院長，不久又任青島大學國文系主任，集中心力研究與講授詩經、楚辭、唐詩、樂府等課題，成為研究中國古典文學的專家，並及於甲骨文、金石字畫，一襲長袍，完全儒生本色。他生活最苦痛的一段日子，是他五歲的女兒因病去世，他寫了〈也許〉和〈忘掉她〉最傷感動人的詩。抗戰時，他到昆明西南聯合大學教書，與線裝書為伍，以消除苦悶，但卻陷入中共指派的職業學生和左傾分子的包圍，迎合他的悲情，鼓動他詩人的放言高論，在一個演講的場所，將他一槍毀掉。掀起學術教育社會各界的批評，把一切的責任與憤怒推向了政府，達到了中共統戰的目的。

中共又在學運中，運用他的地下黨員北平大學女學生沈崇在與一個美軍士官交好之際，爆發出她被強姦的新聞，成為中共反美、反政府的狂飆運動，也達成了他向政府統戰鬥爭的目的。有人說：女學生怎麼會是共產黨？但是，共產黨女黨員卻可以做女學生，亦如妓女不是共產黨，但共產黨卻可以為黨奉獻去做妓女，以達到他的統戰目的。

東北的失利

東三省落入中共之手，華北也難保持，一方面是馬歇爾調處失敗所促成。另方面是抗戰末期，勝利前夕，蘇俄的軍力進入東北，幫助中共壯大其軍勢的結果。日本無條件投降了，但仍然裝備著精良武器的關東軍，卻不願離開他們視為日本的滿州國而就投降。東北是日本軍閥視為禁臠，富甲天下之寶地。日本的侵略經過中國八年抗戰是徹底的失敗了。從中國佔領的東北，他們用心經營，長期守護；如今，天皇頒布了屈膝投降的命令，他們痛哭失聲，但軍人以服從命令為天職，何況是有鐵的紀律的關東軍。但是，俄軍入東北，虎視眈眈，就要狼吞，他們是把蘇俄當世敵對抗的。他們被中國國民政府打敗了，是因為他們軍國主義的侵略失敗了。他們甘心把東北歸還給中華民國，但絕不願俄國熊來染指。於是，關東軍有了向中華民國盡忠，以武力驅逐俄軍退出東北的強烈意願，為中華民國保衛東北而戰，他們流血犧牲的決心，立刻顯現出來。但是，蘇俄既以同盟軍之名，進入東北，目睹豐沃的黑土，豈肯放棄；在明目張膽、利欲薰心的鼓舞下，蘇俄共產黨已暗中與中國共產黨勾結，他們要把日本關東軍精良的武器接收，轉手之間提供給中國共產黨，真正的使中國共產黨不再是赤腳泥腿的土八路，而轉變為配備銳利武器的無產階級的共產部隊。以蘇俄共產的支持，來進攻華北；完全的把東北的豐盛富足，充實中共的武裝，這正是符合蘇俄的放眼世界，統一全球的赤化天下的利益的。馬歇爾調處失敗，蘇俄的戰略成功，中國共產黨得寸進尺的收穫外，又不費吹灰之力，可從蘇俄共產軍的手上，接收東北以擴張武裝，向華北大平原進攻。中共以林彪、聶榮臻為首的兵團十幾個軍，在蘇俄的掩護下進據東北各處要衝；並在措手不及的圍困下，將日本關東軍的精良武器繳械，轉而撥給了中共部隊，完成了實際佔領東北的謀略，等到國軍進入東北，已成為被攻擊的目標，尤其是關東軍藏聚的火藥庫裏不計其數的重炮彈，槍炮彈盡皆落入數十萬中共軍之手。而國軍據城市為戰，不能形成大兵團的作戰指揮，又成為固守據點，不能相互策應，聯合克敵，縱橫運用的缺點。東北戰爭結束，平津易手，共軍的氣燄愈升愈高。國事議論譁然，人心浮動，市面紊亂，而有金融的動盪。

勝利的歌曲

蔣公以菩薩心提出對日本「以德報怨」的主張，是中國仁道文化的表現，甚至不求日本侵華，使中國人民死亡三千萬人以上，財產毀損無法計算的賠償；政府與民間也積極的遣送日軍戰俘回到日本；車站與碼頭上坐著、跪著的日本人，哭喪著臉，垂頭喪氣，再也沒有神氣活現，粗暴兇酷的醜惡臉色，中國人寬大為懷，不免生出憐憫的意念。但是，戰爭的災難，並不因日本的投降而消除，中共的勢力壯大，不正是倭寇的侵略養成的嗎？中國八年艱苦抗戰勝利了，日本戰俘歸國了，但是，中共掀起北方的戰亂，豈不是倭奴所造成，中共的戰火不熄豈不是日本軍國主義的點燃嗎？且阻礙了政府憲政民主的實施，三民主義以建民國以進大同的實行。

汪精衛原是孫中山的信徒，年輕時與黃復生謀刺滿清攝政王未成被捕繫獄，絕命詩有「引刀成一快，不負少年頭」。為國民革命生色，辛亥革命成功後被釋出；惟在北伐成功，政府實施安內攘外政策，而他卻發動寧漢分裂，製造紛亂。九一八事變後，出任行政院長，執行親日政策，為愛國分子不滿。民國二十四年冬在國民黨中央黨部外遇刺未死，出國療養。西安事變返國。抗戰爆發，被推選為國民黨副總裁。二十七年冬，私自脫離陪都重慶，飛往河內，發表「艷電」與日寇合作，於二十九年二月三十日組織偽政府於南京，僭稱「遠都」，全國同胞一致抨擊，指其為出賣中華民國的漢奸，人皆得而誅之。不久，舊創復發，往日本治療。於民國三十三年十月死在日本名古屋，留下千古的罵名。他的偽政府亦有偽軍不在少數，約在百萬人左右。勝利後，政府因一時的財政困難，未能將他們納入編制的行列，使這些解散了的偽軍流蕩失所，成為散兵游勇。偽政府時代，他們是阻遏中共進入城市，蟄伏於鄉野山村的一股堤防，如今堤防潰決，他們如失群之鳥，以反共為始，而最後不得不被中共裹脅，成為中共的武裝的力量。這又是何等可悲的下場。

更有勝利後，點檢部隊，嚴密部隊，剔除缺額和超額的工作步驟，使有缺額的部隊縮編，有的師變成了團，旅變成了營，軍長縮編為師長，團長縮編為團附，使人心以為是者為非，對者為錯，一步之失，滿盤盡墨；因此有人不免生了「此處不留爺，自有留爺處」的異心；這也是當時一種流失信心的現象。勝利得來不易，而勝利和失敗，也只是一線之隔；所謂光腳的不怕穿鞋的，流氓不怕紳士，不也就是如此。子曰：「吾恐季孫之憂，不在顓臾，而在蕭牆之內。」《呂氏春秋》亦有言：「治國無法則亂，守法而弗變則悖，悖亂不可以持國。」古老文化的箴言，是值得我們三思的。

時代的苦難歲月的詭譎，使我沉靜下來，整理思緒，研究與透視中共的問題。我觀察到學校自由、民主的氣息，已轉變為蠢蠢欲動的風雲；《風雲兒女》影片中採用了義勇軍進行曲為主題曲，呼籲不願做奴隸的人們起來把血肉築成新的長城，冒著敵人的炮火前進。現在則要把國民政府推翻逼迫人民作犧牲，以山野吞噬鄉鎮，以鄉鎮佔領城市，以城市剷平共產赤化國家民族的道路。中共驅逐與奴役廣大的人民，袒胸泥腳，以饑餓控制他們的口糧，以恐怖箝壓他們的伸訴；讓他們的肉體綁上手榴彈，讓他們提著空桶點燃內裏的鞭炮，讓他們在中共的刺刀槍炮的衝擊前，充當人海戰術作肉泥，向前衝鋒陷陣；於是國軍的防衛部隊的手軟了，便向後撤退。人山人海的人民，拿著釘耙鋤鍪，挖成深溝巨壑，困死了黃百韜、邱清泉的機械化兵團；中共的野戰部隊，便排山倒海，踏過人民遍地的屍體，由江北，向江南攻擊。我靜坐斗室，默念：「這蒼茫的大地旋律，竟是血肉山河譜成。此夜何時旦，此恨何時休。」默念：「天昏昏，地冥冥，蒼生竟何辜？神惘心痛不已。」破曉時分，我沉悶的睡去了。在朦糊中，似回到了兒時遊玩的土坪，在恍惚裏跳上跳下，又彷彿重返金陵，在鍾山頂，望長江不盡滾滾的波濤，又靜靜的奔流；有位長衫的老者吟喊著：「山圍故國周遭在，潮打空城寂寞回。」又夢到王惠貞坐著像跪著，撿拾她圓形的紅色手袋口，掉出來的一些零零碎碎的東西，我似乎想說：「不要撿了，那掉出來的雜物，是撿也撿不完的。」她明白又不解的望著我。此時，我聽到門上有剝啄的聲音。逶迷中醒來，去開了門，見傅曉清手裏提了個袋子進來放在桌上。「你怎麼了？」她問：「秋眠不覺曉，花落知多少？睡過頭了？」「是。昔日楊柳、今日江河，夢裏不知，身在何處。」「你看，」她竟嘆了口氣：「眼都紅了。你也知道，我是第一次到你的屋裏來看你。」我端詳她：「有啥事？還帶了東西來。」她說：「我走過慶餘坊弄口，有個人擺攤賣豆漿油條，還有蟹黃包子，我知道你喜歡吃這些，所以，順手帶了來。」傅曉清是生長在江南水鄉的姑娘，水月似的剔透玲瓏，卻有關顧人的熱心靈。自然感動就說：「我這屋裏竟有妳的光臨，不說蓬華生輝，但覺明月照人。」她淹然不歡說：「不知幾時再來看你，我和你合演《野玫瑰》，從劇本裏，舞臺上學到一些現實人生，好像酸甜苦辣盡在其中，也知道得放手時要回首。現在來看你，也是跟你說一聲再見。」她遞手來給我握著，她的手如一朵素馨花。「再見，」我想起《野玫瑰》夏艷華最後的臺詞：「欣賞妳的人走了，妳再要飄泊到哪兒去呢？」「再見？」我說：「到哪裏再見呢？」她抬頭望著我：「我爸昨天來，替我向校方辦理了休學，他說世局很亂，共產黨過了江北，到了江南，江南的好風光，一定會受到摧殘，人民也一定會遭遇到很大的劫難。不如現在能走，就先避到香港再說。」我說：「日本鬼子侵略我們的時候，我們沒有安全土。現在中共來了，我們還是沒有安全土；妳能去香港就去吧。」「我內心裏也不想跟你說再見。但是，不走可也不行，是不是？」我點頭，放了手。她轉身離去又回頭說：「我爸曾去英國留學，所以才去香港。必要時，你也得走吧？」我說：「南京與上海都是我喜歡的地方。中國的任何地方也都是我樂意生活的地方；但失去了自由、民主，流浪到哪裏，我都不會快樂。」她悲涕看了我一會，才掉頭走了。我凝望她的倩影，送她走出了文學院的院所不見了。但我又有強烈的眷戀，便拿了案上的《抗戰歌曲集》向外追去，過了轉彎的一角，看見她踽踽獨行，我追上去喊她：「傅曉清！」她停下腳步，回身向我望著，我把《抗戰歌曲集》遞給她：「這是我最珍愛的有紀念性的歌集，所有的歌，都記錄著抗戰的腳步，這腳步踩過漫天的烽火，房倒屋塌，無名英雄死為國殤。沙場夕陽紅，映著歷史的悲歌。還有值得紀念的是，千百首歌，都是經過臘紙鋼版、一個一個音符，一句一句鐵血的誓言鑿刻下來的；把這行列匀齊，排撰藝術的曲詞送給妳。」她柔聲推拒著：「不，不！這是你最心愛的歌本，不要給我。」「這是我在萬縣軍中慶祝勝利，從演劇九隊的手中得到的。他們油印了幾十本；在他們自已手中的能夠傳播開來，給我的這一本，我大都已熟記胸中；妳帶走吧，我們文化中有經史子集，添上這油印的一本，就是這苦難歷史的真相。」她仍然推拒著：「我知道，這是你最心愛的。」「妳走了，會記得杭州的湖水煙柳，上海的市廛璣珠；而我會記得我們散步該天，同臺演戲，並肩去塵囂的聲色場所給難胞募捐；」還有，她接下我的話題說：「今早給你送的豆漿油條是不是？」我點頭：「是。」她拿了厚厚的歌本，又伸手讓我握了說：「再見。珍重再見。」她坐上一輛黃包車，又回頭向癡立的我搖手，漸行漸無蹤。

時代的劫難

學校裏散布著一種詭異的氣氛，開飯時飯廳裏總從音響上播送一首歌：「告訴媽媽，我要回家。上海的生活太可怕，交際需要會說話，五光十色亂如麻，茄子綠豆漲了價，告訴媽媽，快快回家。」四處有中共的宣傳品，罵政府貪污腐敗，宣揚人民民主的世紀已經到來，大力歌頌解放鬥爭勝利的展開。中共的地下工作，在上海的活動，如蛇口蜂針，鬼點魔魅。負責治安的警備部破獲了一處秘密組織，知道他們的任務在擾亂金融、擴大工廠的階級仇恨，阻滯交通、加強文藝作戰與宣傳人民的幸福的製造者、苦難的解放者是民主的共產黨；共產黨是人民的救星，人民要翻身做主人。在蓬勃鬥爭的學運方面，暨大的女生汪紅艷是中共的地下黨員，在豎起美麗紅旗，爭取青年研讀馬克斯思想的進程上有卓越貢獻，組織學生遊行隊伍，反專制、反獨裁、反饑餓、反迫害、爭自由、爭民主的鬥爭中，更有不可忽視的成就。是一位向敵人不懈的鬥爭的先鋒。等到治安人員要向她進行了解的時候，她已走的不知去向。在她的一本手記中有一則寫著我的名字；下面是他用舒林、舒靈、林恆等筆名寫詩編報，曾參加青年軍、死硬派，或可運用文藝統戰、文藝服務的鬥爭手段籠絡影響等語。市警局偵察科長章繩祖拿了來給我看，說：「你是位詩人作家，竟上了她的記事本，這位中共的地下工作者，真是用心曲盡，連你也在她的計算中；可惜我們來晚了一步，給她溜跑了。可是，她的消息靈通，不知是怎樣洩漏的。」我聽他這樣說便十分感嘆，中共的地下工作真是無孔不入。章繩祖惇厚磊落而身手敏捷給我很深的印象，他的體態俊拔而儒雅，辦事極有分寸，來學校並不曾大動干戈，驚動別的同學，他走時又和我說：「上海的環境，非常複雜，你如有什麼事要和我接頭，就來局裏找我，我不在時，可找宮凱。」在他身後不遠處有一位黑衣黑褲，戴頂呢帽的漢子，他走向我和我握了握手，笑著說：「你好。」他也是個篤實的人，也有可信靠的氣質，他笑時，白齒昭然，使我覺得他是可親近的人。「我們常常是不分晝夜工作的人，事無鉅細都要相機處理，不能在這裏久留，我們走了。」

他們走後，我深夜不眠，想著政府的處境真是艱難，翻開一頁明末的歷史讀著，深嘆物必先腐而後蟲生之理。明之敗亡種因於英宗輕信宦寺王振的話率師北出居庸關，入內蒙在宣化府進擊韃靼乜先部落，回師至懷來縣之土木堡，反為乜先設伏劫持。史謂土木之變。卒賴兵部尚書于謙率兵，身先矢石救回。但于謙功安明社，反遭誅戮。武宗信任劉瑾朝政廢弛、內亂頻起。世宗委用嚴嵩弄權，明政大壞。熹宗專寵魏忠賢海內空虛，困命垂滅，至崇禎則心眼如豆、剛愎自用，即位之初，陝北延安一帶乾旱大荒，張獻忠起而為盜，其人驍悍勇猛，殘暴好殺，赤地千里，饑民無以為生，迫而為盜，張獻忠裹脅饑民燒殺擄掠，佔武漢、下長沙、據衡州，入四川，血洗成都，屠戮重慶，僭國號，大西，年曰大順，以文昌帝君為始祖，後得病為人誅殺。李自成也是起盜於延安，山陝甘肅，河南河北連年乾旱，饑殍載道，析骸為爨，易子而食。李自成陰謀狡黠，猖獗於中原一帶，初以招賚饑盜之方，散濟災民，災民附從，到處竄擾，都幾十萬衆，如蟻附羶，如影隨形。不久，圍寇開封，城破，獲福王府及臣室米數萬擔，金錢無數，民得放賑，多願歸從。他的戰鬥方式亦頗有規模，他自統騎兵一萬，步兵四萬五千人，以劉宗武統領步騎，白旺為騎總，分為哨屯，內為步兵，外圍由騎二千來往守護，晝夜輪替。有人逃逸，捕回當衆磔為碎塊。出營開拔不帶輜重，每破一邑，則增財產數倍。每一士兵可蓄奴二十餘人，營兵各有妻孥，生子棄養。寢處圍以數十重之綿帛，故刀槍不入。每戰，一騎兵必有二、三隻馬，每易騎馳驟而馬不疲，嚴寒則以薦布裹馬腳，馬槽以人腹，入蒳椒為草料飼餵，飲水則貫以人血餵之。所以，馬見人就想飲人的血像獸。李自成行蹤飄忽，遇山穿山而過，過水就堵塞了上流，亂乘而度，野戰則以步兵拒戰，騎兵在外環繞合圍，便能穩操勝算，攻城分晝夜三番，步兵肉搏向城，鑿城為洞，則匿人於內，畚土出外，裏面向旁側穿鑿，用木柱頂住，再繫上巨絙牽出，由人在外拖拉，柱倒而城牆亦崩，城陷則必屠城，堆屍成山用火焚燒名為打亮。又因李自成殘忍好殺，斷耳剔目，截手折足以為娛樂。他用舉人李岩為主文，牛金星為參謀，以西安為國都，號大順，改元永昌。旋攻北京，為吳三桂擊敗，遂一蹶不振，逃到湖北通城，部衆星散，為鄉民擊斃。明末能挽回其頹運的有熊廷弼、袁崇煥二人。熊任熹宗兵部右侍部經略遼東，其要衝地為山海關，外有廣寧、海城、登萊等處，為山海關的兩臂，而登萊海城又為其側翼，熊廷弼以戰略性的眼光於廣寧用馬部兵、列壘三岔河之海城線，於登萊佈置舟師，督軍兵造，戰車、治火器、濬濠溝、固城守為禦敵之計，在遼一年，恩威並用，邊防亦堵，人心帖服，敵不敢來犯。無如熹宗聽信魏忠賢讒言，下獄處死，不啻自毀長城。崇禎起用袁崇煥為兵部尚書，專任邊疆，嚴整戰備，屯田以足軍糧，固守薊遼萊登，旋固軍力，以期逐漸推進，擴張疆域。清太祖努爾哈赤，率師進犯寧遠，被袁崇煥箭傷而逝；清人喪氣之下，以反間計讒言袁崇煥有異心，崇禎將之處死。明之亡乃係亡於崇禎之手，李自成以流寇攻陷北京，崇禎自縊煤山，身殉社稷而自食惡果。京劇名伶麒麟童嘗演《明末遺恨》，至不堪受俘馘之辱，涕淚交流的情景堪悲，所謂：求生不得艱乞死，明亡何處去招魂。確是真實的寫照。

相較之下，則毛澤東的機智、學識、善辯、曲伸、殘酷、梟雄、狡猾等的性格尤較張獻忠、李自成為高；而他的強毅與宏圖，更是特出，他好讀中國線裝書，從歷史中學習治人即是治國之事，於舊詩詞、領略其韻味的婉轉綿密，伸縮自如。於《三國演義》則習染與翻騰於其變化虛實，故於暴動的危急之時，能跳脱於度外：又於窮迫之秋，能磨厲以須。他把馬恩列夫奉為圭臬，把秦皇漢武玩弄於其掌上；世人囂謗，視如鴻毛；素乎平常，殺人如麻。蹤跡飄忽，行動如魔。毀滅文化，斲喪倫理；這都是他以人民民主竊國，以共產主義專制，實行他獨裁的手段，如果他推翻了國民政府，他所建立的就是不屬於中國的另一個國家。我常於夜裏深思我所認識的中共，不免喟嘆而心懷憂鬱。

前言，李自成陷京師，擄吳三桂父襄與妾陳圓圓，三桂初聞父虜稍動，繼聞愛妾圓圓亦被擄，遂痛哭誓師，請清兵援助，放棄山海關，追勦李自成，而讓清兵實現入關稱帝之夢。另有洪承疇總督薊遼禦清入寇，松山堡之役被俘，降清後入閣，廟謨獻策，佐多爾袞平流寇、佐多鐸定江南。史可法守揚州城破殉國。大明遂亡。江南志士紛起反抗。我已在〈明遺民柳敬亭〉文中提及。

毛澤東對李自成頗有意緒相通，執拗相惜之情，故稱之為人民的英豪。三十七年六月，共軍三十萬衆進襲開封，父親手創的文化，教育事業，毀於一旦。三十七年之秋，中共圍攻徐州，局勢危急。這都是日寇侵華釀成的巨禍。我認定如果沒有七七抗戰；中華民國已經在不停的建設中，廢除了列強的不平等條約，而走上民主的大道，獨立而富強了。

雖然東北易幟，平律易手，華北蒙塵，徐州危急；但是大上海這座萬花筒，仍然燈紅酒綠，歌舞昇平。雖然我對戰亂的世局，有深切的觀察，對宇宙的新陳代謝，盛衰興亡，相剋相生，是非成敗有其無窮的規律亦有所瞭解。但我相信三民主義仍然是繼承中國仁恕中道的治國大道。老子說：「大兵之後，必有凶年」。這就是白居易的「田園寥落干戈後，骨肉離散道途中」。也就是杜甫〈兵車行〉詩：「君不聞漢家山東二百州，千村萬落生荊杞，縱有健婦把鋤犁，禾生隴畝無東西」。這也就是說田畝荒廢、人民無食。抗戰的瘡痍未復，如何不是凶年呢？但我處此困難，又當如何呢？難道要學老子的「見素抱樸、少思寡欲」的無為嗎？還是要去做隱士，獨與天地精神往來呢？去聖絕學，天地的偉大，不就是無私嗎？此時此地，我不能留連於煙景繁華，也不能自外於現實的人生，我還是去圖書館讀一些怡情悅目的閒書吧。

上海人的禮拜六

我既然心向文學，又見李健吾師編活了張恨水的《啼笑姻緣》，而胡蝶又成功演出了電影的《啼笑姻緣》，我便想瞭解民初的言情小說的概況。梁啟超在思想上受嚴復的影響，也感受到林紓翻譯西洋小說的功效，在上海主持《時務報》時，主張翻譯外國小說，有助於中國之進步。光緒二十四年（一八九六）他在《清議報》上發表「譯印政治小說」序文中認為：「小說為國民之魂」為「新民的第一急務」，因為「欲新一國之民，不可不先新一國之小說」。又闡述小說的境界如空氣，其摹寫情狀，可拍案叫絕。在光緒二十八年，他在日本橫濱創辦《新小說》雜誌，對以小說與群治的關係，加強論說小說熏、浸、刺、提四種力量。

這四種不可思議的力量，支配人道，所欲新一國之民，不可不先新一國之小說，故欲新道德、欲新宗教、欲新政治、欲新風俗，欲新學藝必新小說；乃至欲新人心、欲新人格必新小說。在此新小說上，立於固有優良文化，創造新的國民及國家。

晚清小說，約有一千五百餘種。當時主要的刊物，梁啟超一九〇二年發行二卷的《新小說》是最早的小說雜誌，開了風氣之先。繼有李伯元一九〇三年《繡像小說》半月刊，發行七十二期。一九〇六年吳趼人、周桂笙合編《月月小說》，發行二十四期。黃摩西、徐念慈（覺我）曾孟樸三人合編《小說林》於一九〇七年發行了十二期。發表的內容皆是長短篇小說。另有《新新小說》、《小說月報》、《小說時報》、《新世界小說報社》、《小說圖畫報》等園地。當時稱為譴責小說的是洪都百鍊生劉鶚撰的《老殘遊記》、南亭亭長李寶嘉撰的《官場現形記》、我佛山人吳沃堯撰的《二十年目睹之怪現狀》，東亞病夫曾樸撰的《孽海花》。這四部小說，對當時滿清的腐敗，作了無情的揭露。維新運動雖然旋起旋沒、但知識分子的覺醒，卻促成了孫中山先生領導國民革命的成功。

言情小說的發展，在地理的背景上，上海萬花筒的世界，大量印行的小說，成了讀者日常生活上消遣娛樂的必需，是真正的大衆文學，大報小報約有五十種，雜誌一百多種，在文壇上，造成一種力量。文人聚會的場所，是「禮拜六」雜誌社。寫這些言情小說的是沿著《紅樓夢》和《孽海花》的路線一直下來的，再加上《會真記》、《鶯鶯傳》、《李娃傳》、《霍小玉傳》，唐代的言情說部，和李義山、杜牧、柳永這些唐、宋詩人之作，便促成家庭與社會制度下的言情小說。這一夥禮拜六的作家，被稱之為「鴛鴦蝴蝶派」，據平襟亞說：「民國九年某日，松江名士楊了公宴請姚鵷雛、朱鴛雛、成舍我、吳虞公、許瘦蝶、聞野鶴與平襟亞的酒席上；劉伴儂（後改名劉半農）於席上酒會引發，認為徐襟亞的《玉棃魂》這部駢文小說，犯了空泛、肉麻、無病呻吟的毛病，該列入『鴛鴦蝴蝶派』小說。」當時在席的人，除成舍我專心辦報（辦的是《世界新聞報》）外，其他人都是以文言寫言情小說的人，亦同蒙鴛鴦蝴蝶派之名。因此，在現代小說史中，以文言來寫言情小說的作者，概列入鴛鴦蝴蝶派了。

而鴛鴦蝴蝶派的代表作，就是徐枕亞的《玉梨魂》。玉書敘述男主角因擔任教席，得識學生生母係一寡婦。二人雖互相愛慕，終因環境阻礙、道德規範，不能結合，空留遺恨。徐枕亞這種思想，仍然是承襲了吳沃堯（研人）的寫情之作《恨海》，述女主角棣華與未婚夫失散；扶持母親南下與未婚夫相聚。不幸未婚夫染煙毒而死。棣華出家為其守節。這故事以寫情為主，但以守舊道德為本。為新派小說家瞧不起。但是他們雖寫文言文，但對家庭社會的關心，卻是言而由衷的。這個觀念的發展中，也包括了天虛我生陳蝶仙的《淚珠緣》，孫玉聲的《海上繁華夢》，吳雙熱的《孽緣鏡》，李涵秋的《廣陵潮》，劉雲若的《回夢記》等。這些都是民初上海流行的。他們這些中又有孫了青、程瞻廬、顧明道、程小青、周瘦鵑也歸入了鴛鴦蝴蝶派，許多小說在禮拜六雜誌上發表。婦人女子不僅是熱心的讀者群，商店伙計，走街攤販工作之餘也捧了來讀。小說的內容包含了家庭社會，也提出了文化教育許多問題；這種大衆小說的言情態度，又有了嚴肅性和深廣性。到了張恨水的筆下，化文言為白話，以章回體小說的舊瓶，裝了呼籲家庭社會趕上潮流的新酒，他的成名作〈啼笑姻緣〉連載於《新聞報》副刊快活林上，引吸很多年輕的男女讀者，這又是鴛鴦蝴蝶派峰迴路轉、柳暗花明的新嘗試。恨水的名作還有《春明外史》、《金粉世家》、《滿江紅》等數十部之多，可謂洋洋大觀。張愛玲的〈沈香屑〉初發表於周瘦鵑編的《紫羅蘭》創刊號上，正是綺年玉貌的二十三歲。自後以一支語言獨創、意象雋永、手法婉轉、境藝翻新的靈慧之筆，於柯靈主編的《萬象》上發表了她的〈心經〉，而《萬象》的老板正是平襟亞。她繼續寫出了〈茉莉香片〉、〈金鎖記〉、〈傾城之戀〉、〈琉璃瓦〉、〈白玫瑰〉、〈連環套〉、〈花凋〉等名作。她的《傳奇》小說集由上海雜誌社出版，使言情小說的創作，達到了高峰。

大上海是一個工商業的萬花筒。是個紙醉金迷的不夜城。但上海的一般居民卻是以看言情小說消閒納悶。小報上刊登的，每天看上一回，明白人物的動態心理的發展，不必去想他，只要明天接著去看，就是一大樂事。而他們的生活，也短不了消遣與娛樂，看言情小說是高尚的享受，看了再去工作，不也輕鬆愉快嗎？

但是，如果徐州失利，我還能研究言情小說嗎？大上海的同胞，仍然可以每天看一段登在小報大報上的言情小說嗎？如果徐州失守，江南也陷入戰火中，上海人的愛看言情小說，也會隨逝水東流吧。

太原保衛戰

記得兩年前，坐車經過徐州車站，青衣灰褲的小販，提著竹籃叫賣燻雞，感覺到一些太平景象，戰爭年代的風色已寬鬆起來。如今，眼看著徐州將要不保，那記憶中柵欄邊小販的熱切的眼睛。慇懃的叫賣聲，仍會停留在時間的浮塵裏嗎？戰爭的烽火，一旦淹襲過來，我聽過的那江南童女清亮的歌唱「好一朵美麗的茉莉花」，也會消失的無聲無息吧？我漫步在虹口街坊弄堂之旁，有人蹲在牛肉麵攤邊看一張小報，那小方塊裏，一邊是張愛玲巧妙的比喻，一邊是蘇青曼靡的對話嗎？我吃過那攤販的黃牛肉麵，臑嫩可口，是難忘的美味。我逗留在人車雜沓的霓虹燈下，這邊是游泳皇后依漱惠・連絲的出水芙蓉，那邊是玉腿美人蓓蒂・葛蘭葆的甜姊兒。人潮從大光明湧出來，《亂世佳人》裏的性格巨星克拉克・蓋博的倜儻傲傑，費文麗的靈敏秀出，伊麗莎白・泰勒的驕矜，李思廉・霍華的拘抑，都為觀衆津津樂道。我獨行於人叢中，離開大廈聳密的地方，覺得自己彷彿飄流在海上，一片茫茫的汗漫遊，不知要走到哪裏去。從虹口回到學校，深深庭院靜無譁，學校裏也是一片岑寂，昨日那些愛三三五五聚在一起追趕跑跳蹦的同學們，彷彿也都有滿腹心事似的少言慢語了，平日經過學校登記公開活動的那些社團也偃息了。同學們有些真的請假回家了。但從社會的亂象裏卻又從四面八方傳來反政府的聲浪高漲，而暗流洶湧。

徐蚌會戰在危急中，而山西省的太原城已被共軍林彪、徐向前、聶榮臻、彭德懷的七十萬配備無數新式重炮與火箭炮、榴彈炮的大兵團重重圍困，並已進行了五次的總攻。太原真正成了血海孤城，以七萬的防禦戰力和全城百姓對抗十倍以上，且不斷增援的共軍的四面攻擊。這是大西北最後的據點。軍民一體抗戰。誓言離此一步，即無死所。

共軍進佔山西，是從馬歇爾使華和談調處即已開始的，他們先從東沁線上沁縣等地開始赤化，發動晉西中陽等縣，晉中汾縣、晉南趙城、運城、臨汾等四十個縣城的攻擊與佔領；再從晉北的崞縣、朔縣、寧武、應縣、忻縣、懷仁、大同等縣城作全面性的侵入、深入性的進犯。和談的部隊縛手縛腳，一任共軍襲擊，他們的手法是見小就吃，見大就走，以明襲暗，以暗吃明，每赤化一地，就斷了交通，國軍稍一還手，共黨就宣傳政府無誠意和談。到和談破裂後，中共對政府的政治、軍事鬥爭，成了合法化，他們的武力日益擴大，人民都成了他們人海戰術的先鋒，牛馬豬羊，也成了他們重要戰役的犧牲。其間，最重要的是汾孝之戰，汾陽、孝義是晉中平原地區，物產富饒，人煙稠密。當陝西、山西的要衝，太原西南重要屏障。當時共軍分由賀龍、王震、陳賡的大兵團圍攻，國軍堅持抵抗。而大同之戰，中共切斷了太原與大同的連絡線。孟縣、壽陽之戰，又去了太原迄東的屏障，到了榆次、太谷、徐溝三角地帶會戰後，正太與同蒲兩線衝要接交相會點，使太原外圍的屏障與依據全失，於是，共軍攻佔太原的契機完成，太原便成了一座大西北的血海孤城，被共軍將分散孤立的國軍吞蝕；而用政治陰謀，配合軍事作戰，一次一次的向孤城太原進攻。而太原的戰鬥序列，也早已編成民衛軍，將兒童隊、少年隊、壯年隊、婦女隊、高年隊十三歲至六十歲的民衆，加入了保衛太原的支援作戰。和國軍七萬二千人增加到九萬人的將士員役，共同抵抗中共七十萬大軍不斷的進攻。自三十七年七月太原被共軍圍攻以來，已經過中共五次總攻，六十次以上的軍集戰，而太原已成了一座鋼鐵的戰鬥城，等待迎擊中共第六次更猛的總攻。

詩書畫與康芭爾漢的舞蹈

父親、母親攜小弟志強來滬相晤，其時，玉貞因商校畢業，考入上海稅務局工作；而提前接應。父親亦認為徐州之戰關係到杏花春雨的江南的安危；又因離開封時，辛苦儲藏的經史子集等書均未能攜帶出來，鬱鬱不歡。其時，上海書畫界的名流正為賑災活動，舉辦書畫展。父親和我一起去參加義賣。父親說：「詩、書、畫是中國文藝相聯結的三寶，善書的多擅畫，擅畫的又多能詩。如此造成中國文藝特有的精神意境。如今，中共在赤化了的地區，對摧毀文化不遺餘力。清人入關，初也有殘酷的殺戮，但能改革已過，化藩為漢。而中共的所謂共產，不是中國的原理中道。如果他能放下屠刀，立地成佛。」「階級鬥爭」也不是那樣可怕了。但是，中共愈來愈擴大鬥爭，才真正可怕。父親說了這些，望了我一會說：「唉！對書畫癡迷如宋徽宗在朝政上昏庸玩揭，一塌糊塗，以致亡身，但在藝術上，則別立蹊徑，另有千秋。為了搜求名畫，動用力量，自魏晉隋唐五代以迄北宋，搜索到六千三百九十多件珍品，編成宣紙畫譜，也成了名書畫家，但卻丟了北宋。元朝有四大畫家就是吳鎮、黃公望、王蒙、倪瓚各有所長。沈周、唐寅、文徵明、仇英是明代四才子。均是靈秀畫的人傑。到了清朝，南京有個龔賢是崑山人，隱居在南京清涼山上，月下觀瀑，江邊幽樹，畫的是江南風光。安徽江舫，佛號釋弘仁，為黃山真景五十多幅，奇景疊出，令人稱奇。髠殘號石谿。朱奇為朱元璋十七子朱權的後裔，朱權對戲劇特有研究，著有《太和正音譜》評論元的戲曲；

朱奇號八大山人，所繪山水、花鳥在簡要淡雅中，隱寓亡國之沈痛。王石谷是江蘇常熟人所繪〈康熙南巡圖〉，以絹來設色共有十二卷，每卷約長八丈，畫中呈現由北京永定門開始，中經山東、江蘇，直至浙江省紹興府的大禹廟，再經南京回到北京為止。沿途所見各地風景和民衆生活狀況。石濤繪金陵二十册，為世所尊。以畫中所見，大都江南景色。經過楊州八怪，他們彼此唱和，相會以藝。近人吳昌碩以苦學金石書為成名，齊白石的畫風尤為樸拙特出。二十九年日寇已佔據平津，他吟詩於畫上：『對君斯卅歲當年，撞破金甌國可憐；燈下再三揮淚看，中華無此整山河』。如今中共佔據華北，中國文化中，書畫藝術，是源遠流長、多采多姿的。你也要知道一些。」

我和父親又一同看了遠道來滬公演的「新疆歌舞團」康芭爾漢和男角阿意提等的舞蹈表演。阿意提和康芭爾漢注重四肢的飛揚，與迴風的踴躂，及颯拔搖曳的風采；在群舞的彩衣蝶翔中，聽他們傾聲而唱：「可愛的一朵玫瑰花，塞地瑪利亞，那天我去打獵山上騎著馬，正當你在山下歌唱婉轉入雲霞，歌聲使我迷了路，我從山坡滾下，哎喲喲，你的歌聲婉轉入雲霞。強壯的青年哈薩克，依萬都達兒；今天晚上請你過河來我家，餵飽你的馬兒，帶上你的東不拉，等那月光升上來，撥起你的琴弦，哎唷唷，我們相偎在樹下。」舞蹈在歡樂中落幕了，而「都達兒和瑪利亞」的歌聲，久久的在我耳邊縈繞。那自由的天地，那歌舞的茫茫草原，那牛羊留連的牧場，那金黃的太陽金黃的沙漠波到無邊的遠方，帳幕像星羅棋布的島嶼。左公柳曾在此漫衍，坎兒井曾在此漩洄，葡萄在此蓬勃，篝火在此爍映，駿足在此騰躍，而西域在此吞吐的是無窮歲月渺遠的腳步，碧玉叢叢的水光，無垠的壯麗的山河。

迎向浩淼的海洋

離開了兒時的北方，冥想時就看見黃泥土厝的短牆，曬穀場上斜臥一邊的石滾，聳疊著如一座巖塔的麥垛。在江南就憶念著：「漠漠水田飛白鷺，陰陰夏木囀黃鸝」的風光，和「留連戲蝶時時舞，自在嬌鶯恰恰啼」的景像。如今是梧桐葉落的時節，黃葉舞秋風，正是周璇細婉的歌聲唱的淒清；從學校裏走出來，告訴父母，我已登記了國防部招集退伍軍官前往台灣的決定。一如三十三年之秋我參加青年軍時的情形，父親點點頭，母親則握著我的手久久不放。我又想起一片麥苗隨風倒，陣陣的稻香吹來了，金色的陽光，金色的波浪；又唱著：「拔起船錨打起帆蓬，衝濤破浪向前進！」我們整隊跨上搭自岸邊通至船面的便橋，踏著「中興輪」的上層甲板，我舉手敬禮，向岸上送行的親人們告別。點名的儀式完成，船長拉響汽笛，船在起錨後，緩緩的駛出黃埔江，我低聲說：「大海，我向你走近。」

浩淼的海，灰色的海，碧藍的海，掀起白浪，吐著泡沫的海；一隻海燕在起伏搖漾的海波上飛翔，迎向太陽的金冠，牠的呼聲尖銳而嘹亮。海水貼近船身，以激濺的似鶴翼的雪花撫摩著船身，我脱口吟著這樣的詩句：「曾因白樺林矗立風雨中呼喚，釋放憂鬱和憤怒；自由、平等、獨立、進步，中國，你往昔的偉大與榮耀，你鬱乎蒼蒼的神州，我們都曾分享那莊嚴與美貌；不懼艱苦和危難，我們從倒下的血泊中站起來，都為奉獻我們赤子的愛情……為此，我們死生相濡，橫渡這汪洋的大海，等著轉過這座山峰，綠色叢叢，便如酒如潮，卷舒我冰融的心胸」。夜裏，我在船艙的一角睡著了，夢彷彿鳥飛，雲飄，帆迴路轉，故土的星月，山河固在，永恆於一瞬。就是這時的感覺。

歡呼以後，中興輪漸漸靠岸於基隆港，我們大夥兒穿的棉軍裝，被頭蓋頂的暖陽照著，被四面的薰風招迎著，拂著我們的是親切的喝喚；十一月的基隆，原是如此的溫煦。淳樸的人們戴著斗笠，披著薄的衣衫，婦女們用花布包裹住手臂和臉頰，露出粉紅的笑靨和糯米牙；一簍簍的香蕉和鳳梨從搭橋上送了過來，我們癡謐又遂意的望著辛勤搬運的他們，好像回到了久別的家門。

第七章 舉頭望明月

台灣的土香

我踏上了你的泥土，蹓著你的豐壤。自從夏商周歷代以來，我喜歡稱你為雕題、瀛洲、東鯷，甚至淡水，雞籠。但我不喜歡叫你做島夷，或叫你做東蕃。你所屬的縣市如蘭嶼、如花蓮、如宜蘭、如樹林、如鶯歌、如桃園、如新竹，聽起來多麼美妙。如斗六、如布袋、如枋寮、如虎尾聽起來又是何等的親切。合歡山、太魯閣、日月潭、鵝鑾鼻、金瓜石，你顯示出奇美的特色，野柳、關渡、板橋、林口，你又有鄉土的風致。我喜歡榕樹盤根錯節，遮天覆地的蔓延與絕不分離的糾結。我喜歡八仙林場參天聳立的古木，我喜歡墾丁的鐘乳石洞、珊瑚礁石，蒼岩魅黝的海潮。我喜歡坪林的松濤，太平的檜矗，我喜歡紫白，喜歡瓊藍，喜歡深紅與淺紅，喜歡淡碧與深碧，我喜歡船帆與船桅，喜歡霧社的風雲，八卦山的楓朱，我喜歡雅美族、布農族，我喜歡豐年祭，喜歡狩獵歌。我喜歡澎湖的海濱漁火，喜歡金門的王家祠堂，喜歡稻香，喜歡茶香，喜歡椰子林、檳榔樹，喜歡甘蔗地，喜歡鳳梨酥，喜歡太陽餅，喜歡四神湯。我喜歡赤嵌樓的掌故，安平古堡的投影，喜歡蕃薯籤，也喜歡補冬的餉飫。我喜歡老台灣人，高山九族的部落，來自彰州、泉州、福州、惠州各處的唐人。我走過沈葆楨的牡丹社，走過丁日昌的墾務所，走過劉銘傳的清賦局，不由得揣想那喪權辱國的「馬關條約」在李鴻章手裏如何忍心簽訂，割讓了這美麗的寶島給醜惡的倭寇之手；我揣想劉永福如何的頹然內渡，丘逢甲血淚的控訴：「宰相有權能割地，孤臣無力可回天」的悲痛。臺胞抱著寧為玉碎，不為瓦全的犧牲精神，以血肉頭顱和日寇纏門了七年。黃遵憲的《臺灣行》：「蒼天蒼天淚如雨，倭人竟割臺灣去！」割去了臺灣就是割去了台灣同胞自由的生命。保鄉衛國的壯烈行動，便是與死亡劃下了等號。兒玉總督的六三法為臺灣戴上了枷鎖鐐銬。而「匪徒刑罰令」自革命義士蔡清琳的西來庵舉事而被屠殺的義民何止兩萬人，羅福星的「同盟會」，余清芳的噍吧年都在血門中受了屠殺，被處了絞刑；被奴化乃成了臺胞的噩運。我往前看又見明末時候，荷蘭人西班牙人侵入，在基隆的東方、在淡水的西方築城，把唐人做為草芥來欺凌。於是，我看見了延平郡王鄭成功的堅貞。他的父親芝龍是福建省安南縣人為海上梟雄，率從屬六百餘人往來金門、廈門之間討生活。明太祖九世孫唐王為黃道周等奉入福州，建元隆武，徐圖復明，芝龍薦其子森於唐王，王喜其英武，賜名成功。自後於順治三年，攻破福州，其母則死於此役，芝龍則反降於福建巡撫熊又燦。成功泣諫不聽，遂與同好陳輝、張進等樹義幟反清復明，乃率衆攻荷蘭人的安平堡，荷蘭守將科學脱投降。成功依據中國傳統王道精神令其退出臺灣，條款有八條：一、荷人得攜帶必需的食料及彈藥而去。二、荷人可攜帶其私有財產而去。三、荷人可攜帶一定的金錢而去。四、荷人可奏樂，可攜帶裝藥的武器而去。五、交換俘虜。六、歸還荷人的船舶。七、商會的財產與城堡，一律歸還台灣。八、荷蘭政府之文書，均由其帶走。荷蘭人既然退出臺灣，成功便組織政府。興農業、修兵備、定法制、建學校。用陳永華為謀士，築館舍以居明宗室渡海來歸的遺臣。以赤嵌城為承天府。署天與萬年二縣，招徠漳、泉、惠、潮之民，汙萊日闢，外則置兵守金門、廈門二島。又辦外交通使菲律賓聘問，致函西班牙總督，欲求海上的應援。至此，清廷知成功不可屈，殺其父芝龍，遷沿海三十里以內的居民於內地，禁止漁舟商船出海，以堅壁清野之法困之。但明末的遺老如張煌言等則鼓勵其內渡，明永明王由榔立於肇慶，又用永曆年號，成功奉表申言恢復明土，順治四年八月圍攻泉州，三年遣施琅，楊才攻漳浦，下雲霄，抵詔安。永明王封成功為延平郡王。七年成功師次廈門。八年，施琅反成功降清。九年成功攻海澄、漳州屬邑皆下。十年中海澄之戰，成功持巨斧以待，清師解圍。十一年清廷議撫未成。成功努力訓練精兵十七萬，以五萬習水戰，五萬習騎射，五萬習步戰，一萬為策應，一萬鐵盔鐵甲帥鐵軍，攻城陷陣莫可敵。時清重兵由西南入雲貴，成功認為機不可失，遂以銳師突入長江口的崇明島，進擊瓜州，抵江陰，毀橫江鐵鍊，進逼鎮江。清廷集江寧、蘇州、常州的大軍迎戰；成功軍登陸者僅二千，但其鐵軍以一擋千，以必死之心，於順治十三年五月二十二日決戰於鎮江的楊蓬山，清軍潰退，鎮江既克。遂舉兵西上，直達南京，謁明孝陵，祭掃英靈，東南各省引領相望，望風歸附。然清廷勁旅銳出，攻成功，軍旅分散不及應變，遂大潰。愛將甘輝殉難，成功乃率餘艦出海，十月還廈門，哭甘輝而返台灣。康熙元年五月初八，成功以瘧卒，時年三十九歲。復興大明之望遂絕。以其奉明正朔，存故國衣冠，孤忠亮節，炳耀萬古。是年魯王監國，亦卒於金門。其子經繼立僅守台土，經死，子克塽立，至其弟克垣無力保守降清。計鄭成功由順治十八年據有台灣，歷三世而沒，獨立之局，凡二十三年。

開出基隆的普通火車，吐著煤氣，像一頭喘嘯著的烏騅，揚蹄喧呼著向前奔去，我不曾坐著在那方形窗下的長凳上，我是站在敞開的車門旁，凝視遠方的藍天白雲，佇望著田疇綠野，那水渠土壟，迎著習習的風，輕拂過遠近的綠樹梢頭，彷彿回到了江南，碧水路邊際的雲影，悠閒的落在一望無際的稻田和青草地上，有三三兩兩的老農，在紅瓦古厝的農場上辛勤的工作著，有幾條清溪，有幾座小小的土地廟，有打橫在河上的土橋，有人肩挑擔子經過。這些熟稔的景象，那些瓦屋，那些在空氣中散播的氣味，都和我親近著，一點都不陌生。而環繞著台灣的是海，以它不眠不休的浪潮，撫摩著岸灘。

火車吐著氣，司機拉響汽笛嗚嗚的吼著，緩緩靠近高雄市車站的月臺，我們下了火車，在月臺上整齊隊伍，通過收票口，走出車站外，幾輛大卡車已經在等待我們依序上車坐好，便賡續向鳳山駛去。行道樹向兩旁退去，前面的公路筆直的展開。經過半小時的路程，我們進入鳳山這座市鎮，街道人家有店舖，半尺高的臺堦，遮雨的屋簷，有雜貨店，有布店，有糖果店，有木器店，有理髮店，有飯館，有中藥舖，街邊有家二層樓的賓館；有賣滷肉飯的，有賣魷魚羹的。有賣水餃的，有賣糕點的。小學生赤著腳在路邊跳房子，有女子穿著木屐在路上拉著半車甘蔗，她停下來，以紅樸樸的圓臉，迎送軍車通過；又有些赤腳短腿的孩子們，揮著短手膀，追逐在軍車後，笑鬧著，唱著：「一的炒米香，二的炒韭菜，三的沖沖滾，四的炒米粉，五的鬬刀邊，六的要做官，七的分一半，八的豎塊看，九的火燒山，十的蚵仔煮麵線。」軍車進入軍營，斜向右邊的道路，直通到灣子頭，營房的床位已經安排好，我們各人都領到盥洗的毛巾、牙膏、牙刷、肥皂、草紙，都急著去洗澡，上廁所；在一陣紊亂中，聽到哨音一長一短，一聲昂揚的聲音宣布：「大家注意，五分鐘集合，目標飯廳。」我意識到，這就是軍營的生活，一切要守紀律，加緊腳步，趕上一分一秒都要合於要求的軍營的活動。

星垂灣子頭

星垂灣子頭，月照涼亭山，這是多麼好的月星夜，舉頭望明月，低頭思故鄉。他對月而歌的詩，何止百千首，酒中有月，山中有月，風中有月，雨中有月，懷中有月，掌中有月，花中有月，塞上有月，關山有月，坐中有月，空城有月，楊柳有月，橫江有月，峨嵋有月，秋浦有月，懷古有月，登樓有月，泛舟有月，聞笛有月，怨情有月，思邊有月，海上有月，沙頭有月，把酒問月，手拂素月。夜風恐不知，月色不可掃。纖柔的明月，圓融的明月，剛升的初月，步除的春月，窺人的秋月，寒淨的霜月，浮白的銀月，遮面的淑月，濛淞的鄉月；你追隨李白的心思與步履，彷彿他的紅顏知己，聽他傾訴酒後的衷腸，夢中的天堂，聽他的泣歌，卓立雲樹山頭的長嘯。面對著萬里長風的碧宇，蕩漾的月充塞四方。你使我想起了深情的王惠貞，淳真的小楊，淹雅的傅曉清；她們都有月的秀麗，月的芳馨，月的奐潔，月的雋穆，我凝視著明月，似也看見她們的面容，玲瓏而又溫淳。有一次，我爬上高聳的草垛，仰望明月，遂記起王國維《人間詞話》言：「稼軒中秋飲酒達旦，用天問體作木蘭花慢以送月說：可憐今夕月，向何處去悠悠。是別有人間，那邊才見光景東頭。詞人想像，直悟月輪遶地之理，與科學家密合，可謂神悟。」他說到天問體，就是有懷疑性的問答。〈天問〉是屈原的作品，一共提出一百七十八個問題，有三百七十四句，其中討論天命關係到人事，從開天闢地、日月星辰、山川河嶽、龍蛇魚鳥、大禹后羿、蛾皇女英等等。他提到宇宙：「明明闇闇，惟時何維？」問太陽在天上繞一圈有多少里，問月亮「厥利維何？而顧菟在腹」，兔子在月裏有何作用。白晝黑夜，到底怎麼構成的？如今的科學，都有一些回答，但是天地無窮，想像也無窮；也許這就是文學的作用。我想起兒時唱的歌：「月光光，照村莊，月光光，照池塘。」把人生的悲歡離合唱成各種景象。我低低的唱著黃友棣的《月光曲》：「一樣的月亮，月亮下面是故鄉，故鄉啊在何方？鄰家的孩子可有歌唱，水田墓草，可是如常？一樣的月亮，月亮下面是他鄉，月亮光，照我舊時裳，舊時賞月在故鄉。多好的月亮，月亮下面是戰場……」戰場，這是多麼令人魂消魄散的人生，殘酷悲號的場所。

記得在離滬前夕，父親和我默然走過街頭巷尾，夜裏坐在黃埔江岸看半彎月亮，在長空升起，幽渺的江水，無聲的流著。父親說：「無論海角天涯，只要心安就是家。」。他說：「有一次在戰地，要通過鬼子的防線，突然聽到雜沓躦躁的腳步，有釘靴、有馬蹄、有槍刀擦撞，車殆撼動，轟傳來的震攝人的聲音；我趕快爬在土堆的溝壑下，稍一窺探，但見鬼影祲虯，黑黝黝的一個團隊通過；我屏息而待，不知經過多久，覺得敵人已經全部通過。星月在天，大地逐漸恢復寧靜。我也引領遠方的天際，探究人生的苦難與救贖。你今要去三萬六千平方公里的台灣島嶼，聽說那裏是山明水秀，像樹有花有果，得自泥土與水，才能仰望大氣與藍天白雲。陽光普照，正是繫人心思之處。也許不要很久，我們也會到台灣與你相見。」我說：「何時，我們再一起聽外灘大廈上的鐘聲，朦朧的街燈，馬路上的黃包車，江水上的拱橋，船帆與大油輪；人們經過時，遙曳的身影？」父親說：「你有豐富的想像，感情與意念，不要放棄希望，不要遠離文學，知識的寶藏，對生活的熱愛，對生命的價值的追求。」夜在吟哦，星在閃爍，月在呢喃，有人在灘頭唱著《合家歡》：「走遍了萬水千山，嚐盡了苦辣甜酸，如今再回到了舊時的庭院，聽到了親愛的呼喚；孩子你靠近母親的懷抱溫暖。」星垂灣子頭，月照涼亭山。我望著明月，望著遠星，那裏是北斗星，那裏是紫微星，那裏是太白金星，那裏是衛星；牛郎織女星遙望七夕，李白的〈登舟望秋月〉，空憶謝將軍。杜甫的〈憶舍弟〉：露從今夜白，月是故鄉明。今夜有星如夢，有月同行。我遙望遠近燈火微菲，忽聽到熄燈號在靜夜吹過。

除夕憶昔

除夕在灣子頭，有雨有風，有喧譁後更深的靜。我憶起了長城口上巍巍的山巖一樣的城樓，城樓上古舊而又嵌滿霜寒的城門拱牆，尺半深，車輪輾壓過的窄溝，又被塵土埋住的馬蹄羊蹄牛蹄人跡的腳印。我記得了《我可愛的故鄉》那首歌和《陽關三疊》：「勸君更盡一杯酒，西出陽關無故人，」我吟唱：「念故鄉，念故鄉，故鄉真可愛，」我記起了紅滿枝、綠滿枝，我家在江南，門前的流水繞著青山，我記起了許多的歌。「我住長江頭，君住長江尾，日日思君不見君，共飲長江水。」我記起了「春二三月鶯飛草長，牧女的春戀在草原蕩漾」，我記起了「當那杜鵑啼過，瓣瓣是落英渲染」。我記起了許多的歌，茶花女中的飲酒歌，教我如何不想他。我又記起了逃難的難胞，有的爬在火車頂上，層層疊疊的愴愃，有的攀住車身邊的把手，有的用繩子綑住，有的擠縮在窗口，掙出痙攣的兩隻手。我記得長程徒步，喘息在生死邊緣的呼號，總是刀槍硝煙，骨嶽血淵的災殃，房倒屋塌，荒草蔽野的荒蕪。

我又記起一位誠慤可親的居士，邀我到他家裏吃一餐家常飯，誰知他的飯局，竟來往著各種面目不同的人，有紳士、有商賈、有工人、有小販、有機靈的阿姨、有黠巧的少婦、有廟祝、有教員；他們這些人似乎各不相識，又極有默契，不言語，也不打招呼，飯菜都擺好在圓桌上，各人坐了，有人拿饅頭夾了大塊的肉吃著，有的咬著麵餅，有人啃著鴨翅膀，有人噬著玉蜀黍，有人撈湯裏的酸菜豬肚片，大家吃的乾淨，收拾了自己的碗筷，便掉頭走路，好像各不相干。居士送我出門，熱心的拉住我的手，囑咐我肚子餓了不拘午晚再來。我那時尚是個初中學生，想不透這位居士的地位身分，想不透他不是財主，哪有金錢供養各路人五人六的朋友、親衆？我總覺得這又不像什麼宗教的聚會，又不誦經又不講道，又不開課，又不洽公，大家默不做聲，吃了很豐富的飯局，各自散去。又覺得有些詭秘的氣氛，又說不出，察覺不出有些什麼不對頭的地方。這種沒有變化又變化多端的詭道；我怎麼也想不通；也許這是中共的一個交通站，進來和出去的人們，都有何種不為人知的奇僻的行為，在暗裏傳遞訊息。我當時切實想不通摸不透。可是，知道不應該去白吃居士的飯，拿人錢財的手軟，吃人飯食的口軟；如果，居士要我替他傳送什麼消息，辦什麼事，我能不答應不同意嗎？我為什麼要去居士家宅裏吃飯呢？吃了一次飯再去吃兩次、三次飯嗎？想著想著，我的腳步慢了，自後我便不想再碰見那位和眉善目，臉色沒有表情的居士了；不過，有一次不經意的和一群同學們行過居士的住門前，但見門上閂了一把大鎖，裏面杳無人跡。那居士搬了家嗎？他去到哪裏了，真是神龍見首不見尾，令人迷惑。我又想起父親創立西北高級中學，在文廟的外面，有一位瘦高的人持著一封某報編輯的名片來見父親，說他自己是一位畫家，聽說父親籌辦學校，志願來幫忙佈置校園，就開始熱情的工作，真的任勞任怨不眠不休，在外牆上寫好了方圓五尺米的西北高級中學的幾個大字，學校裏的教職員們都滿心歡喜，推薦他來校擔任美術教員，他也順水揚帆，一口答應，但在開學前，這位自稱是美術家的人，卻犯了拐誘巨室的如夫人和大量的金銀珠寶逃亡而被緝捕。三十七年開封陷入中共之手，那位居士搖身一變成了白雲道觀的觀主，率領了他一手組織的地下人員和那位美術家，現身於解放軍與無產階級鬥爭勝利的場合。我又憶起黃埔江頭的黃昏，寒山寺的夜半鐘聲，棲霞山的紅葉，中山陵上學童們的歌唱。久久，我沉默著，靜聽天外的風聲雨聲。

我默念上古的神農氏教民製造農具，開墾田畝，指點耕稼，令有紅色羽毛的鳥兒口啣九穗，傾洒在春泥上，五穀的芽苗在那裏生長，黎民有了食糧，拋離茹毛飲血的禽獸生活，黃帝與蚩尤之戰，其實就是爭奪田地民食之戰，使黎民過有火的熟食生活。帝俊是黃帝後的大神，他生了百穀之神后稷，繼續神農的工作，堯舉之為農師，帝舜封之於邰，號為后稷。帝俊的妻姜嫄生他於野外，初想丟掉他，叫他的名做棄，把他拋在陋巷，牛羊就跪下給他吃奶，丟在山林，樵夫就照顧他，丟在冰寒，鳥兒就來溫暖他；姜嫄才好好的把他養大，他為黎民的生活，生存，生命與大自然的天災與大地的饑寒搏鬥，在農業上立下不世出的大功勞。詩經在〈生民〉一篇中歌頌后稷：「誕寘之陋巷，牛羊腓之；誕寘於平林，會伐平林；誕寘之寒冰，鳥翼翼之；鳥乃去矣，后稷呱矣。」這寫實，也證明了我所說的話，后稷為黎民之父母，是周朝的祖先，開創農業有不朽的功德。后稷死了，葬於高山流水間；《山海經》、《海內西經》說：「后稷之葬，山水環之。」這是與天一般大的葬禮，山西乃有后稷之廟紀念他。人人以為土地廟是個小神的居處，其實無處不有土地廟，紀念的土地神皆是后稷的化身。所以，土地廟是大廟，人人祭拜他。以是本省人繼承大陸民胞習俗，拐彎抹角，建立許多土地廟。

我記起家鄉的兒歌：「二十三祭灶天，二十四寫對聯，二十五磨豆腐，二十六割年肉，二十七殺年雞，二十八蒸棗花，二十九滿香斗，三十耗油兒，初一磕頭兒，初二頂牛兒，新年到，閨女要花，小子要炮。」

十二月二十四日台灣各地稱為送神，這就是送灶神，給灶神吃甜圓仔，請他「上天言好事，人間降吉祥」，然後大掃除，把污垢髒物清理乾淨，這叫做「清掃」，這之後就是買年貨、做年糕、貼喜氣吉祥如意的春聯，上廟裏燒香乞福，甚至添了香油錢帶回些符咒去除邪魔病痛貼在門柱上。除夕守舊歲，是要辭年祭祖，在供桌上香，飯春花：歲歲平安、年年有餘；將甜食糕餅，水果魚肉堆滿，再放上桌錢，全家老少跪拜之後，燃放鞭炮；晚餐是團圓飯，圍爐也是團聚的意思，魚圓、肉圓、湯圓等皆表示圓滿的一家的美意，有懷念的難忘的人，也是空個座位，放了他的帽子衣服在上面，叨念得很。守歲的時候，老人們發壓歲錢給孩子們。往年有送作堆的儀式，就是把別家的女孩養在家裏，等她長大了，和自己的男兒結婚。我在與父母一同過除夕之夜，到三更時分，就走到僻靜處給過逝的亡靈燒紙祭典。我在除夕夜，默念父母平安，姊弟吉祥，姑舅如意，大陸同胞有好日子過。

大年初一初二放假，營房裏加菜，但鄉愁似乎在瀰漫，大夥兒沉言默語，飯後我站在一方岡阜上，仰望涼亭山浴在濛淞的風中，我懷念三面雲山一面城的杭州，曲巷跳魚，千溪吹浪的蘇州，天下明月有三分，二分明月在陽州。我憶起一城春色半城湖的瀋陽，我憶起家鄉的偏關、寧武關、雁門關；我憶起恆山至大同的磁峽谷，懸壁梁上的懸空寺，懸棺成為千古的謎題。我憶起小米稀粥片兒湯，我憶起了豆腐腦、肉骨頭、韮菜盒子、燒餅夾醬肉；誰説四合院裏有天棚魚缸石榴樹，老爺肥狗胖丫頭；我憶起了戲院子裏喝茶、瓜子、送手巾把子；我憶起了真茹的暨南，江灣的復旦，我想著戰爭的血腥，猙獰的意象；又吟著蘇曼殊的詩：「春雨樓頭尺八簫，何時歸看浙江潮；芒鞋破鉢無人識，踏過櫻花第幾橋。」櫻花繁開繁落，這就是扶桑的寫照。我按捺不住感觸萬端的思潮，天馬行空的心魂，不由的唱起了陸華柏的歌：「故鄉，我生長的地方，本來是一個天堂，那兒有清澈的河流，垂楊夾岸，那兒有茂密的叢樹，在那小小的山崗；春天，新綠的草原有牛羊來往；秋天，那楓樹燦爛輝煌。月夜，我們曾泛舟湖上，也曾在莊嚴的古廟，幾次憑悼過斜陽！」我唱到這裏，見從營房並肩走出兩個人來，古銅臉膛，高個子大步走著看見我就停住，他旁邊的一個白面細眉，瘦俏整飭的模樣；也停下腳步一同望著我，並且舉手向我敬禮。我説：「對不起，打攪了你倆了。」我還了禮，他倆把手放下來，高的說：「報告長官，難得聽到這麼好聽的歌。」白淨的說：「春節無處去，長官卻送來好歌。」我說：「兩位大名是？」高的說：「我是繆綸。」我說：「請問那個倫？人倫的倫還是紐絲旁的綸？」高的回答：「紐絲旁的綸。」我說：「說到緣起緣滅叫經綸，好名字，諸葛亮羽扇綸巾，也是這個字。」繆綸說：「是，長官，聽您一首歌一席話，勝讀十年書。」我笑了起來：「原來你是這樣風趣的人。」我轉頭問：「您是貴姓大名呢？」白淨的說：「我叫朱青海，」我說：「青海不是長江二大川的青海嗎？」朱青海說：「是，省會在西寧市，所以，我的號叫西寧，」（其實西寧是山東臨朐縣人）。我鼓掌說：「嗨！真是好名字。二位，天涯何處不相逢。幸會幸會。」我們三人互相敬禮握手，在三十七年的春節，進入三十八年的二、三月的季節，我們在他鄉即故鄉的台灣，互相祝福，愉快的度過我們初識而又堅信長久友誼的存在，在灣子頭的崗阜上。

月照涼亭山

在擔任政治輔導工作之前，我奉派進入陸軍軍官學校第四軍官訓練班受軍事教育。我離開灣子頭，經過陸軍軍官學校的大操場，許多士兵在那裏操練，為了加強體能的鍛鍊，士兵們以排為單位，他們呼喊著用雙手拋舉著長大的圓木，向天空掀起，拋在空中的圓木落下在他們接引的手掌，他們整步跑著，不停的把圓木拋起又接住，口裏喊著揚厲的聲音；有的士兵們躺在地上，同樣舉起圓木拋起在上面，落下時用雙手接住，不停的做這樣的動作；有的士兵們抱住圓木在地上滾動。有的士兵們把圓木挾在手臂間，吼著向前奔跑。拿圓木抱持撫馭，欲擒故縱的擘張操演，是一種新的靈活肌肉，擴大反應的訓練，在戰場上揮戈衝擊是有極大的功能的。我又見士兵們跳越壁壘削立的障礙，下臨深壑的溝渠：他們從高處的磽确跳下，沒入深壑，又攀援削壁撐揸了上來，折腰急跑著，跪倒臥倒從低傴的鐵絲網爬過。我看見有的士兵撐竿跳過一處水灘，有的爬上三、四丈豎立的竹竿像隻猿猴。有的揮戈向前劈刺，有的在那裏負重衝進，有的雙雙持槍在劈刺撕拼。我走過廣袤而又顯得適度的操場，向指定單位走去，我領到衣物等的簡單用品，走入第二大隊第四中隊第三區隊區隊長楊士杰的小小辦公室，敬禮說：「學員王志健向長官報到。」楊區隊長四川人裂開嘴笑了笑，疏眉細目，他摸了摸頭，望了望區隊附伍昕，對我說：「你是位青年軍，到過萬縣，當過政工官，來我隊上可要吃苦。不過，層峰規定，要當大小主管，都得送到軍官班受訓，以便幹啥都懂得軍事。這個相信你比我還知道，不需區隊長我講，你又是大學生，更無需我講。」他帶著笑意仔細端詳我。「是。」我說。他拍拍我的肩膀：「郎個不是，區隊附。」伍昕回答：「是，我帶他到二分隊去。」區隊長說：「先認識一下分隊裏的弟兄，大夥兒熟了，就是一家人了，吃喝拉撒、上學科打野外都不分大小高低了。」他向區隊附和我點點頭，我倆就對他行禮出門向二分隊的寢室去了。學員們站立兩旁齊聲說：「區隊附好。」

黎明前破曉時分，哨音一長一短尖銳刺耳，區隊長的喊聲：「赤膊紅短褲，五分鐘來分隊門口集合！」大家翻身而起，把被子疊成豆腐乾四方大小，稜角聳立，排列看齊：便衝向盥洗室接冷水洗臉漱口，上廁所大小便，拉起褲頭，向門外衝去，插入隊伍。區隊長已在喊：

「左右看齊，立正，報數！」一二三分隊排頭在報數後喊：「到齊。」區隊長喊：「稍息，目標，五千米越野開始！」區隊長領頭跑，繞過司令臺跑三圈，出校門，沿著山路跑，照規定用鼻子呼吸，爬山越嶺，直驅涼亭山跑去，越跑越快，區隊附壓陣，誰也不許落後，如此急跑，轉彎拐角，登上涼亭山，但見月亮仍在天際，灑了滿山滿谷的清霜，披了我們滿身的滌潤。下山時，腳力不由的催動，回來穿過大操場到分隊門前集合，區隊長看錶，區隊附大喊：「整隊看齊報數。」區隊附俟報數完成向區隊長報告：「集合完成。」區隊長說：「五千米越野，跑二十二分鐘，下次跑二十分鐘！聽到沒有？」大夥喊：「是！」區隊長喊：「解散後五分鐘上飯廳吃飯。」大夥喊：「是！」區隊長喊了：「解散。」看大夥一陣摩肩接踵進了區隊部才跟入。

我們上學科聽講孫子兵法，克勞塞維茲的兵法，二次大戰戰後實例和陣地，灘頭、山野的戰術運用，散兵坑的防禦與攻擊，槍炮的射擊與槍械的分解與組合；並與術科操練相配合。有一次我們在打野外，進攻某地山頭時，聽說孫司令官在戰場指揮督戰，我看見他武裝的英姿，槍彈綁緊在身上，長筒馬靴上黏滿泥漿，我想像他在印緬戰場馳援英軍，打了一個聞名世界的大戰役，所有盟軍的官兵，見了也立正敬禮萬分崇拜的鏡頭，他昂首遠望的堅毅沉穆的面相，那樣的傲岸與莊強。我突然意氣飛揚，快速的向前衝刺，有如揚起長帆，張了寬廣的翅膀；我們齊聲吶喊，舉著機槍，衝鋒佔領了山頭。歡呼聲瀰漫四面八方，天空的雲彷彿都變成了勝利的旗飄舞。

憐子病入骨

這天晨曉，跑完五千米越野，回到司令臺前跟在我後面掙紅臉，身材胖壯的十九歲學員劉一毅大聲喊了「哎喲」一聲，便倒在地上趴著，挪移不起身來，我俯下身來看他：「小伙子，怎麼了！」他喘息：「動不了，半身麻痺了，臉也發麻了。」我扶正他的臉、眼睛、鼻子、嘴巴都歪在一邊，我打他的臉，糾他的耳朵：「痛不痛？」他搖頭，右眼淚婆娑；我叫住跑過來的黃湘仁：「來，停下來，劉一毅不能動，我倆扶他起來，送他到醫務室丁醫官那裏診療去。」黃湘仁比我高大，我們架住劉一毅半摟半抱向大隊部醫務室去，丁醫官還沒有到，值班的醫護士，打了電話去，我們扶劉一毅躺在醫療床上，他的口水順著歪斜的嘴角流出來，不得不用紙布墊著。區隊長跑來看了劉一毅，叫我和黃二人照看他，直等到丁醫官來了診斷完了應該如何處理，再回去報告給他知道。半小時後，丁醫官從黃埔二村趕過來仔細看了他的病，對我說：「我這裏無法治療，要送到高雄三〇二總醫院去，才有法可治。遲了可不妙！」「這麼嚴重嗎？」黃湘仁聽了直跺腳，「那怎麼成？」我跟黃湘仁說：「你先回隊部去報告區隊長說明丁醫官診斷後的情形，我在這裏照看他。」黃湘仁答應了去。丁醫官低聲對我說：「他的病不輕，我擔心即便去了高雄總醫院也不見得就能治療。」「為什麼？」我問。「如果能送他到三〇二總醫院，不給治，那才糟糕呢。」我不敢想像劉一毅的病況，也不知道他倒底害了什麼病，好端端一個身強力壯的青年，離開家鄉千萬里，來到這裏，卻害了嚴重的病，無論怎樣，我一定要設法治好他的病，也不枉同隊弟兄一場。我餵他吃稀飯，順著合不住的嘴流出來，我看住他的淚眼，不由的心悸。不久，伍區隊附又來看他，我請伍區隊附報告上級要派一輛吉普車，由我和黃湘仁一同送他到高雄三〇二總醫院去請醫官為他治病。區隊附點頭走了。我和黃湘仁陪著劉一毅同坐吉普車到了三〇二總醫院，拿出軍校醫務室開的診療證掛號，上外科給他看病。主治醫官先叫他驗血，說這是急診。驗血單送到醫官手中已是下午四時，醫官看驗血報告。直接了當的對我說：「劉一毅的病無法治。」我和黃湘仁一聽傻了；兩個人扶著劉一毅在醫院門口坐著。黃湘仁對我說：「我們想法叫輛車，回鳳山校裏吧。」我說：「不回，總要想法治他的病。」黃湘仁站起來氣呼呼的嚷著：「你有辦法治他的病嗎？窮磨呀！我可受不了。」劉一毅聽了竟哭了起來：「大哥！」他口齒不清的喊我：「你們走吧！我就坐在這裏好了！」門口走出一位女醫師停下來，望住我說：「怎麼了？你們三個都是軍校學生？」「是。才開學操練不久，這位同學就病了。」她親切的說：「有病看病嚒，幹麼哭呀！」我說：「我們都從大陸來，如果在南京我們也許是中央大學的同學，政治大學的同學；在上海我們可以是暨大的同學，復旦的同學，總有辦法治他的病；在這裏可不成！」她聽了說：「誰說不成？」我說：「剛才外科主治醫師說不成。」「進來。」她明快的說：「讓我看看他的病。」我們這次進了內科，原來這位姓余的女醫官竟然是內科主任，她調了劉一毅的診療書來看，就沈吟起來：「怪不得，但他的病勢沉重，按照院裏的規定，他的病確實不能治。」「是嗎？」我說：「這真是給您出了難題了。」她沈思了一會：「也不是無法可想的。如果——」我急忙說：「您吩咐，我們盡力配合，在您的聖手下把他的病治好。」她靠近我：「治療他的病用藥珍貴，必須要向外邊民間的大藥房去購買回來用，要花一筆大錢。」我脫下我手上的一隻金戒指說：「先把它當了用。」她沈緩的說：「這不夠用。」我懇切的說：「我想辦法，請主任先讓他住院好不？」她沈著的問：「你有什麼辦法？你能一肩擔承嗎？」我點頭：「這也不是天大的難事，首先是，主任給了我決斷的勇氣，難走的路也要走通！」她說：「你多少歲？」我說：「已經二十三歲了。」她說：「像個大男人。」她問我在南京上海的生活，我大略說了。她開始為劉一毅診病，開了幾樣藥，讓我到指定的藥局去買，我記得她開的全是西藥，有六〇六，馬法可辛，蒼錫以及消炎性質的藥，買了一些，立刻送到她手上。她說：「盡快回去想辦法，我這裏指定床位給劉一毅住，明後天最好把我開的藥送來，今天的這些不夠。」在告別以前她又說：「他不能行動，你就說是患了運動關節痲痺的病，必須住院治療，有些藥物必須自備，這樣，你才能給他設法。你拿住院醫療的證明去辦事吧。」她真是位善心的好醫師，救人要救到底。

在回程的路上，黃湘仁說：「你真是膽大包天，你能怎麼樣救他？」我說：「是我倆要救他。」黃說：「我可沒有錢。」我穩住他說：「不要說對一毅不利的話。」他說：「任何話我不說，由你說，錢的事也由你去想辦法，我不管。」

夜裏，上晚課的時候，我去晉見大隊長孫蔚民，他聽了我報告劉一毅病重住院的事。大隊長捐出半個月的薪餉說：「希望他趕快病癒，回到隊上來。」我向這位在緬甸戰役中立功的上校敬禮，退出大隊部抬頭看月照涼亭山，一絲悲快的惦思掠過我的心頭。十九歲的劉一毅怎樣竟然染患了令人難解的瘡痾，亂世無常，真是令人浩嘆！

大家聽說大隊長捐出半個月的薪餉、副大隊長、大隊附四位中隊長以及中隊附，各區隊長區隊附也都捐出了錢，學員們更加踴躍輸捐，連政訓班也由孟廣第同學送來若干捐款，我都替劉一毅在內科主任的指示下買了大批用藥送到醫院。四個半月後，劉一毅驗血有了陰性反應。我接他回到隊上，去晉見大隊長，謝了長官弟兄們的手足情深，共同救了他走出險境。一個壯實的青年，如今尖嘴瘪腮，變成了一個清癯乾瘦的人，同學們憐惜的拍拍他說：「別太累垮了自己，好好養息保重。」我心裏唸唸難忘的卻是余主任，那位好心的女醫師。

壁書文學報

我彷彿有過人的體力，也會靈巧的運用；攀爬竹竿，我只用兩膀的力氣，不需屈伸兩腿或艋蹴的蹋蹬，緊抓竹竿兩三下就能接觸竿頭。俯地挺身，遵照正確的姿態，兩腿並直，腰腹平板，兩塊胸肌微一腳地，兩臂便豎起，我可以不停的做二百下，遠超過老兵的八、九十下。仰臥起坐，五、六百次也屬平常事。所以，我的野外動作，衝鋒劈刺不落人後，學科測驗，名列人前。因為襟懷磊落，更受到長官同學的敬重。

大隊長召見，我跑去見他，他放下嚴肅的臉孔，在門口說：「進來，有事跟你商量。」他遞過一張政工處的通知：「你看，這不好辦，是吧？」我看了軍校要辦一次壁報比賽。「也不見得。」他開顏笑了：「我就知道這壁報比賽的事，難不倒你。」我說：「咱大隊裏藏龍臥虎之士可不少，用不著我來出頭。」他沈下了聲音：「什麼？文韜武略你在行，你來全權負責，要多少錢都成。」「不是錢的問題，錢不打緊，用不了多少。寫好，要看內容能否充實，形式能不能拔尖；辦不好，丟人現眼；整個大隊的名譽重要。」大隊長盯住我：「你的話，中聽。你頂著來幹，我支持你。可別再找理由推脱；要什麼人幫你，由你決定。」

我從大隊部走出來，一路想著壁報的事，回教室，坐下來，拿一張紙寫下：一、壁報名為「新力」，對張大紙左右前後四個版面，一、新力寸揩行書勁峭有力擺在正中上端，左有方塊曾胡治兵語錄，右有風向氣候，下面直行標題橫批軍政要聞。社論：當前的使命。副題：以三民主義建設台灣。專論：孫子兵法：兵無常勢，水無常形。二、金戈鐵馬集，副題：我生活中難忘的一件事，無論酸甜苦辣，真情流露，由四個中隊選出代表作提供稿件，不得超過六百字。三、歷史的紀錄，仁人義士的寫照：周遇吉盡忠寧武關一門忠烈，張自忠戰死桐柏山，英烈千秋。四、文學副刊，㈠新詩：近戰演習，㈡四大名旦：梅的雍容、程的端莊，荀的嫵媚，尚的英烈，加以筱翠花的潑刺刁鑽，韓世昌、白雲生的崑曲，以論戲曲人情。介紹五四時代兩位台灣作家，張我軍、許地山。我做了以上的計畫，立即找上四位中隊長，說了請各中隊長選出一篇難忘的生活紀錄限期給我，他們知道壁報比賽的事不可疏忽，但如何進行徵稿都感到為難，我說自習時集合講故事，把最感動人、寫出來給我就成，他們都認真的去做了。社論與專論的文章，我請大隊部政工官幫助，研究了內容重點，他也樂意去寫，只有周遇吉和張自忠將軍的殉國由我執筆，同時要把副刊的稿件準備好。

張我軍原名張清榮，是台北縣板橋鎮人，生於清光緒二十八年，即民國前八年，逝於民國四十年。他小時在日本人的佔據下，不能受正常的教育，勉強讀完小學，到日本鞋店當學徒，經其老師林木土提攜轉入新高銀行為傭，因自修努力得升雇員，復因新高銀行在廈門開業，遂能接觸中華文化。十二年返台北編輯《臺灣民報》，傳遞五四新文學、新詩訊息，從事創作，是臺灣最早期的新詩人。十四年得進入北京中國大學國文系，旋轉入北師大於十八年畢業，留校為日文講師，十四年國父逝世，臺灣同胞代表假「臺灣文化協會」舉行追悼會，日人禁止唱哀悼歌。張我軍以孫中山先生哀弔詞代替悼歌：「大星一墜，東亞的天地忽然暗淡無光了，我們敬愛的大偉人呀！你在三月十二日上午九時三十分這時刻，已和我們永別了嗎？四萬萬的國民此刻為了你的死日哭喪著臉了，消息傳來我島人五內俱崩，如失了魂一樣。西望中原禁不住淚落滔滔了。」他的詩集《亂都之戀》出版於十四年，譜出和諧的曲調。

許地山本名贊堃，小名叔丑，筆名落花生。原籍福建省龍濱縣。民前十九年（一八九三）生於臺灣省台南市。翌年，舉家遷回福建省。十二歲入廣州「韶舞講習所」肄業，隨入「隨官學堂」。民國元年任教福建省立第二省立師範學校。民國四年入北京燕京大學求學，九年畢業，留校任助教。十年參加「文學研究會」為十二位發起人之一。民國十一年赴美國入哥倫比亞大學研究宗教史，及宗教比較學，獲碩士學位。十二年往英國入牛津大學研究宗教史。十四年返國；十六年任教於燕京、北大、清華等著名大學。二十四年到香港，任香港大學文學院主任教授。民國三十年，抗戰時逝於香港，得年四十五歲。他的主要著作在小說方面，有《綴網勞蛛》、《解放者》、《危巢墜簡》、《無法投遞之郵件》等。文筆溫潤有餘情，用同情的眼看世人，以宗教的色彩，寫愛情，以順乎自然的情調寫人生，以流浪者的哀歌化為奮鬥的人生觀。我們看他的《綴網勞蛛》說人生勞苦沒有不破的網。又在《春挑》中寫人生的互依相靠，把愛情的溫和理想和生活揉在一起，殘廢的前夫，與異地生活的丈夫相逢相聚，都不忍分離活在一塊兒，具有濃厚的哲思。特別是他的《玉官》寫她奉獻一生以行仁濟世，戰勝物質享受與中共暴行，由於丈夫於甲午戰爭中捐軀，自己懷抱襁褓中的嬰兒到外國傳教士的家中幫傭，而接受了傳教觀念。兒子長大成人卻因依賴奢侈生活，與嬌縱刁蠻的妻子，不屑於平實的傳教生涯；乃獨自回鄉刻苦奮鬥，獻出愛心為桑梓建築一座橋。並為好友杏官的舉家團聚，獻出溫柔敦厚的素樸真情，這是他的一種特色。他說「落花生」的用處：「花生的用處固然很多，但有一種是最可貴的。這小小的豆不像那好看的蘋菓、桃子、石榴，把他的果實懸在枝上，鮮紅嫩綠的顏色，令人一望而發生羨慕的心，她只把菓子埋在地底，等到成熟，才容人把他挖出來，你們偶然看見一顆瑟縮地長在地上，不能立刻辨出他有沒有果實，非得等到你接觸他才能知道。」我們都說：「是的。」母親也點點頭。爹爹接下去說：「所以你們要像花生，因為他是有用的，不是偉大，好看的東西。」我說：「那麼，人要做有用的人，不要做偉大，體面的人。」爹爹說：「這是我對你們的希望。」他的文字，用在散文上，又是簡要潔淨，平淡有味，把人生的道理，踏實的告訴大家。

我限定的截稿時間到了，生活中難忘的事，在衆多的稿件中，我選用了四篇：一、「一件毛衣」，寫母親手織的毛衣，已經穿的破舊，仍好好收藏著，捨不得丢棄。二、「走過敵人封鎖線」，寫一位中國人，走過時不願向敵人鞠躬，而被打倒，日軍用刺刀把他刺死的恨事。三、「紅禍魔掌」，述他被迫參加清算鬥爭大會，眼看著地主被打昏給活埋的慘事。四、「荒村一夜」，述他在無人煙的荒村過夜，難以忘記的恐怖。說明戰爭的可怕。其他稿件都已送來，有的要潤飾，有的必需重寫。我都在心中打好腹稿。按照次序整理完成。壁報需要的紙張已經送來，我把版面劃好，標題與文字的配合，要確實計算好。壁報要用毛筆字寫上去，所以，除了我自己寫上標題外，也要在劃好的格線內寫好端正的小楷文字，我自己一人無法把壁報上的文章完全寫好，便徵集多位學員，共同來擔任抄寫員，清楚地把文章寫在壁報的專欄裏，讀一句寫一句，以免錯誤，寫錯了一個字，就用小刀削除，用漿糊貼了一塊補上去。大家專心謄寫，出錯的事很少，所以，一張壁報寫出來，真的，也可說是「經世致用」的一個小層面，文翰開張的一種格局的表示，內容直抒胸臆，又客觀的臧否現實，輿論國是。我不小看壁報的功能，我以一個軍校學員的身分，總算已盡了一些力，其他比賽與否，不在我的計算中，那只是生命的陪襯。司令部和政治部派了沈克勤、吳逢祥、劉垕、劉令輿四位評審委員過來，加上主任教官方哲然組成評審會，五位環繞著貼滿教室內的壁報仔細的審閱，幾個教室看過了，再繞著教室外的走廊上貼著的壁報看著，指點著、討論著，不僅評論形式的四面八方的表現；更把內容的切要豐贍與否，更是讚美挑剔爭論不休，反覆端詳，慎重不苟的計算，在三天以後，把最高分給了四大隊的壁報「新力」。這冠軍的寶座得來非易。孫大隊長便把冠軍的獎杯獎旗獎狀掛在他的大隊部的正面牆上，歡喜如孩子似的指點著說什麼「踏破鐵鞋無處覓，得來全不費功夫。」我們的中隊長也來慶賀一番，把功勞歸給我們的楊區隊長。楊區隊長說：「郎個敢幹當，這都是王某人的功勞，晝夜辛勤，一分耕耘，十分收成，我們大家分享光榮，他卻沒事人兒一個。」

中午，短暫休息時，區隊長傳達政治部張主任的指示說：「主任喊你馬上到他辦公室報到。」我多次見過張主任挺拔的英姿站在司令臺上，有時陪同司令官檢閱操練的部隊，有時在紀念會上朗聲講話。我聽政治部沈克勤秘書說，民國二十六年抗戰開始，他曾奉袁守謙戰區主任的命令在中原戰區創辦《陣中日報》，身先記者，出入戰場，把抗戰的新聞由陣地送到後方，立有很大的功勳，後來在西安擔任胡宗南主任辦事處處長。我當年在西安，也曾知道他爽快傑敏的人望風度。他是層峰器重的長官，他喊我去見他有啥事呢？我快速的走去向他報到，他正在辦公室門口佇立，伸臂讓我進去：「看！是誰在這裏？」我回頭見父親向我走近：「啊！」我突然覺兩眼發熱，喊道：「爸。」我們父子兩手相握，一時說不出話來。張主任說：「你們別後重逢，講講話，我出去走走。」張主任向父親點頭就走出辦公室。父親說：「看見你就好了。我和你母親、姊弟來台灣已有一個月，在台北杭州南路一段一三一巷十七號一處日本式房子住了，有玄關上來，是間客廳，裏面是住房，有廚房廁所，有走廊有榻榻米，有木板地，有拉門，玄關外邊一條小道通到外面是巷路，兩邊都是日本式的住房，橫豎兩條路，一邊通向信義路，這一區稱為東門町，市場就在旁邊，買東西很方便；一邊通向仁愛路，再往前走是徐州路，走出來是忠孝西路，火車站公路站就在那裏，你不久有公假了，就到高雄坐火車回台北來。」父親一口氣說了這些，一直拉著我的手。「是，我都記下了，到了十月，軍校受訓結束了，就有空回家了。」父親說：「一家就又團聚了，你母親，及玉貞，志強身體都好，不必寄掛操心。就是——」父親望住我：「太原在中共七十萬大軍，幾千門重炮，七次的總攻下，城牆倒塌溝壕填塞，城裏斷垣殘殖，軍民死傷狼藉，彈盡糧絕，落入中共手中了！梁敦厚代主席我是認識的，自他以下，五百志士集體自殺，殉國，古有田橫五百人，宋有文天祥，明有史可法；這是最後的血海孤城了！」父親早年在太原於困苦的境遇中讀過第一師範和大學，走過太原的名勝古蹟，大街小巷，領略太原的樸實風尚，人情世事。如今，太原臨難不保，往事如煙，家山如夢；父親愴懷悲慨，心傷忱嘆，自是哀痛。送父親歸去台北，惜別之情留戀不已。我憶起杜甫〈春望〉：「感時花濺淚，恨別鳥驚心；」之句，不禁黯然消魂。

太原綏靖公署主任閻錫山將軍是黨國元老。民國前二十九年生於山西省五臺縣河邊村，五臺山為佛教聖地，文殊道場，閻氏幼讀四書五經。少年時到太原讀書，考上武備學堂，以成績優秀，保送日本東京振武陸軍學校，並於三年實習期滿進入東京士官學校，學習軍事五年半，隨即參加國父的同盟會，與同鄉趙戴文等及黃郛、李烈鈞組成「鐵血丈夫團」為革命犧牲奮鬥。民國前六年與趙戴文冒險返回山西，佈置革命；辛亥九月初八日閻氏舉義旗，領導山西軍民響應武昌起義，光復山西，奠定華北的革命建立了基礎。國父認為武昌起義，山西首為響應，共和成立，是山西都督閻氏之功。自後閻錫山督軍山西，領導三晉英才，施行三民主義五權政治，抗戰時，閻氏任第二戰區司令長官，中共向中央輸誠，接受閻司令長官指揮，當年，毛共擁護政府抗戰，進入山西聽受指揮的是朱德、彭德懷、周恩來、徐向前共同的抗日宣誓，乃有林彪一一五師分駐中條山，呂梁山一帶，賀龍一個師分駐晉西北岢嵐、興縣、保德一帶，劉伯誠一二九師駐正太路南上黨一帶，聶榮臻率部駐晉察冀邊區，事實上名為抗戰，卻是侵入了山西的鄉鎮。蠶食與瓜分地方力量，以控制華北為目的。到了抗戰之後，共軍原來數萬人的兵力，已逐漸發展壯大。三十八年四月閻氏謁蔣公中正於奉化，這是第四次與蔣公共商國是。是時「太原城」共軍傾七十萬兵力，第七次總攻太原，集中三千門巨炮的猛烈火力，摧毀太原每一座碉堡，每一層陣地，每一座橋樑，東西城垣崩塌多處；雙塔寺、臥虎山、剪子灣、鍊鋼廠被攻陷。新城主陣地南堰被突破，義井、沙溝、小王村、小井峪，北部的李家山、風閣梁、陽曲鎮、黃后園均被炮夷為廢墟。六十一軍山西應縣人趙恭軍長戰死大王村，全軍無人生還。四十餘座的碉堡全被擊毀。開闢了一條攻城的地道。閻氏在南京日夜電話連絡，知太原危在旦夕，猶存返回太原與城共存亡，無奈郊外機場均已遭共軍破壞。蔣公堅主其留在南京主政，同挽回大局。閻氏難遂與太原共存亡之初衷。四月廿二日的黃昏，共軍集中數千門大炮向城牆及城內轟擊，火光沖天，人倒屋塌；城區不死的軍民，與共軍做最後的戰鬥。當日下午五時，指揮作戰的代主席梁敦厚及婦女會理事長閻慧卿代表太原全體軍民向在南京的閻主任報告：

「一切正佈置妥當，所有應處理的人事物件，皆已分別處理，我們一定遵照鈞長不成功便成仁，不與共匪相見亦不留屍體讓共匪看到，請放心。」

閻主任回答：「你們從容吧，我一定繼續諸同志的志願，與毀滅人類者，奮鬥到底！」

當共軍背叛擁護政府，實行三民主義的諾言，佔據東北、華北，初次對太原進攻之時，閻主任即已準備了五百小瓶氰化鉀毒藥，萬一太原失守，即要棄絕中共罪惡本質的毒辣殘忍，而服毒自盡。凡是重要幹部均人手一瓶，攜帶身上，以便成仁之用。梁敦厚與閻慧卿即各有一瓶藏在身上。

梁敦厚為山西省代主席，一生盡忠職守，不貪財不怕死，在對日抗戰時即抱定為國盡忠的決心。如今，面對慘無人道的毛共，他以成仁取義為他的人生觀。二十三日到二十四的拂曉，中共不僅用燒夷彈不停的向城內轟擊，並且用了毒瓦斯發射，守軍彈盡糧絕，仍堅持抵抗。共軍由東城南城攻入，與國軍、憲警、公務員、民衛軍，展開刺刀肉搏，一巷一屋爭戰。警憲指揮處處長徐端、副處長蘭風、國大代表許有恆、吳春臺等三百餘幹部集體死難，屍體焚化。警察局長師則程及其妻子史愛英，員警等七十四人在柳巷戰至彈盡而集體自焚。梁敦厚最後巡視了他的辦公室，站在窗前向東山瞭望，對錦繡河山告別後，與閻慧卿走入鼓樓地下室，副官白光榮準備了汽油跟著進來。他囑咐白光榮說：

「我們喝了藥，你就在木柴上點火燒掉我們的遺體，絕不讓敵人看見我們的面目，這是我交待你的工作。」「是的。」白光榮心痛如絞，泣不成聲。

這時閻慧卿已飲藥倒下。梁敦厚低聲說：「主任，我走了！」高呼：

「蔣公萬歲！三民主義萬歲！中華民國萬歲！」他把毒藥倒入口中。

火燄升起來。擁抱著大樓，把太原五百烈士的英靈燒成不朽。

這是中華戰史文化的結晶，這是三民主義信徒的典型。

歌聲動碧空

酷熱的九月，我們把汗流在涼亭山，流在大操場，流在打野外的散兵坑，流在衝鋒槍的肩膀上。而我們六個月的軍官訓練，已近結業的階段。政工處為了辦一場畢業晚會，立了一些企畫案，都覺得窒礙難行。便找主任教官方哲然研審，方哲然走來問我有何好主意。我說：「好主意沒有，倒是有個不好不壞的主意。」他鼓勵我：「說來聽聽。」我當時真的是不知天高地厚，何況經過抗戰，我見過很多舞台上的各種表演，覺得辦一次畢業晚會，有什麼排除不了的困難？「我想，可以辦一次有歌有舞的晚會。」他楞住了一會，拍掌說：「頂好的想法，問題是誰來辦，誰敢——對，誰有這個能耐？這可是需要十八般武藝，件件精通，不是一群大光頭的軍校學生能辦！也許找政治部和演劇三隊洽商，但我知道他們零零散散十來八個人，初來乍到鳳山，行李卷兒剛打開，心神尚未落定，要他們演一臺戲，我想是難上加難。此想法目前不切實際。」我聽說演劇三隊由隊長董心銘率領著剛從廣州來，住在市鎮南邊陳家大院幾間廂屋裏，話劇演員傅碧輝、趙振秋、曹健、錢璐、張冰玉、張冰琦、陳為潮、丁衣、丁玫等這些名藝人，在軍校畢業典禮晚會上演臺話劇雖非絕不可能的事，但大費周章，逼人太甚，卻是可預期的是不合時宜和不近人情，乃至不恰當。他們精氣神在喘息未定時的不集中，我們豈能不諒解嗎？我思量著說：「主任教官，您既有心下顧，要聽個意見是不？」「是啊，」他說：「政工處魏處長也說你有什麼錦囊妙計的，」我說：「這倒沒有，只有一個笨主意了。我們大夥兒畢業，我們自己就來辦一場歌舞晚會吧。」「誰主事，誰來辦？」我脫口說：「我來。」他站起來：「好！經費由政工處負擔，要精打細算；劇本呢？導演呢、演員呢？這可就要看你的了，十八般武藝少一樣可也不成！」

我在腦海裏浮現出來這齣分為四個段落的小型歌劇的大樣。第一幕：青山旁小村莊，《插秧謠》，二部合唱：「布穀聲聲，田裡水漂漂，我們大夥兒從早到晚，一排排，一行行，彎背插秧苗……茶山情歌男女舞蹈對唱的歌，山上茶樹青又青，採茶的姑娘真多情，歌聲婉轉賽黃鶯，叫我怎能不動心。……」山西民謠走絳州，野榴青、花兒紅，擔著擔子去趕集；分隊輪唱，穿插，男女老少的舞蹈。……女聲獨唱民謠：「雨不灑花花不紅。」男聲獨唱：「放一朵花在妳的窗前，」第二幕：群舞齊唱《農家樂》，阿美族民謠慶豐收，歌舞中，前來幫助收割的突然變成群魔亂舞，唱著古怪歌，將糧食搶走，並把鄉民的反抗者屠殺。鄉民們齊唱：「是誰殺了我們的父母兄弟，還有我們的妻子兒女，搶奪我們的稻穀糧米，還要做他們的奴隸？他們是匪徒強盜！」村長被囚禁，獨唱囚徒之歌：「太陽出來又落山了，牢獄永遠是黑暗，守看的敵人不分晝和夜站在我的窗前，高興監視你就監視；我死也不肯屈服，我生來愛自由，我耐心等待天明」。鄉民們爬上山頭等待，青年身手敏捷，打倒獄卒，開了門，救走村長。第三幕：衆聲齊唱：「念故鄉，故鄉真可愛，天甚晴，風甚涼，鄉愁陣陣來。」男獨唱：「故鄉月，」女獨唱：「燕子。」男女對唱：「對面月下的姑娘，你為什麼不到牧場放羊？淚水濕透妳的衣襟？妳為何這樣悲傷？」大夥兒失去了老家田地，餐風飲露，葉落天寒，齊唱著《寒夜曲》。第四幕青年揮舞刀槍，男女老幼在村長領導下拿起棍棒；大家一齊高唱《家鄉進行曲》：「過一峰，又一崗，山山是我們的家鄉，水在谷裏流，花在崖上香；我們都是在這兒活，在這裏生長。忍得住饑餓，耐得住風霜，你幫我，我幫你，早晚工作不嫌忙，這日子多好過呀！難道我們甘心願侵略的強盜把它埋葬。守住每個人的崗位，握緊每個人的拳頭，我要在四方搖動戰旗，聽群山響應殺敵的怒吼！向前戰鬥，我們一定要自由，一定要勝利，奪回我們的田地，我們可愛的家鄉！」（在決死的戰鬥中，強盜們狼狽逃亡。）大家歡呼歌唱：「聽我們勝利的笑聲，」全體大合唱：「我所愛的大中華。」

這樣拼湊出來的一齣歌舞劇，不料卻受到音樂教官劉星讚賞：「我不說你是天才，但是能把許多出色的歌曲爛熟於胸，轉眼間綜合適當編成一齣就可以上演的完整的歌劇，真是大手筆。我能幫你作伴奏；但是誰演女主角呢？」跟在他身邊的東北同鄉梁燕民說：「只有一個女主角，演劇三隊的張冰琦。」劉星笑了：「青木關音樂學院來的，可不簡單。」梁燕民是個喜愛戲劇的人，得空就跟在劉星身旁。也是為了爭取一席戲劇助理的職位；他直率爽朗的個性，也是我喜歡的，我需要他為我挑選嗓音好的同學五十人出來，由我訓練唱歌，擔任歌劇中的演員，個頭小的同學，還要扮演婦女小孩上場。我拜訪演劇三隊，先結識了佈景師兼道具的孫炳法和管理服裝兼化妝的他的伴侶周小芳。他倆說：「沒問題，舞台裝置，服裝化妝什麼的，打個招呼就來。自己兄弟們嘛，你的事，可不也是我們的事，放心，就這麼著。至於小琦，可不就在那邊廊下站著，去跟她說。」我走過去和張冰琦禮貌的寒喧：「今天專誠來拜訪，有件事兒想勞駕妳幫忙。」她淺笑了：「噯，聽說您要上演一齣歌劇了。熱鬧吧，別客氣，看我能幫你什麼忙？」喜色含笑，明眸皓齒的宜人：「不敢打擾你，不過，誠意的希望你撥個空幫我指點劇本的大樣，能刪的刪，能改的改；你看好不？」她正容說：「喲！可是大事一件，你既如此說，我閒著也是閒著，就走一趟。」我肅立欠身：「你先請，」她往外走，我向孫炳法舉手告別，他豎起大姆指說：「好兄弟，回頭見。」

我和張冰琦並坐在教室裏，把劇情大要講了，一面翻閱劇本中的歌譜，一面擊節低唱著第一幕中的歌，她也低聲附和著；唱到走絳州，她一面聽我唱，一面拍手說：「這味道真好，你的音色出奇的耐聽，絳州是哪裏？」「唐時的絳州府的龍門縣呀，唐詩人王維，和三箭定天山的薛仁貴的故鄉呀！」她問：「這場戲怎麼排？」我站起來比劃著挑擔子的男女邊唱邊舞，從出場，旋轉，看！有些像京劇裏走邊加上趟馬的節奏。她站起來也跟著舞唱，拍手說：「好極了。我幫你唱！」我聽了差一點要抱住她，「妳真好。」她說：「咱倆好好的練歌，把劇本參詳透了，你導的好，我們唱的好，大家演的好，皆大歡喜。」我們仔細究商歌舞與舞臺動作。天將黑了；主任教官方哲然邀我們到餐廳吃了晚飯，繼續到司令臺上研究男女主角的位置，演員出場入場，以及幕後伴唱，佈景等事項；天黑了，我送冰琦回三隊仍不停的討論著歌劇的內容，約了第二天見面的時間，她說：「你別來接我，我自己會來。」又說：「原來你的音色竟有這樣的好，高音清亮，低音渾厚，戲藝的細胞又如此充實，你是音樂世家吧。」我大致說了我不是學院派的歷程，並說了二十九年在西安，失去了上重慶青木關音樂學院的機會；她說：「雖然是這樣，但你仍然是我的學長。我要多向你討教才成。」

我把空出來的教室，劃了舞台面的位置，把群體的歌舞場面一幕一幕的導出來。劉星教官指導練習學員們齊唱，輪唱，合唱的部分，梁燕民則奔走聯絡，十分賣力。眼看畢業典禮近在眼前；我們的歌劇也已有了登臺公演的把握，但卻不聲張，只再加把勁兒的努力。

晚會當天的下午，孫柄法已裝好了佈景，舞臺後面一帶山崗，綠樹在崗後掩映。順著兩邊有花有草，有田舍農莊。晚上六時，五、六十個歌舞隊員已齊集舞臺兩旁，聽候劉星教官的指揮，有笛簫、胡琴伴奏的同學跟在他身邊，而他彈奏的風琴，也抬上了舞台的一邊。張冰琦妝扮成農家健康活潑的姑娘模樣俏麗乖巧，而我卻是牧童模樣；梁燕民扮成村長嘅著鬍子跑來跑去；周小芬麻利的巧手已為大家裝扮好有模有樣的角色，鑼鼓傢伙，侍候著開幕，七時一到，舞台上燈火通明。場地上四面跑步來的隊伍，左右看齊的口令此起彼落，擁擠成一片。隊伍前面，擺了幾把椅子給長官們坐。鑼鼓一旦響後，掌聲也掀起一陣高潮。風琴與管弦的聲調揚起，舞臺後插秧的歌聲中，一隊隊的村民側身攜手從舞台左右跳動出來，歌聲盈耳，舞姿翩躚，巧扮婦女們攜茶送飯的，也活絡於歌舞。臺下一片鼓掌笑聲，把天上的星月也熱鬧成了觀衆。走絳州的旋舞，引出了牧童和村女的獨唱和對唱，唱出了無限的柔情與美好。演員們渾融於忘我的境界，自然的進入第二幕的農家樂。強盜的掠奪壓迫造成了恐怖與肅殺的冷酷氣氛。誰願意做奴隸馬牛就是群衆的呼聲。第三幕是懷鄉的組曲，唱到傷心處，觀衆中也出現嗚咽的泣涕；到第四幕還鄉退敵的高潮，一直升張到「我所愛的大中華，」歌聲直沖雲霄，旋繞不斷；戲似乎結束了卻又似乎未結束。滿坑滿谷的同學們不斷的呼喊不斷的鼓掌，好像他們也是劇本的一分子，難分難捨。

夜了，操場上也一片寂靜了，舞台上也打掃乾淨了，劉星教官和演員們也告別了，梁燕民在我身旁低聲說了句：「你和冰琦才是一對兒。」也悄悄回去寢室了。我送冰琦緩緩的向三隊走去，二人竟默默無語，走到陳家大院門口，四野無人，冰琦走入陳家大院，隱沒在那一彎的廊簷下。

八十軍政工隊隊長朱白水邀我給他導演這齣歌劇，男女主角是張玉琴和秦晉，他們演練熟了，就去軍中巡迴演出。

第八章 低頭思故鄉

軍中精忠報

《精忠報》，使我憶起岳飛的〈滿江紅〉詞：「三十功名塵與土，八千里路雲和月」的壯懷激烈。張佛千主任以抗戰之初辦理《陣中日報》的魄力，更以在北平軍事委員會分會政訓處創辦「老實話」，與在上海創辦《十日雜誌》，主筆「小談大問題」，「大談小問題」的議論，提出了「青年創造時代，時代創造青年」的觀念，成為全國風行的口號與指揮。後在鳳山軍中辦理《精忠報》，這是我到台灣看到的第一張眉目清晰，內容豐贍的報紙，他們由劉垣、沈克勤、馮愛群、劉國瑞四位才氣宏博的軍中雋秀組成綿密的編撰，由侯家駒、李雲光、許牧野、范日欣擔任記者採訪與校印。不久，我也加入了專論的行列。特別是我的短詩如〈春〉、〈憶戀〉、〈答〉、〈與我同行〉、〈禮讚〉、〈致敬遠征軍的頌歌〉、〈歡迎——為登步大捷的英雄而寫〉、〈愛〉、〈壯士行〉、〈那時〉、〈近戰演習〉、〈紫色短褲〉、〈五千米越野〉、〈有寄〉、〈信念〉、〈春來時候〉、〈夢〉、〈海燕〉、〈海鷹〉、〈大海——我向你走近〉、〈揚帆〉、〈時間〉、〈雨夜〉、〈思鄉〉、〈眼睛〉、〈故鄉的十二月〉：一月春惜、二月番紅花、三月雨粒、四月牧羊女、五月花船、六月素描、七月形象、八月清晨、九月黃昏、十月駝鈴，十一月雪季、十二月童心。〈田野上的鄉愁〉：一、鄉思，二、心湖，三、蘋菓，四、樹，五、泥土啊泥土、六、向日葵，七、幼時在故鄉，八、小小沙河，九、高高蘆芽山，十、青青草原，十一、雪野，十二、雁，十三、駝隊，十四、黃昏，十五、中秋月，十六、九龍碑，十七、離鄉時，十八、北方啊北方。及〈懷鄉〉等等，都印上了副刊。於是，來自軍中戰友們信函、熱情的、憨直的讚美與歌頌、感謝與關懷。我回答他們說：「用不著讚美我、讚美我們的友情吧；用不著歌頌我，歌頌我們勇敢正直的美德吧。愛，什麼也難於尺度，愛多難的祖國，為他驕傲於恆久的工作，那就是光榮；為他勇敢的赴義甚至死亡，那就是永生。愛那遙遠的路吧，路還崎嶇、路還長遠啊！用不著感謝我，感謝我們的國家，用不著紀念我，紀念路吧。」我在抗戰時用舒林、舒靈、林恆、林翎、石林等筆名，寫詩與散文。來台後我開始用上官予的筆名寫作，上官是複姓但與上國衣冠的上冠同音，予與余同，故含有我是上國的人，中華民國的子民；我讀顧亭林「初刻日知錄自序」言：「昔日之得，不足以為矜；後日之成，不容以自限。」服膺其言，亦以自勉。我亦記得于謙的觀書：「書卷多情似故人，晨昏憂樂每相親；眼前直下三千字，胸次全無一點塵。活水源頭隨處滿，東風花柳逐時新；金勒玉鞍尋芳客，未信我廬別有春。」李白詩：「燕山雪花大如蓆，片片吹落軒轅臺。」我相信「讀書破萬卷，下筆如有神」的觀念，在藏龍臥虎的軍中，我能有機會讀書，從良師及益友中學習人生的智慧，也是人生一大樂事。劉亙學識深厚，他常和我談論英詩中十四行體的音韻；沈克勤則和我析釋天下大事，我亦能有所領悟，馮愛群和劉國瑞是辦事辦報的高手，使我學到綜結事理的訣竅。侯家駒有數學的天分，李雲光有堅忍不休的看書習慣，許牧野和范日欣勤跑軍營，了解兄弟們的嗜好，與習性。這都是我旁觀之下，愚者之一得。

體育幹訓班

我奉派擔任「體育幹部訓練班」的輔導員。體幹班在軍中設定是孫司令官的首倡，他認為士兵體能的訓練，使得在戰場上發揮靈活敏捷反應，予敵人以迅雷般的打擊，是致敵機先的戰術運用。所以，從部隊中挑選出合格的學員，加以嚴格訓練，結業後回到部隊擔任體育幹部，促成士兵質能的提升。這個班由副主任體育界的耆宿張煥龍將軍主持，大隊長是錢起瑞上校，體育教官約有二十位。學員三百餘人。據有五座營房，一座是副主任、大隊部，輔導員及教官們的辦公室。一座營房為室內運動場，有地板運動、墊上運動、舉重、拳擊、跳繩等項目；單雙槓、鉛球、鐵餅、鏢槍、跳馬、爬竿，以及游泳池則設在專用場地。第三、四、五座營房則為寢室。教官聶鼎是器械操的全才，跟我甚為投緣，他寫了一些七字訣的練習方法，把力道和精、氣、神結合，創出許多花樣。

五塊厝這塊營地，另一處是入伍生訓練總隊，總隊轄有二十一個連隊，把臺灣省二十一縣市的入伍青年都結合在這裏，接受軍人訓練，每一個連隊都有隊長及指導員，各有職責。

但為了通訊與連絡方便，上級要我就近留意照應，如假日親友探訪，士兵身心安適已否等事。我知道上峰關切之至意，便設計了一種記事表，分發給各連隊，請士兵或指導員填入事由與情狀，以便加以協助，或適時的將問題妥切的解決。

阿猴寮女兵

屏東阿猴寮一處營地，駐有女青年大隊，隊員是從大陸來臺的大專學校女學生；她們個個多才多藝，是巾幗英雄；以此，投入軍營，下部隊舉辦康樂活動，是她們的一大任務。一天，張艾媛隊長來到體幹班晉見張煥龍副主任，報告說：「她們有一個中隊的隊員要進駐五塊厝，請求在住宿上給她們協助，副主任找了錢起瑞和我一同商量，是否把體幹班第五座營房撥給她們居住，錢大隊長低聲跟我說：「她們每一位都是青春之火，燒起來，可不得了！」我問：「你的意思是？」他說：「保持距離，以策安全。」但，如果這是政治部的決定，張艾媛隊長以柔軟的態度，先做一番友好的試探，並來視察一下環境，以便做完善的安排，未嘗不是她此來的本旨。果然，政治部來了一紙便函，指示體幹班應撥出一座營房給女青年大隊使用。吳逢祥科長也打了電話來問我在處理此事上有何困難，並說：「女青年大隊駐在體幹班旁邊是很好的設想。」體幹班的動作，在錢大隊長一聲令下，做了快速的處理，將室內運動設施都搬出來安置在大操場的一排樹蔭下，椰子樹的長翼，鳳尾蕉的羽扇，做了它們的屏風。學員還出第五座營房，努力於清潔掃除，我告訴他們說：「女英雄們來了，她們能文能武，能歌能舞，是我們人人尊敬的畫眉鳥，高貴的孔雀，所以，我們將來的體育教官，個個都要彬彬有禮，溫文爾雅，使得她們慧眼相看，知道嗎？」大家回應：「知道了！」我又說：「各位可知道，她們為何選定了和我們做鄰居呢？是因為我們是男子漢，大丈夫，是正直，勇敢的象徵，所以絕不做阿貓阿狗的事，知道嗎？」大家說：「知道了！」有一位學員問：「什麼是阿貓阿狗的事？」我說：「見不得人的事，不敢攤在陽光下的事，丟了大家臉面的事！」有個低聲問：「比如對她們不禮貌，那會怎樣？」我說：「小錯，當大家面道歉，其次禁足；大錯，開除！大家都明白嗎？」大夥兒站起來，挺起腰回答：「是。」

過了兩天，三輛軍用大卡車，載了女青年中隊進了五塊厝營房，一時鳥雀嘈嗷，榕槐招迎，藍天白雲，惠風和暢。我趨前歡迎張艾媛隊長，即時認識了政治教官常紹武，音樂助教白銀，舞蹈教官李天民，助教余國芳，隊員管理王珂。她們陸續進了營房，稍做整理安頓；入伍生總隊的政工員汪淥走來和張隊長洽商，分配隊員去各連隊教唱與服務事項，不久，隊員們依照分配，便三兩一行往入伍生總隊去，愉悦的工作，使她們灑脱，輕捷的走著，柳營的歌聲，此起彼落，粗獷的在天空飄揚。黃昏時分，隊員從四處歸來，低聲笑語，由各地散布溫馨。我聽到有一縷歌輕逸的傳來：「記得去年晚風前曾相見，別來無恙，好消息應傳遍；聽説江南好花青草已老，為何春去那樣早？莫向前簷尋舊巢徒空勞；再銜泥重築新蜜巢，玲瓏小巧，叫兒童莫知道，在柳林中多麼好，築個新巢休忘了！」這首老歌情意芊綿，十分動聽，想來是白銀在獨唱吧。

一個月後，女青年隊辦了一場以舞蹈為主的晚會，集合營地的軍隊來觀賞。開場後，六人一組的舞蹈，挽臂依傍而出，果然倩妝美妙，敻曼宜人。張艾媛對我說：「這六個是大隊裏挑選出來的代表，余國芳、尤懷燕、張兆雲、溫淑靜、樂茝軍、樂蘅軍；茝軍、蘅軍是姊妹兩個，都有文藝天分，寫出來的文章耐看。溫淑靜喜歡繪畫，張兆雲性情柔婉，天真淳厚；尤懷燕思路明敏，余國芳熱愛舞蹈；可說都屬用世的異才。」原來張艾媛學養深致，所以，話中寓有涵意，把她們幾個都適時做了評論。士兵們不曾笑鬧喧嘩，只歡顏諧語，看著舞臺上的表演。

女青年隊的學員們，離鄉背井，遠渡重洋，各從大陸來，都有一段難言的鄉愁；李義山〈無題詩〉：「滄海月明珠有淚，藍田日暖玉生煙。」其象徵的想像的含意相近；我想細讀她們的心思，細看她們的喜怒哀樂，想撫平她們的啼痕，填充她們的寥闊。因為，我也是從遠方來，夢繫故園的心情，豈非相同嗎？向晚時分，汪淥會把入伍生總隊各連隊填寫的記事表收集了送來給我；站在窗前，她短的黑髮，黑眼，白皙的皮膚曬的微黑的圓臉，微笑的、沈吟而又懸想的意態，是親近而又疏遠的。這種感覺帶我進入窗外的夜空，繁星像每一個有情人的眼睛，我憶起泰戈爾（一八六一——一九四一）《漂鳥集》有三二六節的小詩，其中如「星星不因僅似螢火而怯於出現（四八）」，如「我有空中的星星，但是，哦，卻想念我室內未點的小燈。（一四六）」如「螢火對星星說：學者說你的光將有熄滅的一天，星星沒有回答。（一六三）」這是含有天人合一的精神的詩；言每一個青年女隊員都像一顆閃亮的星星燦著，不在天上，而在人世；不在遠方，而在眼前。有一天，那叫尤懷燕的女隊員走來我窗前，遞給我一封信，低聲說道：「你隊上的一位同學寫了一封信給我，我未曾拿給我們張隊長，因為，我怕宣揚開來不好。所以，拿給你，你會處罰那位同學嗎？」我說：「謝謝你，妳放心交給我吧。」她點了頭走了，她是有細眉和晶瑩的眼睛，細膩膚色，圓潤身樣的女青年，舉止靜好絕俗的風度，使我印象深刻。我叫了那寫信的學員吳輝來，把信交給他，他站著，手足無措的望著我：「長官，你要開除我嗎？」我說：「把信好好拿回去收著，別露了底，讓人看低了你。」他立正敬禮：「是。」他規規矩矩的走了，卻讓我想起詩經風章中的「窕窈淑女，君子好逑」的雋語。不過，吳輝的膽子，也是夠大的。其實，我心裏也有個喜愛的對象張兆雲，她真的是窈窕淑女，一對大眼睛，一張粉紅色的小臉，舞蹈時，一搦柔軟的腰，一對美腿，她行走時的飄逸，端坐時的文靜；我把寫給她的詩藏在心裏，做了一個懦怯的人，不曾對她訴說。

政工隊長的生涯

度過三十九年的夏季，我奉命向政治部蔣堅忍將軍報到。彼時，張佛千先生已調入胡宗南司令部，他的老長官處服務。我去見蔣堅忍主任，他是溫文儒雅的人，與佛千先生英銳高超的格調有些微的不同。他叫我坐在他的對面，細問我在五塊厝體幹班工作的情形，我一一跟他說了，並關係到入伍生總隊的情形。他說：「你是位幹勁十足，有聲有色的好同志，但我請你來，有件事和你說，你認識劉柄藜老師嗎？」我說：「認識於青年軍二〇四師，他是政治部主任，對我很好。」蔣主任微笑說：「雄獅部隊有一位郭虎三先生任那裏的政工主任，他聽了劉老師說到你，不免有些誇讚的言詞，因此，郭先生想邀你到他身邊工作，你認為怎樣？」我傻傻的問：「體幹班的工作，和入伍生總隊的連繫呢？」他說：「這裏的工作，我會找適當的人接替，只是我當面答應了郭先生，現在，卻捨不得你走了。」我感性的回答：「我全聽主任的吩咐。」他說：「雄獅部隊從外島回來，也許很需要你這個活力充沛的工作助手，幫郭先生一臂之力；你先去那裏吧，如果，工作了一段時期，你想回到部裏來，我隨時歡迎你！」我站起身來：「主任還有什麼吩咐嗎？」他也站起來親切的說：「你和沈克勤秘書他們不是還要小聚一番嗎？有什麼需要，和他們說也一樣，總是不忘連絡才好。」我向他敬禮走了出去，沈克勤、劉垕，他們在外面走過來，幾個人走去飯廳用了午餐，又相談了一個時辰後，便向他們告別了。

雄獅部隊的政治部駐紮在板橋鎮的國民小學，學校老舊，並無學生上課，學校的教室，經過兵士們的整理，做了政治部和其所屬的各處辦公室。我去晉見郭虎三主任，他原是政治大學的訓導兼教授，受聘來軍中服役，深受軍長劉廉一將軍的倚重。他和劉將軍一武一文，但都是身強體健，勇邁豪強的國士。他接見我時，副主任、各處科長都在座，說我來任政工隊長，大家互助合作，必有一番新氣象。各科報告業務後，主任裁示工作，便各回工作崗位。第一科許秋成科長陪同我到政工隊，隊員都在那裏靜候，許科長介紹了我之後，就客氣的退出了隊部。政工隊尚有話劇、電影、雜技三個分隊，話劇隊由歐陽永學為隊附，兼理劇務，電影隊由劉藝負責，雜技隊由蕭文調度；其實隊員男女馮志超以下二十餘人，都是工作來了，不分彼此的負擔任務，無所謂你我。女隊員們也並沒有誰經過專業的訓練，只是分配了工作，頂著幹罷了。在戰鬥部隊，風裏來、雨裏去，不畏艱難不怕苦，有時也得衝鋒陷陣，爬高走低，手胼足胝，摸黑撐持都是常有的事?雜技隊的魔術、相聲、唱蓮花落;電影隊的揹著放映機、拉曳著影片和布幕;話劇隊的舞臺表演、歌唱;以及政工隊的講習與宣傳，慰勞與訪問，非得有認真的精神，忍耐的氣度，才能化雨春風，使軍中有一團淬厲奮發，而又有沖凝的氣氛。

這年的春節，我為政工隊導演了，夏衍、宋之的、于伶在抗戰時合編的愛國劇本《草木皆兵》;演出的成績，我自己評價不如軍隊部所屬師部政工隊洪濤隊長自導自演的，由陳白塵在抗戰時編的一齣描述醫學教授的高風亮節的《歲寒圖》，洪濤能導能演是雄獅部隊裏特出的劇人。但我喜歡草劇中的主題歌:「風啊，你要輕輕的吹，雨啊，你要微微的下，我家小寶寶快要睡著了;寶寶的眼睛像爸爸，寶寶的嘴兒像媽媽，寶寶的鼻子又像爸爸又像媽。快睡吧，媽媽的小娃娃，醒來帶你去玩耍，玩耍到了外婆婆家，風啊，你要輕輕的吹，雨啊，你要微微的下，我家小寶寶，就要睡著了。」戲演完了，我記得，歐陽永學，喝了不少酒，喝的瞇著眼睛，紅了臉頰如塗了滿面的晚霞。夜裏，洪濤走來，卻說我們演了臺好戲。

民國四十年（一九五一）春初，我奉命前往淡水政治幹部訓練班受訓半個月，主任為蔣經國，副主任是胡偉克和王昇;受訓學員大都是軍司令部政工隊隊長，有岳燭遠、王生善等人。當時總政戰部正在推行新文藝進入軍中的運動，使軍隊在精神上有充足的營養。王昇講「原子、中子、核子」，展現國防與科學的契合，使我印象深刻。

是年初夏，我帶政工隊下鄉勞軍，因感染腸炎病，經軍醫院證明，申請退役獲准，便回到台北市家中療養。病中我嗜讀《史記》與《資治通鑑》。

三晉二司馬

撰寫《史記》的作者司馬遷，是山西絳州府龍門縣人（古稱河津）。也是隋唐大儒文中子王通、唐詩人王績、王勃的故鄉。《史記》體大思精，上起黃帝、下迄西漢武帝，為文一百三十篇，為字五十二萬六千五百餘字，內本紀十二篇、世家三十篇、列傳七十篇、表十、書八、共五頌，可謂體大。以思精言：項羽失敗的末路豪雄，何以與五帝本紀，夏、商、周、秦等帝王本紀並稱呢？因漢劉邦南困漢中，中原的統治者，是西楚霸王項羽。鴻門之宴，項羽不斷劉邦而繼之乃成其後世之功。垓下敗退，不聽漁父之勸，而自刎，英雄氣概，千古未有；司馬表述其史跡，壯其英烈，與歷代帝王，絕不遜色，故而不以成敗論。宋南渡後的詞家李清照詩：「生當作人傑，死亦為鬼雄，至今思項羽，不肯過江東。」以表達她「南渡衣冠少王導，北來消息欠劉琨」的愛國思想。夏承燾論詩：「過眼西湖無一字，易安心事岳王知。」是一針見血之言。《史記》又能融匯《書經》、《左傳》、《公羊》、《穀梁》、《國語》、《國策》的記言記事、紀義紀策而能合為一體，於傳、紀、世家中盡述。又能有《何渠書》、《平準書》、《禮書》、《樂書》、《律曆書》、《天文書》、《封祿書》；復有《滑稽》、《佞幸》、《龜策》、《貨殖》、《遊俠諸列傳》，包羅萬有，搜剔無遺。影響到後世班固的《漢書》、范曄的《後漢書》、陳壽的《三國志》；乃至宋齊隋唐書、宋元明等二十五史無不奉為圭臬，六經後惟有此作。司馬遷自言：「究天人之際、通古今之變，成一家之言。」他的理想是自《易經》之後，綜合儒道陰陽名理法德的旨意，做千古的大創作。他以文學的感性的筆法撰寫《史記》；以申訴李陵之忠，致遭腐刑之辱：「乃以左丘無目，孫子斷足，退而論書策以舒憤。」他的志義與強毅，哀痛與苦衷；對於文學上的啟發，意境上的提撕，千古一人而已。我認為綜合文、史、哲學，窮達天、地、人的源理者，是司馬遷。這位敻絕群倫的偉人。他撰述歷史的真相，正如春秋時晉國的董狐筆、富貴不淫，威武不屈，貧賤不移呀。司馬遷的父親司馬談也正是這樣的大人物。

另一位偉大的史家司馬光，是山西省夏縣人，他是北宋宰相，歷任仁宗、英宗、神宗、哲宗四朝，以正直、忠厚為立人立己之本，治政有方、治軍有法、精通財賦、選賢與能，薦呂公著、文彥博等為相，公忠體國，是大政治家。他勤政愛民，也忙於著述：資治之名即闡釋治國之道。因此，蒐羅資料，不厭其詳，著作時間歷十九年，全書卷帙，正文二百九十四卷、目錄三十卷、合計三百五十四卷，特卷之取材、野史、筆記亦加考證；上起戰國三家分晉、下至五代，歷經一千三百六十二年，書成，光表於朝，神宗賜名：資治通鑑。其中如述魏徵與唐太宗貞觀政情之討論、陸贄的奏論，均能得其根本翔實記載。司馬光於政，毅然以天下為己任，於史，則有旋轉乾坤之功。老病目盲，得壽六十八歲。諡為溫公，葬於夏縣西北之鳴條岡，此即商伊尹與夏桀交戰之地。墓前起祠，哲宗篆書勒碑：忠清淬德，祠內有知足齋，溫公手書其母柳氏訓言刻石，而名垂千古。

回到故土的詩

父親是愛讀書的學者，他開會從中山堂歸來，經過重慶南路，那裏有商務印書館、中華書局、台灣書局、正中書局、東方出版社，總是帶一大包書回來；逐漸充實了我們失去過的書庫。而我除了讀書外；按捺不住胸中的塊壘，便拿起筆來寫作，三十八年中共渡江，南京撤退，毛澤東把一個由德國猶太人馬克斯和恩格斯所説階級戰爭是社會進化的原因，經過殘酷的俄國的列寧與斯達林帶進了中國；這完全是外來的風暴與侵略；中國在歷史上，雖然有蒙古與滿清的統治，但仍是中華民族傾向漢唐文化的兒女，但共產主義卻是完全外來的侵略。我對這一點的認識，十分明確，而堅定的認為這是外來的佔領。三十八年十月一日，毛澤東正式成立了這個完全是外來的中華人民共和國。這個新皇朝開始了中國一直揮不掉的國亡家破的夢魘。日本於三十四年投降了，帶給中國是無窮的災禍，當年衛國守土的戰士，已經垂垂老矣！而孩童生長的地方，就是異端的共產思想的箝制；這是多麼殘酷的現實，中國人何其不幸，生在這個戰亂的時代？三十五年我曾以林恆的筆名寫有〈回到故土〉的詩，在當時的《大公報》副刊發表（《大公報》創辦人為英歛之先生，他是英千里教授的尊翁，創刊於民國九年，到了民國十年不支停刊，轉售王祝三，至民國十五年九月一日，由吳鼎昌（建銓）、張熾章（李鸞）、胡霖（政之）三氏接辦，而成全國大報）。這首詩把每個人陌生了的故鄉寫在詩中，豈僅是「兒童相見不相識」，是把爬牆虎的屋宇、牽牛花的籬笆倒塌，桃樹枯萎，綠林砍伐，小河乾枯，雞啼叫、狗吠、鳥鳴、兒啼；祖父母、小媳婦、紡紗車、男耕女炊的情景，已皆荒廢的田野阡陌；我於此詩更加上了人事的顛沛流亡，中共的清算鬥爭；而寫成了三個章節的鄉愁與「歸去來兮，田園荒蕪胡不歸」的期望與必須回去，為了那重建故鄉的壯麗山河而付出無限的希望。我亦讚美了長綠島的台灣，無邊的、安靜的、任性的、佻達的、沈醉於自由的海洋，我憶起了黃沙漫天的季節，大雪紛飛的深夜，駱駝的鈴鐺，古寺的鐘聲，我亦憶起了黃花岡、中山陵、清涼山、玄武湖、大前門、陶然亭、玉泉山，復憶起了五嶽三江，都佈滿了血痕淚痕；而啞巴也要哭號、聾子也要呼號，而賤賣我們的血肉，奉送我們的頭顱，使我們的頭髮也豎起了仇恨，使我們的毛孔也擴張成了不平，封條貼不住人們的嘴唇，欺騙蒙不住人們的眼睛，恐嚇塞不住人們的耳朵，迫害毀不了人們的神經，酷刑殘害不了人們的肉體。嚴寒凍結不了人們的真情；於是，我們聽到祖國在呼喚，人們為了自由，團結成反抗的隊伍，爭取祖國的新生，含著大顆眼淚的笑。這首紀事詩計長七百八十行。自從三十五年我在四川萬縣為紀念抗戰勝利寫敘事長詩〈創世紀〉後，這是我在民國三十九年所寫的第二首長詩。在短詩上，我集了〈饑餓〉等八十首分為四卷題名《同仇集》寄送到成立於三十九年三月的「中華文藝獎金委員會」，委員會的主委是張道藩、委員有羅家倫、張其昀、曾虛白、胡健中、陳紀瀅、梁實秋等十位委員。民國四十年五四公布新詩詩獎作品，我的〈祖國在呼喚〉及《同仇集》四卷獲第一獎。二獎為馮翔宇的〈啊！大陸，我的母親〉，第三獎為童華作〈魔鬼的契約〉，另有古之紅作〈湖濱〉、張自英作《黎明集》。

我對童華（本名為張澈）的《魔鬼的契約》認為以古典的寓言意象，寫青年在中共的誘惑下迷失方向而沉淪的心靈，是頗受哥德的大詩劇《浮士德》以魔鬼的引誘而沉淪於海倫的虛偽的愛情，轉由奉獻，犧牲而超脫新生。哥德的布局與意境，為浪漫主義超越古典主義走出新路，而〈魔鬼的契約〉也有跳出罪惡自贖，如跳出大海隱沒於黑夜，給人以遐想，近似一個電影的故事。張澈也喜歡寫劇本，愛好音樂。《高山青》：「阿里山的姑娘美如水，阿里山的少年壯如山」不就是他借高山族民謠譜出來的歌嗎？四十年元旦，我的多幕劇《碧血丹心溉自由》獲得第三獎，內容是我忠貞志士與中共在思想與行動上的鬥爭，是當時大專院校最多演出的劇本。「文藝創作」是文獎會所屬的刊物，第一期刊出了我的〈饑餓〉外四章。〈饑餓〉是首不到十行的短詩寫於三十五年的八月，初刊於武漢日報的「長江」副刊上：「幻覺的火星紛亂地紛亂地閃爍，觀音土，樹根，春天的嫩草，甚至條死貓，雲，疏懶地，飄過去，飄過去了，哦！什麼聲音，他的眼睛突然一亮，跟著又閉上，那是一條瘦瘦的狼。」詩評家葛賢寧評說是「風格獨創，意象俊逸」的詩，我認為是透視，也是感覺的詩。〈祖國在呼喚〉刊出在《文藝創作》第一期，隨即以現代詩歌選第一集，連同〈啊！大陸，我的母親〉、〈魔鬼的契約〉印行。張徹的敘事長詩，內容雖有哥德「浮士德」的影像。但仍係自創的佳作。早年曾自印詩集一卷，惜不傳。其一生最大成就是在古典與現代武俠電影的作品，浙江青田人，生於一九二四年，逝於九十一年六月二十日，得年七十九歲。香港電影界尊之為「影藝宗師」，與李翰祥、胡金銓並列三大導演，他們以不同的風格，導出了相近的價值觀。「湖濱」出了單行本。「碧血丹心溉自由」也於四十一年出了單行本。我那時曾拜訪一些來到台灣我山西的民意代表，深入瞭解太原保衛戰的詳情，編寫了《五百完人》的多幕劇，為文獎會收存，卻不曾發表。另外，我寫了萬行長詩敘述兄弟二人同時愛上一位少女，經過戰爭，為兄的在壯烈成仁前，完成少女與弟弟結合的心意。這首敘事長詩寫國恨家愁，寫親人鄉情，寫春、夏、秋、冬。寫山川丘壑、寫耕稼畜牧。這部長詩集未曾出版，後來留在中央圖書館典藏。其間我又寫了四幕劇《夜渡》，寫深圳一處村野小灣，一位老人和少女來到這裏想法逃到對岸去，卻落入牛鬼蛇痞之手；又有一青年來此逃生與土共流氓打交道，終因酒色財氣的爭奪仇殺，老人不幸喪生，青年與少女終得攜手，等待黎明。這齣戲，經中華獎金會採用，旋由海軍總部及其所屬單位演出後，各大專學校，及政工幹校也來公演，後更由國防部康樂總隊在軍中巡迴演出，此時，演劇三隊也參加，由葛香亭、傅碧輝、曹健、陳為潮、錢璐等先後主演不下四百餘場；可算是演出最多的一齣戲了。四十年三二九青年節，我榮獲第一屆社會優秀青年獎，出席中山堂盛大表揚，同時，獲獎的尚有鍾雷、李中和、宋膺等人。不久，我又聽到與看到了教育部在報端公布的一個好消息，從大陸上來到台灣的失學的大學生，可憑肄業證件登記進入台灣大學等校寄讀。我手頭保存著國立暨南大學的學生證，正可做為證件，向教育部申請到台灣的第一學府台大去寄讀。

夜渡與詩歌朗誦在台大演出

台灣大學法學院離我家很近，這不是我選讀政治系的理由。第一次世界大戰後，歐洲文學界瀰漫著死亡威脅人類生存的陰影，於是頹廢主義興起；共產主義也因勢佔領人類脆弱的心房。而成為人類生活的逆流。二次世界大戰，蘇俄的國際共產主義又助中共完成了中國的佔領。日本的軍國主義不正是其政治野心侵略中國的迷夢所促成嗎？中共的文藝統戰不也是實行其統治陰謀的一環嗎？我選讀台大政治系，不是放棄文藝，不是想做政客，而正是想認識政治對人類的作用，以至它也是文化與文學的一個重要的因素。我想認識各國的政治制度，社會制度的發展，這是法學院院長薩孟武教授的專長。我入政治系，也先從二年級讀起，我選讀了林紀東師的民法、行政法，姚淇清師的行政學，最高檢察總長趙琛師的刑法，曾繁康師的憲法，薩孟武師的政治學，張果為師的經濟學，王師復師的財政學，其時，魏守嶽先生從美國歸來，他開了蘇俄政治與制度我也選了來讀。我更選了夏德儀師的中國通史，王師德昭的西洋通史，更讀了他寫的《中國與西洋的文化史》，其中特別講到敦煌、龍門、莫高窟等的雕塑與顧愷之、張僧繇、陸探微，以至吳道子等大師的壁畫；中國的古典文物、青銅器、瓷窯、絲路等的藝術。我更讀到他寫的文藝復興。他講課時，逐漸興奮與投入的紅潤的臉色，以及我聆聽諸師講課時，各具有的不同的卻又有相同的、詳實的、誨人不倦的風采。我們的教室多在二樓，一邊的窗外是走廊，另一邊可下看到一畦小草地。同學有吳引漱、劉文敏、賴瑞挺、劉興漢、鍾國基、佘作人、郭光志、梁效今、徐希學、林保仁、趙德華、陳智、曾光潤和女同學袁曉縵、駱環。吳引漱是上海復旦大學來台的同學，他愛好文學，此時正捉磨著寫他的長篇小說「紫色的愛」。袁曉縵玉面朱唇，兩隻剪水的明眸，正是眼如秋水玉為容。

中國文藝協會成立於三十九年五月四日，下設有美術、音樂、攝影、影劇等委員會。中國青年寫作協會成立於四十二年八月，重點放在「文藝到學校去」的工作上。我既在軍中有文藝工作的經驗，我亦想在學校做些有益康樂的文藝活動。由於文藝獎金委員會投稿的關係，我不期然認識了「遙遙的我來自富良江畔」的潘壘，他是越南華僑來臺，就住在靠近仁愛路的一間木屋裏，正在埋頭寫「紅河三部曲——富良江畔、為祖國而戰、自由自由」三章，初述富良江畔自海防危急，聖珂到河內谷蘭家，後與谷蘭分手的情況。次寫范聖珂到昆明以幼年兵參加抗戰至抗戰後到上海過流浪生活，為中共地下黨員黎齡掌握，設法回到越南的情節。繼寫越南法國人與越共雙重的欺凌與迫害，范聖珂選擇自由與犧牲為結束，全書超過四十萬字，是真情流露，屬於自傳體的小說。我和潘壘由文藝的共同愛好而結交。我讀他這篇小說的初稿，認為是在戰爭期中，越南華僑青年的悲歌。我編寫《夜渡》不也是為自由而戰嗎？〈祖國在呼喚〉和〈碧血丹心溉自由〉，揮舞的也是自由的飛揚。我和他的信念是相同的。

趙越是中央電影公司的編導與佈景師，他已為軍事學校導演過《夜渡》，他聽說我要在台大法學院公演《夜渡》，便和潘壘自動來協助，那時的友情，如花的自然有香，是不計酬勞的。《夜渡》的演員是羅丹麗、楊有維、黎劍瑩、劉智、邊啟明，趙越認為在為大專院校導演這齣戲中，這是鐵的陣容。後來崔中也參加了演出，更豐富了戲的形象。演出三天的觀衆中有救國團的包遵彭、楊群奮、鄧禹平、郭衣洞（柏楊）等人。朋友中，有梁雲坡、劉德明、畢玲、梁丹丰等人。我又舉辦了「詩歌朗誦會」在〈祖國在呼喚〉的朗誦中，也集中了台灣大學的精英：羅丹麗、張蓓麗、劉馥蘭、朱巽占、黎劍瑩、閔詠華（韓國大使閔石麟之女），以及曲克寬、王學猛、劉智、楊有維、邊啟明、陸建鄴、郭德楷、韋雲生、吳引漱等同學，以及傅宗懋、胡佛、朱堅章等同學也來熱烈的參加。舞臺背景則是潘壘畫的一張大畫，更襯托出了藝術的氣氛。

詩與真的認同

我在假日努力讀《漢書》與《三國志》，但也嗜讀李白的飄逸、王維的高超，他倆的五絕，是唐詩中桂冠上的金鋼鑽，無可代替的瓌寶，我那時已讀過梁宗岱於二十二年出版的《詩與真》，他是廣東新會人，生於一九〇三年九月五月，十二年由商務出版他的詩集《晚禱》，詩風玲瓏剔透；十五年秋入法國巴黎大學讀書，翻譯王維與陶潛的詩選，大受法國詩壇的欣賞；他寫法文詩發表，羅曼·羅蘭讚美他是一位法國詩人，他並與紀德交往，與梵樂希相交十五年，他保留梵樂希給他的十三封信和贈給他的詩集和相片。在巴黎他與徐志摩相逢，談了三天三夜；歸國後，他在北大教書，與陳瑛（沈櫻）結婚，出版譯詩集《一切的峰頂》收入哥德、波特萊爾、魏爾侖、梵樂希、里爾克、尼采、雪萊、勃萊克等人的詩。於今，他在大陸，不知生死。

《詩與真》的命題，和王國維的《人間詞話》說意境與不隔，約略相近，詩的真是所有詩人的命脈，這是不言而喻的。我讀他所譯哥德的〈一切的峰頂〉，原名為「流浪者的夜歌」：「一切峰頂，無聲。一切樹尖，全不見絲兒風影，小鳥兒們在林間夢深，少待呀，俄傾，你快也安靜。」人生原來這樣，但是，飽含了人生的哲理，而與峰頂上的天月星辰接近，更是顯得高超出塵。拿來和杜甫的〈望嶽〉相看：「岱宗夫如何，齊魯青未了，造化鍾神秀，陰陽隔昏曉；盪胸生層雲，決眥入歸鳥，會當臨絕頂，一覽衆山小。」這首詩是子美於開元廿六年間遊齊趙於兗州泗河西北方的泰安縣，上泰山而寫的詩：舉目所見：歷歷如繪，臨泰山之頂，而知衆山之小。氣魄之大，是無與倫比的，凌雲的壯志，更顯而易見。但「一切峰頂」包含的哲理，似乎和莊子齊物論：「天地一指也，萬物一馬也。」及其「天地與我並生，而萬物與我為一」。將人在天地間的地位提高，此即天地人合為一元的思想。他更說：「天下莫大於秋毫之末，而泰山為小；莫壽乎殤子，而彭祖為大。」自俗眼觀看，泰山為大，秋毫為小；彭祖為壽，殤子為夭。然自廣大的太空的世界觀，吾人所居之地球不過滄海之一粟，與秋毫之末，並無分別，而泰山也不見其大了。這是莊子學貫天人，浩乎自然的境界；莊子是戰國時代，南方的蒙城人，他的文字之美可與屈原的辭藻瑰麗相侔。特別是他在逍遥游中提出「無己」即忘我的議論，是破除我的執著，即四海之內，心理相同的大同世界。我的這種理解，是完全超出人間世之上的，所以，看子美的〈望嶽〉的入世，哥德〈一切的峰頂〉的懷抱星月；至李白的飄逸曠達，我是頂禮膜拜的。我也讀了惠特曼的《草葉集》。我對他的「船長」與「民主」的放歌，粗大而不羈，他的泛濫著「詩的溶液」的詩句，歌唱著美國年輕的生命，大草原、森林、河流、海洋、碼頭，工廠、獨木舟，人群都是他詩中的對象，他像古柏皮韃叢書中的人物，有粗獷傲岸的性格。與愛倫坡神秘幽暗的詩篇完全不同。拿宋詞中蘇、辛相較，那更是絕大的不同，因為他們的時代背景均不相同。但因為王國維《人間詞話》說：「東坡之詞曠，稼軒之詞豪。」又說：「讀東坡、稼軒詞，須觀其雅量高致。」復說：「蘇辛詞中之狂。」惠特曼詩中有曠有豪有狂，但與蘇辛的詩意與詩質皆不同。東坡〈念奴嬌〉：「大江東去，浪淘盡，千古風流人物。」〈水調歌頭〉：「我欲乘風歸去，惟恐瓊樓玉宇，高處不勝寒。」又說：「人有悲歡離合，月有陰晴圓缺，此事古難全，但願人長久，千里共嬋娟。」雖說是中秋飲酒達旦，大醉作此篇，兼懷子由之作，但仍難脫：今夕是何年之嘆。〈稼軒賀新郎〉下片：「將軍百戰身名裂，向河梁回頭萬里。故人長絕；易水蕭蕭西風冷，滿座衣冠似雪；正壯士悲歌未徹。啼鳥還知如許恨，料不啼清淚長啼血；誰與我，醉明月。」又如〈青玉案〉：「衆裏尋他千百度，驀然回首，那人卻在燈火闌珊處。」這就是他們對宇宙人生入乎其內的生氣，出乎其外的高致。惠特曼於美國歷史源流淺薄，故皆不能達到蘇辛陶冶中國文化悲歌慷慨，又能表現高雅風致的高位。

荷馬與喬依斯

徐遲於戰時翻譯古希臘行吟詩人荷馬的史詩〈依里亞德〉，故事緣於權力、財富、愛的三位女神，爭奪一粒金蘋果相持不下；便決定由特洛伊城王子巴里斯做裁判。三女神各以利欲相誘。巴里斯以為他身為王子，權力與財富均不匱乏，惟有稀世之愛難求。愛神乃允許將人世最美的海倫許給他。海倫是希臘王之后。愛神便助巴里斯進入后之王宮，將她偷走。這一巨變激怒了希臘王集結了大軍，製造了大批的盔甲劍戟，由大將阿格曼農率領，浩浩蕩蕩去進攻特洛伊城，其中最火爆的場面，是英雄阿基里斯與特洛伊城勇士赫克脫的決鬥。戰爭打了十年，特洛伊城的青年多已戰死。一天，海倫走上城頭，老人們望著海倫的美麗，都認為這戰爭再打十年也是應該的。不料，希臘軍藏在一隻龐大的木馬裏，進了特洛伊城，這十年的戰爭才決定了特洛伊敗亡的命運。海倫在哥德的詩劇《浮士德》中復活，魔鬼利用海倫與浮士德戀愛，還生了一個小孩，象徵了古典精神與浪漫情性的結合。二十世紀之初，英國的意識流小說大師詹姆斯·喬依斯在其七百餘頁的小說《優萊賽斯》是將荷馬的《奧德賽》中一個有超人機智，戰勝了艱難困苦的海上漂泊生涯，返回家園，重獲家庭之愛的英雄。在喬依斯作品中，放進了一個現代人勃隆姆在人海中過著的痛苦而空虛的生活。他的結構是與《奧德賽》平行的。勃隆姆的妻子有著半西班牙血統，是慾望強烈的歌唱家（反映了堅貞品行，等待丈夫歸來的潘妮·洛貝），她有公開的情人，滿足她的需要。史提芬是失去母愛，對父親絕望，意識中隨時在找尋一個能做他精神上父親的人。這三個人的靈魂都是漂泊於痛苦的回憶與期待中的。他們既有失望的愛埋在心頭，都有空虛的生活環繞四周；他們精神上的漂泊狀態，歷險於極不愉快的生活。史提芬恰似找尋失蹤的父親優萊賽斯的特萊·馬各斯，而毛萊又何嘗不是那等待丈夫歸來，恢復他自信力的潘妮·洛貝呢？情節發展到最後，就是勃隆姆在漂泊流浪中找到了跟他一樣漂泊流浪的史提芬，在他看來，這被他父母的影像控制的史提芬，正是他期望裏，那能夠成長為有學問有禮貌又是靈敏文雅的，他早年就已死去了的兒子的化身；而史提芬雖不曾真正跟這位經常被他妻子的影子控制著的孤苦的勃隆姆一同回去，但他亦至少在都柏林找到真愛他的人，他可以在想像中接近他；同時可以專心去寫他（喬依斯本人的象徵）的《優萊賽斯》。至少，勃隆姆因與史提芬的接近，而認為在精神上與他兒子團聚了，在心理上加強了他生活的意志，恢復了他的自信力，能夠在他妻子毛萊面前，表現他做為一個正常丈夫應有的正常行為；促成他們正常夫婦的生活關係，這也正是毛萊所祈望與夢想的。因此在本書結尾，說明了當正常而上進的史提芬開始寫他的《優萊賽斯》的時候，那就是一九一四年本書完成的時候。

這本與《奥德賽》相呼應的書，實在是本世紀一本迴環曲折，奇妙萬分的巨構；其結構的宏富，心理描寫的深刻，以一天的時間經歷著人生一世的生活，其中又包含了人類的災難、信仰、政治、戰爭，以及死亡與再生等的經歷。因此，這部七百頁的大著，乃能成為一個現代人生活的縮影。神話的《奥德賽》在現代生活的意識下，也復活了一次。

我歸納本書的優點如下：

一、由於喬依斯在文學、哲學、生理、心理方面豐富的基礎，使他的理智格外的成熟，使他所描寫的人物都各有他們的思想，各有他們心目中的世界，以及他們各自的意願；這是自然主義客觀描寫，而又能自由發揮的極致。

二、僅只是自然主義方法的運用佳妙仍嫌不足，喬依斯更進一步結合了象徵主義的妙用，他在其所描寫的人物的現實生活和想像的意識裏，加上了象徵的背景，並能巧用聲色光影的各種感受，表現人物的思想與心理。

三、喬依斯的文字與語言技術是超卓的，他能用各種的言詞節奏，表現各種形象意識，把絕對準確的講求和優美的質素充實之外，他並要表現出各種人事心目中的世界，他人物所見的情物，所聽的聲音，連續表現他們所想的一切。

四、喬依斯運用心靈獨語的手法，把讀者帶到他所刻畫人物，由外在世界的刺激到內心世界的反應的意識和潛意識中去，從而看他們靈魂的原形，心理的動向；做到心理分析的頂點，同時，又能呈現了他們各不相同的慾望和夢想。

五、他集中於一天的時間，描寫一群人物在此有限的光陰內，經歷無限的人生：從這一人物到另一人物，從這一思想到另一思想，從這一心理到另一心理；更從這一時間到另一時間以至空間，瞬息萬年，往來無礙，而達成了同一時性，又是相與濡沫，相互對照，由想像創造的真實效果。

喬依斯另有短篇小說集《都柏林的人們》及《少年藝人的畫像》。《芬尼甘的夢覺》是他眼睛幾乎全盲時的作品。芬尼甘是取自一首愛爾蘭歌謠中，一個從屋頂上掉下來摔死了的水泥工人的名字，但當他聞到威士忌酒的味道就活了過來。用此象徵那做為酒店老板，伊爾．維克的生活。當伊爾．維克作夢的時候，他的名字就轉變成「這裏來的任何人」的意思。這本書是受到佛洛依德影響，描寫精神病患者的性心理的書。

徐遲是浙江省吳興縣人，生於民國二年。二十六年他以象徵派的手法寫《戀的透明體》，代表了他當年的風格：「貯著葡萄的碟子，貯著水晶樣的葡萄。一顆，一顆地。這一顆是我了解你，這一顆是你了解我。放在桌上，快樂著，這些戀的透明體。這兩顆是我了解你，這兩顆是你了解我，眼：戀的透明體。」但他是愛好雪萊的，譯有雪萊的短詩，出版《明天》譯詩集。節譯〈伊里亞特〉，並做重要情節與人物的解說。抗戰時曾出版詩集《最強音》。並寫敘事長詩〈生命爬出來了〉。放下傷神的愛情，三十八年以後「和現代派告別」，活在大陸，不再寫詩了。

讀荷馬的史詩，影響後世的詩創作，在中國彷佛屈原的離騷，在西方則是文學的根苗。

史詩屬於特殊屬別，最初是結合神話、傳奇、寓言諷諭混合而成，以表現民族的生活，生命力的發皇和為生存戰鬥的過程，英雄的故事，如慧可尼的古羅馬頌，以及尼柏隆根歌，西爾德布蘭歌，皆是民族的生活經驗，與歷史文化的發揚。而個人的創作，如米爾頓的《失樂園》他自認其作品，是可與荷馬的作品媲美的。但丁在中世宗教文學與騎士文學的衰替當中，創作神曲與新生，表現了「但丁是一教堂」的理想，他並將他理想的愛人貝特麗采昇華於天堂之上，這些在印度敬天的宗教結合兩大詩史〈摩訶婆羅多〉與〈羅摩耶拿〉的宏大美妙，將人類愛好和平仁慈的思想，發揮到神的地位，共享平等的福祉，是可以相提並論的。

敘事詩〈季長青的歌〉與〈孤女〉

整個冬季：明月出天山，蒼茫雲海間。大漠飛沙旋落照與冰雪滿弓刀的景象在我思緒中醞釀著。歷史上英雄們的血噴濺疆場，骨埋黃沙，蒼莽的荒原，漠然無語。把豪傑們的悲愴與粗獷，視死如歸的形像，寫入詩篇：〈古樹的花朵〉的史詩，便在我的筆下映出鋒利的光芒。這部長詩，送入文獎會，迄未得到回應。我埋頭續寫〈血的悲歌〉（血手），這是十二個段落的四百餘行的詩，述魔鬼披著血衣，在黑夜拖著棺柩，為害人間，殘殺與奴役人類的罪行。我續寫千行的敘事長詩〈季長青的歌〉，這六個章節裏敘述季長青是位退伍軍人，在中共佔領他的村鎮的時候，他守著的是一座巨鐘，為了響應反攻的隊伍，她的妻子去冒險做聯絡，帶回來一面國旗卻遭共軍凌辱而死亡。季長青則以敲響古鐘為裏應外合的策應。村鎮在激烈的戰爭中收復了，但，季長青和他妻子卻犧牲了。人們把他倆埋在自由的土地上，並插上了國旗飄揚。〈孤女〉是十一個章節，千五百餘行的敘事長詩。詩中首先出現的是一位孤單地生活在記憶中的老人，他回憶著他失去的過往的人生。自己終將死於異鄉，死於憶念兒女的痛苦中；不期然他在一座橋岸邊，救回一個垂死的年輕的女孩。初初，女孩孱弱的身體是拒絕老人的所有呵護和慈愛的。經過醫治與休養，女孩逐漸的清醒，也在老人的親切撫慰中，逐漸將仇恨與恐懼消隱。女孩便敘述她的童年和金色的夢，她愛蜜蜂釀的蜜，螞蟻的勞動。小河的光華，羊兒的溫順，外婆的紡紗車，夜裏星光的閃爍，更多的是父親講的故事，媽媽體貼於她的愛。但在甜酣的睡夢中，父親、母親、鄉人、土地都淪落於魔鬼的屠殺與奴役，外婆被活埋在樹下，殺她的人說：「明年要吃好菓子」。她在親人的墳塲痛哭後說：「把軟弱的怯懦，也一起埋葬。」但她終於逃不過匪酋的姦淫，但她因反抗而用牙齒咬住敵人的咽喉，並且愈咬愈深，連敵人的血也嚥了下去。她在敵人的衣袋中得到一張通行證；爬回到村裏，放火燒了敵人的住所。經過艱難的逃亡，她穿林過河，倒昏在河邊的橋旁。這就是孤女的故事，也是老人的故事；他們互相依傍，等待有一天，能回到可愛的故鄉。

雖然四十二年與四十三年文獎會五四的長詩獎全都頒給了〈季長青的歌〉和〈孤女〉，但我寫作目的，除了獎金之外，更有一種生命的動力，心靈的脈息，在鼓舞著我，激勵著我。我在星月的光景裏，不眠的夜色中，咀嚼著另一篇〈殘缺者〉的長詩，讓我能夠把他寫出來。在此期間，我輯有舊作一冊，中有〈回到故土〉等作，由鄧禹平借走，迄未歸還。我另輯一冊，其中除〈海戀〉一篇為三十五年舊作外，〈自由之歌〉、〈陽明山之晨〉、〈迎新年與春天〉、〈我必隨行〉、〈歡迎你們〉、〈歌者的歌〉、〈醒來起來〉、〈海夢〉、〈念故鄉〉、〈誓詞〉等，皆為新作。每節皆在五十行以上，或百行以外。中有〈二等兵的情人〉歌頌的是屏東阿猴寮淡水河畔的女青年大隊。其餘都是感慨之作，抒發胸臆的塊壘。追求民主自由的進步。

民國三十九年（一九五〇）六月二十五日凌晨零時許，大批北韓機械化部隊越過三十八度線向南韓進攻，震驚世界的韓戰展開。北韓的部隊勢如破竹，幾乎攻佔全韓時；也正是國軍退出海南島，浙江省沿岸的舟山群島及福建的金門、馬祖面對共軍沿岸集結，準備以血還血的打擊。九月十五日聯軍統帥麥克阿瑟揮軍自朝鮮半島的仁川登陸，截斷北韓部隊的運輸線，北韓六十萬大軍喪失大半，聯軍攻抵中韓交界的鴨綠江畔，毛澤東建國不久，民窮財盡的中共尚在嗷嗷待哺，他卻令林彪的第四野戰軍在毛澤東「抗美援朝」的名目下蜂擁過江，又繼之以彭德懷部隊的支援，而造成美軍慘重的損失。打了三年的韓戰，到一九五三年（四十二年）韓戰結束的時候美軍退守三十八度線的韓戰，造成數百萬人的死亡，在激烈的韓戰中，美軍有幾萬人的犧牲，俘虜中共軍十七萬多人，其中有志願軍兩萬餘人，堅決反共的一萬四千人在身上刺字堅決反共抗俄，四十二年十一月，台灣各界發起「自由日」運動，於四十三年一月廿三日，或空運或海運，台胞熱烈歡迎義士們來臺，自由的價值，轟動於世人的眼前。是年的台海危機，遂能安然度過。四十三年五四文藝節曾給獎潘壘的《在升起的血旗下》中篇小說，寫的就是韓戰義士的故事。

我初來台灣在南部所見百姓勤勞工作，過著極為簡樸的生活。小學生赤足上學，女子們提著木屐，在雨中跑過街道的景象，使我難忘。後來在台北讀書，住家每多日式房屋，進玄關脫鞋上榻榻米，不得不盤膝而坐。較繁華地區是在延平北路，以後，由於政治、經濟、教育、文化逐漸開展，才把西門町、成都路、昆明街、衡陽路繼續繁榮起來。我在上海暨南大學讀書時，結識由臺渡海到暨大讀書的同學林廷棟，他家在延平北路住，我去看他，他很熱情的招待我，談到我曾在鳳山陸軍官校的一段經歷，他堅持要和我比試腕力，他說：「要體會一下中國軍人的膂力。」他是魁梧身材的大個子，我矮他一截，但較量的結果，並不曾使他失望；我猜測他的心理，仍是殘存著日本武士道的鴨霸心理，殊不知日本武士道，是中國武藝由朱舜水到日本發揚的成就。宋時，戚繼光的戚家軍在浙江義烏不是曾使日本海盜望風而逃嗎？國民政府來到了台灣，他心中仍有日本鬼的陰影，才真正令我失望。可是，在文化方面，台灣的文藝作家如鍾理和的長篇小說《笠山農場》和廖清秀的《恩仇血淚記》寫的都是在日據時代的痛史，可說是愛國愛鄉的表誌。我所知的作家如鍾肇政、詹澈、陳火泉、楊雲萍、林衡道、詩人陳秀喜、藝術家朱銘等，無不是傾心於國語文學創作。而林海音更是表現純文學創作的風範。

我在家中與父母親團聚，十分幸福快樂。姊姊元貞（原叫玉貞，父親說：易經的元、亨、利、貞是吉祥如意的本質，因此改名元貞）原有一位男友從上海跟她來台，但住了一些時候，要回上海結束那邊的營業，整個遷到台北來發展；不料回到上海，就再也無法走出來。元貞為此，很是煩惱了一陣子。好在找到了司法院的一份工作，總算靜下心來生活了。弟弟志強也考上了初中，每天揹了書包去上學；我仍在讀書外，勤於創作。父親研究文學、史學外復精研哲學，其中於佛學，是將唯心與唯物進入唯識的境界作比較的研究與論述；這是我尚不能達到的一種學術境界，因為這個學術範疇就是天地人的綜合創造。一個星期天的下午，一位高大的少校軍官，敲門進來，走上玄關，便跪下來磕了三個響頭，我一看是久別的劉一毅，我抱住他說：「你這幹什麼？」他說：「來謝你的救命之恩。」我說：「你謝老天爺吧，謝我怎的。」他走後，也再沒有見過他。我和潘壘常於黃昏時去東門町一座擺在寶宮戲院對面的攤販席上吃牛肉麵和羊雜碎湯，這攤販長相及身樣切實像日本明星三船敏郎，我們叫他做二郎；潘壘除了寫小說也熱衷上了電影，說將來拍片子要找二郎做主角。後來，警察清理隨處擺設的攤敗，二郎租下一間店面，繼續做生意，不久，娶了老婆，生意也興旺了，人也胖了，請他做電影演員的主意也打消了。在我住的小街口，畫家梁雲坡搬來住下，早晚拉小提琴，練習莫札特，修伯特的小夜曲，十分動聽；他原是北平藝專的學生，後來畢業於杭州藝專，能工筆畫，能大幅的山水，揮灑自如。他的兄長梁在平是古箏名家，收的學生也多出類拔萃。雲坡的女友梁丹丰，是戰畫室主梁鼎銘的千金，鼎銘先生畫馬，他的弟弟又銘畫羊，中銘畫牛都是高手。他們的兒女丹美、丹卉、丹貝也都是名家的才藝，風神俊俏。

春來不久又歸去了

我在臺大肄業期間，表面看不是一個用功讀書的學生，但我卻是專心聽課。我能領悟到朱熹觀書的感想：「半畝方塘一鑑開，天光雲影共徘徊；問渠哪得清如許，為有源頭活水來。」這是讀書之得，可以和天地自然溶匯，如源頭活水，洗滌心靈。又如他的「昨夜江邊春水生，艨艟巨艦一毛輕；向來極費推移力，此日中流自在行。」這是講讀書深入的功夫，如能瞭解到書中的真諦，就如巨艦航行水中，不用推移之力，就能如一鴻毛之輕，自在的不費力氣的前進了。我本著這樣的心情讀書，也自在也不費力了。

我在讀書期間，也嚐味到愛情的溫馨。我和袁曉縵同在一間教室上課，不是如古詩十九首中說：「盈盈一水間，脈脈不得語」的情景；而是經常相互注視著，要向對方說些什麼話，又隱忍著聆聽對方的聲音。我們的接近，彷彿王維的詩：「明月松間照，清泉石上流。」的情意。有一天下了晚課，我們不期然而又自然的走在一起，並肩走著走過了新公園。我問：「到哪裏去？」她說：「隨便你。」我們便到衡陽路的錦江餐廳，吃了便飯，那裏燒的划水鮮嫩可口，雪裏紅炒肉絲、青豆蝦仁、伴黃魚；我們用完了餐，便走回東方出版社旁的玫瑰咖啡館，坐下在一角，聽蓓蒂・佩姬悠婉的情歌，傻大姊桃樂絲・黛明敏的新聲。我們依偎著，她嗑了瓜子，削了蘋菓給我吃。我便說了掛枝兒的私情歌給她聽：「瓜子仁本不是稀奇貨，汗巾兒包裹了送與我親奇；一個個都從我舌尖上過。禮輕人意重，好物不須多。多拜上我親哥也，休要忘了我。」她不是打情罵俏的小女子，只把軟綿綿的身子貼入我的懷中，玉容在微弱的一蕊燈光下薰染成桃紅，我們暱就著，吻成忘我的馨柔。情意縈繞的夜深了，我送她回台大傅園的女生宿舍，幾次在黃包車上，她坐了在我的兩膝，柔若無骨的身子緊貼著，她耳語著：「這樣過一輩子吧。」走入宿舍的路口，我們仍要多說兩句話：「祝你有好夢。」舍門要上鎖了，她才匆匆走入。兩年多這樣的好日子也匆匆過了。有如「春來不久，又歸去了，誰也不能留。」曉縵原在南京社會教育學院讀書，與同學駱環姊妹交。駱環的大哥在國防部工作，曉縵和母親受到駱環大哥幫助多，她的母親師大畢業，到台北女師附小教書，分配到一間房子居住，曉縵便和駱環在東門町連雲街三十四號一棟日式房屋同住，駱環大哥的職務在台中，每次回台北，便也住在一個屋簷下。曉縵和駱環到台大復學後，曉縵才遷入傅園女舍來住。一天，我們約好見面，曉縵曾說如她不來，就是到母親那裏去了。下午向晚時分，我買了一些禮物，獨自去女師附小看她和她的母親，校裏傳達和氣，告訴我袁老師未曾出去，她的女兒也未曾來看她，不過，我可以進去看望一下。我穿過教室邊走向後面短牆前一排教員宿舍，袁老師是中間的一舍，我輕步往前去，但聽得一聲幽傷的長嘆從屋內傳出來，我上前幾步，見一角窗玻璃內，蒼髮的袁伯母面朝內斜臥一張床上，她是獨自一個人，曉縵並未陪伴著她。我怔了一會，便把禮物放在她的門口，默默的轉身離去。我想著一個母親的悲哀與寂寞。曉縵從來沒有講過她父親的事，也許那是一樁難忘的往事，摀住痛苦不願說出的離情。再一次是偶然的相遇，卻造成我們分手的緣故。信義路一段頭新生南路金華街邊有一座三軍托兒所，是蔣夫人的婦女之家撥款開辦的；由我為孟廣業和幾位女老師照顧與教育著一群幼兒，聖誕的前夕，小孟請我們友人扮演成小孩子喜歡的人物，去與他們唱遊歡樂；我扮演花衣吹笛人，頭上戴了一頂大紅氈帽，臉上塗了五顏六色，並黏了一撮山羊鬍子，寬大的睡袍前掛了一口大袋子，裏邊裝滿要送小朋友們的禮品，我們唱著：「城門城門有多高，八十二丈高。」孩子們手拉手兒舉起作城門，兩邊兩隊小孩唱著、舞著，從高個兒手臂下鑽過去，想唱什麼就唱什麼，吃的，用的，玩的，想的都可唱出來，大刀、長槍、鍋巴、糖、大公雞、小鳥、山茶花、阿里山、太陽餅、愛玉冰、衣裳、褲子都唱進去：「打鼓打鼓進城門。」又舞又唱：「張家老老有塊地，咦呀咦呀嗨！這塊地上長小雞、小羊、小貓、小狗，咕咕、咩咩、喵喵、汪汪」的唱下去，孩子們樂翻了天。又扮老鷹抓小雞，又扮孩子們騎馬、騎牛、騎龍、騎駱駝，鬧的翻天倒地不亦樂乎。但我約的曉縵，至終沒有出現。然後給小孩們畫圖、猜謎，分散各種孩子們喜歡的禮物，笑鬧夠了，孩子們累了，乖乖兒的睡了，我們大人們也走了。夜已深，星月在天，市廛也靜了，我沿著新生南路往信義路去，走至連雲街口王老得藥店，燈火漸暗了；驀然，我看見袁曉縵，她嬌媚的依附著一個中年漢子，我委隨的走著。對了，那漢子是駱環的大哥吧？我站在暗處，看他倆走入連雲街三十四號的日式房子裏，在紙窗的映影中，他們是在擁抱著了。我此時看在眼內，血液沸嘯，便靠在電線桿下，喘息了一陣，才踉蹌的向前走著，過了溜公圳那座小石橋，不禁向夜天嘶喊起來：夜深人靜，曉縵，妳有什麼難言之隱，未曾和我說？還是我的倔強性格，使你難於出口？經過了兩週，我們也不曾見面，一天，她宿舍的好友，外文系的王雪茹約我在玫瑰見面，我去了，她向我說：「你知道不，袁曉縵為你生病了，你知道她愛你愛的多深嗎？」，我問：「她害了什麼病了？」她說：「你真傻，崔鶯鶯想張君瑞害了什麼病？不是相思病嗎？」我回答：「唉！誰知道。」她正色說：「學期快結束，你們也將畢業了，總得要有個答案嘛？她等著跟你結婚呢，你還不快去向她說？」我此時想到駱環的大哥，便說：「她的對象不是我。」「傻子！」王雪茹說：「她為你害病，你卻說這樣的話！」王雪茹站起來：「話也說給你聽了，我走了。」過了兩天，袁曉縵送了一封信給我，約我去玫瑰咖啡室，我猶豫著終於沒有去，我問我自己到底怎麼了？我回答不出來，也許，因為未能坦白相對而產生了不能堅持的緣分。

二個月後，吳引漱接到袁曉縵結婚的喜帖，她嫁的不是駱環的大哥，而是中央銀行行員畢道義先生。我和引漱去了設在物質局禮堂的婚筵，送了禮金走出來，袁曉縵跟在我們身後，我回頭望著她粉白的臉，她直直的注視了我一會，才轉身和追出來的新郎回到禮堂去了。

三個月後，袁曉縵又約我在台大見面，我們繞著文學院和圖書館的路走著，椰子樹夾道搖曳著它們的羽扇；她說她已遷出了傅園，難再回來。晚飯後送她回新生南路龍山國校對面的公寓，她說：「原來是想跟你結婚，生幾個小孩，現在，是不成了。」她把臉埋在我的胸前低泣，我也不由的掉淚；她是這樣的好女子，而我不知情是何物，竟辜負了她。人生是本大書，我尚未讀通。

第九章 讀書破萬卷

主編《理論與方法》

我於四十三年六月台灣大學肄業期滿畢業，由教育部部長張其昀發給畢業證書，授予法學士學位。隨即參加四十四年甲級一般行政人員行政組考試及格，由考試院發給特壹甲優字第壹陸參壹號及格證書，旋經分發台灣省政府人事處任用，限期報到。緣因四十二年中央在陽明山舉辦青年夏令營，我經聘任會刊編輯到夏令營結束，即應命在國民黨中央黨部第一組，即組織工作會第七室擔任會內組訓刊物《理論與方法》之主編。第七室原是縮編的訓練委員會，總幹事蔣嘯青，抗戰時曾任《西安圖書》雜誌處處長。當年精壯，今則灰髮邃密，為人謙沖謹厚，室內同事有王冠青、孫午南、方斐文、鄭葆琦、翟君石、王光遜和我。人少事繁。我的職務是在研讀總理遺教及總裁訓詞名目下開展全黨的教學工作。總理遺教在發揚建國方略、建國大綱、三民主義的要義。總裁訓詞，則是闡釋建國復國的方針大計。撰稿者，除蔣嘯青、王冠青、鄭葆琦外，林光宇、李啟楨、呂少恆、李道合等各室總幹事亦參加供稿；如有專題專論，亦請政壇主事者及學者專家參與執筆。各期的前言與結論，則由我主筆。除此外，我亦主編《黨員讀本》，如政府初到台灣即推行三七五減租，就是地租額必須減少至耕地正產物總收穫的百分之三十七點五，以維護佃農的利益。如進一步推展耕者有其田，凡地主有三甲以上的土地，依法徵收，放領給現耕農民。其地價以耕地主要作物全年收穫量兩倍半為標準。地主二甲以下土地得由現耕農民，申請政府貸款自由購買，兼顧地主及佃農的利益，為一種溫和而合理的政策，實行以後，效果顯著，農民皆額首稱慶。這就是三民主義民生主義中平均地權的重要部分，台灣康樂社會逐漸形成。農會為農民謀福利，漁會保障漁民的安全與生活；這些良好的政策，也是推行三民主義的成果。在會內這也是惟一的一份嚴正而具有充分內容的刊物。

《文學創作》的成就

四十四年七月一日，文藝創作主編葛賢寧因事離職，張道藩先後請了王平陵、胡一貫、虞君質接編，但終因文藝獎金委員會全年經費只有新台幣二十一萬八千元，真的杯水車薪，連獎金會亦捉襟見肘，再匀辦刊物，更見支拙。葛賢寧為《文藝創作》貢獻了個人的精力與時間，至為不易。而文獎會經費短缺，而又不能按照預定計畫增加經費，工作既已達到飽和。張道藩獨力難支大廈，衆位委員開會，也束手無策，雖然在四十四年文獎會收到的稿件，即有一千一百零一件之多，字數超過一千兩百萬字；採用作品有二百零八件，字數有四百一十二萬五千字，推動文藝向社會擴展，的確發生了大的作用，作家倍增，文藝的力量為復興基地，創造了提振民心士氣的功效。到了四十五年七月，張道藩說：「經過一再考慮，到這一年下半年，我毅然呈請中央結束文獎會業務，停辦《文藝創作》月刊。」葛賢寧則因自辦中興出版社，出版了幾本小書，因不善經營而關門大吉。其他的出版方面如正中、商務、中華、開明、大業、明華、廣文、力行等書局出版文藝書籍外，尚有陳紀瀅的重光文藝出版社、王藍的紅藍出版社、胡偉克的中國文學出版社、吳愷玄的暢流出版社、穆中南的文壇社等，出版的文藝書籍，總計不下兩百種。我的朋友劉守宜是一位真正眼光如炬、胸懷磊落的文學愛好者與出版家，他一方面自任發行人資助夏濟安主編的《文學雜誌》，培養了白先勇、林耀福、歐陽子、叢甦、陳秀美（若曦）、王文興、徐允秋（徐訏之子）等的人才。四十五年初他在東方出版社對街口，就是重慶南路一段七十五號衡陽路口租下樓底的房子，開辦「明華書局」，並出版了姜貴（本名王林渡）於四十年九月間開始寫並已自費出版了五百本的《今檮杌傳》，改名《旋風》以記國民黨的散漫而成共產黨之惡的大書。胡適對這本小說曾做了要言不繁的推薦，檮杌在古《神異經》本指為人面獸足、豬牙蛇尾的惡獸。「西荒經中有獸焉，其狀如虎而大，毛長二尺，人面虎足豬口，牙尾長一丈八尺，攪亂荒木，名檮杌。一名傲狠，一名難馴。」以類似共產黨的無人性。亦即孟子言：「人之異於禽獸者幾希」的禽獸。陳紀瀅的《荻村傳》、張愛玲的《秧歌》及《赤地之戀》，潘人木的《蓮漪表妹》均是反共小說，而名聞國內外，但《旋風》卻是如夏志清所言：「現代中國小說中最傑出的一本——可說是晚清、五四、三〇年代小說傳統集大成者」。四十八年八月《文學雜誌》刊出高陽長文「關於『旋風』的研究，認為是繼承傳統的中國小說開花結果的傑作。」姜貴之作不僅是集了《紅樓夢》的錦繡文墨，也是集了《金瓶梅》的淫怪荒唐；不僅是集了知識分子的感觸萬端，愧恨交纏，也是集了百姓的病痛瘡痍，生死艱難。所謂「物必自腐而後蟲生」。姜貴說：「共產黨之得一時崛起於中國，為千古變局。其中成因『千頭萬緒』數之不盡。」所以，這也不是國民黨一時的放鬆所致。這部四十萬字的長篇小說，也採用了自然主義深入解剖，細微刻畫的手法，有些人是真人真事，但改了姓名出現，是姜貴親身的所見所聞。前頭六十頁描寫山東T城（濟南）共黨的組織活動；接下去四百六十頁寫的則是農村的方鎮，方族鄉紳家，他們的子弟不是享受與揮霍祖上遺產的墮落子女，就是追求共黨虛無天地的赤色分子。共黨打天下的狠毒，是那些墮落子弟望塵莫及的。他們用欺騙恫嚇勒索謀殺販毒走私的手段外，還利用地痞流氓土匪強盜，並勾通日本鬼子來擴大其罪惡的恐怖勢力，來破壞人們自身的是非觀念、羞惡意識、進而毀壞倫常、背叛禮義。方祥千原是方鎮的儒紳，他為達成他不能深知的大同理想，不料竟上共黨宣傳的當，轉變為共產黨員的他，也竟然信了俄國十月革命是社會革命的成功。他以這種愚蠢觀念，哄騙家境貧困，但頗有些江湖氣概和下屬社會徒衆擁護的侄子佩蘭說：「大家做工、大家種田、大家吃飯、大家一律平等，大家都有自由的好處。」「結婚自由，離婚自由，老婆不如意，馬上離掉，再換新的。國家設有幼兒院，孩子生下來，往育兒院裏一送，你就不用管了，一點也不牽累你。病了，國家設有醫院，免費替你醫治。老了，國家有養老院。總之，人家俄國是成功了。」「好呀，天下那有這種好地方？」「這就是孔子所理想的大同世界。大道之行也，天下為公。」但是，我們民族的精神領袖孔子的大同理想是「老吾老以及人之老，幼吾幼以及人之幼」。是仁愛的家庭制度擴大為「老有所終、壯有所用，幼有所長、矜寡孤獨廢疾者皆有所養。男有份，女有歸」的仁愛社會。方祥千說的是不負責任、自私自利的父子關係、男女關係、人倫傳統被拋棄的社會，將是孟子所說「率獸食人」的惡社會。這種解放就是不承認人是家庭的分子，是極端冷酷的動物；一旦共產黨革命成功，那就是無家可歸，掃地出門，被共產黨奴役，鞭策至死的工具。共產黨員中兩個權力最高的領導是龐月梅、龐錦連的母女娼妓。她們的無恥與惡毒，象徵著共產黨整個醜陋，惡毒的面目。而方祥千的徒弟方天艾去拜龐月梅為乾娘，也就顯示出了共產黨蹂躪人的風暴猶如旋風，必終因其狂暴自速滅亡。這也正如中國人的成語：「多行不義必自斃」的那句老話。

姜貴繼《旋風》而有《重陽》

民國五十年《重陽》出版，寫的是都市裏的共產黨，主角是洪桐葉和柳少樵。洪桐葉原是洋行裏給外國人做事，受盡了洋人的窩囊氣，恨死了帝國主義。柳少樵是世家子弟，受新文化反倫理、反禮教、反封建的不良影響而反常。他家裏給他娶了個名門閨秀、溫柔美麗的新娘葉品霞，他認為舊式婚禮不合理，非反對不可。因此，當天晚上就如對仇人似的污辱與強姦了她。憑著這種無人性的病態心理，他參加了共產黨。當他遇見洪桐葉時，知道他的母親患病住院，就馬上送了一百塊錢給他。不久，桐葉就在他巧妙的安排下，走上腐化的路，跟著做了共產黨。桐葉在柳少樵軟硬兼施下，為共產黨賣命。柳少樵則在私生活上極盡蹂躪婦女、瘋狂聲色的能事。葉品霞那樣一個如花似玉的美人兒，別人喜歡亦恐不及，他卻把她及她全家都毒死。他的情婦白茶花等幾個女人，一經柳少樵誘騙便做了有違倫常道德的違心事，又無不乖乖的聽他擺佈，而吃盡了「婦女解放」的虧，受盡欺凌。洪桐葉有個知書識禮的妹子洪金鈴，最後也不得不屈從於柳少樵的淫威之下，供他玩弄。甚至桐葉的寡母，亦遭柳少樵污辱。《重陽》結尾寫洪桐葉覺悟後逃跑時，為柳少樵所殺。這本書寫柳、洪兩家悲慘下場外，牽涉局面很大，事件很多，許多人物經過作者簡潔的描繪，便能栩栩如生地印入讀者腦海，如寫大家小姐小魚的被欺凌傷害，如寫共產黨教育下所做列打資的那個可悲可痛的小孩的痲木不仁，如寫朱廣濟的女兒受共產黨迫害後，不得不跟共產黨走等，都表現出來共產黨利用五四勿尊古、勿尊聖、勿尊國的手段之惡毒，利用青年人盲目的「家庭革命」而走上毀滅的絕路。真是令人讀了肺腑傷痛，歷久難忘。這都是青年們認為舊社會不好，而造成了共產黨的兇惡的折磨。

奧威爾《一九八四》的可怕世界，是反對共產黨的烏托邦，共產黨的無神論，是要打倒衆神，惟有共產黨烏托邦的一尊大神，壓迫世人跪倒膜拜。世界如甘願奴化，則是暴政的成功。他的《百獸山莊》出版於一九四五年，薄薄的一百二十頁的小書，但內容的精采，絕不是某些不瞭解共產黨的幼稚文評者，淺薄的指為「宣傳文學」，這是極為錯誤的說法，而是破除了對共產黨的若干幻想，更是徹底認清共產黨的猙獰面目，而呈現了共產黨的罪過，因為，這部書寫出的人性的真，而俄國共產黨徒如列寧、史達林等通通在內，都被描寫成一群饕餮的獸。是這些獸統治人類的世界。所以，姜貴當初把《旋風》一書叫做《今檮杌傳》是十分恰合奧威爾的「滌瑕蕩穢」的理想的，這正是文學伸張自由、民主、人權的工作。

詩人聯誼會與新詩研究班

中華文獎會與《文藝創作》雖然結束了，但卻形成了一種掃除黃色的害、黑色的罪、赤色的毒的清潔運動。在此時國防部總政戰部配合文藝的開展，在軍中設立軍中文藝獎金，大力推行文藝的創作。瘂弦的〈祖國萬歲〉，古丁的〈革命之歌〉等重量級的詩創作，遂提高了詩的嘹亮的音色。四十二年紀弦在成功中學任教時自辦現代詩社，成立現代派，常在黃昏時來我家門口，邀我參加現代派，他說：「現代詩是橫的移植。」因我不敢苟同，而拒絕參加。四十三年覃子豪成立藍星詩社，主編《藍星季刊》。我則於四十六年主編《今日詩刊》，由鍾鼎文、紀弦、覃子豪等人參與，辦到十一期，每期的封面均由覃子豪設計及提供。在此基本上成立「中國詩人聯誼會」，我被選任為常務委員兼秘書長。會籍組長紀弦、聯誼組長宋膺、研究組長余光中、輔導組長覃子豪、國際關係組長方思、總務組長葉泥、財務組長鍾雷。詩人節頒獎給白荻作：〈羅盤〉、吹黑明作：〈工人之歌〉、林泠作：〈不繫之舟〉、彭捷作：〈水鄉〉、徐礦作：〈讓我們到前線去〉、孫家駿作：〈戰鬥詩抄〉。路平作：〈鏡子〉、向明作：〈引力昇起吧〉、戰鴻作：〈西洪的石獅子〉、瘂弦作：〈印度〉、王祿松作：〈晨光〉、阮囊作：〈最後一班車〉、羅門作：〈曙光〉、洛夫作：〈靈河〉、奎旻作：〈唐人街〉。五十一年與鍾鼎文、紀弦、覃子豪主辦「新詩研究班」，半年後，結業學員古丁、陳敏華、文曉村藍雲、王在軍等二十二人。我那時請了虞君質、陳紀瀅他們講抗戰詩，又特別請到盛成教授，他在法國時與梵樂希相交甚篤，並請他講藍波、馬拉梅、魏倫、拉佛格、阿保里奈兒、高克多等詩人的作品。在戲劇演出方面，邱曾鑑在南陽街開了一間劇場，給劇人們謀了一個出路，把一些輕鬆的戲如《唐伯虎點秋香》、《賣油郎獨佔花魁女》等來演出；不久，西門町的紅樓也參加了話劇的演出。在流行歌曲的演唱方面，初期是在水源路螢橋的河水旁，搭蓋了小舞臺與茶座，由歌星紫薇、敏華、易容、美黛、婉曲，後又有吳靜嫻、姚蘇容、冉肖玲、張琪、孔蘭薰等的加入；由於她們吸引了衆多的聽衆，便能向舞場歌廳、酒廊、飯店發展，等到台視開播，群星會一時成為新寵，到鄧麗君的出現，又翻出了新局；男歌星則有青山、余天、謝雷、夏聲等，都把所知歌曲唱盡，而不能更上層樓。在香港則有崔萍、姚莉、席靜婷、潘迪華、吳鶯音把《夢裏相思》等歌唱成了柔婉的曼曬；能把藝術、流行、民謠之歌，全唱好的是費明儀、華怡保和陳安妮三人。劉雪庵的《紅豆詞》、《飄零的落花》、李七牛（黎錦光）的《鍾山春》、《夜來香》、陳歌辛的《玫瑰玫瑰我愛你》和由現代派重鎮，雨巷詩人戴望舒作詩，陳歌辛作曲，深情纏綿的《初戀女》，都是絕美的歌曲，是可與新詩在聲色方面相契合的。周藍萍那時在中廣公司工作，他已譜了《寶島姑娘》、《綠島小夜曲》、《一朵小花》、《春風春雨》等歌。他守著一座鋼琴，我為他唱了李之儀作詞、青主作曲的《我住長江頭》，蘇東坡〈念奴嬌〉青主作曲的《大江東去》、《初戀女》、《故鄉》、《嘉陵江上》、《教我如何不想他》和《一朵小花》。他快樂極了，說：「你來開個獨唱會，我來給你伴奏，最好也加些民歌如《鳳陽花鼓》、《在那遥遠的地方》、《藍花花》、《走絳州》、《走西口》、《小河淌水》、《小黃鸝鳥兒》、《可愛的一朶玫瑰花》、《馬車夫之歌》等什麼的，對了！再加上《茶花女中的飲酒歌》，再加上你喜歡的黃自、青主、陳田鶴、江定仙的藝術歌曲，必然能轟動樂壇，開啟一陣樂風，你看如何？」我說：「我正要唱一段懷鄉曲，包括陸華柏的《故鄉》、劉雪庵的《長城謠》、張寒暉的《松花江上》、夏之秋的《思鄉曲》、馬思聰的《思鄉曲》、黃友棣的《月光曲》，以及賀綠汀的《嘉陵江上》。每首歌曲，我需練習百次以上，才敢上臺演唱；這得花上一些時間吧？」「沒問題，我們編排歌曲的次序，五七首歌一個時段，先集好歌曲，大致練習三個月，打點一切就好了。」我們設計好的合作因緣，不料因為李翰祥要凌波、樂蒂主演《梁山伯與祝英臺》，堅邀藍萍去香港用「黃梅調」作很多的曲，而暫時打消了我們開獨唱會的計畫；等梁戲的電影開拍了，上演了，成功了；藍萍也累垮了，生病了；最後是英年早逝，告別了樂壇，走向靜寂的另一個世界。有一次薩孟武老師說：「《梁山伯與祝英臺》，我前後看了十五次還覺得不夠，你看了多少次呢？」我看梁戲不多，想起藍萍，我就覺得內心難過。

《自由之歌》的印行

潘壘在同安街租了一間有小院落的房子，專心寫他的小説和電影劇本《合歡山上》。林適存（南郭）也搬到附近寫他的《巧婦》與《鴕鳥》；那時，立法委員吳竹銘辦了一份《海風》雜誌，我寫了〈神與魔之戰〉在上面發表，也寫一部中篇十六萬字的小說《風情的毒蕊》，潘壘說：「印成書才好」。但因為寫了敘事長詩〈殘缺者〉在木刻家朱嘯秋創刊的《詩・散文・木刻》上發表，接連登了三期，詩中敘述：李聖圖因抗日戰爭受傷殘缺，流浪四方，受到一位慈祥的老人和他的女兒照顧，生活遂有了快樂，不料，故鄉失落於強盜之手，老者被殺，少女跳河死了；李聖圖取得一位烈士留下的三顆手榴彈，與強盜同歸於盡。我對〈殘缺者〉私心喜愛，因為《中國時報》副刊主編高信疆對我說他曾細讀這首長詩，並曾背誦其中的一些詩句，至今難忘。四十五年匈牙利因要求自由與獨立，受到蘇俄大軍的攻擊與鎮壓，我寫了一百八十行的〈匈牙利進行曲〉，我寫「藍色多瑙河的音樂，潘諾尼亞的廣原、我寫少男少女牧笛號聲，蒙古和馬札爾人，波蘭的憂鬱、波茲南的怒潮、吉卜賽人的浪跡，布達佩斯的英雄碑、賽吉德、左諾克、佩其和吉奧的女傑，卡洛奇和梅爾達的招喚，貝吉斯、科馬隆的抵抗，熱血流在血地如番紅花的怒放。」加上戰歌、頌歌、老水手的歌以及人生的春天，「文壇社」於四十四年十月印行我的《自由之歌》第一集後，繼在四十六年五月出版了《自由之歌》的續集。封面由名畫家廖未林設計，隻手撥昂奮的紙鳶，極有深意。劉守宜的明華書局要為我出一部詩集，但我以為「中國詩人聯誼會」在我手中成立，應該徵選一部詩集印行，以彰顯我的大公無私，我將我的想法和他說了，他回應道：「你也是個傻子，別人爭著出自己的詩集，你卻要徵選別人詩來出；這樣也好，先出了別人的再說吧。」我快馬加鞭，徵選了趙玉明、方思及我自己共壹百拾貳人。是書由畫家廖未林裝楨封面，二十五開本，上下排列共貳百零五頁。題名《十年詩選》。

潘壘的喜劇

潘壘那時熱衷於電影，籌備拍攝《合歡山上》，台灣的電影，初初萌芽，但受到日本與香港電影的影響，不能自創特色。《紅塵三女郎》演員江綉雲、藍晶的表演稚嫩，尤其藍晶是青春少女，讀書不多，擁抱虛榮，極想成名，自然和潘壘接近，她來的多了，不免生情，我勸他倆去河畔靠椅上談話聽歌，那種靠椅美名鴛鴦坐，雖然簡陋，但可培養些純厚的氣氛。藍晶的父親是個裁縫匠，在昆明街有間臨街的房屋，樓下是裁縫店，樓上一間擠著五口一家住，藍晶便搬出來和她的姑表姊妹住，藍晶和潘壘交往日漸頻繁，他的父親多了些疑惑，以為潘壘會佔了藍晶的便宜，又聽了此閒言閒語，更增加些煩惱，就想捉住他倆孤男寡女的證據，好出口氣。一天早上，潘壘向我說：「昨夜夢到掉了一顆牙齒，不知有何徵兆。」我說：「一般來說，夢到掉牙齒，是不吉利。我想，如果藍晶來找你，可不能坐到深更半夜；讓她早早離去是福。她又十五、六歲不成年，有什麼事賴到你身上，吃不了兜著走，你尚在創業，惹事生非犯不著。」他聽了直點頭：「我小心就是。」是夜藍晶來找潘壘，潘壘送她早早離去了。半夜三更，突有人咚咚的捶門。我正好住在那裏，開了門，藍晶的父親，手頭拿了根粗繩子衝進，後面跟了三個面目沈陰的人。我挺立門口擋住他們，並把一個壯漢推出門外。我問：「幹什麼？」藍晶的父親說：「來找我女兒。」他揚起手中的繩子大聲說。「你女兒是誰？」我問。他高聲叫起來：「藍晶，藍晶。」又喊她的小名：「阿蓮呀！」門外有一個穿著整齊的人瞪住我：「你是誰？」另外兩個氣勢洶洶：「進去，進去找人。」我一步不退：「你們三人中，有警察嗎？有搜查證嗎？」那問我是誰的人說：「我是萬華警察局的刑警。」我一把抓住他：「好，今晚的事，你負責。」他想推開我，卻沒有成功。我放四人進來，對楞在一邊的潘壘說：「讓他們進來看看，請教他們憑什麼？」潘壘打開房門伸了伸手：「請看吧，只是間小房子。」藍晶父親向屋裏看看，攤開兩手：「錯了，沒有人。」我向他說：「你們人多勢衆，還帶了繩子綑人，帶了刑警抓人，帶了打手準備扁人嗎？咱們到萬華警察局找局長去評個理去！」那刑警對藍晶的父親說：「沒有真憑實據就到警局報案，幸虧我來了；找不到你女兒的人，又騷擾了人家，就向潘先生和這位先生——哦！你先生是？」「潘先生的朋友，可以嗎？」他笑著說：「可以，可以！」我還是拿出身分證給他看了，他笑著鞠躬：「誤會了，我們道個歉，走了吧！打擾了！」他圓了場，轉身就走，繩子垂在地上，三個人也摸黑走了。「為人不做虧心事，那怕半夜鬼上門。」藍晶的鬧劇，就這樣的終結了。

五十年來的中國詩歌

葛賢寧的去世，使我傷感落淚。他結束了中興出版社的業務，便到景美橋附近寶斗厝租了間房子和他的妻子同住，他那時已害了糖尿病，日漸沈重；不能勞累工作。我家已遷往明德新村，離他住處不很遠；我常帶些物品去看他，有時也送些錢過去。正中書局由楊群奮主持編印組，計畫了出版一套五十年來的文學叢書，原定請他撰寫《五十年來的中國詩歌》，他因病需錢用，已先支完了二十萬字的稿酬，但卻體弱頭暈，迄未動手下筆。經過編務商討，決定另請人寫，但因無稿費著落，一再延遲，葛賢寧因病勢擴大且影響心肌肝臟，臥病不起。陳紀瀅負責主編任務，無可奈何下找到我商量，他說：「沒有稿費，誰肯寫呢？你擔當這樣任務，頂了他的名寫好不好？」我說：「這是個重擔，我怕挑不起、寫不好。稿費葛先生拿了治病，我可以不支稿費來寫，就怕這樣的理論文，我寫不來。」紀瀅先生說：「踏破鐵鞋無覓處，你承應寫就好。我也相信你寫得出、也寫的好。」我為這書，先擬訂了目次：一、中國詩歌空前的革新，二、初期的新詩，三、新的格律詩，四、象徵派的興起，五、新詩的轉變，六、反共詩歌的興起（上），七、反共詩歌的興起（下），八、反共詩歌的極盛，九、現代詩的興起（上），十、現代詩的興起（中），十一、現代詩的興起（下），十二、近幾年來的新詩壇。這部書交稿，於五十四年以現代中國文藝叢書《五十年來的中國詩歌》為書名，二十五開本一四九頁於五十四年三月印行。出版前，我請把葛賢寧的大名排在我的前面。以示對他的尊敬。他因病入膏肓，逝於五十年三月，得年僅五十四歲。我寫詩追悼他，並把他在馬祖服役的兒子調回台北，與他的母親共同生活。

四十六年，我編寫一齣家庭的四幕劇《春回》，表現一家人在困苦生活中，怎樣度過艱難，走向新生的道路。

《夜盡天明》與《秦始皇》的演出

四十七年（一九五八）八二三金門炮戰，中共十天中共發射十三萬七千發重炮彈，轟擊金門群島；我軍將來犯的共軍殲滅在料羅灣，空軍的優勢也保住了台灣的安全。台灣既有這樣的實力與安全。四十九年（一九六〇）艾森豪・威爾訪華，就證明中美雙方仍有相當可靠的邦交。但到民國六十年（一九七一）十月下旬，我國被迫退出聯合國，我們的國際地位也相對的下降。到一九七五年的五月四日蔣公去世，民衆們人山人海的排隊，手臂上裹了黑紗哀悼這位畢生以繼承國父孫中山的遺教，以愛國救國實行三民主義、以建民國，以進大同為職志的偉人的去世，真的是如喪考妣的晴天霹靂，但哀傷哭拜又如何？蔣公領導八年抗戰的勝利，卻被毛澤東掠奪，退出聯合國不也是中共的壓迫嗎？「西北望長安，可憐無數山」，正是當時心情的寫照。

在這些艱難撐持的歲月中，可見出文藝的力量逐漸注入了社會民情在發揮。國語的推行是普遍的趨勢，這是教育成功的先聲，九年國教的成功，奠定國語文學的推行；民族舞蹈的創立，更加強育教於樂的活動。軍中聯勤政治部的主任何志浩將軍，是位多產傳統詩的作者，他率領了聯勤外事處鄧士萍和秘書叢肇良在文協宋膺，救國團鄧禹平，及總政治部童世璋的共同推行下，舞蹈界的老師高梓、高棪、蔡瑞月、李淑芬、柯咏芳、林是好、辜雅琴、劉鳳學、李天民等人，帶同他們的學生、社團參加了三軍球場團體、個人、學校、舞蹈社的民族舞蹈比賽；我也列位評審。各種的舞蹈、戰鬥舞、邊疆舞、古典舞、現代舞都熱烈的舞成民族鬱勃的花樹。記得五歲的張小燕表演新疆舞扭頭聳肩，搖鈴擊鼓的可愛模樣，海外的華僑對民族的各種舞蹈都有引頸相望的興趣，於是李淑芬、蔡瑞月、劉鳳學、高棪都曾興致勃勃的去了東南亞的地區和華僑聯誼合舞起來。而朗誦詩也成為學校的流行，紀弦的〈在飛揚的時代〉、我的〈祖國在呼喚〉，及許多詩人的朗誦詩，也成了學校朗誦的作品，最醒目的一次是師範大學朗誦晚會，集聲色燈光氣氛的大成，乃能有動人魂魄效果。並顯現出了重慶精神的浩氣磅礴。台灣的文藝運動，也逐漸形成。我的《夜渡》經改編成《夜盡天明》的電影，由中央電影公司拍攝成功上演，得到海內外觀衆的欣賞。主持製片的經理是名劇作家王靜芝，筆名方曙，他是合江省佳木斯人，民國五年生於瀋陽，民國二十年還到北平，畢業於輔仁大學國文系，抗戰時臂助英千里教授地下抗日，英教授被日憲兵隊逮捕受刑不屈，囚於黑牢。抗日工作便由王先生承擔。抗戰勝利，先生當選制憲國大代表，三十八年來台佐王星舟先生為中央電影公司製片部經理。《夜盡天明》在先生手中製作完成。上演後反映甚好。他隨即任教於大專院校，創設東海大學、輔仁大學中文系所兼主任所長。他在國學方面著有《詩經通釋》、《經學通論》、《韓非思想體系》、《國學導讀》、《劍南詩稿族友考》、《國學概要》等。劇本創作有《風塵劫》、《梅崗春回》、《歧路》、《錦繡前程》、《關山行》等；歌劇《郭子儀》、《祖逖》、國劇《金陵關》、《烽火鴛鴦》、《倩女離魂》、《玉壺春》、《大漢英豪》等。話劇《樊籠》、《收拾舊山河》、《憤怒的火燄》、《鬼世界》、《女伶的戒指》等；《萬世師表》一劇四幕演孔子四段事跡：古壇講學、夾谷之會、子見南子、子畏於匡，以彰明孔子仁道的中心思想。他曾多次獲得中華文藝獎。我於此時則編有四幕六場的歷史劇《荒漠明珠》演出漢武博望侯張騫鑿空萬里、通西域，斷匈奴右臂、送葡萄入漢家，最重要的是文化藝術的交流、張騫在西域得摩訶兜勒大曲，原屬犍陀羅的音樂系列，係採用五個音節的旋律而成；這是延自希臘的風格。李延年據此而造：新聲二十八解。《史記》佞幸傳：「延年善歌舞為新變聲……所造詩為新聲曲。」我的忘年交盛成教授說：「漢代五言詩的產生，是受希臘五律的影響。古代中亞人，手提琵琶所奏的古律，即為五個音節的五律，後傳入希臘。亞力山大王東征，將手提琵琶傳大夏（即今陝北、甘南、寧夏、青海東部），遂入中國，催發了五言詩的產生。」蓋五言詩即以五個音節組成，張騫交通西域、折服匈奴以文化交流、不戰屈人之兵為首要；這就是我編《荒漠明珠》的主題。這齣多幕的史劇，正中書局印行於五十一年。我於此時又為中央電台寫一個半小時的《溫暖的家庭》的廣播劇，每週播出，合計寫了一百集。最關鍵的是我編寫了《秦始皇》五幕六場歷史大戲由港台影劇界聯合大公演的盛事。

主要演出這齣大戲的人是愛國的香港影星王豪，抗戰後，他曾演過電影《驚魂歌》，把警察為民褓姆，盡忠職守的形象建立起來，後來在港與王元龍、王引、王俠、陳燕燕合演《王氏四俠》；韓戰後，他親自主演《一萬四千個證人》，就想演一臺話劇。我正好編了《秦始皇》這齣古裝戲，他聽了便躍躍欲試，找了我來商量，便請出了文化人周秀蘭女士和他共做演出者，請白蒂華做執行演出人，請當時演劇三隊隊長董心銘及陳力群為導演，舞台設計顧毅、音樂設計作曲楊秉忠、舞臺監督彭世偉共同為《秦始皇》的公演出力、我寫了本事說：

「秦王政的母親秦太后，原來是呂不韋的姬妾，有孕後，不韋將她送給了當時在趙的莊襄王，等秦王政長大了，太后仍不時與呂不韋歡會，不韋認定秦王英銳過人，心裏害怕，便設計找到一個市井無賴嫪毒獻給太后做自己的替身，太后愛極了嫪毒，使秦王封他為長信侯，他倆生了兩個孩子，太后怕秦王知道，便藏他們在密室。只是嫪毒得遇種種奇境，不免大膽矯縱，太后的醜聞傳到長安君成嶠耳中便檄文天下，反叛秦王，不久成嶠伏誅，卻逃走了樊於期。秦王政二十六歲，太后在德公之廟為秦王加冕配劍，大宴群臣，太后選美人孟姜進於秦王，孟姜性烈不屈，放她還家，反而抓了孟姜之夫萬杞良為刑徒。嫪毒酒醉與中大夫顏洩賭博爭鬥，顏洩哭訴於秦王，秦王大怒，誅嫪毒及其近臣九族。並撲殺太后所生二子，逐太后於冷宮。諫臣陳忠以下二十七人進諫，均為秦王所殺。齊客茅蕉勸秦王應以天下為重。秦王始還太后於咸陽。燕太子丹假扮奴役，返回燕國，田光薦荆軻給他，他封荆軻為上卿，請他出使秦國，得機劍劫秦王，使其歸還諸侯被侵之地。荆軻雖與高漸離之姊微嬛相愛甚深，但為了千金一諾，只好捨身以報。他取得了樊於期首級和燕地督亢的地圖輿，便率秦舞陽出使秦國，秦王巡察萬里長城，駕臨遼東邊地，孟姜女萬里尋夫，來到長城，夫婦相見一面，恍如隔世。長城修築中，陷塌巨坑，久不能填平，秦王的次子胡亥聽信趙高的讕言，要萬人祭葬，萬杞良不幸身死，孟姜以頭觸城，城傾，孟姜女亦以身殉。秦王嬴政，殘酷行政，收金鐵、還豪富、建阿房宮、求神仙、焚書坑儒、百姓嗷嗷，生民塗炭。荆軻使秦，秦王賜見於咸陽宮，荆軻獻呈督亢地圖，圖窮匕現，刺秦未能成功。秦王神為之奪，不久身死，傳至二世，秦遂亡。」

這樣的歷史故事，日本人的電影可以充分利用時間與空間的優勢。但在話劇劇本的尺度，是濃縮了時空與內容，做聚光燈式的表現，在高潮的湧起中，衝突中有餘音，旋律中有迴環，人情事物有餘音，鋪排有生命；雖然史書箚記有所助力，但在錯綜比排上，無法不有差距。比如萬里長城在蒙恬指揮下伐工建造是在始皇三十二年之後，而荊軻之刺秦則在秦政二十年，前後相差十二年。孟姜之尋夫在第五幕顯然還不是秦劇最終的高音。我常夢想，在若干年後，重新安排秦劇的創作，使能另有新的布局與戲劇生命。最重要的是演員的陣容，呂不韋：龔稼農，秦太后：戴綺霞，秦始皇：王豪，田光：田琛，陳忠：宗由、劉益民，嫪毒：趙明，孟姜：井莉，萬杞良：毛威，燕太子丹：曹健，秋紋：崔冰，茅蕉：古軍，李斯：程弘，趙高：陳力群，顏洩：湯鑫章，鞠武：房勉、嚴維祺，夏扶：王俠，宋意：常梅宇，秦舞陽：嚴重，荊軻：葛香亭，高漸離：王菲、李克，微環：陳淑芳，樊於期：趙群，扶蘇：王戎，胡亥：陳試鋒，祈平：范偉凝，督城將軍：高飛，尉繚子：紀屏，（左右）蒙嘉：何憶華，夏無且：王庭樹，郎中：蘆葦、黃沙，彩雲：姚倩，彩鳳：張尼。劇中飾演太子丹的寵妃崔冰說：「劇中幾位老演員為龔稼農、宗由、田琛幾位居於第一代，戴綺霞、王豪、古軍、趙明居第二代，王俠、曹健、趙群、王戎、毛威居第三代，新生的第四代是井莉（井淼之女）、姚倩、陳淑芳、常梅宇等。」排戲上的稱謂是：小妹、大妹、大姊、大哥、叔叔、伯伯，一直叫到婆婆、公公、老幼咸集，為影劇界的佳話與盛事。龔稼農在一、二〇年代電影萌芽時期即與胡蝶為螢幕情侶，是電影界的長青樹，最受尊敬的明星，戴綺霞為京劇翹楚、古軍為話劇雋才。導演董心銘是國立劇校導演組第一屆畢業的專才，舞臺設計顧毅名重藝林、音樂設計楊秉忠精通中西樂曲，舞臺監督、彭世偉則為影劇界的要角。井莉小妹演出孟姜之後，便為香港影壇的新秀。「秦劇」於五十一年十一月二十三日初演於三軍托兒所；十二月三日起，續演出於中華路國光戲院（國軍文藝活動中心）到十二月十日，前後演出十七天。新聞界稱為是四代同堂的港臺影劇界空前的大聯演。這是很值得紀念的盛事。劇評家葉敬評說：「編劇上官予取材於史實，經過精心的選擇，通過了技巧的戲劇性手法，使全劇在展進，不時激起高潮，為觀衆樂於接受。」蒼波評說：「全劇最吸引觀衆的是第三幕，演出了燕太子丹爭取自由的苦心，流露了田光、鞠武等忠心謀國的至誠，更把悲歌慷慨的壯士荊軻、高漸離活現於舞臺上。」文學家后希鎧論說：「由於編劇人著重內容的豐富，以燕太子丹為『好好公子』的代表人物，網羅人才，謀圖敗強秦，充分反映了『抗暴復國』的情操。太子丹派用荊軻，田光先生的死忠，樊於期的死義，都是感人肺腑的情節，充分地發揮了戲劇的衝突性。樊於期的刎頸『揖首』，應該是情緒波動的高潮。也可說是本劇最大成功。這就是說：因其他劇情的發展，把樊於期的慷慨赴義烘托到『理念』的最高部分，觀衆的感情昇華，悲壯之情，反映著人心對暴政的切齒痛恨。」方陽評說：「秦劇是一個群戲，編劇上官予從紛繁雜駁的史實素材中，做了適當巧妙的剪裁，有條不紊的劇情發展下使這一群戲，能夠層次分明，進入高潮，人物刻畫，在各有不同的性格裏，表現出各有不同的部位，將人生的慘痛歷史，淋漓盡致的揭露，明示與暗示出『暴政必亡』的嚴正主題。」秦劇聯演後，王豪、毛威、崔冰、井莉先後赴港發展。而四代同堂的演出，以至舞臺百餘人的大合作，亦成為絕響。我的對戲劇創作的追求，並不以為滿足，我希望將秦漢風雲連成一氣，編出新戲，鄭重演出。

小記琦君

五十六年五月四日文藝節文藝協會卻因我詩的創作頒給我詩獎，散文獎為琦君獲得，戲劇獎則頒給教學優異的王慰誠，攝影獎則頒給了極有創意的傅崇文。琦君本名潘希真，民國六年七月二十四日生於浙江永嘉，之江大學中文系畢業，曾任司法行政部秘書，並於中興、中央大學任教。她已出版《煙愁》、《紅紗燈》等散文集，文章凝鍊簡潔，情深意重，溫厚親切，尤其於古文出新詞，意念晶瑩而渾真，如「春雪梅花」：「雪積得厚了，外公就用絲瓜瓢兜了雪裝在瓦罐裏。裝滿好幾罐，放在陰冷的牆角。開春以後，用雪水泡茶喝是平火氣的，喉頭痛就拿雪水加鹽漱口，馬上會好。」又如：「他說天上的霜雪雨水，地上的樹木花草，和人的血脈五臟，都是相同的。這就叫天地人三才合一。」她寫畫家孫多慈：「春雪初霽，好友多慈姊與她夫婿許紹棣先生時來舍間小坐。多慈姊看見當窗外綠梅含苞待放，一時興來，就展紙濡墨，寫下了那株劫後梅花的風貌。」寫人也寫梅花又寫劫後神韻真是慧語：「現在我珍存的有一小幅先輩名家余紹宋先生的紅梅，是紹棣先生代為求得的。另一幅大學老師任心叔先生的墨梅，上面題著一首詩：『畫梅如畫松，貌因勢不同；愛此歲寒骨，不受秦王封。』」任老師一身傲骨，身陷大陸時，憂憤而死。繼說：「雪後初晴，春寒陡峭，我又神馳杭州舊宅中那株綠梅。數十年的刻骨嚴寒，它定當傲岸如故吧。」她寫父母親的濃情蜜意於「百補衣與富貴被」中，尤有餘音不絕，姑婆悄悄告訴我說：「妳媽媽是要縫一條又軟又輕的夾被，寄到北平給妳爸爸過生日的。」哦，原來母親如此細心地金針密縫，是把一縷相思，一腔心事，都縫進這條被子中了。母親不用彩色絲線，繡出一條鴛鴦錦被，她寧願用千百塊細細碎碎的綢緞，拼成一條她稱為富貴被，伴隨著她對父親長命百歲的祝福，寄向千山萬水的地方。她的筆觸輕柔，而意緒則千般重。我們四人被經國先生邀去閒話吃茶，我坐在先生右邊，看他欣欣然的顏色。

林海音推薦為世新講授文學論

五十一年的暮春，近向晚時分，林海音先生打電話給我說：「上官先生嗎？」我說：「是。」她說：「我推薦你到世新去教『文學』課，你覺得好嗎？」我說：「這怎麼成。我不懂文學，怎麼能去世新教文學課呢？」「一來我知道你能教，二來成舍我校長是我的老師，他托我替他推薦一位教文學課的老師，我推薦了你，我知道你，好學不倦，怎麼不能去教。」「我對文學理論所知有限。」她說：「如你所言，文學就是表現有情世界的愛，照這句話的思想去做，不會錯，去吧！」

海音本名含英，祖籍廣東蕉嶺，客籍台灣苗栗。父煥文，母黃愛珍，民國七年四月二十八日，生於日本大阪，十年隨父母返回台灣。十二年還居北京，父任郵政總局日本課長，定居城南（今宣武門）。十四年入讀北京師範大學第一附小。二十年，父親病逝年四十四歲。二十一年入讀春明女中，參加藝術專科學校《茶花女》話劇演出。在《世界畫報》發表新詩

〈獻給茶花女〉。二十三年入讀翊教女高，旋即考入名報人成舍我創辦的「世界新聞專科學校」，開啟了一生皈依新聞世界，愛好與創作文學優游於文學天地的歲月。二十六年正式進入《世界日報》，擔任採訪新聞工作，成為成校長的高足。二十八年五月十三日與報社同事夏承楹結婚。三十年長子祖焯出生（筆名夏烈），三十四年長女祖美出生（婿莊因），八月抗戰勝利。主編「世界婦女版」。三十六年次女祖麗生（婿張至璋），三十七年十一月，與夏承楹，攜一子二女從上海乘「中興輪」返回台北（同船有上官予，當時互不相識），來台之後，夏承楹與洪炎秋等先賢創辦《國語日報》，以何凡筆名撰寫「玻璃墊上」，數十年如一日。海音於四十六年三月十二日偕同王藍、上官予等代表（中國文藝協會參加青年節慶祝大會）——在台北任《國語日報》主編並任《聯合報》副刊主編、國立編譯館國語科編審，在聯副對作家作品之選用宣揚，認真介紹外國作家，發掘新作家，細心竭力。她發表我的抒情詩甚多。她自己寫小說的觀點是情深意遠，如《綠藻與鹹蛋》、如《婚姻的故事》、《燭蕊》、《城南舊事》、《曉雲》等，她在語言文字上的人物情景，描述簡單生動，由此及彼，更是自然生色，如她寫《曉雲》中生活優渥，人又精明，打扮的頭光腳亮，非常整潔的梁太太：

她梳著一個非常合她身分和年齡的髮髻，頭髮整齊而不呆板的全部向後攏，後面略高的挽起一個鬆鬆的髻，斜插著一根圓珠簪。

相對的：

如果媽媽肯把她的髮型也改成這樣，我相信她會比梁太太年輕好多。

但是媽媽不肯：

如果爸爸還活著。

下雨天媽媽帶傘來接她：

我們躲在雨傘下依偎而行，媽媽的舊絲棉袍下擺鬆斜被雨水打濕了，很難看。

在《曉雲》中介紹人物用筆點到，便渲染成一片溫情和委婉的輕愁，推不開也吹不散；對人物的依戀，便清切的顯示出來。她對於景色的觀察也是深入獨到：

這裏的確是個可愛的地方，看遠處，綠油油的一片，心情為之開朗，眼前，我們是在瓜棚底下。

從露臺看下去，是一片園子，紅色鳳凰木開的令人心動。

朝暾初上，園子裏沒有完全被朝陽照到，露水還留在一些樹葉上。

她受過記者的訓練，文筆簡鍊而準確，使她的敏感極為真實。

她對人的誠懇也是如此，我接受她的推薦，也接受了她的督察。

整個夏天，我沈溺於書海，我把能夠到手的有關中外文學理論的書籍，拿來細讀，國內的文學讀本，國外的文學譯本，可以了悟的文學理論，相同的相異的論著，拿來比較，綜合而又絜矩、經其脈絡，予以貫通。手頭有的任何一部文學概論，均不能完全滿足我的要求，外國的文學理論，無法適合於國內學子的要求，國內的文學理論，舊的延襲不能突出新的意識。我不如自創一套我的讀書心得，從舊的觀念中引發出新的意象，從既有的媒介裏印證各別的思想體系；做成我的文學論，拿來和同學切磋，琢磨而成比較圓融的講學與著述。也算是「行有餘力，則以學文」的一種結合感情與理智的發抒吧。我既有這樣的心思，我便擬了一個十二章目的綱要。第一章：文學的涵義、第二章：文學的特性、第三章：文學的思想、第四章：文學的情感、第五章：文學的想像、第六章：文學的語言、第七章：文學的背景、第八章：文學的素材、第九章：文學的類型、第十章：文學研究、第十一章：文學批評、第十二章：現代文學。於涵義，我分先秦、漢、南北朝、唐宋元明清以至五四分述文學觀的進程，並論其關鍵人物。在博學、審問、慎思、明辨之下，我於「思無邪」的真美善的內涵下，印證老子天道之說：萬物芸芸，各歸其體。於善。上善若水，水善則利萬物而不爭，處衆人之所惡（意即發源於絕地）故幾於道，居善地、心善淵、與善仁、言善信、正善治、事善能、動善時、夫唯不爭，故無尤。他所言天體的善，是順乎自然。這個善，我認為是與思無邪的本性相契合，詩的哲學性與美學性也在這裏。對於美，老子的見地也是與思無邪相合的。他說：天下皆知美之為美，斯惡已（據為己有），皆知善之為善，斯不善已（巧取豪奪）故有無相生、難易相成、長短相形，高下相傾、言聲相和、前後相隨；是以聖人處無為之事，行不言之教（以身作則）。萬物作焉而不辭，生而不有，為而不恃，功成而不居，夫唯不居，是以不去。他說的哲理，我看不僅是相對論的提出，其實乃是思無邪。他的所見、於司馬遷、關漢卿即是真情之流露，字字生色。近代能體會他的人，我以為乃是以周秦諸子的文筆，譯介英國社會科學的理論鉅著，以溝通中西思想的學者嚴復；他說：「言論自由只是平實地說實話求真理」，我認為這也是與思無邪相合相通的。我復認為袁枚說的性靈、曾國藩說的自然之文也是引舊入新的說法。於特性，我分：永恆、獨創、綜合、和諧、普遍論進化創造的觀念，如欲分論，則又需在傳統、現實、社會、個人、共通、民族、世界的天地中析論。於思想，我欲就作家發現自己的地位和責任為起點，擴大到去考量和洞悉人的生命，與生存的真義，生活的價值為何？事物的來源怎樣？宇宙的自然規律為何？就此我分論：正確、新穎、美好、存誠去偽，並就西洋的文藝思想、古希臘、文藝復興、義、德、法、美等國的重要作家予以評論，以及二十世紀文學的思潮，至於中國的文學特質，在經、史、子、集中，舉屈原、司馬遷、陶潛、杜甫各述其獨特的氣質與行文風格。並將智德合一、情理交融、剛柔並濟的瑋意瑰行，作中西文學的比較；以倫理、民主、科學的人文精神對抗現代文學的困境。於情感，言主觀與客觀、自我與非我的表現，以選擇、真實、美、高尚、愛的情感，完成文學的使命。於想像，從神話、傳奇、冒險、寓言、戰爭、夢想、記憶、靈感、知覺，而形成經驗、推理、聯想、象徵的諸多想像而擴大其內容，找出文學的完美出路。於語言，這乃是文學的藝術表現，語言的結構，在表現文學的整體生命。也是心靈領域與思想領域的結合。語言自有的意義、節奏、全貌、餘情乃是智慧的結晶，並就義、英、法、德的語言特色與現代語言的活用，以至方言的琢磨，以構成收集、儲存、知解、選用、洗鍊，創造富於表現的文學語言使之成為有手有腳、有情有意的語言。簡潔、新鮮、優美、生動，可匯集、可融鑄、可淨濾、可創新的語言。化腐朽為神奇，變平凡為超卓的語言，一個活潑潑的生命。於背景，分個性與風格、社會的影響、地域的因素、民族的意識、時代的潮流；以中國為本，與世界各國的不同環境，予以分析比較。於素材，作家觀察自然、體驗人生、勤求學問，以智慧之眼，看人生的究竟，並分感覺的、心靈的、自然的素材，以探究人類七情六慾、生老病死的現象與經驗。於類型，就內容與形式、散文與韻文、賦與詩、小說與話本、戲曲與話劇、廣播劇與電視劇予以探究。於文學研究，就經、史、子、集四大部於文學相關者作廣博精審的研究，如召南、大小雅與古樂府、離騷與楚越歌舞、佛典與文韻、戲曲與歌謠，以至中國文學於東亞，及西方文學的風傳與影響。於文學批評，其涵義、詩學以後的文學批評、十九世紀的文學批評、二十世紀文學批評的趨勢、對中國文學批評的意見。於現代文學，概說其現況、「世紀末」的意識、未來主義、立體主義、達達主義、超現實主義、存在主義、現代詩的象徵意義、自然主義與現代小說、現代戲劇的創作。

綜合以上所說，這就是我動手寫適合於教學的《文學論》，是我讀書的心得，也是我親和人生、體貼自然、懷抱宇宙、存誠去偽的觀念，認識作家與認識人生，是文學的同一根源。我想縈繞著《文學論》的主題，我尚有若干補充的專題要寫，當我完成《文學論》之時，也是我要分論其他依屬文學的題材如：傳統與現代、古典與個人、鄉土與世界、歌謠與戲曲等的撰述。尤其是要寫一部《中國新詩史》，將現代詩人及其作品、供讀者閱讀。我到世新授文學課前，對成舍我校長做了一些瞭解。他不僅是民國以來偉大的報人，早年結識葉楚傖、蔡元培、張友鸞等師長，後與龔德柏、張恨水交稱莫逆。為救國，反抗軍閥之禍行，創辦《世界晚報》、《世界畫刊》、《世界日報》；復為教育家，創辦「世界新聞專科學校」。來台後復以霹靂手段，菩薩心腸努力恢復「世界新聞學院」，乃至擴展為「世界新聞大學」為國之高人，世界完人。

王國維的境界說

王國維，字靜安、海寧人（一八七六——一九二七之夏，自沈於北京昆明湖，年五十一歲）。我讀他的《觀堂集林》，敬佩他治學謹嚴，字字有來歷、篇篇有發明，對其研究殷墟甲骨文，把甲骨文這個瑰寶的拓片拼合起來研究古先祖的歷史生活，繼承《老殘遊記》劉鶚的發現，寫了「殷先公先生考」，以作為古史新證之作，尤多景仰。他自稱：「體素羸弱、性復憂鬱，人生之問題，日往復於吾前，自是始決從事於哲學。」對於康德、叔本華、尼采結合研究的論文；蔡元培評論說：「對其哲學的觀察，也不是同時人所能及的」。一九〇五年他自編《靜庵文集》多有新論；一九〇四年的《紅樓夢評論》將之與哥德的《浮士德》並列，推為「宇宙的大著述」，是「悲劇中的悲劇」。以為「人生充滿矛盾，欲望永遠不能滿足，故人生永遠是痛苦的。」此為叔本華的主張，而《紅樓夢》的幻滅，就是賈寶玉的出世。他終結的系統之論述，是集了哲學與美學的文學觀點，於胡適、俞平伯的「紅」學研究，做了啟蒙的作用。對於哲學的欲棄之而後快，他說：「余疲於哲學有日矣。哲學上之說，大都可愛而不可信，而可信者不可愛。知其可信而不能愛，覺其可愛而不能信。此三年中最大之煩惱也。」去煩惱而就文學，乃有一九〇八年四千字的《人間詞話》，和一九一二年極有系統的超凡之作《宋元戲曲考》（史）。《人間詞話》一書是概括了古人論詩的癥結，而以「境界」為創作的中心。他說：「詞以境界為最上，有境界則自成高格。」繼說：「大詩人所造之境必合乎自然，所寫之境亦必鄰於理想故也。」又說：「有我之境，以我觀物。無我之境，以物觀物。」他說：「嚴滄浪的興趣。阮亭的神韻，不若鄙人拈出境界二字為探其本也。」復說：「詞人者，不失其赤子之心者也。」故詩人的憂生憂世，有真情的自然流露，皆是不隔。而說到：「古今之成大事業大學問者，必經過三種之境界。昨夜西風凋碧樹，獨上高樓，望盡天涯路。（晏殊蝶戀花）此第一境也。衣帶漸寬終不悔，為伊消得人憔悴。（柳永鳳棲梧）此第二境也。衆裏尋他千百度，回頭驀見（驀然回首）那人卻在燈火闌珊處。此第三境也。」他說的人生與詩的境界，氣象與豪曠、神貌與品格，無論情與境的交融，有我與無我之境的渾如，皆說的是自然本色，一體的意象的真情流露。《宋元戲曲史》依然是與「境界」之說流暢通達的，他自敘言：「往者談元人雜劇而善之，以為能道人情，狀物態，詞乘俊拔，而出乎自然蓋古所未有，而後人所不能彷彿也。」說到意境：「元劇最佳之處，不在其思想結構，而在其文章，其文章之妙，一言以蔽之，曰：有意境而已矣。何以謂之有意境？曰：寫情則沁人心脾，寫景則在人目前；述事則如其口出是也。古詩詞之佳者，無不如是，元曲亦然。」王氏在《人間詞話》中講隔與不隔，隔就是看不懂，聽不懂，不隔就是情景交流。真的感情事物，真的言語動作，真的心魂氣魄，同一呼吸與步調；誠如莊子之言：天地與我同流，萬物與我一體。講到南戲：「元南戲之佳處，亦一言以蔽之，曰：自然而已矣。申言之，則亦不過一言，曰：有意境而已矣。」又說：「元劇寫於新文體中，自由使用新言語，在我國文字中，於楚辭，內典外得此而三，其寫景抒情述事之靈，所負於此者，竟不少也。」說到元劇的文章，王氏說：「元劇之作者，其人均非有名位學問也。其作劇也，非有：『藏之名山、傳之其人。』之意也。彼以意與之所至為之，以自娛娛人。關目之拙劣，所不問也；思想之卑陋，所不諱也；人物之矛盾，所不顧也。彼但摹寫其胸中之感想與時代之情狀，而真摯之理與秀傑之氣，時流露於其間。故謂元曲為中國最自然之文字，無不可也。若其文學之自然，則又為必然之結果，抑其次也。」而於北曲，王氏則言：「字字本色。」而元劇之作：「遂為千古獨創的文學」。

我對於王氏的境界說，在相同的認知下，不僅是詩詞戲曲的本色真情的表現；於散文與小說而言，亦是寶貴的箴言；因為，在真的內涵裏，有圓融的美，或柔和或雄壯；在善裏有充盈的恕，有豐沛的德；而構成宇宙的天體的自然運行，地脈的素常的流動。於世界人類則是：老吾老、幼吾幼、矜寡孤獨廢疾者皆有所養的天下為公，世界大同。將自由、民主人權高舉的，青天白日普照的光明乾坤。

《荒漠明珠》的編寫

我於五十年前後編撰《荒漠明珠》歷史多幕劇，述漢博望侯張騫鑿空萬里，以甘父為嚮導通西域故事。漢武帝即位五年，先使唐蒙以禮節通西南夷、北越、夜郎（今川南、黔北）

之地。復使司馬相如為中郎將宣慰巴蜀、西康、兩廣之地，皆來朝貢。元狩元年，張騫奉旨出使西域，即今甘肅、新疆、青海一帶，更西至大宛、南入阿富汗、伊朗一帶；於是西域三十六國，如于闐、莎車、吐魯番、烏孫等國以其所產玉、葡萄等入貢。匈奴呼韓邪單于、更獻五原一帶，款服來朝。漢的聲威乃震於西域，帝置酒泉、武威二郡遙控。張騫通西域，最重要的是文化交流。宋王灼《碧雞漫志》說：「漢代胡角摩訶兜勒一曲，張騫得自西域，李延年因之更造新聲二十八解」。這是邊塞之曲，用於武樂，叫做邊聲，到魏晉時，只存了十曲是：《黃鵠》、《隴頭》、《出關》、《入關》、《出塞》、《入塞》、《折楊柳》、《黃覃子》、《赤之揚》、《望行人》。新聲八解則是：《關山月》、《洛陽道》、《長安道》、《梅花落》、《紫騮馬》、《驄馬》、《雨雪》、《劉生》。唐代的巴渝舞（鞞舞）、公莫舞、胡旋舞是用鼓、笛、琵琶所伴奏，唐時的伊州（新疆）、涼州（甘肅）、甘州（張掖）、渭州（陝北），皆是西域傳入的音樂。《人間詞話》述斛律金敕勒歌：敕勒川，陰山下，天似穹窿。籠罩四野，天蒼蒼，野茫茫，風吹草低見牛羊。也是近於西域的北地樂舞。我編四幕五場的《荒漠明珠》主要的題旨，就是放在文化交流，民胞物與的內容上。五十一年，正中書局印行了這齣話劇劇本。可惜的是，沒有能夠在舞臺上演出。

黑德蘭的詩情

五十一年我於世界新聞專科學校講授自編的《文學論》，報業、編採、廣播等科開五個班，新的講授內容，為校長成舍我稱評。是時，張佛千來授新聞文學。沈雲龍講史學、荆溪人和常崇寶（勝君）主講新聞學外，並辦有學報（立報），以供學生編輯、採訪、撰述、評文的實習。學校卓立景美近郊，面臨新店溪的一處山地，進入校內通過城闉，校室高低平整，依山形而建，近市集而無塵囂之聲。依山林而有讀書之樂，這也是校務蒸蒸日上的原因。

當時，我與南郭（林適存）合編《幼獅文藝》月刊。內容以文學評論、報導文學、詩、散文、小說為主。社會與大專院校的學生讀者很多。我開闢了詩頁的專欄，每期收的投稿選優秀的出來刊登。中有本名侯敏英，筆名黑德蘭的詩稿甚有「合乎自然的意境」，如〈初夏之雨〉：

用她嬰兒的小手觸我　美麗而光潤　清晰而遙遠　細細的音色　編結髮瓣的輕愁
綿延的情思　疊了又疊的花影　如水上的燈船　初夏煙雨迷濛　夢浸在其中
垂髮的夏日　像一株婆娑的樹

如〈黄昏〉：

淡紫色的黄昏　把憂鬱和喜悅編織在林間　從一片孤獨的雲　描擬蒼茫眩麗於水塘邊
戀著紫色的晚風　以靜謐和朦朧守幽情無言　在沉思而寂寥的水上
黄昏出自多情的落日餘暉　來自每片攜帶微風的流雲

〈告别去年〉：

啊　再過幾時便是細草繁花　顫籬落間的季節了
衰老的十二月　孤苦的冬天　慘惻的嘆息和流淚　滴著無名的哀愁
一支無聲的歌　送一年長逝　還記得四月嗎
一朵朵的小黃花　已化做七月的雨點
五月玫瑰的芬芳　同樣是又亮又瑟縮的星辰
流浪的風　吉卜賽的調子已唱倦　但是沒有風　樹多麼寂寞

〈無言〉：

一個星星不訴説萬象孤寂　蔭覆　留貯雙眸　月瘦而憔悴
勿以風嵐串成的波瀾　為愛祈禱　一些夢飄出
俏麗的雨揉碎了花朵　附翼於翩翩的秋葉
夏日的風　流向何方
秋的水波　飄著一瓣瓣的憂思和懷念
池塘留有冬天的寂寞　把已逝的時光默數

〈拾語〉：

落日正西沈　一朵飄忽的憂鬱的雲影掠過　模糊而強有力的迷惘襲來

爲何月兒這樣的姍姍來遲　同樣是又美又悽涼的情致
紫茉莉不攜帶秋日短笛　過路秋風的迷惘無法遝回
記憶將同憂鬱的天空合而爲一　樹在風語裏尋覓失去的瞬息

〈霧之河〉：

黃昏來了　在灰灰的淡紫的霧之下　淡水河　暮靄在遠處飄浮　沈在潮濕的地下
在飄浮著又濕又濃的霧之河畔　黃昏裏　橋上有不被喧擾的美麗　有一份淒清
幾盞朦朧的燈光綴著　如一些沈默的眼神　在飄浮著更溫更濃的河畔
橋上多沁涼　這霧的河　是條灰色眼睛的河

以上的這些風緻嫣然之作，如〈沒有風樹多麼寂寞〉。如〈一回首間，彷彿自己也幻成夢花一朵〉。如〈紫茉莉不攜帶秋日短笛〉。如〈這霧之河，是條灰色眼睛的河〉。如〈黃昏出自多情的落日餘暉，來自每片攜帶微風的流雲〉。可說是信手拈帶，皆成意境的。

五十一年詩人節，她和古丁、溫健騮三人同獲新詩獎。

詩入詞而無痕跡

她是臺南市人，每於詩篇的發表，便有書信的來往，詩的作品，是自我心靈的獨白，是不容許去改動的。偶然一、兩個字的變換，她總要來信感謝，時間久了，便成了無話不談。她寄些照片來，有的是女學生清秀打扮，有的是雲鬢霧鬈的妝飾，有的站在家園山石的小橋邊，有的斜立於花壇畔。總是雅潔的婉容，她有一張照片是脫了鞋，一雙素足站在水池旁一塊石上。有欲上青天攬明月的模樣。我認為這樣很好：海闊縱魚躍，天空任鳥飛嘛，不必囿於灰色與自我憂鬱的小圈子，讀萬卷書，行萬里路，亦是卷舒自如的人生。她幾次來台北，便有機會見面，我對她的關心，像老師對學生，問她食宿安適與否，她說：「在臺北也有一個家，所以，也可以常住在臺北的。」一次，她問我：「歐陽修為何叫六一居士？」我說：「歐陽修自已說：『家藏書一萬卷，集錄三代以來（曾祖、祖父、父親）金石遺文一千卷，有琴一張，有棋一局，而常置酒一壺，以吾一翁，老於此五物之間，故自號『六一居士』，有《六一詞》、《六一詩話》之作。晚年又號「醉翁」，所作《醉翁亭記》、《醉翁琴趣外篇》、《歐陽文忠公近體樂府》、《毛詩本義》等書。是北宋詞一大家。與晏殊並稱，他的詞風，上承南唐遺韻，下啟蘇軾，秦觀諸家，他的詞作柔美雋永，和煕中有沈著；也是他情深學厚的表現。談到東坡樂府箋卷一的名作，《水調歌頭》的長調，王國維說：『長調自以周（邦彥）柳（永）蘇（軾）辛（棄疾）為最工（美成的浪淘沙慢二詞，精壯頓挫已開北曲之先聲。若屯田之八聲甘州，東坡之水調歌頭，則佇興之作，格高千古。不能以常調論也）。至於稼軒的〈賀新郎詞——送茂嘉十二弟〉王國維說：「章法絕妙，且語語有境界，此能品而幾於神者，然非有意為之，故後人不能學也。」東坡的傑作是依詩入詞而無痕跡的〈水調歌頭〉，整篇寫的是中秋的寂寞，人事的無常，現實與理想的衝突，是儒家的襟懷，道家的自然，而又歸結於人生的意境。因人間的悲歡離合猶如月的陰晴圓缺，是天道的盈虛消長。但明月無言，人世有恨。所以「把酒問青天」以知「明月幾時有」？李白知解的比較透徹，他說：「古人不見今時月，今月曾經照古人，今人古人若流水，共看明月皆如此。」故而他說：「光陰者百代之過客。」她問：「那麼他說的：『但願人長久，千里共嬋娟。』嬋娟指的是他的弟子由嗎？還是其他的女子？」我說：「他所用嬋娟指的是明月。但說的內涵，卻是要和子由常相聚。」他比子由只大兩歲，但意氣相投。子由較木訥持守，東坡較自然曠達。《蘇軾詩集》共有二七一二首，給子由的詩也有一百二十六首之多。這首〈水調歌頭〉雖不是「風雨對床」的思念，但卻是「處逆境」而表達他的「人生底事，來往如梭」的悲慨的，在《滿庭芳》這首詞中，他繼說：「待閒看秋風、洛水清波。」這就是指官場與行役無聊，退步想：「雲淡風輕，海闊天空。」的意思。他的詞與柳永的詞相反，柳永重視音樂的旋律節奏，能輕易唱出口。東坡的詞有理想有氣勢，少了些音樂性的婉轉剪裁；是合乎他豪邁奔放的風格的。她問我：「在文學上東坡的思想是怎樣的？」我說：「基本上他是儒家的傳統思想，是接受孔孟、韓愈、歐陽修的思想為本。小時候因為父母是信佛的，晚年在杭州參佛，受海月大師的影響。他四十九歲時自己說：「曾夢到他前世為五祖戒禪師」自覺有慧根。他的悟道，其事見於《衆妙堂記》。既而讀《莊子》說：「喟然嘆息曰：『吾昔有見於中，口未能言。今見莊子。得吾心矣。』」他的行文流水，於〈後赤壁賦〉的「鶴鳴而來，羽衣玄裳而去」的幻象，則像道家的意境。所以，他是儒、道、佛三家思想融為一體的大家。我們於經常的讀詩論文，而至讀情。讀情至深處，便成了談情說愛。我們同去觀賞故宮文物，留連於古典藝術的博大精深，燦爛輝煌。沿著外雙溪的至善路，我們去拜訪摩耶精舍主人飄逸瀟灑的襟懷與風采的淹溥。我們去了碧潭，蕩漾於綠波的綺麗明媚。船家搖靠山腳，領我們爬上一處山林，那裏有一對老人家隱居，卻有可口的鮮食，老婦人慇懃說：「此處並無閒人，囑我們安好憩息。」妳說：「市塵喧囂，人海浩謾，願常棲此鄉，忘掉煩惱。」我笑說：「妳有什麼煩惱？」她點頭說：「譬如歐陽修不是有詞：『人生自是有情癡。此恨不關風與月。』怎麼解釋？」我說：「我記得這首詞叫〈玉樓春〉。詞意說的是離別。前面先有：『尊前擬把歸期說，未語春容先慘咽。』這兩句之後，說的才是為情而癡，情就是喜怒哀樂愛惡欲；情癡與情欲不同。是不是？情欲是男女之間的愛欲，而情癡則是有如情到深處無怨尤，或是如元好問之言：情為何物，直教人生死相許；較情欲為崇高。所以，別離有恨，是與風月無甚關連的。他的意境，自然超脫。」「如果與情欲有關呢？」我說：「那就是有關風月，捨不得，丟不下了。」她問：「要做像沈三白和芸娘那樣的一生一世一對人呢？」我說：「要做到神仙伴侶，就要做得柴米夫妻。」她小聲說：「自然要識得人間煙火。」我倆談到婚姻的事，是從這裏開始的。我當時只覺得我年紀比她大了許多，且她的家庭我知道的甚少，她也談的不多，只知道她有母親和幾個姊妹而已。「我會讓你知道我的家庭情況，知道了不好，不知道不是更不好嗎？」

法官主持的結婚公證

過了幾天，她從台南家中寄了一封信來說：「我的父親侯公雨利是一位鉅商，家庭守舊，是不會讓我嫁給一位從大陸來的外地人的。」既然是這樣，我便斷了和她結婚的念頭。連來往也不想了。但過了幾天，她直接來到新店明德新村我家中見了我的父母親。晚上，明月初升，我們坐在院子裏。那時，元貞已嫁給了行政法院的書記官長酆惕庵也一同來談心。父親聽了大家的會議在院子走了兩圈說：「如要結婚，我贊成你倆先到地方法院公證結婚。敏英就回去台南或在台北努力徵求父母的同意。限時三個月；過期無法成功。便回到我們家裏共同生活吧。」如此，綸音入耳。敏英也就展眉頷首。元貞在地方法院拿到結婚申請表，確定由法官公證的時辰，便請了我的至友畫家龐曾瀛為介紹人，兩人便高興的參加了由法官主持的結婚典禮，拿到公證結婚證書，我和敏英便成了夫婦。晚上，敏英仍回到她南京東路建國北路口的自家宅裏居住。過了幾天，她便隨父親回到台南市，一路小心侍候父親，偶爾談些學姊學妹自力更生嫁給漢家郎的快樂生活的見聞。父親聽了說：「妳讀了幾日書，便不知天大地大，有樣學樣，妳過日婚嫁，本地的富商紳耆人家的青年子弟，隨妳挑隨妳選；可別去結識外省郎。知唔？」她大氣也不敢出一聲，且不敢透露一點風聲。她母捉摸出了些她的心思，便狠狠的教訓了她一番，教她守著魂兒，不要胡思亂想。並著人看守著她。三個月在焦急的等待中度過。一日傳來她北來的訊息。我去了火車站，和站長岳恆慶兄見面，決定我在站長室等候敏英坐的快車到來。恆慶是我們在陽明山接受「台灣建設會」同期受訓的同學，他是北方人，有豪情熱心。等到火車快進站時，他便戴起站長的冠帽，莊嚴的去月臺上迎接快車的進站；其時，我已站在通向月臺的窗邊，注視著火車進站，時間到了，火車也吼著，噴著氣，進站了；站長立正在那裏，火車便緩緩的靠在月臺邊，旅客們有的提著隨身的行李，有的扶老攜幼，有的西裝革履，昂首闊步，有的男女手牽著手；大家邁步踵接向出口處走去。火車上的旅客都下月臺了；最後，才見侯敏英從車廂裏走出來，她看見我從敞開的兩扇門裏迎向她，她便快步走過來，我們迅速的走入站長室，岳站長在門口招呼我們，寒暄了以後，出了站長室，一輛汽車，在那裏接我們，上了車，便直奔明德新村去了。舉家歡迎敏英從臺南歸來，大家互相注視著，都開心的笑了。

龐曾瀛是北一女中的美術老師，著有《繪畫基本法》，在畫界極有名望；他在永和橋邊的文化路居住，妻子沈元美，是北京的望族。他育有二女一子，已都在中學校讀書。曾瀛也兼任復興藝校的教席。或稱復興美工的創立，是他協助琺瑯琉璃，製作搪瓷的專家郭明橋與辦的。曾瀛對於我和敏英的結合過程，知之甚詳；為我在過馬路的對街竹林路租了兩間房子，讓我倆在不受人打擾之下，過著清淨的生活。早上我走過永和橋，經水源路，廈門街到南門市場去中央黨部上班；下班時則由原路回竹林路。星期日，曾瀛約我們到他家相聚，他燒的一手好菜，把我倆看做弟妹手足，希望我們過的快樂。不久，聽說敏英的父親曾著人到中央堂部秘書長谷鳳翔處詢問我和敏英的情狀，回說：他們均已成年，有自己的家庭生活與工作，如此而已。

我逐漸瞭解到敏英的尊翁在商界舉足輕重的聲望與地位。勝利後，敏英的父親侯公在台南市經營布行。生意做的順利，且有分行在上海要地設立。生意繼續發展擴充，便成立台南紡織公司，僅太子龍衣料一種，便成為各市縣學校學生制服的最愛。隨著政府經濟的提升，當時的省府主席嚴家淦是財政專家，結合了中央政府的財經部會首長楊繼曾、俞鴻鈞、尹仲容、俞國華的核心小組，做出了經濟起飛的堅實的基礎工作。侯公以幕後龍頭的眼光與智能，請出了曾任台北市長的吳三連代為董事長，融和民間與政府的奮鬥方向，經嚴主席的提議成立了環球水泥公司。侯公的得力助手為吳修齊、吳尊賢二人共同的努力，乃有支持經濟起飛的能力。其時，又成立海利航業公司。培植後起之秀的高清愿漸由底層的鍛鍊，擔負起營運的責任。彼時，蔡家兄弟萬才、萬霖，在國泰人壽、國泰建設方面，初露頭角。王永慶的塑膠業尚未頭緒之時，北部辜振甫的台泥，林挺生的電器工業，亦尚在籌畫期間，侯公的觸角並已有統一食品，太子建設等大企業的伸張；其子公司何止數十家之多。

侯公的家庭長男永都、次男永松各已成家。永都掌南紗，永松主海利。長女樹榴嫁醫院黃院長金岱，次女金柑嫁坤慶紡織與環球水泥主事顏岫峯。三女玉嫌嫁南紗副總經理陳國振；四女侯金英在台大讀經濟學時與同系的研究生梁國樹成親。我在台大時，和胡佛在法學院談天說地時，他指著廊下的一對俊男女說：「那就是侯金英和梁國樹，一對有情人。」因此我對他們有很深的印象。這是大媽所生的兒女的情形。因為大媽吳烏香女士養育兒女，操勞家務，身體羸弱。侯公便又迎娶了王秀雲女士為二房，生了貴貞、榮秋、敏英、銀月、金足、盈足六個女兒，貴貞嫁了林北隆律師，榮秋的夫婿楊鐵侯經商，在南京西路開了家高爾夫球具店。而我這外省郎，千里姻緣，娶了敏英，對侯公家庭來說，真是罕聞少見了。但敏英跟我做柴米夫妻，不思富貴過的卻也快活。

我和敏英在竹林路住了一些時候，常勝君那時在《中國時報》任副社長兼總編輯，做人瀟灑親和，為我介紹了敦化南路三九〇巷，中國打撈公司新建的一排公寓的十七號四樓三房兩廳的房子給我們；我們付了大部分錢就搬了去住。對門住家叫章民強，就是這裏公寓的建築人，一見投緣，他勸我把敦化南路這一帶的水田地買一些。他是有眼光的人，將來有發展大家賺錢。我聽了他的說詞，卻未曾買進半寸土地。不久，他認識了中國電訊電纜的孫法民，二人建立了太平洋建設公司，成了建築業界的大亨。敏英對我說：「老夢見他家火燒。」我說：「那就是他家發財的癥兆。」

那時，敏英用黑德蘭的筆名也提筆寫了幾個短篇小說，由《大華晚報》副刊主編胡正群拿了去發表，得到讀者愛看的回應。王鼎鈞兄主編《中國時報》副刊，鼓勵敏英多寫，寫了就給他在中時副刊美化版面登出來，敏英的心因感動而高興。後來，正中書局把她的小說輯入文藝叢書，印行了《生之燭》的這本約三〇〇頁的小說集。

第十章 春歸天地人

鍾鼎文先生的賀禮

民國五十四年（一九六五）是一個快樂的季節，三月正中書局印行了我的《旗手》詩集，並又出了再版，其中包含了第一輯〈心靈的眼〉八十四首短詩：彙集了〈故鄉的十二〉加上〈金門〉、〈森林〉、〈青年〉、〈月照黃花崗〉、〈莊嚴的聲音〉、〈偉人的誕生〉、〈母親的話〉、〈野火〉、〈自由〉、〈心靈的歌〉等。最欣悅的是第二輯《旗手》中，敘事長詩〈季長青的歌〉、〈孤女〉、〈殘缺者〉和前輯〈血手〉的刊出。可惜我當時未能把抗戰後所寫，敘事詩〈創世紀〉，以及四十二年所需萬行敘事詩〈殷紅的雪〉找來一起印行，以致失去了較為完整的寫作的一個紀錄、一種紀念。

最窩心的是這一年的七月十五日（農曆六月十七）我的女兒小丹誕生，為她辛苦的，自然是寫詩復寫小說的她母親敏英，她的喜歡是渾涵於天地的情愛，人間的美好，像水源蘊藏在地下的溫順，此時如泉，如溪如河如江向無涯際的海岸流著，經過田野、村莊、山河、市井，皆成為可影照、可潤澤、可洗滌、可啜飲的生命之機理，是不可豫說的自然的奔流。當時，給小丹接生的大夫是台大醫院婦產科主任李滋堯博士，名聞遐邇。護士們說：「主任的醫術高明不說，醫德更是第一，接生完了，把娩婦嬰兒服侍妥貼，隨手把垢污一卷，晏然而去。」護士們看在眼裏沁在心裏，好在口裡。我們也誠心感謝了他的行事作風，敬佩不已。

九月初的一天下午，鍾鼎文先生捧了一盒嬰兒的高品質禮物爬上四樓，敲門進來祝賀千金之喜。鼎文先生在文壇有盛譽，他是安徽舒城人，生於民國三年四月二十九日。上海中國公學政經系，日本京都帝國大學社會學科畢業。曾任上海《天下日報》及桂林《廣西日報》總編輯。來臺後任《聯合報》主筆，《自立晚報》總主筆，台北市民營報業聯誼會秘書長。發起世界詩人大會。五十六年曾以〈饑餓者〉長詩獲中山文藝獎。二十三、四年間以番草筆名寫詩，接近戴望舒的現代派，和艾青是好友。二十九年出版《三年》，集有抗戰前後發表在報刊上的新詩。有浪漫兼寫實的風格。二十五年他以民國十年江北地區因天災大饑餓寫了一首〈家庭〉的描繪現實的詩，為巴人（王任叔中共駐印尼大使）以新詩的「新寫實主義」的「去向」，介紹這首詩作為「標本」（收在《擱蝨集》中），鼓吹現實主義的社會主義。是中共文藝統戰的手段。其實，鍾鼎文是自由世界的詩人；民國四十年出版《行吟者》，四十五年出版《山河詩抄》及《白色的花束》，五十六年出版《雨季》，並有西歐各國的譯詩集《乘雲》。他的作風是明快、奔放而健康，有舊詩的深厚底子，他自認為「詩的創作，屬於性靈方面的作業，以主觀的抒發為主，應該享有充分的自由，而且是愈主觀愈好」。又以為他的詩作「具有半透明的意境，和半音樂性意味的；在本質上，可介於浪漫主義與象徵主義之間；

在形式上可介於韻文與散文之間」。而在理論方面，他認為是「以客觀的剖析為主，應該是受邏輯的規範，而且是愈客觀愈好」。所以，他是既為感性的詩，又為理性的文學論評的。《聯合報》是由王惕吾主持，與掃蕩報後稱《和平日報》、《全民日報》、《經濟日報》合併辦理名為《聯合報》的大報，因為人才集中，後又增辦《民生報》、《聯合晚報》、聯合出版部，巍然執民營之牛耳。《自立晚報》由吳三連出面為董事長，鍾鼎文既在民營報業主事又為《自立晚報》總主筆，為《聯合報》黑白集撰稿，對於政情財經之事耳熟能詳。故亦略知我與敏英的婚姻，及於侯家的關係，只是含蓄不言而已。他的為人處事，又是一種風範。

愛女丹瑜生來伶俐乖巧，爺爺奶奶衆人無不鍾愛。五十五年七月十六日長子興泰，不足月誕生。（農曆為五月二十八）接生醫生為余中光。那時，李滋堯去國外講學，有人介紹說：這余中光是十分可靠的大夫，我們曾去延平北路保安街他私人診所做產前檢查，五個月時他就對敏英說：「妳注意要節食，以免胎兒長的太大，將來不好生產。」敏英聽了他的讕言，正餐也不敢多吃。孩子早產，放入保育箱裏養了一個多月，才把小小的嬰兒抱回家裏著意調護。後來，孩子終於因為幼弱而患了左眼的弱視。怪這位童蒙愚昧的大醫師也是晚了。他的醫德也是令人難忘的。

《文學論》與《千葉花》

五十七年，我的《文學論》獲嘉新文化基金會頒贈學術優良著作獎，同時獲獎的是終生研究三民主義獲致輝煌成就的學術界大老任卓宣（筆名葉青）先生，著作等身，文化界之名人，多是他的學生。另有錢震著《新聞論》，他是新聞界的翹楚，國立政治大學的名教授。以及江兆申著《關於唐寅之研究》，他是山水畫的名家，任故宮博物院書畫處處長。我的《文學論》有評審會的綜合結論要點是：「作者學識淵博，貫通古今中外文學理論，做成自己的文學論述，是中國文學理論的正鵠。」我對於這樣的逾獎，深感慙汗，我的學識自知低淺，尚不能深入文化文學藝術的堂奧。給我頒獎的長者是二十世紀的奇人王雲五先生。我服膺王老師的話：「寧可一日不食，不肯一日不讀書。」他才是讀中外古今書最多的人，故而，他的數十位博士學生尊他為「活的百科全書」與「博士之父」。同時，他也是一位政治、經濟學家，也是教育與社會學家，抗戰勝利前後，他以行政院副院長兼任經濟部長為國盡忠。謝職後，任總統府資政，轉而任商務印書館編譯所所長，展佈其卓越的智慧與毅力，對學術文化做巨大的貢獻，出版各種的大辭典，各種的文庫，復以宏觀的精神，擔任商務印書館的總經理，把商務辦成了二十世紀中華民國最大最多出版的書局。他於美國考察時，《紐約時報》以大篇幅報導介紹，標題是：「為苦難的中國，提供書本，而非子彈」。子彈是毀滅人類的武器，而書本則是建設人類文化的精神食糧。我於接受先生頒獎，真是感覺得到了先生的感召，先生十四歲以學徒出身，而奮鬥成為人生的不斷超越自己的象徵。這是何等珍貴的教育。我自問「文學論」只是自己教授文學一課，勉力創作的一個起點，路需一步一腳的走出來，是一種貢獻，也是一種學習，作成歷史的見證。《文學論》一書印行後，不久即已再版，大學中文系用為參考與必讀之書。邢光祖教授認為是中國文學論的圭臬，師大王更生教授亦譽之為，文學理論中出類拔萃之作。我聽了除感謝他們的觀點外，不敢有絲毫的自滿。我知道行遠必自起步，登高必自立足點，我當補《文學論》不足處，另寫新作以成其圓滿充實的內涵。

五十七年五月間，商務印書館印行我的抒情詩集《千葉花》，列入王雲五主編的《人人文庫》七六一。我用「千葉花」之名是借賀鑄〈思越人〉詞：「聞你儂嗟我更嗟，春霜一夜掃穠華，永無清囀欺頭管，賴有濃香著臂紗。侵海角，抵天涯，行雲誰為不知家。秋風想見西湖上，化出白蓮千葉花。」王靜安《人間詞話》卷下說：「北宋名家以方回為最次。其詞如歷下新城之詩，非不華瞻惜少真味。」但我喜歡他的下片，特別是「秋風想見西湖上，化出白蓮千葉花。」所以，就用了「千葉花」為名。內分第一輯：北方的牧野，扉頁上用了斛律金的〈敕勒歌〉：「天蒼蒼、野茫茫、風吹草低見牛羊」。此輯中有〈鄉思〉、〈心湖〉、〈蘋菓〉、〈樹〉、〈泥土〉、〈向日葵〉、〈幼時〉、〈小小沙河〉、〈蘆芽山〉、〈青青草原〉、〈塞外〉、〈雁〉、〈駝隊〉、〈黃昏〉、〈中秋月〉、〈九龍碑〉、〈離鄉時〉、〈北方〉共十八首。第二輯南方的菜園扉頁題以「江南可採蓮，蓮葉何田田，魚戲蓮葉間。魚戲蓮葉東，魚戲蓮葉南，魚戲蓮葉西，魚戲蓮葉北。」此輯中有〈想起江南〉、〈玄武湖〉、〈白蓮〉、〈蓮之手〉、〈火蓮〉、〈蓮之眸〉、〈蓮之夢〉、〈殘花〉、〈獨坐〉、〈月下〉、〈觸及〉、〈葵花〉、〈雨中〉、〈戀歌〉、〈逸去〉、〈霧之憶〉共十六首。第三輯，鐘聲與笛音，此輯中有〈青春〉、〈音樂〉、〈微笑〉、〈海潮〉、〈春泥〉、〈望春〉、〈暮秋〉、〈雨的聯想〉、〈子夜雨〉、〈雙月〉、〈旅人〉、〈郊遊〉、〈慕情〉、〈憶念〉、〈時鐘〉、〈心聲〉、〈歌〉、〈鹿〉、〈蛾〉、〈露〉共二十首，三輯合計五十四首。大都是在《聯合報》副刊及其他文學刊物上發表過的。在詩集印行之前，美學家兼文學批評家于還素曾於五十二年二月六日至十一日於《香港時報》連載論上官予及其詩。文長壹萬字，內分六段，他認為：「上官予的詩是絕滅以後的顫音，代表了中國人感情絕滅後的呼聲，儘管它是微小的，但卻能在殘破中見到了希望的感情的起伏。」他曾寫到他讀上官予的長詩〈殘缺者〉、〈季長青的歌〉、〈孤女〉；但評的卻是他的短詩〈新店溪下〉〈戀歌〉、〈子夜雨〉、〈醉〉及〈雙眼〉。他將上官予的詩與覃子豪的詩作比較，以「轉位」、「聯想」、「象徵」來究論：「上官予的詩在男與女的感情轉位上頗為靈活、灑脱，我聽過他唱的小調，他是詩人，是歌者，歌唱家在控制音量時，就會體驗到詩的轉折技術，就是把『聲音的轉位』應用到『詩的轉位』，以此而論〈子夜雨〉的象徵手法並及於義大利音樂家利宏卡伐洛的名歌劇《漂泊演員》小丑的意象。」他評論〈醉〉，以主觀與客觀、城市與鄉村、市廛與曠野，以説明「獨行的影子」的孤獨感。他以〈新店溪下〉〈戀歌〉，來説明寫的題目：「這首詩，到目前為止，就我所見到他的作品中（詩作）該是他的代表作。萬念俱灰、情思皆寂。非有透徹的人生體驗，寫不出這麼好的詩來。這首詩寫希望之絕滅，寫生命之轉化，寫夢的凋落，寫人生的寂寥，都到了一定的程度。有過去的讓它過去了的灑脱，尤其是『晚星照著，總是白骨』。看到了人生真正空白與寂寞。這首詩，實際地説，有希臘神話『水仙花』的影子，但是作者在自憐的感傷基礎上，否定了美的形象，肯定了美的純粹，淘汰煙火氣，使這詩寫的非常成熟。」他繼説：「感情的錘鍊，鎔鑄之後，表現在文字上，就會沒有渣滓的。這個時代，是一個毀滅過的時代，詩人的感情必須在絕滅之後活過來，才能從頭看到昨夜。顫音，雖然尾聲是微小的，但在物理學上，音是空氣的產物，甲方的震動如和乙方的震動距離和空間準確，這甲乙兩者，就會和奏唱下去，變為不停的吼聲。」他以我的〈雙眼〉提出花與泉的美與愛的結合，才是不與自我對立，去除雙重痛苦，求得生命與時代的大和諧為結論。他是研究美學，富於哲思的人，對我是真誠的德意高言，如古詩十九首第四：「識曲聽其真，齊心同所願」。如能「彈箏奮逸響，新聲妙入神」。則也是我心嚮往的。

《文學天地人》

五十八年二月四日是五十七年農曆的十二月二十八日，我的次子興亨，在台大醫院，由李滋堯大夫接生出世。至此，我和敏英有了一女二男。元貞和酆姊夫結婚多年，迄無所出。志強與國大代表朱公季玉的女兒坤明亦於五十四年結婚，育了女嬰瑾瑜，是和阿興同歲，小我女丹瑜一兩歲。志強於省立工專畢業後，參加高考獲得冶金與冶金師兩項合格，坤明在海關工作，上班時，瑾瑜即由母親撫育。我們雖在北市敦化南路住，但假日都回中央新村四街六十五號，新居省親，歡聚一堂。父親有一至友，也是國大代表侯公象麟，是河南人。抗戰初起國軍台兒莊擊敗日寇大捷，他也是有功的將領。現在士林蘭雅住，侯家二老見敏英便份外喜愛，認了她做乾女兒，週日，我們也去蘭雅與他們相聚。當時，敏英尚不曾回她在台北與在台南的家中，難免有些遺憾。侯代表之子侯錚，喜歡拍電影，他當時已為上官靈鳳拍了影片，忙的不可開交。我們祝福他在電影上事業有成。而我則努力於工作與創作。敏英有了三個孩子，便把日子都花在養育他們身上，好像「有子萬事足」，任何事都圍了孩子們打轉。

那時，蘭雅靠近國小邊有塊地，也是為了想和象麟公夫婦多親近，就向中央黨部貸款蓋起一棟二樓來。蓋起不久，有位當地居民叫李鑫淼的幾次托人情想讓了給他。剛好，鄰居章民強新成立了太平洋建設公司，在我家對面，三九〇巷邊蓋了太平洋大廈，章先生好意為我們留了五樓一層住屋，我和敏英商量，便拿了李先生購買蘭雅房子的錢和我們住的四樓賣出的款項，就買了太平洋大廈五樓約有近五十坪四房兩廳，外加後陽臺與一間貯藏室的房子來住；一切好像老天安排，水到自然成。陶淵明晚年的〈雜詩〉之五有言：「古人惜寸陰，念此使人懼。」詩之七又說：「家為逆旅舍，我如當去客。去去欲何之？南山有舊宅。」我住這樣大的房子，更應把握時光，加意創作。

《文學論》自有特性外，並具有傳統性、現實性、社會性、個人性、共通性、民族性、人本性、世界性，以及反共性。我在傳統性中，從《詩經》、《楚辭》說起，歷《漢賦》、阮、陶五七言詩之成立，說唐詩宋詞以至清末而結論其精神與意義為：一、人文主義的精神，二、民族意識的流露，三、廣大的融和性，四、創新的意念。所謂：傳統即過往文學的現代。我在現實性中，以詩經論周代的現實世界。以《楚辭》、《古詩十九首》，六朝齊梁間的美文，唐詩復古運動，詩史的散文化，以及西潮來襲，乃至唯醜、唯物、唯性、唯暴、唯無的困境。結論：以仁本之心，創造中國文學的新生命。所謂社會性，述文學家亦應是史學家與哲學家，論「窮則獨善其身、達則兼善天下」以釋陶詩、元白與陸游，及詩人的寂寞與孤獨，以民族的思想感情融入社會人群，提升民族的氣質與意志，並輸入西人之長納為我用。繼論個人性，述君子與士在文學中的地位，釋孔子所言的君子，孟子所言的尚志、成仁取義與養氣。屈原、司馬遷的性行風采。漢代名將弘毅果敢之事功，三國諸葛盡忠，關公之赴義，宋岳飛的精忠報國，文天祥的死而後已。明王陽明的致良知，顧炎武的講國恥，孫中山的建立中華民國。在共通性中，述古希臘文學之素養，在中國文學的一體之仁，通悟人生的真理，融匯詠史與抒懷、寫情與景、寫實與寫意、寫心與寫境，本質上的萬古常新，與永恆不朽。於近代西洋文學之傾向，則論及佛洛依德性心理的解釋及虛無主義的影響。論民族性；基於文化是一國的國魂，是民族生存的火燄。而具有特殊風格氣質的文學作品，就是其民族性的表現。文化的本體包括人類（民族）生活的全面，是人類生存進化的動力，創造發明的總成績。馬林諾夫斯基論文化，分文化為物質、精神、制度三大類。我則認為物質是科學、精神是倫理、制度則是民主，故科學、倫理、民主是我民族性的根源。我中國人的生活方式是在歷史文化，地理環境與經濟結構為發展的因素。禮運大同篇的道理：「天下為公，世界大同。」就是中國人的發展理想。在此我述中國的語言文字，詩經尚書的溫柔敦厚、含蓄蘊藉。離騷的辭采華美，想像的富麗。而文學天生便有崇高的民族性。七、論人本性，人本主義的文字是緣於仁道文學的觀念，是合乎天心與本性的，並述中庸之道，配以中誠、中和，是合乎易理的陰陽相交契、是非相交錯、因果相報應、善惡相循環、禍福相依恃之理。是與天地流通往來的。這裏我悟出：性靈所鍾，天地人三才的真知。所謂人性亦莫非人情，就是人情綀達皆文章，故在人本性的觀念中，我是貫通了天道、天理天心、中庸中誠中和、人性、人情人格，而上得下應，交相溶鑄「無往不復」的創造。在世界性中，以真美善愛的精神，述莊子的神遊，佛經與西域的交流，唐詩的集大成，影響日本、韓國的情況，英、德、美漢學家翻譯中國詩、小說、孔孟、老莊、列子之書，及《三國演義》、《水滸》、《西遊》、《金瓶梅》，特別是翻譯紅樓夢的不眠不休的意志與宏毅的精神，並及於中國翻譯家的共同努力，使中國在世界發揚光大。續論反共性，以小說的成就論姜貴的《旋風》與《重陽》，潘壘的《紅河戀》、潘人木的《蓮漪表妹》、王藍的《藍與黑》、司馬中原的《荒原》、尼洛的《近鄉情怯》、張愛玲的《赤地之戀》、趙滋藩的《半下流社會》、杜若的《長夜》。結論以時代性、感動性、藝術性、啟示性為一本好書的必要條件。

《文學論》主題下的分論，在當時由朱橋主編的《幼獅文藝》及《國魂雜誌》分期分題發表，前後約有兩年才刊登畢，出版了《文學天地人》。但我不以此為足，想在詩與小說方面，予以加強。

《六十年詩歌選》

五十七年秋初的一天，女兒丹瑜突發高燒不退，身上起了片片紅疹，敏英急送忠孝東路一家診所，經診療打針吃藥後回家休養。下午我下班回來，見敏英守在丹瑜床邊掉淚。小丹面色紅燙，高燒至四十度，呼吸滯重，腳自小腿以上變黑且僵硬，心知不妙。便抱著她和敏英走到鄰近的中心診所急診，幸虧婦幼科主任張大夫新從美國歸來，認為前一診所醫生用藥不慎，頗有性命之憂。張大夫用針藥後，將丹瑜放在冰床上幾小時，始見丹瑜喘息暫止，紅潮漸退，兩隻小腿的僵硬漸有軟化，皮膚顯出光滑。張大夫喘了口氣說：「幸虧及早發現情況不好，送來治療；否則，病情便難以預料了。」這只是一樁庸醫無能害人之事。丹瑜轉危為安，我們額首稱慶。她病癒時大泄瀉，張大夫說：「瀉的好，把肚子裏的毒瀉盡了，身體注意保養，很快就會復原了。」過了一些時，丹瑜又能活潑的牽著興泰的手，由媽媽領著去上在蔣夫人主持下，於敦化南路我家附近辦的復興幼稚園了。還有更好的願景，在等待著我們。父親七十壽辰時，總統府派人送來裝了鏡框的經國先生的賀詞：「遐齡碩德」。再過了些時，敏英的父親侯公雨利七十歲壽誕，在中山北路國賓大飯店舉辦慶祝，父母親備了禮品，由敏英和我陪了二老去祝賀，各界賓客滿堂，盛況空前。自後，有了來往。我和敏英便能去建國南路岳父母在台北的家，也奉到召喚，去了台南市居於民權路的家，在人多的飯局時，岳父總招呼我坐在他的身旁。但我不善於台語，總是敬默的陪伴著，或點首或微笑著。帶著孩子們在岳家後花園裏玩著：那裏曾是當年敏英拍照的場所，有花樹，有小橋流水，有錦魚泳流，也有藍天白雲，在時空間掩映。父親是位讀書的儒者，不懂工商，不理財經，亦不諳台語，「性相近，習相遠」，故，不曾來往。而我的興趣在文學，雖尚少傳世之作，但孜孜不息，樂在其中。

其時，正中書局為紀念建國六十年，擬定印行一套文學叢書，我擔任《六十年詩歌選》主編人，便和鍾鼎文、王慶麟（瘂弦）商定編輯方針，選了自胡適到馬瑞雪，自一〇年代到七〇年代的詩人一百二十四位七百十二首詩，其中，台灣大學法學院黃錫和教授送來在美國詩人艾山的《暗草集》及林蒲先生代送的《埋沙集》，和黃伯飛詩人的《天山集》等詩集；又收集海外各處詩人的詩篇，編成二十五開本，上下排列八百五十頁的詩選集，書前有我的代序「中國新詩的發展」。我於此際又寫了《五〇年代的詩潮》、《在傳統與現代之間》、《對新詩的體認》及《談現代詩》諸作。為了充實《文學論》小說的內容，在諸多各國的小說家中，我又選出了亨利・詹姆斯、喬依斯、卡夫卡、福克納、海明威、菲滋澤洛德、雷馬克、卡繆、莫拉維克、巴斯特納克十位現代小說家予以介紹。在此觀念上，我獲得文藝期刊聯誼會優良文藝作品「紮根與開花」第一屆金筆獎，並評論得獎的理論作品侯健的〈兒女英雄傳〉試評林以亮（宋淇）的〈試評紅樓夢新英譯〉，施友忠的〈論語的文藝〉。並以在風格層次之上以介紹侯健（台大文學院長）的系列人文主義的文學作品。以上有關作品彙集由黎明文化事業公司印行《文學天地人》（廿五開本，二七〇頁），衆成出版社印行《傳統與現代之間》（三十二開本，三〇七頁）。我並接受了正中書局編審委員之名，主編了徐訏的詩、散文、小說數十種作品印行。由於這樣的際遇，我尤需要寫一本現代中國詩史，印行我的詩集，或更在《文學論》所及的範疇內，寫樂曲與歌謠，寫新詩、散文、小說、戲劇縈繞文學藝術的必然與必要。

經歷中華電視臺工作

五十九年，我有意離開中央組工會，那時，蔣嘯青總幹事，已調中央秘書處秘書，我在組工會已工作十七年，初來時主編《理論與方法》，後經併入《中央月刊》，先是翟君石與文物供應社長董樹藩合作，翟為副社長主持編務，文物社陳桃芳主理發行。翟君石請將《理論與方法》過入《中央月刊》為黨政國是之專論，以恢宏其內容。請我為之主持，並情商於蔣嘯青。我說：「《理論與方法》，可以由《中央月刊》編輯，我可另編一種類似《理論與方法》而更為普及的刊物，或可稱之為《黨員進修資料》如何？」蔣認為允當。我編《黨員進修資料》，主要在鼓勵國民黨黨員研究三民主義，故將此刊物發行到各種黨部的基層。對開展黨務甚有助力。翟君石復來找我談：「《中央月刊》的內容將以文藝為導向的做法，需有適合的編輯，進入工作。」我建議《中央日報》副刊編輯周伯乃和剛從軍中新聞官免役的王祿松，以及能文能繪畫的楊濟賢（震夷）組成編輯小組合力進展。他既有了這個腹案，便去籌備《中央月刊》的事務了。我在組工會經歷了唐縱、倪文亞、張寶樹、李煥、陳建中五位主任。唐縱溫文有儒者之風，張寶樹開朗而謇正，他兩位先後做黨部秘書長。倪文亞後任立法院長。李煥謙沖，當時以主任兼理救國團與陽明山實踐研究院主任，後任教育部長、行政院長，創立中山大學。陳建中主任時易：《黨員進修資料》為《組織與訓練》並辦《政治通報》。十七年中，我投入工作，不曾懈怠。我的性情奔放而不喜約束，傲慢而嗜好書文。

因為專一業務的結果，每於下班覺得仍有事要辦，便又回到辦公室，醫務室主任陳炯明說：「這是一種神經性的症候，要適時休息才好。」我明知離開中央黨部，我會損失很多，譬如孩子們學校的獎助金，將來的年資累積的退休金，以及其他種種的損失。甚至，我受到層峰的召見，問我：「到底要怎樣，才肯留下來繼續工作，要什麼職位？或改調工作，說出來都能如你所願？」沒有任何要求，只是堅決要離職而已。我教世新的課，從五個班，一年年的增加，多至十六個班，由綜合教室改在大禮堂上課，拿了麥克風，堂堂都好像在演講，學生們說：「老師講課，前面後面聽得到，就是中間聽不到。」因為，大禮堂的設備簡陋，屋頂是石棉瓦不夠攏音。再大的聲音向四面跑，所以中間聽不到。我向教務主任文經華說：「學校不改善教學環境，我不再教了。」同學們向學校反映改善大教室大班次聽課的要求，校長成舍我來信勸我說請繼續擔任講座。那時，校務有極大的發展，而我已不能勉為其難了。林適存在《中華日報》任職，他想到世新教此課，我向校裏推薦，他接到聘書時，就告訴我要拿我的《文學論》當課本去教。

我休息了一個暑假，神經性的毛病已有好轉，也敢於大膽的寫作。六十年初我受命與李明、趙玉明、趙琦彬籌建中華電視台節目部的工作，辦公處先是在敦化北路靠近南京東路口的體育棒球場，在看臺上的一處場地辦公，大家因陋就簡，但興趣盎然。我想經歷一下電視工作，特別是已先開辦的台視與中視有些成績好的連續劇、單元劇以及綜藝節目的演出，我認為要提高民衆觀賞的興趣，就需要豐富的內容與誘因，好的節目，特別是黃金時段的節目，要引人入勝，非得有鋼鐵的陣容不可。話劇形式的四幕五場已不可用；要充實情節，緊密故事，創造人物，加強場景，要快節奏，快動作，多層次，多角度；由劇本、演員、導演，導播在攝影棚內組合，但也需要外景的襯托。初時，華視的一齣連續劇《郭子儀》的表現，是有很多情景，尚不能展示電視劇的功能。要改進就是要利用電視的多種優勢，掌握電視劇的素材。姜貴的長篇小說《喜宴》，正在《中央日報》副刊連載，寫的是北伐時代的故事，極背景顯明，人物生動之能。我與主編孫如陵先生熟悉，探詢之下，知道姜貴在台北博愛路一家小旅舍，我不期然的去找到了他，說了我是誰。他把相當高大的身體擋了在他房間的門口，無奈的說著：「不能進去，太亂太髒。」我說：「好，不進去，到哪裏去？」他期期艾艾的說：「旁邊有家東方大旅館，咱們到那裏的咖啡室坐坐。」我們到那裏要了飲料坐著。我開門見山：「和你談談《喜宴》的事。」「怎麼了？惹了誰？」我不由的笑起來：「惹了我。」他站起來：「咱們不談吧。」我說：「我和你老兄談，把《喜宴》搬上電視，演出一大齣連續劇的事。」他喘了氣坐下來：「那好、那好。」他把一張木訥、飽經風霜的重棗臉靜靜的端詳著我。我和他說了我和劉守宜的交情，《旋風》和《重陽》的出版，我的敬佩之忱。又說到我在華視節目部和對《喜宴》的感覺。他說：「原來是想寫三部歷史性的大書。《旋風》、《重陽》是其中的一個部分，再就是抗戰。《喜宴》是北伐的一部分。這部分沒有寫完。抗戰的部分還沒有寫。」我為他添了飲料。「我這輩子倒楣透頂。但也總有像你這樣的好朋友打點，能活下去。咱們一見如故。」我說：「真情感如金鋼鑽，成色不壞。」他說：「我在台中，有老妻為伴，煮字療饑，打算長期抗戰，寫幾本關係時代與歷史的書。不料，動手寫了一陣，老妻突然中風，乃是一大不幸，醫療照料之餘，突有一不知來歷之人，說是為老妻申張正義，把我告上了法院，說我蓄意謀害我的妻子。」我問：「這誣告的人是誰？」他說：「自稱是我那老妻的什麼親人，法官不明究竟，官司纏訟了很久，才知道這告我的人有罪案在身，已被有關機關逮捕了。」我嘆了口氣說：「原來他是想叫你官司纏身不能進行你寫作的計畫，這人是共產黨地下工作的人吧，他們也太狠毒了。」

把姜貴的《喜宴》搬上電視

《喜宴》搬上電視，必須要積極的進行，我找了軍中老友貢敏、何坦、胡英與趙玉明組成編劇小組，其中有四位主要角色，那就是年紀已長而相貌平庸，其實克勤能幹的主婦，請了高幸枝來扮演，年輕的丈夫淳厚渾樸，找了剛出道的龍隆來演，他稚嫩但肯用功。喜鵲五兒，有人介紹了幾個，都不對路，喜鵲五兒雖是鄉下姑娘但活潑伶俐，不是胭脂花粉。我找來訓練中心演劇班的學生大眼睛的張玲來演，格外教了她三天的戲。另有的一位地方耆老賢達人士王十駕，找了有點虛張聲勢的演員馬驥來演。三十集的《喜宴》，在對詞排演前，我送了一筆款給姜貴，並告訴《喜宴》由華視出版專書，另付版稅給他。解決了他生活上的一些問題。他寫了一篇《喜宴》搬上電視的情形，在《中央日報》副刊發表；特別對我有些感謝的話，其實是多餘的。我對他說：「漢李陵有句名言：『人之相知，貴相知心』。」他握了我的手搖著說：「對！」仁義就是我們的精神世界，我們的心意也是相通的。

《喜宴》為華視的連續劇開創了新機，於是進一步，我們編了《包青天》請儀銘來演，這戲開展了連續劇的坦途，共演出三百多集，流行於東南亞，其中編劇貢敏與鄧育昆，也因此而知名於影劇界。田鵬的展昭，李璇的秦香蓮，瞎眼的太后，能言的烏盆，無論喜怒哀樂，都成了民間的言論，市井鄉城的好惡。接著陳明華製作《俠女》，使張玲走紅。《西螺七嵌》，更使阿善師的劉明，與高幸枝結為夫婦，石峰也成為當家的小生。

歌仔戲在台視有楊麗花，在華視則有葉青，皆是女扮男裝的演出。二〇年代北京《順天時報》選舉平劇四大名旦：由梅蘭芳的《太真外傳》、尚小雲的《摩登伽女》、程硯秋的《紅拂傳》、荀慧生的《丹青引》當選，他們男扮女裝，為藝術作出登峰造極的表現。梅的氣象、程的高雅、荀的溫柔、尚的銳敏，加上筱翠花的刁蠻浪蕩而冠絕千秋。韓世昌、白雲生的崑曲、王天民、李正敏的秦腔、侯俊山（十三旦）、劉德榮（雲遮月）的山西梆子、常香玉、趙義亭的豫劇、小香水、銀達子的河北梆子，袁雪芬、范瑞娟的紹興戲、薛覺先、馬師曾的粵劇，劉翠霞、喜彩蓮的評劇。更憶起父親止峻公記述民國十八年四月二十七日北平為山西旱災舉行賑災義演，名伶之多，演技之卓越，有詩記其盛況說：「憶昔宣南鮮魚坊，青袍側帽遺與長。從遊同學二三子，不為花狂為曲狂。相將逐除聽羯鼓（戲），入破年景旋歌舞。人間何物號潺愁，燕蘭幽夢恣吞吐。瓦舍長濡故國風，四飄歌管明月中。才上華燈瞻緯樹，又攜犀壁照雕龍。誰言北地春來慢，樓臺一遍風光暖。比肩接肱動千人，萬籟梁塵驚懶顧。散序霓裳調未成（梅蘭芳醉酒），已聞四座起雷聲。迻巡聽徹梁州遍，不信頭顏汗已橫。當時齊足誰稱俊，梅郎弁冕荀（慧生）郎韻。玉霜（程硯秋）惻艷小雲穠（尚），天教菊部開昌運。別有傳頭古調張，梨園世閥溯余（叔岩）楊（小樓）。遺音正始來徽部，名籍同光屬教坊。偶追文酒抬裙屐，樊（樊山）羅（瞿公）主陪諸郎集，皤然詩鬢映玉山（呂著青），小子何知叨末席。嗚呼！四十年來世局移，鐵獅猶在主人非。（梅寓鐵獅子胡同）潢池水污中南海，掩淚還歌大道隄。大隄芳草年年綠，往事歌臺憑壞木。延秋門上頭白烏，銜哀獨吊韓家曲。梅程顏色復何如？梨花繞地人埋玉。南麒（周信芳）北馬（連良）竟安之？求生不得艱乞死，擕箏朝上玉熙宮，招魂夜過雲陽市，仙韶舊跡費平章。每憶開元泣數行，維倚一榻茶煙颺。不索天花作道場，忽漫相逢耆耋叟，賞音曾擊相為缶。為言黃髮入京師，九街遍識雲和柳。典盡春衣看作場，祇今萬事供回首。霓裳舊譜記空箱，誰遣丹青傳妙手。賴我尊前感逝波，華胥曾共夢逝波。檀槽急雨分明在，對此榜招（海報）可奈何。」一篇詩歌，不啻是梨園的滄桑，戲劇的史蹟。一生提倡國劇的先輩齊如山說：「國劇除表演故事外，兼以歌舞並重。凡有一點聲音，就得有歌唱的韻味；凡有一點動作，就得有舞蹈的意義。國劇中非特詞曲為歌，即念詩、念引子，說話白，甚至於喜笑怒罵，也都以歌唱的韻味演出。知道這些，才能知道國劇和現代話劇的不同，也和西洋歌舞劇的不同。說到舞蹈，演員在臺上的動作，都和平常自然的動作不同，非特在行路，上船等動作，即如撫手、頓足、看望、指示等，也均以舞蹈的姿態表出。是指身體各部在任何動作時的勻整合格，所以說國劇的特點是：『無聲不歌，無動不舞』。」（國劇概論）又說：「崑腔、弋腔、綁子腔、皮簧都是大戲。至於西皮慢板、快板、搖板，和山西綁子的結構、行腔都相似，只是韻味不同，這就是地方戲」。呂訴上對台灣的歌仔戲認為有四種：一是由綁子腔轉變而來，這種大致來的早，故而戲班子也多。存留著的綁子腔也多，一聽就知道。二是由皮簧演變而來，歌唱都含皮簧意味，改成本地話，也改了一些動作，與綁子腔到了廣州、福建變成小戲的情形相同。三是內地小調與本地小調的融合，如五更嘆、送情郎、孟姜女的小調都是。也加上了流行歌曲等。四是完全的皮簧，不僅腔調未改，所謂的亂臺與亂塌（陽平聲），當然是亂彈。本地又叫反鸞台，如同浙江紹興的那種。閩南漳州的錦歌，同安的東鼓弄，安溪的採茶歌，都入了歌仔戲。錦歌的唱腔七字仔調改變原有的四仔調、五仔調為倍思大調取代，而統稱為歌仔調，拉場子落地掃，四平調中的高甲戲、潮州的白字戲，京劇的西皮二簧，都馬調，以及凌波與樂蒂的梁山伯與祝英臺的黃梅調，各種調，歌仔戲都能吸收而擴散，五花八門無一不可，無一不能。伴奏上則有殼子弦（椰殼製，如板胡）、大廣弦（龍舌，蘭木製成）、臺灣笛、月琴外，又加上西樂，絲竹管弦，應有盡有，劇團之多，何止數百。明華園的興起，力求表演的入木三分，自然能風靡群衆。

周志敏是位眼光獨特的女製作人，她提出一個《大陸尋奇》的企畫案，我認為要介紹大陸的錦鏽風光、山河人物是了不起的構想。內容兼具文化性與歷史性。當時決定採用製作成立小組進行。並由音樂組黃瑩作詞，汪石泉作曲，張琪唱錄主題曲，以廣傳播。但華視高峰另有看法，竟拱手讓給中視錄製得益，令人婉惜。

新聞部引進主播數人，其中有江素慧、李莉芳、丁盈；初見李艷秋並不顯眼，經過上鏡頭，但見眉目燦然、音容和暢，有大將之風。在攝影棚，行政組長石永貴伴同一位倩靚的小姐過來介紹：「這位是剛從比利時魯汶大學完成傳播碩士學位，回國來到節目部工作的鄭淑敏。」「請多指教。」淑敏伸手我禮貌性的一握：「節目部正需要妳這樣的專才。」過了一些時候，她開了一個生活性的節目《今天》來做，約了在《國語日報》以薇薇夫人的筆名寫家事與社會教育性質專欄的樂茝軍為編劇等事，逐漸邀請學者參加，擴大了內容。至後，她參與了綜藝節目編審，發展她自己的才華。而樂茝軍原在三十八年女青年大隊認識，多年後，因自己的努力，在新聞文藝界有了一方天地。真是「一分耕耘，一分收穫」。從馬來西亞電視臺轉來台灣到華視想為綜藝節目效力的女子沈蓉華，工作並不順遂。萬般艱難之下，求我助她一臂之力。正巧高雄市李瑞標、李哲郎父子主持《民衆日報》，借執行副社長邱勝安之力，想取得外資的援助。邱勝安知道我與台南岳家侯公的關係，不免想得到我的幫助。統一企業因吳修齊、高清愿的拓展，已成為電視臺廣告的寵兒。但我離中央黨部，亦是原於「處世待人，不失本色」的性格，不願人知我與岳家的關係，在俗染中，借其財務，升高自己的權位。也許世人以為我是愚蠢，不知富貴可以傲人。但寧斷不彎，也是我的風骨。邱勝安面前，我已明白告訴他，我的態度，他聽了並不以為忤耳，反而佩服了我的志氣，把讀過新聞的沈蓉華，做了《民衆日報》跑黨政新聞的記者，沈蓉華表現出色；不久，便被《聯合報》聘用為旅遊組主任，大展身手。

傳統與現代之間

六十二年（一九七三）鍾鼎文先生以世界詩人大會會長的聲望，在台北市舉行世界詩人大會。瞿立恆為秘書長，我為審議委員，全球來台參加會議的各國詩人，以美國代表露絲・

瑪莉為首，英、德、法、義等歐洲國家及日、韓、新馬等亞洲國家參加者，連同我們的詩人代表，共計五百餘人，在台灣的土地上升起了燦爛輝煌的詩的旗幟，洋溢著詩的華美的景像，於是天藍水清的艷陽天，沸騰的詩的溶液，哺育著詩的風情。中華文化泱泱郁郁的氣度，為自由民主的台灣的美好，向世界展示其光明的前途。詩，象徵了文藝的最高峰，是國家精神的火種，詩的感性的創作，也正是結合世界友誼的心靈之深交，因為，心靈的語言，正是世界人類真情的流露。詩的匯集，為世界引發共鳴。在會議中，我入選桂冠詩人詩葉，以專輯介紹。並入選英國倫敦劍橋國際中心《國際名詩人專輯》、《當代名家錄》；及我國行政院主編《中國名人錄》（中、英、日文版）及《國際傑出作家傳記》等。

六十四年的五月，鄭淑敏和我在節目部的辦公室相談。她說：「大哥，我有件事，要請你出面幫忙。」我說：「什麼要緊事，這等的正襟八百的。」她望著我說：「正言不諱，我要結婚了。」「哦！恭禧，要我幫什麼忙呢？請說吧，對象是哪一位？」「是美國新聞文化辦事處處長柯約瑟。」「我見過他，年紀比妳長一半，是不是？」「是。但我們相處，相知，一切都很投契，年齡不是問題。」「妳愛他嗎？」她點頭，「好，妳要我幫什麼忙？」「在長官同事間，替我疏通疏通，好嗎？」「妳的態度最重要；我倒是對妳有個希望。」「希望什麼？」「柯的身分地位，將來也許回到美國國務院工作。我希望妳做陳香梅第二，替國家多做點事。」她微笑了：「如果可能，我就會去做。」我說：「那樣，妳就會更有發展自己的智慧和機會了。恭禧妳也祝福妳。」她和柯約瑟婚後，仍留在華視工作。工作的範圍卻漸擴大了。我在華視工作多年，建議成立「企管部」——內分研究發展、資料管理，調查分析、追蹤考核四組，以求全面性的超越。企管部立即成立；而經理卻由鄭淑敏擔任。

六十五年的初春我有去義大利佛洛倫斯出席「國際文藝交流會議」的訊息，承蒙鄭淑敏與柯約瑟的好意，為我英譯了我的短詩〈音樂〉、〈新店溪下〉、〈初雨〉、〈殘荷〉等，並作了清音悅耳的女聲朗誦的錄音帶。這種幫助，我是記憶猶新的。

其間，中國電視公司籌拍古裝電視劇《一代暴君》，這是擴大了五十一年港台影劇界聯合公演我的《秦始皇》的內容，他們這個製作組認為我是《荊軻》的最適當的編劇人，我受邀以石林的筆名與王靜芝（方曙）、朱白水、饒曉明、鍾雷合作編了十二集的劇本，在六十集的大戲中，發揮紅花綠葉的效果。

我後為了豐厚《文學論》中詩與小說的部分，由衆成出版社印行了《傳統與現代》這本書，上篇內輯入〈中國新詩的發展〉、〈五十年來的詩潮〉、〈在傳統與現代之間〉、〈對新詩的體認〉、〈論現代詩〉及對詩人作品的評論等十二篇詩論。下篇則介紹了亨利．詹姆斯、喬依斯、卡夫卡、福克納、海明威、菲滋澤洛德、雷馬克、卡繆、莫拉維亞、巴斯特納克等美、英、法、德、義、及蘇俄作家。使得讀者在讀《文學論》時，又可在增益的這些小說家中，擴及於世界小說的更多的瞭解；雖然，我在《文學論》這本主題書內，對世界各國文學的語言、想像、思想、情感、素材、背景、文學研究、現代文學上，已經提供了許多小說的概論，但仍應把在本書所提出的詩與小說的若干評介，作為讀者的參證。

我又寫了《現代中國詩史》一書，由商務於六十四年印行，內分，一、中國詩的形式和內容。二、黃遵憲的詩學革新及其他。三、五四文學運動與新詩革命。四、啟蒙期的中國新詩（上）（下）。六、新詩中小詩、長詩及其轉變。七、新詩中的格律詩。八、從格律詩到象徵派。九、現代派的崛興與蹤跡。十、抗戰期間的中國新詩上下。十一、抗戰後的中國新詩十二章。

《愛的暖流》獲國家文藝獎

六十八年，我以《愛的暖流》詩集，獲國家文藝獎，由謝副總統東閔先生頒給金質獎章與獎狀。詩集由商務印書館王雲五主編《人人文庫》特六五九號印行，書前有雲五先生復刊人人文庫序及我的自序，內容含「四季」、「愛的暖流」、「救溺者」三輯。「四季」一輯有〈晨曦〉、〈鄉居早起〉、〈黃昏〉、〈春〉、〈夏日正午〉、〈秋雨即興〉、〈黎明〉、〈故鄉的冬夜〉、〈鄉村〉、〈都市的疤痕〉、〈夜市〉、〈醉〉、〈商櫥前的女人〉、〈鰲魚〉、〈潦倒者〉、〈受傷的魚〉、〈冷的感覺〉、〈小兒麻痺患者〉、〈癌症患者〉、〈仰睡的翁仲〉、〈永遠的旅人〉、〈產婦〉、〈人生〉、〈心之樂音〉、〈生命之歌〉、〈森林之歌〉、〈幽谷〉、〈旅人〉、〈一隻白鳥〉、〈鄉思〉、〈憶念〉、〈山城之霧〉、〈王家坡〉、〈捷克青年〉、〈不朽的巴斯特勒克〉、〈渴望〉、〈死難者〉共三十七首。其中〈一隻白鳥〉選入國中課本第五集，為教學所用。第二輯「愛的暖流」輯入〈紮根與開花〉、〈敬頌偉人的永生〉、〈青天白日頌〉、〈國旗的創造〉、〈歷史的道路〉、〈大時代的組曲〉、〈溫馨的黎明〉、〈愛的暖流〉、〈十月之歌〉、〈播種者〉、

〈詠寄神州〉、〈五月〉、〈致詩人〉、〈祭屈原〉、〈母親的話〉、〈親切的呼喚〉、〈河的懷念〉、〈行程〉、〈寶島頌〉、〈當救主歸去的時候〉，〈整隊出發的季節〉、〈禮讚金門〉、〈獻給秋海棠的歌〉。以上共輯較長的詩篇二十三首。其中〈紮根與開花〉一首，曾獲報業聯誼會第一屆金筆獎。第三輯「救溺者」是一首敘事長詩。內分，〈往事〉、〈歲月〉、〈春至〉、〈雨季〉、〈窗前〉、〈夢境〉、〈守堤者〉、〈山洪〉、〈魘夢〉、〈落水的少女〉、〈老樹〉、〈濁流〉、〈水灣〉、〈少年〉、〈童伴〉、〈男孩〉、〈野菊花〉、〈孕婦〉、〈嬰兒〉、〈老夫婦〉、〈聚守〉、〈虛脫〉、〈復甦〉、〈一家人〉，分題二十三節，這是繼我的敘事長詩〈創世紀〉、〈殷紅的雪〉、〈血手〉、〈季長青的歌〉、〈孤女〉、〈殘缺者〉、〈戀歌〉後的一首象徵時代的悲歌。評語是：「一、本詩集第一輯「四季」，收短詩三十餘首，以作者豐富的人生體驗與觀察力，配合成熟的寫作技巧，故能寫出精鍊的詩作。二、第二輯〈愛的暖流〉各詩，實可為本詩集中之重心。有對十大建設之歌頌；有對偉大領袖之頌揚；有對革命史乘及革命旗幟之謳歌；有對大陸神州之思念；有對寶島臺灣之歌頌與金門的禮讚，以及對於詩人的自勉……等等，均能以生動而熟練的手法，表現出正確的主題，且無一般生硬、堆砌之弊。」這是第五屆的國家文藝獎，主辦單位報告說，這亦是新詩人獲獎的第一人。此次獲獎者：散文獎是張曉風和沙錚、新聞文學獎是寫十大建設的文學家趙滋蕃。傳記文學獎是蔣君章與徐詠平，文藝理論獎是黃永武、美術獎是何明績與何恆雄的雕塑，劉萬航的美術工藝。舞蹈獎是林懷民雲門舞集的薪傳。並此記述。

我的詩集《春歸集》是寫出席佛洛倫斯國際文藝交流大會及出席美國與韓國「世界詩人大會」途中與歸國後彙集之詩作，由商務印書館人人文庫印行，前頁登有若干可紀念之照片，如一九七七年獲國際傳記中心頒贈的獎狀與獎牌，出席「國際交流大會」主席凱伊博士夫婦迎接於宴會門前之照片，羅馬古蹟之照片，會議上文學組主席團及歸來在中國文藝協會歡迎會上報告會議經歷之照片。最可貴的是我獲得倫敦劍橋國際傳記中心印行僅一千本，以牛皮封面燙金的「國際名作家錄影辭典」的大照片及內容（據知中國僅我一人有此殊榮）。另一照片是六十八年第四屆詩人大會在韓國漢城舉行，我與大會會長韓國詩人趙炳華的合照。這本詩集集義大利、威尼斯、蘇黎士、日內瓦、哥本哈根、巴黎、西敏寺、大英博物館、紐約城、洛杉磯、狄斯奈樂園及漢城等地的情景共有詩五十五首，題目是〈雲海〉、〈松柏〉、〈羅馬之春〉、〈母愛〉、〈聖彼得大教堂的圓穹〉、〈西斯丁堂讚〉、〈聖天使橋頭〉、〈在愛瑪祿紀念碑前〉、〈翠微噴泉〉、〈提佛里千泉路〉、〈摩西雕像〉、〈高樂賽〉、〈羅馬之晨〉、〈羅馬的午前午後〉、〈羅馬的黃昏〉、〈夜〉、〈莫洛之死〉、〈翡冷翠〉、〈小城之春〉、〈古井〉、〈大教堂〉、〈比薩斜塔〉、〈過客〉、〈米蘭〉、〈水城〉、〈鄉愁〉、〈蘇黎士街頭〉、〈天鵝湖〉、〈日內瓦湖畔〉、〈哥本哈根小雪〉、〈思鄉〉、〈巴黎印象〉、〈鄉郊〉、〈西敏寺〉、〈大英博物館〉、〈遊海德公園〉、〈紐約城〉、〈洛城玫瑰園〉、〈遊德斯奈樂園〉、〈銀杏樹〉、〈楊柳〉、〈翠園宴〉、〈琴歌〉、〈扇舞〉、〈鼓舞〉、〈笛音〉、〈大漢門外〉、〈阿里朗〉、〈箜篌引〉、〈宛轉〉、〈鄉情〉、〈短歌〉。附篇：記「國際文藝交流會議」、音樂、秋雨、新店溪下、殘荷。

六十九年，李明去中央電台，趙玉明去《聯合報》，趙琦彬死於癌症。我則建議華視成立企畫部，下設研究發展、調查分析、資料管理，追蹤考核四個組，以求其在科學的制度上，進一步提升已有的意境。此時，我患嚴重的眼病，不得不辭職往訪名醫治療。

第十一章　沙塵風雅頌

《秋尋集》與齊烈流芳

六十七年（一九七八）十二月十五日美國民主黨卡特總統正式與毛共政權建交。

總統經國先生以在冰天雪地開礦的勇毅，與科學專家的行政院長孫運璿合作無間，開展十大建設，於中鋼、中船、中油、台電、臺鐵、北迴、南迴、臺中、蘇澳港，以及桃園國際機場的重大工程；我友趙滋蕃，以文學家陰柔的筆力，表達了陽剛的工程氣象。他有長篇小說《半下流社會》、《海笑》、《子午線上》等五部，中篇小說《荆棘火》、《烽火一江山》等四部。短篇小說《默默遙情》、科學小說《飛碟征空》等三部。劇詩《旋風交響曲》及文藝論著《文藝短笛》、《文學與藝術》、《文學與美學》等九部。他以學者身分去應邀擔任東海大學中文系主任時，聘我擔任文學課教席，於文學研究上，互相得益。

於開展十大建設，經濟起飛、創造奇蹟的同時，經國先生解除黨禁、報禁，允許老百姓到大陸探親。台灣更走向了自由民主的大道。而十大建設對農村起了大的影響，成千上萬的工作，與人力物力的充沛，使農村富足。經國先生於日理萬機之餘，未嘗享受應有的假日休息。只見他風塵僕僕，笑容滿面地巡視地方市縣鄉鎮。與民衆做親切的交談，往日，他爬山越嶺於交通建設，流工人的汗，衣工人之衣，樸實真淳的本色，與鄉民為一體。古之聖賢帝王，未有如他這等愛民的。農家由貧苦到小康，由小康到富足，家家有新屋，户户有汽車。政府服務人民的態度，有若僕役，真正做到了為而不有，功成而不居的地步，這就是大家共同犧牲奮鬥的成果。

在大陸北京學運風潮、學生集合在天安門，要求中共改革，中共則以武力打擊學生推動民主與民權的對話，而釀成六四慘案。但較文化大革命要革掉文化的命來說，只是一個較小的滴血的創口，但也說明中國的苦難，是人為的暴政，用槍口封住了手無寸鐵的人們的聲音。

六十九年，黎明文化公司為我印行《上官予自選集》，這是一本詩的選集，內含素描、生活照片、手跡、小傳；分卷一選自《春歸集》二十首，卷二選自《海》及《文藝創作》二十四首，卷三選自《千葉花》三十一首，卷四選自《自由之歌》八首；附錄于還素〈論上官予及其詩〉及作品書目，作品評論摘要。

《秋尋集》由《民衆日報》社印行，商禽，管管二人編輯，內收文學思想傳統的繼承，及音樂家的風格，抗戰歌曲，流行歌曲，民歌、舞蹈，電視綜藝、詩與小說的評論等。三十二開本，三〇四頁。

《文學天地人》黎明文化公司印行，這是「文學的分論」，並以反共小說《旋風》與《重陽》、《紅河戀》、《蓮漪表妹》、《藍與黑》、《荒原》、《近鄉情怯》、《赤地之戀》、《半下流社會》、《長夜》等小說作分析評論。高明教授作序述：「天地人」與「文學」的不可分離性，他說及文學創作：「真可說是萬花競艷，美不勝收了。只是在文學批評、文學理論方面，似乎還有一點美中不足。雖然我們有一些朋友，專從事於文學批評、文學理論的研究，也出版了流行一時的幾部書，但是我們嚴格地檢討一下，大都是剽襲外國人的思想、學說、主義、觀念而寫成的；至於出之於中國人的文化意識，根據中國人的創作經驗與鑑賞眼光，深邃地透入於中外文學作品之中，而能灼然獨有所見，秩然構成體系，自樹一幟於國際文壇的，卻是寥若晨星，這就不能不使我們慨嘆了！」他繼說：「我把這書排印好的大樣匆匆地看了一遍，我覺得這部書確實是一部中國人的文學理論，他不是依照外國人的文學理論照本宣揚的，他是一部特具中國人個性的文學理論的書，他能使中國人認識自己的文學天地有多麼地廣闊深厚，他更能使外國人從中國人的文學天地裏有所啟發，有所領悟，從而擴大了他們的文學天地，更充實了他們的人生。」（見高明先生〈序文〉）。高明先生是自由中國文藝播種者重要的一位，他創辦了師範學院的國文系所，是數十位碩士博士的老師，開發各大專院校的中文系所，是他的功勞。這本書二十五開本精印，二百七十頁。

我受邀參加一次由秦孝儀先生主持的會議，承擔撰寫《太原五百完人傳》。三十八年四月二十四日，太原淪陷於中共之手後，我曾於四十二年撰寫《五百完人》的劇本，交給中華文藝獎金委員會。迄今三十年，當時的劇情，尚沸騰於我的心胸。我是山西人，《太原五百完人》傳，自應經我的筆下完成。我重新訪問山西省政府輾轉來到台灣的鄉親，收集各種血淚的資料不下數十種，聽長者的口述，看許多的紀錄，和照片與手跡。六十八年四月，總統經國先生為「太原五百完人」成仁三十周年親題「齊烈留芳」，表揚五百完人的誓死反共的精神。此書完成後為近代中國社印行，二十五開本，三百三十四頁。秦孝儀先生題書名，說：「我讀了這書，感激掉淚。你應把書送有關單位，請領獎章獎金。」我回答說：「我不是為了獎金獎狀寫此書。」後來，閻錫山先生在他武昌新村的寓所召見我，我敬候他的指示，見他的座位邊的條桌下有一張字條上寫：「語不從容口不開。」從他的客廳走出來，他的一位隨從問我：「你向老先生告求什麼嗎？譬如換個好的職位？」我說：「我沒有想到要向他說這些，何況，語不從容口不開。」他微笑頷首：「你也是位傻子。」我說：「我寫這本書時，忍不住掉淚。」他說：「我們讀你寫的這個《五百完人傳》，都哭紅了眼睛。」

七十年，我應邀為總政治部寫一篇「近幾年來的文學思潮與評論」，內分前言、對文藝工作的加強、對現代文學的理解、對鄉土文學的導正、對民族文學的體認、對反共文學的擴大等六個專題，以表達我對文學的見地。國防部頒給我一個光華獎。多年來，我擔任新文藝輔導委員，並為金像獎評審會及理論研究會的召集人，自應貢獻我個人微末的一得。說真的，六十九年是個好的季節。

行政院文建會與國家文藝基金會

陳奇祿主委一九四八年從上海聖約翰大學政治系畢業，回到台灣主持《公論報》「台灣風土」的編務，並擔任專文的撰寫與民族工藝的插圖繪製的工作，六十八年於國立歷史博物館舉行「原始民藝素描展」，他是進入民俗學家「人類學」殿堂的翹楚，也就是他被冠以「台灣先生」，而廣泛地以「人類學」家的觀點，從事文化建設的工作。而以「實體文化」為其綜合一切文化藝術內涵，開展文化建設的工作。自然也擴大了他領受日本東京大學人類學博士的視野，為台灣大學人類學系奠基，後以碩厚的對實體文化的認識，投入文化建設與活動的發展，當選為中央研究院院士，達到學術研究的峰頂。行政院文化建設委員會成立之初，他捨國立台灣大學校長之高位而就文建會主委之職，就是要實現「文化建國」的崇高理想與目的。七十年，我應奇公的召喚，做為他的「馬前卒子」，擔任專門委員並兼任「國家文藝管理委員會」的總幹事，隨著他的堅實的腳步，走向文化文藝活動的領域，做了不懈的努力。我追隨他到他離職，十餘年間，只有赤誠的奉獻，而沒有絲毫的倦怠。奇公是文化風尚濃厚的台南人，但他始終不知道我是台南鉅商侯公雨利岳翁的關係，因為我認為他於工作上充分授權，讓我能夠獻身獻力為國家的興盛而工作，是本分的努力，而無任何君子之外的關係，這也是我一生最感欣然自足的地方。

行政院長孫運璿氏認為經濟起飛，尚需文化建設為社會進步之骨幹，乃請陳奇祿籌建文化建設委員會擔任主任委員。周伯乃打電話約我與陳主委見面，奇祿先生學者風範，原應聘任台灣大學校長，但孫院長說：「我請你任文建會主委，兩年後，文建會成為文化部就更有發揮的空間了。」陳主委應聘後，積極投入籌備工作，他徵詢我的意見。我說：「除了秘書、總務、人事、會計室外，目前最少要成立三個處，第一處主管文化制度，文化活動、文化資產、文化生態；第三處是音樂戲曲、美術、舞蹈等事項。」他特別關注第二處的工作；我說：

「目前最少要成立文藝、廣播電視、資料三個科。積極展開業務。」他說：「你先來做專門委員。主辦第二處的組織、職掌，細部規畫的事項。在我的構想中，專門委員是我的幕僚也是融洽主委和下屬的管道。將來，我還要你擔任其他的要務。現在，你還有一項任務，就是和副主委孔秋泉先生一同到教育部接收移交文建會的部分業務。你明天就來上班，總務科長楊式昭，會安排好你的一切。」主委送我出來時，和裝飾有中國古典風味的辦公門庭的建築師黃永洪招呼，我便告退了。第二天我上班後便和孔副主委到教育部會議，接收了他們移交給我們的有關業務。孔秋泉氏曾任國防部軍聞社長，熟嫻文事，故辦事均能順理成章。二處的工作人員已發表：副處長為陳坤一，科長、編審視察、專員、科員先後到了：柯基良、楊玉璋、張放、黃武忠、方芷絮、趙俊穎、朱婉清、蘇桂枝、蔣玉嬋、游淑靜、楊婷媜、袁家瑋、余慧華及林金昭、王萬山等人。文建會初期的辦公處是在民生東路六八五號環球大廈的三四五樓。後來遷入愛國東路一〇二號。我為文建會辦的第一樁大事，就是聯絡《民生報》、《聯合報》、《中國時報》、《中央日報》、《中華日報》、《新生報》、《新聞報》、《台灣日報》、《台灣時報》、《民衆日報》、《青年日報》（當時名為《青年戰士報》）、《自立》、《中時》、《聯合晚報》，分別舉辦詩、散文、小說、戲劇、文學評論、新聞文學、傳記文學、兒童文學、音樂、美術、舞蹈、廣播、電視十三種，大型的文藝座談，以醒目的標題在各報紙大幅刊載座談內容，公諸社會，喚起民衆對文化建設、文藝發展的重視與擴大。當時，新聞界耆宿馬星野於「觀影罪言」中說：「台灣創造了經濟奇蹟，而陳奇祿真是奇人，開創了文化奇蹟。」因為，新聞報紙十三家能夠在極短時間內，配合文化建設，而大力推展文藝發展，是一件難能可貴的盛事。不僅是這樣，我更在北部、中部、南部、東部的師範大學、東海大學、成功大學、高雄師範學院（後擴大為大學）及花蓮師範學院之內，辦起了各為期半年的文藝創作組；我奔波四面，以此為樂，絕不言苦。更請中國古典文學研究會，台灣大學各辦理文學批評研討會。在文建會內辦理李清照學術研討會、司馬光學術研討會、范仲淹學術研討會、中國文學研討會，更辦理了五十年代作家作品研討會，將新舊文學作綜合之研究，其中包括作家作品，不及備述。我又發動各文藝社團結合全國十三家大報共同舉辦文藝的研討會與活動。讓文藝結合民間，並送書到各縣市圖書館，增加民衆閱讀的效益，各地文化中心之成立，更提升了文化與文藝到民間的活動。一天中午，陳主委到我的辦公室，候我中飯後歸來。他拿著我已編印好的《文藝座談實錄》（此書厚九五六頁，書面採用耿殿棟氏的宮殿圖）對我說：「孫院長看了你編的這厚大的《文藝座談實錄》很是高興。你看，我教你把你名字放在總編輯項目，你都不肯。現在，我找你是要你來出任國家文藝基金會的總幹事；二處的工作做得不少，而基金會的工作由你推展，一定能更上層樓。」我說：「主委可否請更適合的人來做？」主委說：「你說誰？你不要推拖。你的辦公室設在隔壁一棟大樓的三樓，現在，就教楊科長陪你去看看。另外，二處的工作與公文，你也要照顧到，知道嗎？」他拍了拍我的肩膀又說：「我請楊科長兼任基金會的總務幹事，辦公室需要什麼，你對她說。」我點了頭說「是。」他笑了笑說：「這就好。不久，你選定業務幹事聯絡幹事，再上公文來讓我批准。」

我仔細規畫了「國家文藝基金會」的工作，配合文建會二處三處的業務，使之如兩翼的翺翔。重要的是推動各種文藝社團的運行，對作家作品的評介，發表會、座談會、展覽會、演講會、交流會、聯歡會的舉辦，定期作經費的浥注。對各大專院校舉辦文藝講座、文藝班、作品朗誦會、聲光藝術等活動的獎助。對文化團體辦理文藝團隊、文藝營大型活動的補助。對作家個人創作計畫的贊助。對老年疾病作家的慰問與援助。與文化復興運動會合辦自周代以來，歷經兩漢、魏晉南北朝、隋唐、兩宋、遼金元、明、清的文學班，聘請各大專院校知名教授分題授課，集中講授內容，請巨流圖書公司印行專書，以應學子及社會需要。請中國古典文學會舉辦專題文學座談會出專書供應各界需要，請台灣大學舉辦文學批評研討會。在《中央日報》開闢文學評論專刊，定期刊登專文。請《中華日報》舉辦梁實秋文學獎及翻譯獎。辦理「國家文藝獎」更是秉持專一的公正態度，將獎項分為十二類二十六種文藝，由大專等院校，國內外文藝社團及個人定期申請；附上作品以供審查，初審、複審、三審後，將合格的作品，送十三位評審組成的評審會詳細評審，進入帷幕，持圍棋黑白子投票，以白子三分之二多數為勝出。立委主持管理委員會議，最後決定獲獎者名錄由會議決議，記錄在卷。獲獎者的作品、類別、大名及其內容摘要、評語，印成獲獎作品專輯，以做頒獎會簡介之用。然後由主委上文層峰為頒獎人，由總幹事主持頒獎前之工作會議，確定辦事人員、會場地點、頒獎程序、獎章、獎狀準備妥當。屆時，通知獲獎人、各報紙、廣播電視記者，由主委舉行記者會，隨之檢查會場佈置完成，來賓出席觀禮，頒獎會莊嚴隆重如期舉行。頒獎者致詞後，司儀宣讀獲獎人大名，賡續上臺受獎。鼓樂聲中，典禮在受獎人代表致謝詞後，頒獎盛會圓滿完成。

我主持基金會的工作八年，誠實認真的辦事，和顏悅色的對人，但文藝界多聰明敏銳之士，人人出類拔萃，認為自己高人一等，這種不服輸和自抬身價的性格，也許就是多數文人的心態。康南海有詩：「高峰突出諸山妒、上帝無言百鬼獰。」（見《出都留別諸公》）。我正如一枝獨出的花朵，風吹雨打對著我，攀摘豔羨者也偵視著我，使我反而與朋友生疏，與文藝界也似隔了一層。只有一些人格高尚的豁達者，才真正瞭解我，對我有一分尊敬，二分同情，三分親善。這是認識人性，不愛慕虛榮，最大的感悟。

由於文藝評審、文學講座的工作，我也結識了許多學術界、藝術界的教授學者，如政大的羅宗濤、徐佳士、簡宗梧、呂凱等人，如臺大的臺靜農、侯健、葉慶炳、林文月、朱炎、鄔昆如等人。如師大的黃錦鋐、王熙元、王更生、方祖燊、黃麗珍等人。如較年輕的學者李威熊、龔鵬程、李殿魁、曾永義、李瑞騰、王初慶、黃湘陽、于大成、張夢機等人。藝術界的耆宿，更是衆多。也從這些學者專家的風行意向上，得到很多創意與篤範。也得到不少的激勵。

文藝基金會並與中國電視及中廣公司組成作家、音樂家、美術家、電影、電視、戲劇演員訪問團，到金門、馬祖等列島最前線勞軍。

但仍寫作，不放棄任何讀書的機會，寫出我自己的心聲。

三民主義文藝運動

國立編譯館國文編輯委員會主編中學國文第五冊教本，內收入我的短詩〈一隻白鳥〉作為教學之用。附有我的簡介及詩意解釋，均甚美稱，使我知足。但，這不也就是我埋首寫詩數十年的收穫嗎？

《三民主義文藝運動》一書，是我公餘之作。亦兼對中共文藝統戰的批判。書前有陳奇祿的序，趙滋蕃的引言。第一章：開國前的文藝運動，內分晚清的文學改革運動，論王韜、嚴復、林紓、辜鴻銘、黃遵憲、梁啟超、國父孫中山先生及革命先烈的文學。新文學運動及其轉變，評文學改革的新潮，蘇曼殊、胡適、梅光迪、八不主義、陳獨秀、新青年這本雜誌、新文學運動的評價。第二章：三十年代左翼文藝掀起的亂局，內分愛國的五四運動，西化的影響、文學研究會及創造社，泰戈爾的來訪，國父逝世前後，充滿叛逆性的革命文學，新月社與梁實秋的貢獻，「左聯」的成立與魯迅的反抗。第三章：抗戰文藝與中共的文藝統戰。內分中共的竊國陰謀，中共的文藝統戰，初期的抗戰文藝，抗戰文藝是全民文藝，「筆強於劍」是文藝的寫照。第四章：十年有成的反共文藝運動。內分五〇年代文藝運動的開展，文藝清潔運動與戰鬥文藝運動的結合，中國文藝復興，反共小說的成就。第五章：當前三民主義文藝運動的回顧與展望：對文藝工作的加強；對現代文學的理解，對鄉土文學的導正，對民族文學的體認，對反共文學的擴大。結論。本書由國立編譯館主編，列入大衆文庫，七十三年五月出版，二十五開本，厚三百四十八頁。書成面市，文學界英耆陳紀瀅氏七十三年八月三日於中央日報發表「見證」大文，內分，一、容易讀完且予人以具體結論感。二、為國民黨建黨九十年作見證。三、近代文學尋根應自清末起。四、新文學運動及其轉變。五、左翼文壇的崛起。六、抗戰文藝與中共文藝統戰。七、自身努力與敵人的影響。八、請把這本書分發大專學校研究閱讀。他用心良苦的在這裏有語重心長的話：「本書《三民主義文藝運動》既由國立編譯館主編，又由中央文物供應社印行，看來與教育機關關係密切。那麼由教育機關普遍廣泛的把它分發到各級學校去閱讀，更為適切。不用說，讀文科的應該閱讀，就是其他課系，也有閱讀必要。因為一個國家歷史是人人應鑽研的對象，無論你志在何系，溫溫歷史總是應該的。何況這部書雖然標明『文藝』，實際上也是一部思想史、奮鬥史，與生活史！九十年中，我有六十年混在這圈中，從無一天脫節，我願作本書的證人！」「我和陳公紀瀅先生認識多年，但無深交；不料他老如此誠懇，以至如此的諄諄箴言，言淺意深的指示，令我不禁心儀其高風。」

是年我亦參與文建會「民間劇場」的策畫公演。在「國家文藝基金會」我更增設極高榮譽的「特別文藝貢獻獎」頒贈文藝先進人士，韋瀚章、黃友棣、林聲翕、黃君璧、郎靜山、林玉山、臺靜農、梁實秋、陳紀瀅、鄭騫、王夢鷗等長者，並建議政府設立文化獎。吳三連文藝獎，我亦在背後予以促成。因為，獎金的來源，乃是由侯公雨利所提供。《自立晚報》社長吳豐山和副總編輯陳景農主其事。提高了文藝充實民間的形象。這是我心頭最高興的一件事，因為評審會的主任委員，就是陳奇祿博士。

龐曾瀛兄在美國畫界，以中國毛筆彩繪人物山水花卉，顯示中國文人畫的現代風格，在藝術市場，佔有優勢的地位。我於歐洲文壇散步後，到紐約訪問，駐美公使陸以正招待我在大使館附近的一家大旅館住宿，落地窗明，俯望行人的塵寰，但見一位老婦人的手提包已被一個混色人種的扒手拿走，跑的不見蹤影，老婦顛躓間的呼叫，被一陣車聲掩蓋。我復記起，我隨新聞局駐法特派員楊允達兄散步於巴黎香榭大道，在紅磨坊門前，見一少年從戲院旁的小巷中竄出，跳跑於人行道，但見他穿梭一雙男女遊人的身旁，縱身跳起，以疾跑上籃的姿態，摘走那女子掛在肩上的皮包；一剎那，女子尖叫，男子向少年扒手追去；一個老年小販把掛在胸前、琳瑯滿目擺著口香糖，各種小玩意的方形木櫥，擋住男子去路，並跳出一隻電動老鼠，撲向男子的面門。於是，少年扒手，已鑽入另一邊的小巷，不見蹤影。那一對男女瞠目結舌，楞在路邊。看康康舞的觀衆，陸續進入戲院，開場的橘紅色帷幕升起，一排粉紅色、聳乳、細腰、翹臀、長腿的舞娘，分做兩邊搖曳著頭上高翹的羽翬；一個黑蠻妖的碩人，頎頎然，踢起她的激射磁力的美腿，如墨綠的碧玉。伊倬立中峰，兩翼翻起雪羽，搖曳起伏波浪；她們流漾，轉身；用她們那突兀的臀部，築一座花園錦簇的聖壇，最耀眼的是當中的那朵黑牡丹。我想在燈光璀璨的夜裏，這些景像都曾渲染在畫家的畫中。曾瀛駕著車，穿著挽起袖子的花襯衫前來接我，依然是往日住在永和文化路相談、嬉笑歌吹的情景，我們經過一座路橋，無意中，你的車頭撞上斜侍的橋頭。驀然，一位勁裝的交通警察駕著重型摩托車，轟然來到。他注視我倆悦乎的模樣，就說：「你倆定是久別相聚，所以忘了，所以才把車頭撞上了橋頭。這次不罰，前面開車，可要小心了。」他舉手祝我們愉快，就放我們過去了。

在紐澤西你的家中，沈元美嫂子迎我如她的兄弟，為我張羅了美食，換上新的被褥，慇懃留我多住幾日，我在你家的風簷下讀你的畫冊，在你的工作室，看你的筆揮灑於巨大的畫布。你帶我到威廉教授和他的女助手裘蒂教授的工作室，看他們複製你的畫的過程，看他倆踏實的工作，微笑的面容。這一次，歷史博物館的國家畫廊邀你從紐澤西回來畫展。我請了陳奇祿主委為你主持開幕，對你的畫，他做了極高的評價。於是我看見愛畫的人們，駐立你的畫前，分享你畫中的人和景，有如看花花世界裏，有無限的眷戀和風情。

你回紐澤西後，我對你有更多的懷念，有如對山河的懷念。

我們共同的朋友郭明橋，就送來他鎔鑄已久，蜚聲國內外的琺藍製品，那雋珣的花紋古色古香，那紅綠的風調在釉彩之上。我們相與欣賞而嗟嘆。

卜寧自鐵幕轉香港歸台北，我問他賈島之所言：「西風吹渭水，落葉滿長安的古都如何了？那蓮湖公園的茶座仍在嗎？南院門竹笆市的鏡兒糕哪裏去了？」我陪他去訪問夏承楹（何凡）與林海音的書齋，撫看海音收藏的小象。想起辛稼軒的「鬱孤臺下清江水，多少行人淚，西北是長安，可憐無數山。」言語苦澀，嗟萬事難忘；我們應卜少夫之約，去酒樓小酌，又想起東來順西來順的羊肉泡饃，便喝得星河搖搖欲墜了。

韓悠韓從韓國來訪，我邀他和詩友們小聚；他因蔣堅忍將軍之薦住在英雄館，我們去中華路商場尋訪古玩，無意間發現岳飛的長方形一紙碑帖，筆勢龍飛鳳舞，寫的是諸葛亮出師表，我們如獲至寶，他愛不釋手，我送給他，他熱淚盈眶的說：「這是中華的國魂，我是漢唐宋民族的中國人；我們是兄弟，有骨肉之情，是不是。」我擁抱了他說：「是。」雖然離別了多少年，但我們仍然是因為音樂結合的骨肉之情。有長歌入漢關的氣象。

《春至》的生命蘊蓄

《春至》這一系列的長詩，在我生命中已蘊蓄甚久，也許在我童年的歲月中，已有黃綿細密的沙塵，在我的眼耳鼻舌身意裏滲透；行過萬里路，已不知不覺在醒睡邁步與寐息裏，成為我的情我的夢，我的怨慕我的哀愁。於是「春花」有山，茁壯著相思的莽林。有水，流著流不盡的離憂。山乃成了我們隱隱的面貌；水乃成了我們悠悠的神情。「芽苗」生長於泥土，不惜把自己完整的獻出，撞成千堆雪，化身億朵花，以赴死的心情，成為一粒沙塵。成為幽峭的冰山，萬古的森林，在鼓聲在煙塵，在馬蹄怒飆中，依然聽那一縷細細的「叮嚀」。那麼，你去了何處？你的「蹤跡」如流水，把巉巖鑿成蜂窩，讓風穿梭，向沙塵宣示，無起點、無歸處的來去。「桑田」是千萬里的駕道，是馬上琵琶關塞黑，是灞橋月，楊柳煙，遠行的離人；而在沙塵下的雍壤，竟有奇花一朵，摘星攬月的開放。「花魂」乃胡笳十八拍，千忍無可忍的雪崩，順流翻坍的山倒，壓也壓不住的林海簫簫、風火光影交會的長嘯低吟，千巒萬谷的金聲玉振，不屈不撓，滾滾不盡的回應。而「殘露」裏，有搖曳的狐步，鈴聲牧女的歌，幽陽、微月、玫瑰的夕照、枯萎的朝暾、滄海的醉波、酩酊的睡鄉、解語的木石、落葉星沉的雪霜。「浪群」是山的搖蕩、水的對唱，是荒原的濁流，丘陵的寂寥，是沙塵的蜂群，天馬掀起的海濤。「春泥」在月下，是靜憩的天鵝，是急轉的金珠銀珠，把荒原滾成一個閃耀的繡球；城鎮、鄉村土牆、唱過陽關三疊的人家，落葉歸於春泥，沙塵歸於大地。「靜夜」走過沙塵的腳步，紅粉、兄弟、陽春、風塵、黑亮的眼睛在黑海深處，埋在積雪下的礦層，青天相接，最高的峰頂。「蹊徑」是夜晚，黎明，沙塵的節奏，是親密而冷冽的繁星，漠漠的長空。是相擁的夢鄉，是冰雪上醒來的番紅花，在相攜的旅途上，一個難得的過程。「細流」中，沙塵是蓋著金陽的毯子，伸展四肢，推開記憶裏的沉哀，歇下流浪的腳，睡在這裏。靜寐的沙塵，有虎豹的花紋，銳利的腳爪，讓日影移過，風暴止息，讓細流滋潤泥土，荇草間穿梭著魚，芽苗成長著樹。歌聲映著月色，青禾長滿田疇。「人家」在夜深人靜的屋裏，有人低喚那人的小名，而輕雲下有鷹呼，秋風裏奔馳著潑刺的馬群。我們踱著金沙，把流水送到天涯。再回到「原野」，領悟萬紫千紅的哺乳，星月晨曦來臨前的陣痛。露與禾苗，山與樹林，風景和生命。狂風暴雨中的生活，小草化做新綠，有如碧波的新荷，送來悅耳的歌。「影痕」記錄著柴扉上的銅環，窗櫺上的月光。石牆上的圖案，青石板上的院廊，細雨的呼吸，月花的腳步。低垂的帷幄，孌婉的枕畔，金飾、銅爐、陶罐、玉瓶、衣墜、畫屏、紫檀桌椅，以及柔若無骨的纖塵。「歸程」就是沙塵的默禱，小花的悲愁，險關斷橋是沙塵的迷津，荒圻山麓是沙塵的歸程。沙塵把昨夜的柔情，化做破曉時的風濤，把擁抱的泥土，細訴相思和祝福。「煙雲」是昨夜星辰昨夜風，是景掩映，月朦朧，是雪與月明，是自在飛花輕似夢，無邊絲雨細如愁，是橋上撐傘的少女，橋下荷塘人家，是霜瓦老屋，是壯士的丹心，美人的黑髮，是泡影，一粒沙塵。「種籽」是懷愛的芽苗的出土，是柳暗花明的溫馨，是陌生的城鎮，時間的創痕，是絕嶺斷壑，是荒原驚道，向無邊的沙塵奪路。沙塵淹沒了千山萬水，五湖七澤的楓紅，以及細細的叮嚀，以及高歌長嘯。「暖流」仙人掌帶著刺，在朔風中、看不見自己的影像；松柏的枝椏，在積雪的懸巖上，循環著血的暖流；笛簧笙簫，亭臺樓閣，斷瓦殘壁，西風殘照。兒女英雄的塊壘，歷史剝復的傷痛。「思念」帶走落日的是壯士的碧血；帶走春光的是綿綿的思念。帶走了愛情的，是沙塵裏的一聲輕嘆。「浩歌」中的莊子，以一襲衣衫，穿透時光；以一雙草鞋踏破煙塵；以洞開的七竅，看火山口下的蠻荒，以瓦盆伴和著嘯歌。不食煙塵的藐姑射山之女，飲露、餐霞、乘雲、御風，以處子的潔瑩，隱入明月鏡。你是一隻蝴蝶，你是一尾鯤鵬，你是大氣裡的一粒沙塵，在天地間，你是一個原始的嬰兒。「懷沙」的屈子，你跋涉於萬古的沙塵，問天為何有落霞孤鶩，為何繁星的千眼，青山的千古，不做永恆生命的迴應；漁父釣走了紛紜的煙波，屈子漂流於亙古的江湖，瀑布翻起一曲黑髮，化做萬世的瑤琴。「渾脱」是李廣靜寐於黑鄉的沙塵，是輾轉反側，要從歷史的瘡痍中破出；是盤雕與流星，是落日的殘紅與深紅；是血花、是火山，噴灑的怒洪。是鋼的沉默，是風的賁張；是長箭大黃，是胡騎的退潮，是陰山的孤寂，是腳踏天狼的長嘯。「拓荒」的張騫萬里鑿空，是塞黑關渡，雪橫葱嶺，是鹽澤冰封，風捲彤雲，群山，冷的發抖。是斷羽的北雁，是沙流的旋舞。是你堅毅的腳步，安詳的雍容。你把曲折的窩道拓直，你手揮五音琵琶，帶回了身毒的摩訶兜勒，大宛的汗血馬。「出塞」的昭君，間關平沙，流水落花到天涯。你冰姿玉骨的春花，做了塞外朔漠的美景圖畫，你唱過陰山的琵琶，送葡萄入漢家。光祿塞下，旗車喧嘩，燕支瓊雪，壓低枝頭，迎你光艷四射的鑾駕，你在蒼茫的牧野上，戴上了一代紅顏的桂冠。「河梁」的蘇武對著荒城空漠，對看沙塵而斷腸。那李陵以五千勁卒纏門八萬胡騎，兵敗死矣，死尚不亡，蘇武，肉膏草野，骨埋深窖，上林雁帶一紙丹書，使凋零的樹新生。「劍膽」班超，你投筆的激情，使我想到雄偉的人生，虎子在抱的決心。我見你從千百條陌路，走出烽煙已熄的丘陵，群山如酣睡的馬群，冰輪寒星，緩泳的沙舟，西域的諸邦，都來伏首稱臣，我見你白髮入玉門，望到酒泉而吻故鄉的泥土。「回首」歲月的浮沉，飄落的楊花，野渡無人舟自橫。而衝破無底苦海的，是盈盈的繁星。而桑田重來，已化做鄧林。「高人」王維，對著鬱輪絕袍，對著霓裳初奏第三疊，對著渭城朝雨，對著紅豆和茱萸，對著紅梅，對著故人；你是如此的多情；你寫信陵、侯嬴、朱亥，你寫荆軻，你寫少年行，你寫西施、李陵、你寫綠珠，息夫人又是如此的俠骨仁心。你的五言絕句的清幽空靈，你的「輞川集」的閒適高遠的意境寫出了山林水月的雋美，禪趣中的妙悟；蘇東坡在〈東坡志林〉中稱：「詩中有畫，畫中有詩。」正說出了你破墨山水，南宗廟堂的宇宙。「月華」中的李白有青蓮，有瑤臺、巫山，有蜀道的險巇，有敬亭山的悽愁。劍的飄逸，雲的卷舒，水的波音，玉的玲瓏；酒的溫馨，化做了莊子的蝴蝶，仙人的黃鶴，海客的白鷗，他是春花秋月，醇酒婦人；也是在這些現實的人生外，另有一個他自成的世界，而是生命的典雅，如桃花潭水深千尺，如輕舟已過萬重山。「繁星」是杜甫的寫照，他的詩如種籽在泥土，如芽苗生大樹，如日月昇華，如人生結晶。他壯遊於青年後就過著顛沛流離，艱難苦恨的生活，他想經世致用於堯舜之治，風俗之醇，他的秦州詩，夔州詩，景美諸葛亮的德政，謁先主廟，自嘆飄零；詠古柏行，不為世所用。他的律詩作法，苦心經營，將歷史為志士幽人寫照。諸將五首寫中興人才之重要；秋興八首懷念長安太平之日與犬戎之犯，多沉鬱頓挫，他寫景色，無不蒼鬱，他寫人物，無不渾厚，他以詩寫心境，無不有感傷沉實的志意。所以我說他點燃宇宙的靈光，噴薄元氣的海洋。「關睢」寫文成公主，如文殊菩薩，如天女散花，帶了中華文化，浸潤了拉薩河谷的草原，以釋迦牟尼的金身，美育了大昭寺的共命鳥，將一〇八尊獅面人做了人間幸福的守護神。「胭脂」：我以柔性的筆寫驚天地，泣鬼神的忽必烈汗，寫沙塵中的男兒，如希馬拉雅的最高峰，征服了印度，征服了俄羅斯，征服了歐洲。我說的是夕陽下，老闕氏的遺囑：一箭易折，一捆的凝結，世人休想把它折斷。「飛蛾」為何投身燭火？因為明眸一轉，清露一滴，流去的歌，白雲的花朵，月的陰晴圓缺，白髮上的夕陽；闌珊的腳步，午夜的沙塵，靜寐的丘壑，森林的流動：美的七彩，將大地環抱。「澄波」寫深井的古舊，銅銾的寂寞，孤星的沉落，有人獨行沙漠，篝火熄滅後，朵朵黑花，覆著地上。沙塵的真相、露珠、新蕊，皆成了謎：它靜如海，來如春風，散如鴉群，烈性如龍捲風，把人世揉成一縷幻影，旋上蒼茫的昏暝。「陽春」寫著金門的山水都成為我們的血肉，兄弟們的白骨，比花崗石還堅硬。而鬼雄的熱血，灌溉了比沙塵還柔細的泥土。迎著朝露，嚼著微風，擁抱濃烈的活潑的陽春。「山」寫的是自我的詩人的形相，如山的撫摸日月星辰，如山的鋼鐵的面貌、磊落的心胸，從容獨立，較沙塵更率性，應和著生命的韻律波動，與天地同流。

為《春至》插圖的是好友劉其偉，他既是人類學家，走遍海角天涯，又是如野原般豁達的大畫家，他雖已於九十一年四月十三日晚上十時三十分因主心臟剝離出血去逝於新店市耕莘醫院，但他的畫已在文化泥土上，建立了藝術生命的永恆。

詩家對《春至》的評論

鍾鼎文是接近戴望舒現代派的大將，他評說：「『春至』這個名稱代表基於傳統的創意。在農曆時令中有夏至、冬至；為什麼我們不能為春天的到來創下一個新的時令『春至』呢？上官予兄以卓越的才華，寫下三十七首好詩，『有詩為證』，證明時序的進行有『春至』這個時令。中國大地經過長長的冬眠，正在甦醒，開始舒展筋骨，迎接此一時令的降臨。」繼說：「上官予兄出版過九本詩集，七本有關文學的論著。在現代詩的創作上，他走過悠長而艱辛的途程，創立了自我的風格，達到了不凡的成就。他對文學，尤其是對現代文學，造詣的深厚和研究的透徹，可從他的《文學論》（正中文藝叢書之一）窺見其一斑。他的這部《春至》詩集，是他近年來的作品，將他的風格更為成熟、也更為成功的展現出來，及於一種自我突破而又自我完成的境界。三十七首詩，具有統一的風格。在辭藻與意象上是純中國的；在結構與手法上是很現代的；好像一部廣角度的彩色電影，一個生動的鏡頭連接著另一個生動的鏡頭，一幅感人的畫面牽引出另一幅感人的畫面，以有韻律的速度發展主題，使中國的苦難與希望之交織，呈現為一個大時代的風貌，詩人他本人，以及你、以及我……我們都是輾轉在這個大時代的風、霜、雨、雪之中。我們能在這三十七首詩裏，找到你我生活的創痕和思想的腳印。」又說：「一首詩以及一部詩集，是一個有機性的整體，也就是一個生命，挑出一首，一段來看，都不免於『摸象』之見。我只想用最簡單的兩句話表達我讀《春至》

（我仔細的讀了三遍）的綜合印象：這是中國的現代詩，也是現代的中國詩。我相信，凡是讀了《春至》的人，會有同感。」

因此，他以中國現代詩要「歸宗」，「歸真」與民族、社會相結合，予人以真實感與親切感：「用純正的中國人的口吻，表現現代的生活體驗與心靈感受，亦即兼具民族性格與時代精神的、中國的現代詩——現代的中國詩，一如《春至》者，該是這一代中國詩人們既安全而又極具前瞻性的康莊大道。」

羅宗濤是政治大學文理學院院長，他是精通國內外文學，且是敦煌文藝研究成名的美學家。他品味《春至》說：「幾年前，一個冬日的薄暮，我在巴黎國民圖書館昏黃的燈光下，閱讀晚唐一個佚名佛徒的新詩，伯希和給了它一個編號——二一三三的這首老新詩（在敦煌石室裏藏了有彭祖壽命那麼長的歲月，然後又在巴黎圖書館的書庫裏又躺了將近一個世紀）我落入思量：沙塵——世界，世界——沙塵。現在，冬夜薄寒，燈光明亮些，也溫暖些，我在指南山麓的書房裏誦讀上官予先生《春至》詩集三十七首新詩，——一千年後的新詩，這是沙塵的長嘆，是沙塵的浩歌。這是一千一百萬四千一百九十四平方公里山河裏的沙塵，是三千多年文學史淘養出來的詩篇。讀《春至》詩，知上官予先生熟讀古人名作，但其用事卻如水中著鹽，飲水乃知鹽味。《春至》詩筆力豪儁，如長江黃河之渾浩流轉，卻並不峭急。誠如呂東萊云：『鼓氣以勢壯為美，勢不可以不息，不息則流宕忘返；亦猶絲竹繁奏，必有希聲窈眇，聽者悅聞；如川流迅激，必有洄洑透迤，觀之者不厭。』春至詩之言至而意不止者，以其參透個中三昧。其超邁橫絕而又深遠精微的特色，實有其鄉賢王摩詰之流風遺韻。」

韓濤在文壇從事專欄評述世情的宏文讜論三十年，於古籍的評鑑，尤多傑出。而於詩的評鑑，則絕無僅有。早年交往，他知我的為人。近日相見，則以「楚楚風致，激越情懷」論評我的人、歌，以至因詩作而名列「國際名人傳記中的第一人」，亦無瑕連絡。「一直到最近半年，常常讀到他在報上連載的長詩《春至》覺得他寫的很用心用情。字詞的運用，韻格的創建和感情的收放控馭，洗鍊鮮活而楚楚有致。使我在掃描而過的一些現代詩中忽然耳目一新；覺得他把風發的意興，悲壯懷思和詩人特有的冥想、隱喻、移情和轉位，都調和得恰到好處；不輕邈、不駭俗、鬱鬱勃勃、沉潛堅厚，燦若晨星而美若春花。」他於絮語後，賞鑑我的詩說：「縱觀上官予三十七節逾千百行的長詩——《春至》，雖然一個小節都自成一個單元，其實無論就情感和氣勢言，都是脈絡一貫不十分可以言分割的。詩的段落疆界，本就和文章不同，一如杜子美的〈秋興〉八首不能說那一首是寫什麼，那一首又寫什麼，各首之間隱然無痕的結合，方是〈秋興〉詩的整體思維。詩人在這一團鬱勃的、沸騰的、衝擊的、壓迫的、忍受的複雜思維之中，鼓動詩情，運用詩才，傍山倚木，摘星弄月，把那一團思維發而為一種完全情化、智化、淨化、美化、靈化的感興，透過優美字詞的運用，音律韻格的和諧，活潑生動的排比，翕然無痕地集合而為美妙的章句，便是好詩，《春至》亦然；一千多行詩，痛寫感興而排比周延，字詞優美而韻律和諧，把他心中渴想「春至」之情，從歷史的角度、文化的角度、現實的角度、憧憬的角度，甚至於萬般無奈的角度，感慨萬千而椎心瀝血地寫出來。」在此，他舉春至之一，之二為例。復說：「我很矚目一千多行詩中免起鶻落的『沙塵』二字；覺得整輯的《春至》，乃是一粒沙塵（我想必是上官予的自喻）在三千大千世界中迢遞跋涉的歷程，那一粒沙塵原本來自山西省的五寨，背負著故鄉除了楊柳與燕麥之外的荒寒，從那片黃土高原上奪門而出，遍歷華北、華中、和江南水鄉，然後悄然靦腆地如同萬千塵埃，墜落於這溫暖潮濕之島，於是「沙塵」懷著比故鄉的醋還要酸的辛酸，休養生息。但苦苦咀嚼那曾經間關萬里的綺夢和惡夢，咬牙切齒地要回到那寸寸都令人懷想的土地，尤其是那片掩埋著五百完人的故鄉。所以，『沙塵』在『春至』的渴想之中，揚起一腔悲憤，一心忠貞，一懷幽思，一串長笑，一聲感喟和黯然神傷底悲泣。然後，他驀然長身而起，撮口長嘯：（春至之六、十一、十七）不過『沙塵』於慷慨激越之餘，也有一大片的迷惘和黯然。但在『詩面』上，卻控馭的很含蓄、細細幽幽，愴然投訴，而不為狂歌當哭的傾瀉。一種怨悱而不亂底悲情，在輕描淡寫之中，悽悽切切地凝結在心。沙塵雖是細小而纖弱的，卻不甘於風吹雨打的萎靡，不甘於時代惡勢力的重壓而夢寐以求堅實、雄渾、矗立、傲視寰宇，於是，冥想中的巍峨、悲壯的意象『山』出現了。上官予這輯長詩令我從欣賞中感動的，非僅止於詩情和詩象，而是他詩中表現的詩襟（境）——純中國詩人的意識型態；詩，固無論傳統與現代，一如文章之絕不可分文言和語體。但中國人的『中國品格結構』和『中國文化質素』衍化而成的『中國藝文品觀，是絕不容許『舶來化』的……中國詩人要做中國質素的詩，要有中國文化的品味。」他在尾韻中說：「在悲壯的懷思和希望的火花中，他把如長虹之氣貫注於如椽之筆，細寫故國的嶽峙淵渟，細寫歷史的光輝屈辱，細寫文化的傳承中殂，細寫民族的堅定沉凝，細寫希望之『春』之將至。他噙淚而歌懷想，長笑而歎希望，低迴宛轉，悲壯激昂。『春至』在上官予昂揚的心，聖潔的情與堅貞的志節融鑄之下，蔚然怒放的春花，璀璨的春景。他用詩的語言，捎來春的訊息，讓大家知道，歷史的漫長嚴冬將盡，迎面而來的正是煦然的春日。『春至』燃起熊熊的火炬，銷融苦難的冰層。『春至』是難得一見的好現代詩。

夏鐵肩筆名鐵陀，早年研究易經，中年研究文史，是資深的新聞編輯人。他以『春至』見詩心說：「我覺得這首長詩蘊藏的東西真多，感情和思想的幅射也真夠深遠遼闊。顯然地，詩人是從歷史的回顧中瞻望未來的春天，從地理的鳥瞰中，注目光明的希望。詩人的筆，直線與曲線經緯交錯，映現著百代興亡，千秋人物，也概括了衆多不同型的勝慨豪情，與衆多不同型的風流文采。鄉土的情懷，是對祖國山河的依戀，祖國山河的污垢積雪，必將被世紀的狂風吹走，這是詩人固定不移的信心。全詩節奏自然而氣勢一貫，輕靈婉約處，一如曲水洄瀾，熱情奔放處，仿若怒濤赴海，使人在讀這首詩的時候，就像站立在一幅巨大的銀幕之前，視覺中有生動的景象，聽覺中有不時變換的音響，而心靈則會不期然而然的隨著歷史與現實時代雙軌並行的滑動而前進。這實在是一種十分奇妙的感受。說完『春至』，益信上官予是一位具有『完美詩心』的詩人。是一本罕見的好詩，那是一集中國詩人寫的中國詩。」

舒蘭是近期中國新詩領域中，一個史料的收集者。他說：「『春至』的作者，便是其中很重要的一位，因為他跨越了三個完全不同的時代，詩齡長達四十餘年（迄今已超過六十年）而歷久不衰，歷久彌新。前面有位評論家，一見作者的面便急不擇言說：『上官呀！你真是百足之蟲，死而不殭呀！』至於『春至』的詩藝術，我想自有名家作公正的評論，並非我這枝拙筆所能勝任的，不過在此我只提出一點，那就是作者在這個集子裏，創造了詩的『編織法』和『攝影法』，這是特別值得注意的一件事。」繼說：「我們知道，編織的效果除了選用的素材能給人一種質感之外，作為經緯的背景以及凸出於背景之上的那些花紋圖境，才是這塊織品真正的生命，它所給人的雖然也含有繪畫的意味，但是並不強烈的，還是那種排列組合的『節奏』感。編織不是繪畫，注重勾勒渲染，因此，我覺得他這一法是來自音樂（作者是名歌手）。攝影在理論上，派別也是很多的，而我所謂『攝影法』並非指攝影的繪畫性，而是指現代攝影機的廣角以及長短鏡頭技巧的運用——甚至顯微和X光鏡頭效果的運用。」在這篇文字的後面說：「在此，謹獻上我的虔誠祝福，並預期，能把他在文學上所標榜的『傳統與創新』的新精神，帶進文壇，形成一種新的風氣，蔚為一種新思潮，為我國新文藝樹立一座新的里程碑。」

《春至》詩集由《中央日報》出版部印行。書內插圖為現代名畫家劉其偉的傑作，連封面共九幅。三十二開本，厚一八八頁。七十四年五月編印，是《中央日報》印行以來，第一本詩集。第二本詩集名《四季之歌》，題名上官予等著，內容包含：蓉子、胡品清、張秀亞、沙牧等四十七位詩人的詩選。

這年的十一月十二日，是國父孫中山先生的誕辰紀念日，中山學術文化基金會就是為了紀念國父而設立了文藝創作的獎助。我的長詩「春至」，獲得審議會的全票通過。得到這個有意義的文藝創作獎。

馬莊穆，是我所敬重的一位學者，他是哈佛大學獲得博士學位的美國人，在師範大學教授英美文學的教師。我和他的認識，也是因為同樣愛好詩的因緣，在相當長的一段時間內，他為我翻譯了〈音樂〉（這首短詩是美國新聞處長柯約瑟已譯的，在此他再譯一次）。〈心湖〉、〈黎明〉、〈溫馨的黎明〉、〈鄉思〉、〈蘋果〉、〈鄉村〉、〈鄉居早起〉、〈秋雨即興〉、〈黃昏〉、〈故鄉的冬夜〉、〈王家坡〉、〈五月〉、〈母親的話〉、〈醉〉、〈都市的疤痕〉、〈養魚〉、〈受傷的魚〉、〈商櫥前的女人〉、〈小兒痳痺患者〉、〈產婦〉、〈箜篌引〉、〈致詩人〉、〈當救主歸去的時候〉。這裡計譯出二十四首詩；其中〈五月〉、〈母親的話〉、〈致詩人〉、〈箜篌引〉是較長的詩；〈當救主歸去的時候〉，是一首有十二節，紀念與追悼蔣公中正逝世的輓詩。馬教授為我翻譯以上這些詩作，他在翻譯者的話中說：「我在著手於翻譯詩人的這些詩，已經有很長一段時間。雖然如此，但我也只能翻譯出他詩作中的一小部分。」他也謙虛的說：「有些地方，我的翻譯，仍難於完全符合他的詩作的原意。」後說：「單就我所翻譯的這一小部分來看，我們就會感覺到這些作品，有很豐富的內容，並且可以說是真的豐富。」他盡了他的心力，翻譯了以上這些詩，並以中英對照出了《五月》這本詩集。可惜的是，我和他因為不能常聚一起，而也不能請他翻譯出我的其他的詩。我和他都覺得可惜。不過，就印行的這本詩集來看，確也反映了我對人生的一些體驗。

因為，台灣省文獻委員會聘請我做編審委員，也應允寫了詩、文學、舞蹈與台灣文化建設、文藝發展的專文，約略有三十萬字，由該會印行。

文學四論的印行

我為正中書局寫的《文學論》，初列入文藝叢書印行至十三版。到七十六年重新以大學用書發行，書為二十五開本，厚四一五頁。這是我在文學理論上的主題，在此主題下，我已寫有若干分論，譬如太極分兩儀，兩儀分四象。如今，我更欲寫出新詩、散文、小說、戲劇的四論，以稱紅花綠葉之效。我寫的這本書分上下集，二十五開本，七百四十頁。文史哲出版社七十七年七月印行。在我著手寫這書之時，正值七十五年夏至之後，十一月十六日，父親止峻公與母親九秩雙壽並金鋼鑽婚，書法大家陳繼龢先生撰書稱慶説：「志健交往多藝壇名家或贈丹青祝嘏，或書題詩文獻瑞；峰巒聳秀，華實結茂。愛集珍寶綵卷成册，樂此雅致，略敘懋績，以佐吉筵，侑觴，用祝松柏長青。喜此日蓬島稱頌，挹東溟以當酒；願明年神州復旦，登五峰而沖嵩。」以上所言，可見當日學術界藝文界友人絡繹歡讌之情況。父親誠厚篤實，晚年以讀書為樂；行有餘力，勤於撰述。

父親於民國三十六年十月，接到山西五寨縣縣長侯育才發來一封電報，這封電報是經過山西省政府主席閻錫山轉致，上面説侯育才縣長率領五寨縣縣民一致選舉先生為五寨縣國民大會代表。政府遷臺後並任光復大陸設計委員會委員，卓立議壇，不激不隨，推抒忠藎，以贊中興，識者欽其志節。止峻公髦齡好學，有衛武公伏勝之風。對於文化歷史小説戲劇均有深入研究，且勤於著述，其中《內家拳學》舉述形意太極八卦之精要。《中國小説述評》是商務版，內含談《聊齋誌異》、《紅樓夢》、《水滸傳》、《三國演義》、《東周列國志》、《儒林外史》。《古典小說述評》屬中外文庫，初版有兒女英雄談紅拂，明皇環妃長生殿，風流韻事綉襦記，亙古戀曲牡丹亭，蔡中郎與趙五娘，曠代傳奇桃花扇。再版時復輯入千古絕唱話西廂，紅線盜盒傳千古，楊顯之瀟湘夜雨等。此書述評並及於戲曲。《中國文化小說與史事》一書，為憲政論壇社印行，是綜合文化歷史小說戲劇於一爐並談到詩賦詞曲與美術等都三十餘萬字。《學庸類釋》是大學中庸分類解析其為內聖外王之學的真意。是學術的論著。《史事叢談》起自黃帝堯舜禹，歷經各朝各代至清末有關帝王將相人事興廢是非善惡的真相，謂其歷史是一面鏡子鑑古知今也。此書都四十餘萬字，二書皆商務版。止峻公早年曾隨太虛法師請益解惑，晚年偏好哲學之研究，對唯心與唯物既多獨見，而於唯識學近代學人各家見地，法相唯識學各種問題之發掘討論，皆有創發之卓論。本書二十五萬餘字，由學生書局列入中國哲學叢刊，以《三唯論》為書名印行。除上述著作外，尚有《論文化》，《談文藝戲劇》、《記抗戰》、《懷大陸》、《論憲法與修憲》等餘稿約百萬字。

止峻公於七十八年元月八日中午十二時，在德配王夫人，女元貞，子志健、志強及孫兒女輩環侍中，安然逝世，享壽九十三歲。公於經國先生崩逝後，即有歸山之言說：「余幼年貧寒，奮勵向學，經民國，歷抗戰，隨政府來臺，過了四十年安定生活，體察歷史，亦無此太平盛世。惟國家不幸，偏處此蕞爾小島，出危疑震憾，而能創造富有；只怕心德不足，是以為憂。余平素神遊故國，甚盼夢想成真。經國先生駕崩，余確知歲月不留人之可悲可痛。佛家說：受想行識，一切皆空，萬事不留戀，你等應自求多福了。」

父親遐齡碩德，全福以歸，七十八年二月二十七日安葬於臺北福音山宜城墓園。人譽其生平「仁厚樸實，淡泊平易，律己甚嚴，對人極寬。為士林所稱尚，乃邦國之耆賢。」

第十二章 冰雪賦比興

《寒鐘歌》的印行

歷史是面鏡子，鑑照時代的真相。戲劇是人性的舞臺，表現社會的面貌。

我於此時編寫完成了三齣歷史劇本：一是《易水寒》、二是《萬世鐘》、三是《大風歌》；合稱《寒鐘歌》。《易水寒》著力寫燕丹復國，荆軻刺秦。《萬世鐘》著力寫秦始皇一統寰宇，終（鐘之同音）於暴政。《大風歌》著力寫楚漢風雲，能者得有天下。《寒鐘歌》三劇以歷史為經，人事為緯。得人者昌，失人者亡。所謂時勢造英雄，英雄造時勢；實際上是人事關係天下與亡者為大。復國盛事，用人唯才。歷史說的是事實真相，文學寫的想如是耳。以古鑑今，歷史是一面鏡子，戲劇則是人生的寫照。《寒鐘歌》三劇由商務印書館印行。我在自序中概述我與戲劇的因緣，並述寫這三齣歷史劇的過程。

孔子講仁道的精神是言行一致的。故他說：「士不可不宏毅，任重而道遠；仁以為己任，不亦重乎？死而後已，不亦遠乎？」又說：「志士仁人，無求生以害人，有殺身以成仁。」

至孟子而發揚「浩然之氣」。說「尚志」：「志士不忘在溝渠，勇士不忘喪其元。」講君子與禽獸之別，義利之辯。近人梁啟超說：「六國材俠之士的條件可得十數端，其中有受人之恩者，以死報之，如北郭騷，豫讓、聶政、荆軻之徒，與人共事，而一死可以保秘密，助其事之成立者，必赴死無吝無畏，如田光、江上漁父、溧陽女子，戰敗，寧死不為俘，如項羽、田横。其他尚多，不一而足。左思、陶淵明、李白、王維詠史詩多蒼涼悲慨，意氣飛揚。太白〈經下邳圯橋懷張子房〉詩，懷古欽英風，嘆息俠義之去。梁任公說：「夫使武靈不以幽弒，樂毅不以間亡，蒙恬不以讒殺。三子者有一焉能終其業，則黃帝以來獯鬻之患，或至是而竟消滅。而後此白登之圍困，甘泉之烽火，乃至劉石金元之恥辱，或竟不至污衊我國史焉。」我久欲將上述《寒鐘歌》三劇編成，使能公演於舞臺之上。我吟辛稼軒〈賀新郎詞〉下片至：「易水蕭蕭西風冷，滿座衣冠似雪，正壯士悲歌未徹。」之句，每能神意相通，血為之沸騰。初寫《易水寒》我訪梁實秋先生於其四維路寓所。我敬佩他於新月社時期以「文字乃是基於固定的普遍的人性，從人心深處流出來的情思才是好的文學，文學難得是忠實——忠於人性——因為，人性是測量文學的唯一標準」。他指出：「無產階級文學，是不能成立的名詞——因為文學一概都是人性為本，統無階級的分別。」而「革命的文學實在是沒有意義的一句空話。」又說：「人性是不變的，情感是沒有新舊的，文學是有永久性的。這是鐵一般的事實。這事實與唯物論不相合，與普列漢諾夫不相合。」復說：「文學家沉靜的觀察人生並觀察人生整體。發掘人性、了悟人性，予以適當的寫照。」我素來是服膺他的見解的。父母親九秩雙壽，他送祝詞：「鴻案齊眉，長諧伉儷，鶴籌添算，即晉期頤」來。我拜謝請教荊軻之事，他說：「抗戰時，我和應尚能合作有《荊軻的歌劇》，其中若干歌曲，你若參考，我同意你寫作《易水寒》話劇時，可適當引用。」因此，在《易水寒》一劇中，我引用了實秋先生作詞，應尚能先生作曲的男高音獨唱，男女高音對唱和二重唱，於第一幕第三幕中。我在此衷心的感謝實秋先生的厚愛，給我以溫馨的幫助。

《寒鐘歌》三齣歷史劇，是我對歷史的膜拜，也是對歷史的回顧。我在此時，又寫「九歌」的歌劇，希望能把屈原的思想心靈，感性的呈現在舞臺上，但是，我寫的詞，尚不能達到天地人三者相合的地步。因此，使得作曲者梁銘越的曲亦未能將古代楚越地帶的精靈魂魄體現於舞臺之上。我仔細檢討，希望，有一天我能將「九歌」重新編寫過，一個想像中的神奇世界，一個空靈的佻達的不羈的瑰麗的水月的境界，迷濛而清淨，淡雅的光華，湘江的巫風，九嶷的雲樹，人與神，仙與鬼的愛情；「駕青虬兮驂白螭，吾與重華遊兮瑤之圃。登崑崙兮食玉英；吾與天地兮同壽，與日月兮齊光。」屈原精神是無邊無際的，我如何？怎能把他的意願表現出來呢？這也是我心中的塊壘，要舒發出來。

民國八十年，起自民國三十年，我已創作文學五十年，是年集稿詩作，皆為八十年春夏之交《春之海》的系列，以「海納百川」的有容乃大，將海的宇宙之韻律表現。計共四十二首為卷一。風雅四十一為卷二（其中原有山的歌三十六首，可惜遺失而未列入）。卷三為鄉謠之什。卷四為九歌，卷五為詩緣小記。本集交文史哲出版社印行，二十五開本，厚三一〇頁。詩集封面繪畫為王詩媛的「湛」，是一九九一年之作，我用她的滄海綠波，為我的詩增色。

詩媛的畫展

我初見詩媛的這幅畫，凝視底色是淡的青綠，是山泉湧出的洞洞之聲，又似劉長卿聽彈琴：泠泠七弦上，靜聽松風寒之音，琴本五弦，象徵五行金木水木土，配合五音宮商角徵羽。後周文王加一弦武王又加一弦，成為七弦。松風是琴調松入風。但這畫往裏看，卻又是層疊著青黃赤白黑的五色，五色中又閃耀著金銀銅鐵錫的五金；因此五音、五色、五行、五金；均顯現在她的這幅畫中；如要再加兩種感覺，那就是四季五嶽也蘊藏在她的這幅畫中。她小小年紀，竟然有如此這般的意境，我是難以相信的，為的是她的學養不夠。但如以她的直覺的微妙的靈感而言，我相信在她的畫筆下，是創造了一個泠泠的山泉，淙淙的溪流，滾滾的江河，浩浩的海洋；並拂著淅淅的風聲，洋洋的無限的光華，而完成了「湛」的這幅畫。我翻閱我的四十二首以海為題的海詩，每首的內容，依稀彷彿接近她的造境；但甚為相契的，似乎是〈海顏〉分做三小節的這首詩：一、我喜歡你的黑　秀髮的柔順　眼眸的陰晴　幽蘭芬芳的美夢　我喜歡你的白　臉蛋兒泛出淺紅　凝脂上的暉痕　圓潤的素手　二、飄過海上的那朵頂好看的雲　那麼輕　那麼柔　那麼綿　他留下了一個淡沫胭脂的笑　海上的青青柳色　搖曳著依依的問號　頂寂寞的是海上孤舟　頂難忘的是你的回眸　三、你說我是孤獨的　就在門上加把鎖　從氣窗望出去　能遠眺藍天的虛靜　永不凋謝的海笑　當流逝的一切從空無裏甦醒　在破曉的明豔中殷切的問候　是海鳥們的口哨。自然，這首詩不能表現畫裏的音韻風情，但在忖思深處，我聽到「湛」的回答。

我女原名丹瑜，亦名詩媛，幼小時就喜愛繪畫。畫人物山水，畫夢想中的宇宙。她的弟弟重傑，較她小一歲，他倆都愛畫，重傑畫什麼就像什麼，能夠「狀難寫之景如在目前」。但詩媛不是依樣畫葫蘆，她是像嚴羽詩話所言：「羚羊挂角無跡可求的妙處，」所謂透澈玲瓏，不可湊泊，如空中之音，相中之色，水中之月，鏡中之象，言有盡而意無窮。亦如梅聖俞的話：「含不盡之意見於言外。」她小時候的筆法，是神龍見首不見尾的捉摸不定，以為只是興趣。但到了上小學以後，她卻也很規矩的去師大畫室，去畫人體與石膏像。再長大些，就畫工筆畫，細細描繪可見及的物象。走上了「狀難寫之景如在目前」的地步。上了中學，重傑反而把畫丟開專注重了學業。那時台北畫界，有一股衝動，無論古典、山水人物花卉，都到故宮博物院找尋寄託，瞻仰范寬、郭熙、荆浩、李唐、許道寧、黃荃山水的筆法，去瞭解妙造自然的遠近淺深，風雪明晦的高遠氣象。而新一代畫家，則找尋新意象新形式的出現。那時，重慶南路是書局林立，而忠孝東路四段則有畫廊的興起。詩媛心領神會，亦不吝向我的朋友龐曾瀛、梁雲坡、郭軔、郭明橋、陳正雄，以及攝影大師郎靜山，國畫大師黃君璧、姚夢谷求教。務求充實自己，她讀唐詩宋詞，學到了詩家的深遠闊大，也悟得了詞家的溫柔體貼。復興中學畢業後，她到住家附近的格蘭英語中心加強英語的功能，然後便隻身飛往多倫多女子藝術學院就讀。在經過溫哥華機場時，友人歐陽穀時任《民國日報》總編輯，他與夫人前往接機，來信說：「我們前往接機，等到旅客大都下機出來，便見詩媛，長髮披肩，美麗笑容掛在臉上，極為可愛的走了過來。」她給人的印象，就是如此的自然親和。

多倫多的春花冬雪，夏蔭，秋楓給她以心目豁達的影響，尤其是與紐約相近的尼加拉大瀑布，那雄奇湍泱，盤礴澎湃，駭浪驚濤，排山倒海的氣象，使她認識大自然的力量，是千古的壯觀，也是天地創造的奇蹟。

孕育著山川的靈秀，蘊蓄著一些懷鄉的親情。在異鄉讀書的歲月中，她嘗味到寂寞與孤獨的滋味，也面對生活，表現出勇敢和堅強。時間在歸思難收，隔海遥望中度過。兩年後，她讀完了學院的藝術學分，翩然歸來，舉家歡樂，祖父母的欣喜，更不用説。她有澄澈的歌聲，有閒時便錄下兩卷歌曲。有一家畫報的封面，登了一幅，綽約人如玉，起舞弄清影的她的倩照；被電影及電視導演林福地，找上門來。説要邀詩媛主演他與董炎良新編的一齣連續劇，劇名叫做《苦難的樂章》。劇情描述一個女孩，在茫茫人海中，艱難奮鬥的故事。林福地在影劇界，是有名的莊重正直，肯下功夫製作與導戲。這是成立華視工作時就已知道的。詩媛被他幾次請人關説，也不曾點頭。林福地夫妻與董炎良便親自找我。我看了劇本，覺得這齣戲是現實的寫照，並能予人以老吾老，幼吾幼的啟示；便同意了詩媛擔任主角的演出。戲在台視黃金檔期連續劇一個月演出後，頗受各界好評。林福地又賡續製作了《勇者的畫像》，仍請詩媛主演，這是一齣學校老師在洪水中救人的事，是以人本精神，奉獻服務人生社會的好事。兩齣劇連續演出之後，詩媛不斷上電視，並有綜藝節目請她做主持人的邀約。但她心在繪畫，便隻身去了歐洲，參觀倫敦大英博物館，巴黎羅浮宮博物館，各地的畫廊，街頭的畫攤，以至能夠進入名畫家的畫室，一窺他們的作畫的風采與秘訣。從義大利、雅典的古蹟與藝術的瑰寶中歸來。她的夢境便在畫境中結晶體釀而昇華，成為她彩色中的綺曼與輝煌，璀璨的畫筆，在她的生命中揮灑一如大自然傾吐光華與幽微，大地的醒與睡，旦與暮；海潮的溶浣與消長，日月的陰暗圓缺，人事的興衰更替，都成了她創造的泉源，意象的卷舒。她不再是幼稚的女孩，而是把思想、情感、想像、美與醜的，善與惡的融鑄，產生出來嶄新的創造。她以感觸萬端的心靈，運用現代畫的彩色，解釋千山萬水的奧妙。

她第一次畫展，是在華視畫廊舉行，巨幅的大畫，小型的紈素，堅固的金石，瀰漫的黃沙，沾污的陰陽，游移的朝露，橫素波而傍流韻，干青雲而直上，粗獷的塵泥，雅致的景致。在她的數十幅畫裏展開，且有神弦外的氣韻。陳奇祿主委來給她主持開幕，藝文界、學術界、畫界的碩學師友絡繹不絕，參加她的酒會，祝賀的花籃從門口直排上了二樓的畫廊門庭，而廊裏的四面，是逸響聽真的感言，是含意嘉美的雅豔。劉其偉期勉再三，吳昊留連瞻顧，羅宗濤以文人畫相許，王藍讚賞備至。雕塑家何恆雄站在一方尺的題為「樹」的畫下，幾次凝目透視說：「這是多少層次，尺幅間的一座大森林，我望不斷它的隱邃，看不盡它的底細，我已端詳了兩天，仍不知這畫裏濃厚的神秘。」他走向這邊指著：「你看，這黃金的沙塵的尖端，互相撫觸，就圓轉分散，愈散愈大；中間一泓碧水似的青空，而兩邊張開的是無邊無際的飛沙，湧向大野。我也是看了兩天，不知她畫的玄秘，究在何處？我今天看了不夠，明天再來看她其他的作品，要細看，才能了解一些她心靈深處的底蘊。」郭軔、梁雲坡、郭明橋、何浩天、簡瑞甫、管秋惠、江明賢、陳曉林、宋英、王農及各報紙雜誌藝術專欄，均有佳評。

她作畫，非常用心，專一誠摯；我常見她在畫室裏，把身體匍匐地上，把顏彩，一波波的揮灑，一層層的掩映，一次次曼衍在畫布上；有時仔細端詳，有時放眼掃描，有時東張西望，有時盱衡輕重，有時直觀淺深；有時茫然，有時笑。有時手舞腳蹈，有時放下了筆，哼著歌，上盥洗室沐浴。這時也就是畫已入木三分，好似黃粱夢也醒了。辛苦了一年，她的第二次畫展，又在華視畫廊舉行了。這次的收穫更是豐盈，她已在現代畫的藝術林中，建立起了以她自己為鵠的聲望。

第三次的畫展，是在中正紀念堂的懷恩畫廊展出。為期三週。在這次畫展後，她應中學時的同學好友張其正之邀，去了紐約，大都會博物館收藏了她的畫。那年的冬季，紐約氣候寒冷，下了大雪。初春歸程他經過舊金山，住在志強叔叔家裏一週，從海外歸來，稍事休息。她又應民生東路環球聯誼社的邀請舉行第四次畫展。這裏原是行政院文建會創立時的辦公大樓，環球聯誼會在地下一樓，是工商界人士聯誼的處所，地處要津，銀行林立，故而畫展甚得觀衆好評。畫展臨到結束時，我見詩媛面容蒼白，她低聲說：「爸！我好難過。」我扶著她，回到信義路家中，便轉送到醫院。她最後一次畫展是在太平洋文化基金會於重慶南路新建的大廈畫廊。畫展的前一日，詩媛低聲對我說：「其實每一次的畫展，我心裏想，無論我舉行多少次畫展，只是給爸一個人看。」那天正下著微雨，我突然想起秦觀的浣溪沙：自在飛花輕似夢，無邊絲雨細如愁的句子來。不禁黯然神傷。

花二十年時間撰寫《中國新詩淵藪》

自民國七十年我參加行政院文建會建會之初，我即計畫寫一部中國新詩史，將這一代新詩人作品列入史蹟，讓社會瞭解新詩的創作與發展；因為，民國以來，五四文化運動，新詩是在文學上最早萌芽的，初有新舊文體之爭論，繼有內容上直的繼承與橫的移植的激辯，新詩再出發與洋化，歸宗與歸真的密合。在在引起詩人的疑惑與詩界心意的杌隉不定。我經歷文學創新的大時代，亦陶融於舊文學的精深渾博；但現代新詩究係如何，需得從詩人創作的內裏去尋找。表現他們的作品，並予適切而公允的評論，以我的詩齡長達五十多年，而又孜孜不倦於勤勉力學，將詩人的作品公諸讀者大衆，以求新詩發展，有更上層樓的光景，豈不是繼續我的《文學論》予以「衆裏尋他，回頭驀見」的美事。這一想法，既然決定，我便默默的蒐集詩人作品並加以整理（我在台灣五十年，詩人的作品成書者，大都送給我，請我提評論）。經過多時的醞釀，我便動手逐漸將這一計畫完成。是書題名《中國新詩淵藪》。源淵與聚集的豐厚，故能成其大。而其內容以時間的先後，概分為五篇二十二章，首篇為新詩的成長。下列清末民初二詩家，新詩的嘗試，熱衷於嘗試的詩人，新詩中的小詩，長詩，散文詩，共六章，評論先期詩人四十九人。第二篇為格律詩與現代派，下列格律詩的步調，格律詩的詩人們，浪漫的與象徵的，現代的與寫實的，共四章，評論此期詩人三十六人。第三篇為血肉長城抗戰詩。下列寫實與朗誦，抒情與出征，苦難歲月的腳印，成長於抗戰時的詩人共四章，評論戰爭詩人五十九人。第四篇為新詩的再生。下列瀛臺詩人與播種者，摘星的與提燈的，夢土上的坐月人，飛越天河的青鳥。共四章，評論詩人九十一人。第五篇為中國現代詩的鄉原。下列羈旅海外的詩人，詩墾地的園丁，清風明月入詩來，黃土地的抒情詩，共四章，評論詩人一〇三人。以上合五篇二十二章，論及詩人為三百三十六人之多。書於八十二年七月精裝三厚册印行，都三千六百餘頁，有前言，略述撰評之感想。書內扉頁上有：給詩媛女兒妳的美是真與善的涵融，妳的畫是靈與智的熙耀。愛妳的父親。下片有：八十二年五月三十一日晨，微曦初透，清稿既成，心唸吉祥，身納瑞福，祈汝平安，永保康寧。出書之日，女兒仍在醫院治療疾病。是書後頁有我的照片小傳。

是書十年有成，在即將發行之時，正中書局接到幾位詩人發來的信函，質疑：「此舉『似』有違反著作權法……。」據聞，這樣的一封是非不明的信函，乃係張氏於幾個人的茶會上發言引起，以便向正中書局爭取一些出書的機會；張氏為人橫肆而兀傲，以為登高一呼即可以領袖群倫，其他則捕風捉影，不明好壞。而正中書局材能卑下，不知自重，逡巡之間，引起著作權法上的刑事訴訟，告上法庭的是要向權威挑戰的年輕一輩的林耀德與林淇瀁，他倆想在世代交替上，不用藝術競賽，而採用法律判決，取得後來居上的位置，這就是後生可畏的地方。而張氏的手段是鼓勵別人打頭陣，他居後好漁人得利。不過，他真正替詩人與詩界做了一件了不起的壞事，他想阻礙了這本書中三百六十二位詩人及其作品面對讀者與社會，合理與公平地評論觀賞，這惡果，不僅造成詩學上的損失，也造成中華民國發展文藝建設文化的重大損失。正中書局的作為不僅損害國家利益，也降低了他在書業中原已不易獲得的地位。自私萎弱的結果，是煞了今日詩人的格調，也為自己刻薄偪仄的愚行，添上了潰敗。

「新詩史上的這一段官司，」翻譯家黃文範有千鈞一髮明瞭的記述與評論；他對我說：「你花了十年光陰，埋頭寫這樣一部了不起的大書，為詩人們出頭，可就是有人不領情，要在佛頭上著糞。為了他自己的氣量狹小，或為了妒忌別人的成就，不惜排斥破壞，小家薄相；歷史上，這種人，有的還去賣國求榮，秦檜不就是這樣子嗎？這官司是打贏了，但像正中這樣的書局，已失去了它原來創立的風格，國民黨文化的喪失，就是先喪失了立國的精神志節，為公理正義奮鬥的人沒有了；只有畏怯苟活的人了。我看你不如另外找有眼光的人發行吧。」

他的話真使我感慨萬千，我的為人如刀背，從不以刀鋒傷人。孔子刪述詩經說詩無邪，就是評論。司馬相如說：「賦家之心，總覽人物。」《文心雕龍》乃是博通經綸之作。宋清以來乃有「才思格調」與「性靈」之說，王國維則有「境界說」。西方的詩學講淨化心靈，賀拉士的詩藝，尤其講協調統一。以及錫德尼崇尚自然的心靈，馬拉梅的語言的世界，象徵的意義；無不是人性主義的發揮。我寫《中國新詩淵藪》是本著「與人為善，成人之美」的觀點，公允適當的詩論，為詩界開拓詩境的必要。

編撰《中國民間文學》五本書的由來

李登輝氏宣揚本土化，是對國語推行的打擊，是對九年國民教育的摧殘，取徑既如此之狹，而出手亦如此之狠，以其刻舟求劍，不知本土化之淵源，是來自民族的文化，民間的生活。將此範疇自囿於台、澎、金、馬，且有挑起族群對立，菲薄江南江北人，並及於漳、福、泉、惠州人。需知台灣人皆為漢唐人，不應如此抹煞民族的感情，可見他私心自用，只見一麟一爪，便自以為是真龍。他不知中華文化的真髓，所以妄想從改變學校課本，以求建立本土化，這也是天生質薄，餖飣之見，中國人的文化風氣，是在於博學、審問、慎思、明辨，他的手法是難於理解卻使大衆難於接受的。為了要將源遠流長的民間文學解釋本土化的艱僻，也是要把鄉土文學中的精華，土地滋生萬物的可寶愛，倫理親情的可珍貴，不忘土地乃是國家的根本，滋生歷史產生文化。完善生活，美化風俗的特色，而以服務人生為最大的德行。我作此大言，只是想為本土化的出路，找它的源流，發揮了民間文學的根性，有此想法，我便著手編寫一套民間文學的書，這一套書叫做《神話流金》，說唱藝術，歌謠擷玉，戲曲人情，小說演義，舞蹈采風。其中已由文史哲出版社先出了前四本，小說演義仍在彼處；舞蹈采風則交給了台灣省文獻委員會印成了專書。

世界詩人大會

七十年（一九八一）六月第五屆世界詩人大會在美國舊金山舉行，我擔任中華民國詩人代表團代表兼顧問。當時，志強弟居家於彼地之史達克頓市，母親殷望其返國歡聚，猶憶抗戰時的雞聲茅店月，人跡板橋霜的流離，今則何懼萬里行程遠，因交通發達，咫尺天涯，如在目前。便為母親辦妥簽證，一路同往。此行先到夏威夷，並參觀二次大戰，日本空襲珍珠港美國沈艦處。到舊金山，強弟來接母親，遊漁人碼頭、狄斯尼樂園，後去參觀史丹福大學，在胡佛圖書館中文寶藏室，見我的《文學論》陳列於專架上端，另有《春歸集》、《愛的暖流》、《荒漠明珠》，《旗手》等書，心情自覺舒坦。我在詩會討論詩的創作期間，與各國詩人寒暄晤談，會議間隙，遊覽舊金山名勝，於參觀早年華人勞工為三藩市開天闢地，移山倒海，赤手空拳，風塵涕淚，歲暮鄉愁，困居異地，刻畫歲月的陋室羈燕的慘淡生活，不禁頓覺暗影蒼楚，彤雲飄搖。會議結束時與母親強弟相聚約二週，母親便與我返回台北。

翌年，第七屆世界詩人大會在北非莫洛哥舉行，這裏地處荒寒，風、沙吹得當地人臉上摺疊如溝曲，使人想到寒天凍地的極北地帶，小毛驢和黃土厝，低下的屋簷，小的窗洞，貧瘠的物品。會議在大帳篷內舉行，入口處排列著兩行青春少女，有似東坡〈翫花〉詩：「一樹梨花春向暮，雪枝殘處怨風來的情景。」廣場上的騎士跨駿馬馳騁左右，呼嘯聲如猿啼鶴唳。帳內設座，如倚樓聽歌。我代表詩人團致頌詞，耳邊彷彿聽到隆隆的鼓聲。想起英格麗・包曼與亨佛來・保嘉合演《卡沙布蘭加》的電影，又如見德將隆美爾困頓沙漠的寂寞。第九屆世界詩人大會在印度文化城瑪德加斯舉行。新德里政府機關辦公處深閎美觀，一街之隔，舊德里則敝屋顛連，隨處可見破瓦殘磚，衣食簡陋。恆河波流滾滾，一邊有人啜飲黃水膜拜，一邊有人洗滌沐浴，一邊有聖牛浮屍，一邊有殘餚傾倒。最肅穆的是蒙古王為愛妻所建的瑪姬哈妃陵寢。設計都麗而莊嚴，神土接混茫，人間如天堂。放眼山水好，風月在四方。它的建築完美，歷歷如畫。第十屆世界詩人大會在曼谷舉行。

第十三屆世界詩人大會在以色列海華市舉行。歐美地區我已去過。以色列建國，以宗譜族籍姓氏名諱為根本，團結一致，心德凝固，從千難萬苦的荊棘叢中，開闢一條復興民族的道路。我們看雷馬克的凱旋門，就知道猶太人受納粹希特勒的壓迫蹂躪，死於集中營和毒氣室，或逃亡流浪的何止千百萬人。我們看《辛德勒名單》的這部影片，就知道天昏地暗，人禍酷毒之慘。人球就是沒有國籍的草芥，一如亡國之民，任人踐踏。猶太人的復興國家，是悲壯而英烈的。以色列的建國使我衷心敬佩。故而，我是懷著一顆虔誠心，參觀他們的博物館，凝視壁上陳列的物理學家、經濟學家、生物學家、醫學家、文學家的畫像，其中許多名流，是獲得諾貝爾獎的。我遊耶路撒冷，把額頭放在哭牆上，祈望善心可得善報。當年耶穌曾入耶路撒冷説教（見馬太福音）。無論何種信仰，都是仁恕為道的，我見廣場上都是有善行的，有位穿軍衣的碩女與我合照，我謝她時，她便展開甜美亮麗笑容。不是嚴肅，只是喜悅。

往東歐文化訪問

七十九年七月間（一九九〇），我參加太平洋文化基金會文化團訪問東歐之行，莫斯科大而無當的氣氛，表現於機場的陰暗，海關的冷面，市面的蕭條，館舍的落漠，我排隊至一小舖購買普希金的紀念物，等店主東摸西摸尋找出塵封已久的一套，也是店面窗户拉下的時候。紅場聳立的圓穹建築，彷佛蒙古包裝飾的尖頂；戈巴契夫的座車從深宮駛出經過那座表揚科學的太空紀念館，落日偏斜的晚景，使我憶起統一全蒙，建立大元的英雄成吉斯汗（鐵木真）以及那草原無比濃烈的粗獷風光。

鐵木真有四子，長子朮赤四十九歲死於從征之役，曾統治佔領部分歐洲；他的十六歲的兒子拔都，英勇無敵，率領五十萬鐵騎，速不臺、蒙哥兩位大將，攻佔不里阿爾（保加利亞），進至莫斯科，俄軍退守史達林格勒（兀拉、米爾）守將攸利第二全軍覆沒。拔都向北掃蕩，直至北極海邊。揮騎佔波蘭（孛烈兒）、馬扎兒（匈牙利），由基輔直撲德國東南部希勒勞城，亨利王親率歐洲以德軍為主的聯軍，加以抵抗，決戰於瓦爾斯達德，德軍精銳三萬，盡遭殲滅。後又攻入奧地利、塞爾維亞，南至威尼斯、義大利，戰無不勝，攻無不克。時太宗窩闊臺駕崩；拔都乃成立欽察汗國，東起中亞細亞吉爾吉斯，西至歐洲喀爾巴阡山，南至多瑙河下游，北達高加索山以北。而以俄羅斯土地最多。

以上所說，是父親研究元初擴展武功的紀錄。走在莫斯科荒涼的街道上，心中浮現柴可夫斯基的悲愴交響曲，泰地安娜低沈的二重奏。在飯店大廳品味濃烈的伏特卡，又似在海霧渾茫，聽到粗獷的漸遠漸近的《伏爾加船夫》之歌。看了一場箇弛的芭蕾舞劇，想起美妙意象的電影藝術的紅菱豔。在史達林手中拓寬的高爾基大道，仍舊是行人稀少，在街道暗處有幾個遊手好閒的青年在向我們兜售粗糙的手錶。在高爾基公園的牆邊，一個高眺纖秀的少女，正在出售一排彩繪的圓臉大眼，十分逗趣的木製婦偶，她鼓起的腹內，藏有全套的六個木偶，最小的僅有花生般大。我買了兩個。我站在普希金紀念像前拍了照，青銅騎士的塑像，襯著七月的青空騰躍。在杜斯妥也夫斯基的手稿陳列的室內，也審視貼在牆上的當票。短篇小說名家契訶夫，也有海鷗和櫻桃園的名劇，我讀奧地利作家褚威格拜訪托爾斯泰故鄉耶斯那・

波里斯那：「我在蘇聯所看到的景物，沒有比托爾斯泰的墓塚更宏偉更動人的了——沿著一條羊腸小徑漫步而去。越過林間空地和灌木叢，便來到墓塚前——它只是一個狀似長方形的土堆罷了。無人守護，無人看管，只有幾棵蓊鬱的大樹蔽著。它只是樹林中一個小小的長方形土丘。上面開滿鮮花，設有十字架，沒有墓誌銘，連托爾斯泰的名字也付諸闕如。衛護列夫・托爾斯泰沒有其他東西，有的只是人們的敬意。墓前高樹是托翁生前所植，墳墓設計，依其願望。褚威格說：「彷佛有逼人的樸素，錮禁觀賞的閒情逸致，悄無聲息，肅穆莊嚴，震撼每個人心中的感情。」托爾斯泰生前是懼內的，和古希臘哲人蘇格拉底相似，蘇格拉底開啟了人道主義的哲學之門。托爾斯泰則開創了人道主義的文學之路。早些年我讀巴斯特勒克的《濟瓦哥醫生》而知詩人逝世的詩句：「四周茫茫，無路可出。湖濱的黑暗森林，躺著一棵樅樹的殘枝」的哀痛。一九九九年諾貝爾文學得主葛拉斯以為作家應效法歐威爾和索忍尼辛為歷史見證。充滿人道主義的俄國作家一八一八年屠格涅夫出生，一八二一年杜斯妥也夫斯基出生，一八二八年托爾斯泰出生，乃有人道主義的擴大。我有幸在莫斯科特瑞雅克夫畫廊觀賞蘇利可夫（Vasily Surikov, 1848-1916）的「莫洛左娃」和瑞平（Ilya Repin, 1844-1930）「他們沒有期待他」和「哥斯克省的宗教行列」的寫實的人道主義的「流浪人」肅冽的筆觸與深摯的風格，把俄羅斯陰黯與悲烈的風氛，渲染到人類靈魂的幽深之處，使我為之徘徊再至。

從莫斯科到聖彼得堡有一條九百公里的戰略大道。拿破崙當年困敗於蘇俄酷厚的冰天雪地。希特勒亦不免蹈其覆轍。我們站在傲岸的彼得大帝所建立的縱橫繆繞的都邑之上，參觀雄偉的冬宮，只見宮闕的堂皇，輪軒與轎輿，盔甲與劍盾，服秩與翫物，多為帝俄時代所留的足跡。這足跡也說明其地理環境的陰鬱，果戈里的「死魂靈」和「巡按」，阿志巴綏夫的「沙寧」，契訶夫的「黑衣僧」和「六號、病室」，和索忍尼辛的「古拉格群島」指出一個被污辱與被迫害的事實，就是走出茫茫的西伯利亞，走向自由世界。

旅遊於南斯拉夫、捷克與匈牙利的街道上，市面蕭條，行人稀散，令人有蒿目時艱，局面殘敗之感。匈牙利的風氣，較近於雁北的土俗，土階茅茨，飲食居停。我吃一餐牛肉餅時，想起六十六年在倫敦街邊一處電烤爐的小食攤，圓壁上，焚炙一圈豐潤的牛肉，肉汁滴在盛盤裏，香氣四溢。小販用一塊兩頭尖中間袒腹的餅，把長刀劃削下來的嫩肉，塞入剖開的麵餅內，再把一些新鮮的蔬菜封住張開的餅口，用紙包好了給我，這是最可口的美食。如今，我在匈牙利這間小食店吃著爛熟的牛肉餅時，也想起了北地的牛羊肉的肴饌，黃土家山的綿羊的味道。在波蘭參觀蕭邦的故居，門前的兩棵大樹森森然摩空，他用過的一架鋼琴上的造形，彷彿與古雅的豎琴結合。他去國到巴黎，是懷了門前的泥土而去，他的淙淙的琴音，曾訴說祖國憂傷，曾使喬治桑為之衷心傾向。我凝視他的塑像，似覺海嶽都浸染了音韻的清拔。捧著虔敬的心情，去凝眸於居禮夫人清淳的，也是淹博深奧的實驗室，坐在她的遺像前，想著艾娃·居禮（Eved Curie）寫《居禮夫人》傳記中，居禮的神情舉止：「他沉思的容顏，真誠的面貌，以及和藹溫柔的性格，使人對他發生了熱烈的愛慕。他更常常說他從不曾有過和人爭鬥的意念，這是真話，任何人都難和他發生爭執，因為他根本就不會發怒。他常常笑著說：『發怒一事非我的所長。』」

在巴黎，我仍忍不住要乘電梯爬上鐵塔，看看十二條香榭大道的景緻，凱旋門的瑞氣；去看巴黎聖母院的鐘樓，去揣摩波華荔夫人的去處，瓦乃理的海濱墓園。但是不想去看波特萊爾一家的墓地（他是和母親、繼父合葬的）他睚眥世相的眼孔。根據病理學批評家拉法柯（Rene Lagargue）的評論，認為波特萊爾是個精神病患，有戀母的情結，自虐狂、同性戀、性器自卑，陽萎、便秘，偷窺異性裸體，及吸毒。他原是富家子弟，且因揮霍遺產，貧病而死，因此，他的《惡之華》等詩作，皆屬白日夢與潛意識刺激下的產品，但無論如何，他仍是象徵派憂鬱的代表。不過，你若看看蒙娜麗莎的微笑，你就會知道巴黎的景色，是何等的美好。

在維也納，你可在國立歌劇院觀賞到醉人的歌聲，繚繞在宏觀的舞臺之上巍峨的天庭。你將看到哥德式聖史蒂芬大教堂攬空的尖頂。在皇家居所，你將會看到《我愛西施》電影片中伊麗莎白皇后的畫像。最重要的是卓立在皇家公園內莫札特的紀念碑，貝多芬將兩手放在膝上的坐像，愛樂交響樂團演奏他的第九交響樂曲。當然，你會去修伯特住宅門前留連，在市立公園內，華爾滋之父約翰·史特勞斯在衆女的圍繞中拉他的小提琴。自然你要去多瑙河坐多瑙船游河，也要看一看維也納森林，走一走它的曲徑。去一趟奧國畫廊，那裏珍藏著十九世紀以來的畫像，敘述著時代的聲色，在此貝爾維地宮前的人面獅身像，則是人間才能，知識和智慧的表徵。

維納斯的天平

自民國五十三年初春到七十四年的殘冬，我和敏英做了二十一年的柴米夫妻。她是富家女跟隨我過著勤勞樸素的生活；我的脾性不喜歡受環境拘束，放任而執拗，所以放棄黨政而偏向文學的創作，她在侯家姊妹中是喜歡讀書，愛好詩與小說的，五十四年，正中書局印行了她的短篇小說集《生之燭》列入文藝叢書。自後，五十四年、五十五年先後有女兒丹瑜（詩媛）兒子與泰（重傑）的出生，便全心放在育女養兒的身上。五十八年三子與亨（重凱）出世，更是專心家務，不遑寫作。她是不好虛榮的女子，難為她跟我吃苦受難。她亦不怨我守約守拙，不知通權達變，鑽營求上進。譬如她的四姊侯金英是獲得美國財經博士擔任政治大學銀行系主任，且是台灣省的金融政策主導人，而我的連襟梁國樹既是台大法學院同學，他又是李登輝的首席財經顧問，擔任中央銀行總裁，出入總統府邸親睦非凡。我若與李登輝搭上關係，並非難事。但我是書香人家子弟，先父在日諄諄告誡的是與人相交「吃虧是福」，並以「求榮反辱」為戒。所以，我與岳家絕無財物往來。而且，在我所交友朋間，亦無人知悉我與鉅商侯公雨利為岳婿。我在行政院文建會工作，兩位主委陳奇祿與郭為藩均是台南人，亦不知道我與岳家的關係；這就是我的為人與作風。文藝界更不用說，沒有人知道，我有這樣的背景。敏英跟我離婚，原只是她的一句戲言。但我卻因耿直、倨傲的個性、認了真；離婚後，我常深夜獨坐，吟唱孟浩然〈旅途寄友人〉的五言：「風鳴兩岸葉，月照一孤舟。」

杜甫不也有〈旅夜書懷〉的「飄飄何所似，天地一沙鷗」嗎？我以這樣落寞的心情，獨居一隅，過了十年的這樣生活。

我於八十三年六月三十日辭去行政院文化建設委員會研究委員的工作。但不忘讀書寫作。八十五年一月二十六日下午三時慈母以九十五歲的高齡，駕返瑤池，先父於七十八年無疾而終，享九十三歲高壽，人稱仙去。先考先妣合葬於福音山宜城墓園。

八十六年元月廿一日，我女詩媛（丹瑜）因腸癌離我們而去。年僅三十二歲。使我精神恍惚、血氣靡寧。

八十八年七月三十日，重凱來電話言，媳婦淑媛在信義路二段吳婦產科醫院產下一男嬰。八月一日上午前往醫院，見男嬰，相貌體態均好，不鬧不哭，小可人兒一個。孫兒取名正維，心甚歡喜。在此期間帶兩兒往先父母墳前叩拜，掃墓，亦往小丹墓前燒紙，不由得流淚。重傑已獲得俄亥俄大學大氣科學博士，彼在俄亥俄大學初次考試各門功課均係甲等。因好成績，乃能擔任系主任教授的助理。因而他讀書的學費及生活等費用，均能自理；四年博士後復入伊利諾大學博士後研究期滿回台北受聘任新店景文技術學院教席。他亦用自己的錢，買了一輛新車代步。重凱已在日本電子公司升任科長，主理公司內營業，甚受重用。又生了兒子，我也有了一個孫兒，大家歡喜。不久重傑和與他院中教務處的同事林錚慈結婚，成家立業，相得益彰。

祈望中國統一

我對中華民國的統一，懷抱著無限的希望。

台灣今日的成就，自由民主的堅實壯大，仍是三民主義實行的見證。

毛澤東死後，鄧小平出頭，乃有經濟掛帥的主張，力挺江澤民（安徽人）與朱鎔基，組成李瑞環、胡錦濤、尉建行、李嵐清的領導班子，鞏固軍中的向心力，大斧開發科技與交通，並向國際的資助招手。中共逐漸有了人口繁多，地大物博的氣勢。中共既有經濟自由的開發，不僅參加世貿、提出「三個代表——代表中國先進生產力的發展要求，代表中國先進文化的前進方向，代表中國最廣大的人民的根本利益。」無論思想如何重要，都不如一九九八年江澤民在北京會見中華民國海基會代表團，在辜振甫等人面前背誦國父遺囑及高唱三民主義的國歌。如能摘下天安門廣場上的毛像，改掛國父孫中山先生的遺像，改掛青天白日滿地紅的國旗，拋棄共產主義，實行三民主義，民有民治民享的新中國自然統一。目前中共十六大之後，政權逐漸移轉到胡錦濤、吳邦國、溫家寶、賈慶林、曾慶紅、黃菊、吳官正、李長春、羅幹等人的手中，仍將蕭規曹隨，照江澤民指定的經濟科技領先，期待趨向三民主義民生主義的路線前進，則中國的統一，又必將是先進的民主目標。

後記

在此期間，我的自傳《千山之月：上官予八十紀事》亦已完成，其中寫著我生活八十年來創作詩與文學作品的紀錄。

目前，《夏蔭集》已由詩藝文出版社印行，《冬薪集》計包括含一〇二首詩，分為「橋頌」、「四個四重奏」、「只在此山中」、「雲深不知處」與其中的「朝雨浥渭橋」相呼應，希望近期可以面對讀者與社會，鼓勵我繼續努力，向文學創作邁進。因為，創作乃是生命的發揚，生命乃是無限的追求。

我現任的夫人詩人作家（安冬尼亞）曉鋼鄭，原本說幫忙我校閱修改這部「記事」，不到三章便說我的文字詰屈聱牙無法卒讀；並囑我將描寫她的文字部分全部刪除淨盡。她本來說想寫一篇書評附於書後，也終因身體健康欠佳，及時間倉促因素而未逮。她的意見是一好漢不提當年勇，當年勇不是不可以寫，在於怎麼寫；如果今日年邁，當年勇幾近退縮已盡，比較當年之初生之犢不畏虎的情況，文章就有張力了。不若現在這般平舖直敘。如果人們的回憶錄多寫些自己的教訓糗事之類給後人借鑑，或許更有益處，更有回味；也說明了自己勇於和敢於面對自己的昨天，以證實一個人的成長，成熟乃至凋零的歷程。她說：「你我相差廿一歲，絶非同代人，我雖有一些絶非同代人的忘年交，但你並不是。無論如何，我同你的『代溝』無法彌平。無論如何，我也不喜歡你這種文風。抱歉了！」她曾是大陸中國作家協會詩刊的編審，早年擔任《北方文學》的編輯，中央《光明日報》的記者。同生活在北京我的同代文人馮至、卞之琳、艾青等倒是「忘年交」。我說：「你説這話是不是看不得我的好？」她說：「如果你比馮至、卞之琳、艾青……更好？」……

回憶記事我是寫完了，評説由人吧。不過，移居北美八年以來，全憑夫人曉鋼的扶持，她犧牲自己，賺錢持家，我才得有寫如此長篇作品的可能。我幾次昏厥病重也得益於她的救助，在此我要深深感謝她。因為，我確已拖累了她，感謝她春風風人的恩情。

手書至此，使我悟到儒家、毋意、毋我、毋圓、毋必的道理，是與禪家明心見性，反求諸己的主旨相通的。鶴林玉露上有詩：「盡日尋春不見春，芒鞋踏破嶺頭雲；歸來偶過梅樹下，春到枝頭已十分」。人生的理想的追求，幸福的獲持；到底仍然不脱李白五古所言「清水出芙蓉，天然去雕琢」的圓融與玲瓏透澈的意象的。王弼註釋「周易曰：意在言外，象在意外」的理念，是哲學的，也是文學的。千山蒼蒼，在水一方，人世如轉蓬，如棋局；浩歌一棹歸去來，杜甫五古有：「星垂平野闊，月湧大江流。」即使「深林人不知」，仍有「明月來相照」。當我們想著：人生如一首被淡忘的小詩，這樣的句子時，不是挺真純而又美好的嗎？如果，硬要湊成一幅對子，倒像這一幅：「墾殖六十年，文心詩品雕龍筆；辛勤一世紀，史書左傳華夏光。」

上官予二〇〇四年十一月五日於北美

上官予著作書目（附）

書名	出版	出版者	出版時間	開本	頁數	備註
海（短詩集）	四川	帶槍者詩社	34年8月	48開	二四	包括〈海〉與〈沙漠〉。
創世紀（長詩集）	四川	帶槍者詩社	35年1月	32開	二〇八	慶祝抗戰勝利。手稿現由國家圖書館寶藏。
祖國在呼喚（長詩集）	臺北	文藝創作社	40年7月	32開	四二	中華文藝獎金會詩歌選集。
碧血丹心溉自由（多幕劇集）	臺北	文藝創作社	41年	32開	六二	各劇團及大專劇社曾不斷公演。
戀曲（短詩集）	臺北	中國詩社	41年	32開	一八〇	先在《中國詩刊》發表。
五百完人（多幕劇集）	臺北	文藝創作社	42年	16開	一六二	中華文藝獎金委員會收藏。
風情的毒蕊（小說）			42年完稿	16開	一八〇	手稿。
殷紅的雪（長詩集）	臺北	中華文藝獎金委員會	42年	16開	四五二	手稿現由國家圖書館典藏。
一夜路成（歌劇）	臺北	音樂出版社	43年	32開	四〇	黃友棣教授作曲本為十二開大本一四〇頁。
自由之歌甲集（詩集）	臺北	文壇社	44年	32開	一〇四	
自由之歌乙集（詩集）	臺北	文壇社	46年	32開	一三二	為甲集之增訂本。
夜渡（多幕劇集）	臺北	暴風雨出版社	45年	32開	一三〇	此劇曾公演約四百餘場，由葛香亭導演，傅碧輝、曹健等人主演。繼有中央電影公司改編「夜盡天明」上演。

春雷（三幕劇集）			45年完稿	16開	一一六	手稿。
夜來風雨（獨幕劇集）	臺北	正中書局	48年	32開	二〇	獨幕劇，多在晚會上演出。
頌歌集（詩集）			49年完稿	16開	三〇〇	手稿。
溫暖的家庭（廣播劇集）	臺北	中央電臺	51年	16開		此劇集每集三十分鐘，計約播出一集。
秦始皇（多幕劇集）	臺北	華夏劇社	51年	16開	一三二	是年臺港影劇界聯合公演數十場：演員龔稼農、戴綺霞、王豪、井淼、葛香亭、曹健、崔冰、井莉等，人稱五載同堂。
荒漠明珠（多幕歷史劇集）	臺北	改造出版社	48年	32開	一四四	張騫通西域。
荒漠明珠（多幕歷史劇集）	臺北	正中書局	51年	32開	一四四	
五十年來的中國詩歌（詩歌評論）	臺北	正中書局	54年3月	25開	二四七	原請葛賢寧撰寫，五十年三月葛先生病逝，書局邀上官先生完成。
旗手（詩集）	臺北	正中書局	54年3月	32開	二三五	包括長詩〈勇士〉、〈季長青的歌〉、〈孤女〉、〈殘缺者〉等，上下排列。
旗手（詩集）	臺北	正中書局	56年	28開		
二十世紀中國詩歌（詩歌評論）	臺北	正中書局	55年	25開	七〇	高明主編，《文學與科學》內一章。
文學論（文學理論）	臺北	正中書局	56年1月	28開	三一四	內分十章。銷售十版。
文學論（增訂本）（文學理論）	臺北	正中書局	76年	25開	四一八	內分十二章、三十五萬字增訂新版，為大學用書。

千葉花（詩集）	臺北	臺灣商務印書館	57年8月	40開	一五二	
林希翎（多幕劇集）	臺北	改造出版社	57年	32開	一二一	
荆軻（十二本）（電視劇集）	臺北	中國電視公司	31年	16開		中視《一代暴君》歷史連續劇演出。
現代中國詩史（詩歌評論）	臺北	臺灣商務印書館	64年12月	25開	三三三	
傳統與現代之間（文學理論）	臺北	衆成出版社	64年12月	32開	三〇七	詩論外，評介現代小說家十人。
秋尋集（文學理論）	臺北	民衆日報社	68年2月	32開	三六四	民謠、歌曲、廣播等評論集。
愛的暖流（短長詩集）	臺北	臺灣商務印書館	68年5月	40開	三二五	分四季、愛的暖流、救溺者三輯。
上官予自選集（短詩集）	臺北	黎明文化公司	69年5月	32開	三三〇	
文學天地人（文學理論）	臺北	黎明文化公司	70年5月	25開	二七〇	
齊烈留芳（傳記文學）	臺北	近代中國出版社	70年	25開	二六〇	太原五百完人壯烈殉國傳記。
春歸集（短詩集）	臺北	臺灣商務印書館	71年2月	40開	一四五	
三民主義文藝運動（文學理論）	臺北	國立編譯館	73年	25開	三四八	
春至（詩集）	臺北	中央日報社	74年5月	32開	一八八	
五月（英文詩集）	臺北	文史哲出版社	75年	25開	一五二	
詩墾地與舞蹈（文學理論）	臺中	臺灣省文獻會	76年	16開	三七〇	

文學四論（上下册）（文學理論）	臺北	文史哲出版社	77年7月	25開	七四一	上册新詩論、戲劇論。下册小說論、散文論。
文學篇（文學理論）	臺北	國史館	78年			國史館約稿二十五萬字。
寒鐘歌（歷史劇集）	臺北	臺灣商務印書館	78年10月	25開	三〇五	包括易水寒、萬世鐘、大風歌三齣。
九歌（歌劇）	臺北	文建會	78年	8開	九六	梁銘越譜曲。
春之海（詩集）	臺北	文史哲出版社	81年6月	25開	三一〇	共五卷，含一二〇首短詩。
中國新詩淵藪（上）（詩文學評論）	臺北	正中書局	82年7月	25開	一三三八	精裝版本，二百六十萬字，內分新詩的成長、格律詩與現代派、血肉長城抗戰詩、新詩的再生、中國現代詩的鄉原等五篇二十二章。收作者對海內外華文詩人三百九十二家詩作論評述。
中國新詩淵藪（中）（詩文學評論）	臺北	正中書局	82年7月	25開	一〇九九	
中國新詩淵藪（下）（詩文學評論）	臺北	正中書局	82年7月	25開	一一四〇	
說唱藝術（說唱理論）	臺北	文史哲出版社	83年10月	25開	四九九	詩經以下諸宮調、彈詞、鼓詞、說書等。
歌謠擷玉（歌謠理論）	臺北	文史哲出版社	84年3月	25開	三八六	歷代歌謠、吳歌、山歌。
神話流金（志怪傳奇集）	臺北	文史哲出版社	84年4月	25開	四三八	神話、楚騷賦、寓言、志怪、傳奇。
戲曲人情（戲曲理論）	臺北	文史哲出版社	84年7月	25開	四一〇	源流，宋元明清地方戲。
小說演義（俠義小說評論）			84年完稿	16開	二一〇	手稿，評論十本俠義小說，同時評介馮夢龍對小說貢獻。
太陽浴血記（電影腳本）			89年完稿	16開	五五	手稿，二〇〇〇年十二月卅一日完稿於溫哥華。

孋姬（電影腳本）			90年完稿	16開	五六	手稿，二〇〇一年八月廿三日完稿於溫哥華。
獵殺大地（電影腳本）			90年完稿	16開	四五	手稿，二〇〇一年九月九日完稿於溫哥華。
夏蔭集（詩集）	臺北	詩藝文出版社	91年3月	25開	一五七	收詩作六十一首。

（賴益成輯）

千山之月：上官予八十紀事 ／ 上官予著. --
初版. -- 臺北市 ： 臺灣商務, 2005[民 94]
面 ； 公分.

ISBN 957-05-1936-3(平裝)

1. 上官予 － 傳記

782.886 93022138

千山之月：上官予八十紀事

定價新臺幣 350 元

著作者 上官予
責任編輯 劉佳茹
校對者 董倩瑜
美術設計 吳郁婷
發行人 王學哲
出版者 印刷所 臺灣商務印書館股份有限公司
臺北市 10036 重慶南路 1 段 37 號
電話：(02)23116118 · 23115538
傳眞：(02)23710274 · 23701091
讀者服務專線：0800056196
E-mail:cptw@ms12.hinet.net
網址：www.cptw.com.tw
郵政劃撥：0000165 － 1 號
出版事業登記證：局版北市業字第 993 號

· 2005 年 1 月初版第一次印刷

ISBN 957-05-1936-3（平裝） 22370010

廣　告　回　信
台灣北區郵政管理局登記證
第 6 5 4 0 號

100臺北市重慶南路一段37號

臺灣商務印書館　收

對摺寄回，謝謝！

傳統現代　並翼而翔

Flying with the wings of tradition and modernity.

讀者回函卡

感謝您對本館的支持，爲加強對您的服務，請填妥此卡，免付郵資寄回，可隨時收到本館最新出版訊息，及享受各種優惠。

姓名：＿＿＿＿＿＿＿＿＿＿ 性別：□男 □女

出生日期：＿＿年＿＿月＿＿日

職業：□學生 □公務（含軍警） □家管 □服務 □金融 □製造
□資訊 □大眾傳播 □自由業 □農漁牧 □退休 □其他

學歷：□高中以下（含高中） □大專 □研究所（含以上）

地址：□□□＿＿＿＿＿＿＿＿＿＿＿＿＿＿＿＿
＿＿＿＿＿＿＿＿＿＿＿＿＿＿＿＿＿＿＿＿

電話：（H）＿＿＿＿＿＿＿＿ （O）＿＿＿＿＿＿＿＿

E-mail: ＿＿＿＿＿＿＿＿＿＿＿＿＿＿＿＿

購買書名：＿＿＿＿＿＿＿＿＿＿＿＿＿＿＿＿

您從何處得知本書？
□書店 □報紙廣告 □報紙專欄 □雜誌廣告 □DM廣告
□傳單 □親友介紹 □電視廣播 □其他

您對本書的意見？（A/滿意 B/尚可 C/需改進）
內容＿＿＿＿ 編輯＿＿＿＿ 校對＿＿＿＿ 翻譯＿＿＿＿
封面設計＿＿＿＿ 價格＿＿＿＿ 其他＿＿＿＿

您的建議：＿＿＿＿＿＿＿＿＿＿＿＿＿＿＿＿
＿＿＿＿＿＿＿＿＿＿＿＿＿＿＿＿＿＿＿＿
＿＿＿＿＿＿＿＿＿＿＿＿＿＿＿＿＿＿＿＿

臺灣商務印書館

台北市重慶南路一段三十七號 電話：（02）23116118・23115538
讀者服務專線：0800056196 傳眞：（02）23710274・23701091
郵撥：0000165-1號 E-mail：cptw@ms12.hinet.net
網址：www.cptw.com.tw